無錫文庫

第二輯

中大錫中初中畢業紀念刊
省錫師畢業紀念刊
無錫縣立師範學校周年紀念刊
公益商業中學校第二届畢業刊
無錫私立公益工商中學校參觀筆記
無錫私立公益商业中學校一覽

鳳凰出版傳媒集團
鳳凰出版社

ISBN 978-7-5506-1016-3

圖書在版編目（CIP）數據

中大錫中初中畢業紀念刊等 / 初中第二屆畢業同學會等編. -- 南京 : 鳳凰出版社, 2011.12
（無錫文庫. 第2輯）
ISBN 978-7-5506-1016-3

Ⅰ. ①中… Ⅱ. ①初… Ⅲ. ①中學－畢業生－無錫市－民國－紀念文集 Ⅳ. ①G639.29-53

中國版本圖書館CIP數據核字(2011)第245905號

責任編輯 王 劍
裝幀設計 姜 嵩
出版發行 鳳凰出版傳媒集團
鳳凰出版社(原江蘇古籍出版社)
南京市中央路165號 郵編 210009
發行部電話 025－83223462
集團網址 鳳凰出版傳媒網 http://www.ppm.cn
印 刷 無錫市證券印刷有限公司
無錫市揚名高新技術産業園B區75號 郵編 214024
開 本 889×1194毫米 1/16
印 張 35.75
版 次 2011年12月第1版 2011年12月第1次印刷
標準書號 ISBN 978-7-5506-1016-3
定 價 480.00圓
(本書凡印裝錯誤可向承印廠調換,電話:0510－85435666)

無錫文庫工作委員會

無錫文庫學術顧問

（按姓氏筆畫排列）

總序

七千年文明史，三千年建城史，江南名城無錫，襟長江依太湖，自古以來就是魚米之鄉，禮儀之邦。無錫文化自泰伯南奔以來，騰蛟起鳳，尚德崇文，在數千年的傳承發展中，教化常持，經世務實，人杰輩出，大家林立，文藻絢麗，錯彩鏤金。舍南舍北皆春水，欲與湖山作主人，數千年的人文傳統，賦予了風光秀美的無錫以獨特的文化魅力，鑄就了城市剛柔相濟、秀逸清麗的文化品格。

無錫是中國吴文化的發源地。早在商代晚期，周太王古公亶父的長子泰伯三讓王位，携其弟仲雍奔吴，定居無錫梅里，建『勾吴國』，『端委以治周禮』，施以禮儀教化；興修水利，授以農桑，不數年而『民人殷富』。泰伯帶來的中原文化與無錫本地土著文明相結合，吴文化以及作爲其重要組成部分的無錫文化就此發端。晋室南渡，北方人群大量南遷，帶來了中原的文化技術，促進了無錫農業、水利、手工業和商業的發展，中原文明再度與吴文化進行融合互滲。在本土文化與异地文化的碰撞和交融中，不斷推動着無錫這座城市的文明進步。

無錫歷史文化『追歷七千餘載歲月滌蕩，遂經四大轉折而成其廣大深厚：泰伯西來，吴文化成焉；永嘉南渡，江左文脉振焉；宋室波遷，江南文風始焉；歐風東漸，錫邑占風氣之先，民族工商文化始焉。數百代鄉彦賢達智慧與創造累積，文獻足徵，無慮百千』（《錫山先哲叢刊》重版弁言）。無錫文化以兼容并蓄多樣化的形態不斷發展。

崇文尚教，以教促文。北宋嘉祐三年（一〇五八），無錫始設縣學；北宋政和元年（一一一一），理學傳人楊時在無錫創建東林書院，此後無錫出現了喻樗、尤袤、李祥、蔣重珍等一批知名的教育家。至明代，顧憲成、高攀龍等在東林書院講學，此後又有許多書院相繼而起。古代無錫對教育的重視，促進了『崇文』和『尚教』的風氣，也造就了大量的人才。自隋朝開創科舉取士到清末廢除科舉，無錫共出了五名狀元、三名榜眼、六名探花和三名傳臚，并有五百四十名進士，一千二百多名舉人；『一榜九進士』、『六科三解元』，自古傳爲佳話。近代以來，經濟的繁榮進一步帶動了教育的興盛。無錫籍國學大師錢穆曾説：『晚清以下，群呼教育救國，無錫一縣最先起。』此後無錫的實業家紛紛出資興辦文化教育事業。教育的繁興，在極大程度上促進了無錫的文化發展，出現了空前的文化人才崛起的高峰。

文脉綿延，後出轉强。歷來『文化』的概念有廣義和狹義之分，這裏的『文脉』之『文』，用的是狹義的概念，即指經史、文學、藝術等人類所創造的精神財富的總和。在無錫的歷史文化傳統中，自古及今，悠悠文脉，如瓜瓞之綿綿。必須指出的是，從文化發生學的角度來看，早期中華文化的中心是在黄河流域的中原地區，無錫在宋元以前，雖有像顧愷之、李紳、尤袤、蔣捷、倪瓚等一批人文英才，但在整體上，無錫的文氣是自明清以迄近現代達到巔峰。在整個江南地區文教昌明和無錫經濟繁盛、教育勃興的大背景下，無錫地區在經史、文學、繪畫、音樂等諸多領域中，建樹卓越，俊才雲蒸，真正呈現出『人文之盛，冠於南國；碩彦輩出，著述繁富』的局面。

求實務本、重工崇商。無錫自古爲江南富庶之地、魚米之鄉。明代東林講學者將士商并列爲『本行』，講求經世致用；近代早期維新的思想家、實踐家薛福成提出『黜浮靡，崇實學』，大力倡揚『工商爲先，耕戰植其基，工商擴其用』的觀念，這些都成了近代以來無錫人求實務本、重工崇商的重要的思想根源；兼以明清時期，封建自然經濟解體，資本主義開始萌芽，無錫經濟日趨繁盛。鴉片戰争以後，上海開埠，由於商品經濟的發展和商業資本積累的增加，逐步形成了一個以上海爲中心的，北接江陰、靖江，西連蘇州、無錫、常州的經濟區域。有布、米、絲、錢『四大碼頭』的無錫，被譽爲『小上海』。到了十九世紀末、二十世紀初，無錫許多有識之士積極引進西方生産技術，大力興辦工廠，形成了近代六大資本系統，無錫成了近代中國民族工商業的發祥地和蘇南經濟中心。經濟的繁盛，不僅爲無錫文化的不斷發展提供了堅實的物質基礎，而且也形成了無錫文化的主流形態之一的，具有鮮明特色和豐富内涵的『工商文化』。

文化源長，文獻宏大。在歷史上，無錫有過兩次較大規模的文化整理。一八九九年，《常州先哲遺書》是包涵無錫在内的第一次區域性文化整理集成。一九二二年，《錫山先哲叢刊》是無錫真正意義上從城市角度進行的一次文化整理。當時，國家積貧積弱，社會動蕩離亂，身處亂世的有識之士高擎文化的旗幟，以縱覽千古的魄力和毅力致力於城市文化傳統的繼承與弘揚，爲無錫地方人文教育提供了文化楷模，對增强無錫崇文興教氛圍發揮了重要的作用，爲無錫躋身江南名城提供了文化動力，其意義至今爲後人感念。

滄桑巨變，天上人間。經過近一個世紀的奮鬥探索，特别是改革開放三十多年來的迅猛發展，中華民族强勢崛起。國運昌隆，盛世修典。中共無錫市委、市政府高度重視地方傳統文化的整理弘揚工作。自二〇〇七年提出『建設文明無錫，打造文化名城』以來，無錫全面深入開展歷史文化遺産的挖掘、清理、保護和修復工作，傳承弘揚優秀傳統文化，彰顯城市人文歷史底藴，掀起歷史文化名城建設新高潮。此後，市委、市政府在《無錫市文化大發展大繁榮行動綱要》中明確要求全面整理出版地方歷史文獻，市委、市政府在《關於深化文化體制改革加快文化强市建設的决定》中再次明確要求編纂《無錫文庫》，正式啓動迄今爲止無錫地區規模最大、綜合性鄉邦文獻集成的修編工作。爲確保《無錫文庫》的編纂工作順利進行，市委、市政府專門成立了『無錫文庫工作委員會』，由市委宣傳部牽頭，設立了『無錫文庫編輯委員會』，計劃用三年時間完成編纂出版工作。《無錫文庫》的編纂，將以嶄新的學術角度和現代學科框架對城市歷史文化進行全面梳理和弘揚，站在時代的高度，充分展示城市深厚的歷史底藴，彰顯先賢哲人的智慧創造，解讀無錫文化的獨特個性，提煉升華無錫的人文精神，光前裕後，古爲今用，以文化人，由人化文，以史爲鑒，開啓未來。

《無錫文庫》的編纂出版必將發揮重要的文化功能：首先是搶救文獻。無錫自古即有豐富的地方文獻，無論經史子集，都有重要著作流傳於世。然而無錫近代歷經戰亂，一些重要典籍已毁佚，僅有書名存留；還有一些珍貴的明清地方史籍，也以孤本存世，處於若存若亡之間。由於各種原因，一些代表無錫文化的典籍保存於國内外各大圖書館中，在無錫不易見到。從清末到民國期間，在文化上有不少重要成果，而這部分書籍因長期被忽視而處於毁佚的邊緣。《無錫文庫》的編纂就是爲了搶救文獻，保存文脉。其次是古籍整理。無錫先賢留下的載籍很多，但現存書籍，版本雜亂，良莠不齊，整體而言没有經過系統編排梳理，使用不便。《無錫文庫》的編纂，就是從版本目録學的角度加以梳理，每書皆撰提要，鈎玄指要，便於閲讀使用。第三是服務大衆。《無錫文庫》所收皆爲地方古史遺文，是研究無錫歷史沿革和文化傳承的必讀書目。《無錫文庫》的編纂出版，使這些書籍的使用更加便捷和廣泛，對無錫的文化建設、城市規劃、古迹保護、名勝開發都具有很高的學術價值和實用價值。

歷史唯物主義觀是《無錫文庫》編纂出版工作的重要指導思想。《無錫文庫》是一部具有社會主義新時代特點的典籍集成，編纂理念和選編觀念更加科學，注重學術性、實用性和經典性相結合，并且儘量收入古籍版本研究的新成果，廣泛收集流散在國内外的珍貴典籍。編纂工作中，始終堅持『尊重歷史、尊重科學、尊重規律、尊重專家』的原則，堅持『雙百』方針，對傳統文化中重要的不同學派、不同觀點的資料兼收并蓄，力求客觀、完整和全面。當然，《無錫文庫》不可能包羅萬象，而以文史哲爲主要内容，兼顧其他類别著述，整體呈現出無錫歷史文化的發展脉絡。强化編纂工作的學術規範，提倡實事求是的良好學風，對文庫的整體規模、體例框架、所收書目、版式裝幀等進行反復論證，反復比較，多方聽取意見，慎之又慎，力争使《無錫文庫》成爲一部真正代表無錫文化的綜合性鄉邦文獻集成。

編纂出版《無錫文庫》的盛舉，得到了海内外衆多著名的文史專家、學者教授的熱烈響應。許倬雲、馮其庸、楊天石、李文海、徐中玉、馮遠、胡福明等無錫籍文化名人和劉玉才、程章燦、江慶柏、張廷銀、金良年等專家學者應邀擔任《無錫文庫》的學術顧問，他們扎實的學術功底、嚴謹的治學風範、卓越的學術見識，爲《無錫文庫》提供了有力的支撑。

千年吴地文明，百年工商繁華，賦予無錫人聰慧和靈秀，創造了具有獨特品質的城市文化和城市精神。當我們手捧先哲留下的珍貴文化遺産，不僅滿懷感恩、敬畏之心，更涌動着不負前賢、勵志圖新的激情，去努力創造城市文化嶄新的輝煌，讓無錫文化大發展大繁榮的春天更加姹紫嫣紅、繽紛燦爛！

無錫文庫編輯委員會

二〇一一年一月

凡例

一、《文庫》所收爲無錫籍作家的著述和與無錫相關的歷代文獻，分爲《官修舊志》、《地方史料專著》、《年譜家乘》、《無錫文存》和《近現代名家名著存目》五輯。

二、無錫地域範圍以現行行政轄區爲準。《文庫》立足無錫市區，兼顧江陰、宜興，適當選收江陰、宜興具有代表性的著作。

三、《文庫》所收著作，以史料價值高、使用價值大爲原則，適當兼顧其版本價值。

四、《文庫》主要采用影印方式出版，《近現代名家名著存目》收入作家小傳和主要著述目録。

五、《文庫》所收著作，其編纂年代下限爲一九四九年；《近現代名家名著存目》則不受此限。

六、《文庫》所收著作，原書如有蠹損、殘缺、漫漶不清處，原則上以相同版本予以換頁、補頁，使全書清晰、整齊。

七、《文庫》對所收每種圖書，均撰寫提要，置於每種書扉頁之背面；每册均新編頁碼，自爲起訖。

八、《文庫》編制書名索引和著者索引，以方便讀者使用。

第二輯編輯説明

本輯爲《無錫文庫》之第二輯《地方史料專著》。這些書籍皆爲個人著作，它們是官修方志之外最重要的地方史料，是對地方歷史更爲精細的記録和闡述。其中保存了官志中看不到的材料，所以也是官志極其重要的補充。無錫自古以來人文薈萃，所以歷史上存留下來的地方史料專著也非常豐富。明清以來這些著述得到了長足的發展。作爲方志體裁的史書，這些著作所述史事已細化到一個鄉村，一座寺廟，一幢宅第，一座園林，一所學府，一項工程，一個專題等，從而爲後人保存了大量第一手的史料。進入民國後，隨着社會的發展，在政治、經濟、文化、教育等方面，出現了許多專門的出版物，這些具有時代特色的文獻，爲我們保存了民國時期原生態的歷史材料。從這些文獻中可以看到當時無錫向現代都市邁進的步伐。第二輯所收書籍，不少都是孤本，彌足珍貴。特別是一些藏於外地圖書館的珍貴書籍，這次也盡了最大的努力加以搜集。由於歷史的原因，一些地方史籍已失傳，僅有書名存留，不無遺珠之憾。一些民國書籍也偶有缺葉。敬請讀者見諒。從另一個角度而言，也更説明了這次文庫編纂的必要。

目録

中大錫中初中畢業紀念刊

初中第二屆畢業同學會 編

《中大錫中初中畢業紀念刊》，民國十八年（一九二九）區立無錫中學初中第二届畢業同學會編，原刊本。本書全名爲『中央大學區立無錫中學初中第二届畢業同學會紀念刊』。

民國十六年（一九二七）國民政府定都南京，在江、浙兩省試行大學區制。是年六月，按江蘇省教育廳規定實行中學、師範合校辦理。省立第三師範改名爲中央大學區立無錫中學，前期師範改爲初中，後期師範改爲高中師範科，另添高中普通科。農村分校改爲鄉村師範科，附小改爲實驗小學。正是在這個大背景下，原屬省立第三師範的前期學生成爲改名後的無錫中學的第二届初中畢業生。在書前的照片上，合影師生的背後正是第三師範的大門。全書内容有序言、寫給畢業同學、年級史、級旗及説明、發刊詞、臨别贈語等。除此之外，大部分篇幅用來刊載畢業生的作品，有翻譯、政論、論述、抒情散文等。從這些作品中可以看出這些初中生扎實的文字功底和活躍的思想。書末有第二届畢業同學會章程、編後、本級同學通訊録。從通訊録中可以了解到學生來自江蘇全省，東至上海南匯、川沙，北至揚州、東臺，西至武進、金壇，最遠的來自灌雲。四十七位同學中衹有兩位家在無錫城區，其餘大部分來自農村。從這本紀念刊中可窺當時的教育是開放而踏實的，學校的氣氛是自由而和諧的。無錫中學至民國二十一年（一九三二）撤銷，恢復省立無錫師範學校。該書是目前僅存的一本大學區制的畢業紀念刊。

本書據原刊本影印。

（徐志鈞）

中央大學區立無錫中學
初中第二屆畢業同學會

紀念刊

1929

目　錄

中央大學區立無錫中學初中第二屆畢業攝影

序

周校長

初中三年級甲乙兩組同學不久將屆畢業，準備編印一種刊物以爲紀念，並且要我在上面寫幾句，這當然是我樂於承諾的事，

我自來本校服務，雖已一年。辦理同學的畢業手續，還是第一次。我對于此事因之更覺得鄭重。而同學們又有編印畢業紀念刊之舉，恰和我底鄭重的意思相同，使我尤其樂於承諾。

我常想：求學時代的畢業期間，總要算是人生底一大快樂，猶之乎世俗對於『盤生日』做壽似的。我們有經驗知道，一生最快樂的『盤生日』，第一要算兒童時代的過十歲。因爲兒童到了十歲，已漸漸領會到人間的豐富，又感覺到自己將來的遠大。以後過二十、三十生日，雖有人家更鋪張揚厲，但在本人底心目中，有人間底一切已經慣熟了，自己將來的希望又快要凝結了，總難免有『所遊日多，所任日重』的感覺，這時取得的快樂，恐怕還不敵懷抱的憂患。所以我說過『十歲是最快樂的』盤生日』。

我如果仍以『盤生日』和畢業作比，我以爲初中畢業恰和做十歲的盤生日相當。這時候學術之園，已經編啓門開，哲學的道路，科學的建築，藝術的花果，一切展映在眼中，升堂入室的希望，更顯然巍然地樹立在前面期待著。再往後面看看，旁邊看看，無所謂負擔，亦無所謂牽累。這樣的情境在小學畢業，決然領略不到，一到高中或大學畢業

，心有專向，又難免要感到做二十三十生日之所感了。所以同學們把這次畢業看得很鄭重，要留下紀念品，這都是當做的事，我都贊同做。

以上我從感情一方面着想，就以做整生日比畢業。要是用理知來觀察，還可比做商家年終的帳目結算。商界有這一次結算，就自知年來營業的盈虧，學生得這次結算，就知道自己過去的進德修業的程度。於是追求得成功或失敗之所以然，才可以決定將來的態度，應該『改弦更張，還是『鍥而不舍』。所以這一結算，可以予人以快樂，同時也是絕好的反省的機會。尤其是初中畢業，恰像小店獲利擴張營業的當兒，要希望將來營業發達、利息豐厚，過去的情形當然是最可靠的參考。同學們揭開這本紀念刊一看，也許同有這一種感想吧？

還有我們說初中畢業是求學時代最快樂的季節，換句話說，即是今後難再得這樣輕鬆。這無定的變化而開展的將來，該如何去應付？如何去進行？轉瞬都要成功亟待解決的問題。這些我相信一定早有許多同學在獨自研究，也有許多先生已經分別指導，毋庸我再在這裏重複地講許多。我祇希望能找到簡括而有效的一句，贈與同學們、幫助著應付這無定的變化而開展的將來。

現在我居然找到了！這是我們在大禮堂中常見的高高在上的兩個大字，——弘毅——這是本校二十年遍贈與千餘同學的贈品。在九年之前，我正是受贈與的一個，我今日即以此轉贈與同學。

這兩字——弘毅——是很易於解釋的。大都知道『弘』義為大。要做到大，必定要知識富，胸襟寬，目光遠。『毅』訓果決。做到果決的，必定是能刻苦，能忍耐，能堅信其所守。這雖然僅僅兩字，可是歷史上所有的偉大的人物，無一不以此態度應付他底環境而自立成功。我們不必遠求，孫中山先生即是當前的好模範。中山先生是偉大的，所以他說『余致力國民革命，其目的在求中國之自由平等；』又主張『聯合世界上以平等待我之民族共同奮鬥』。中山先生是果決的，所以他雖然經過四十年的奮鬥，雖然革命尚未成功，而終於遺囑『繼續努力，以求貫徹』。

我還相信人間底道德，雖有些要重新估價，而這兩字底價值，却無時間或空間的差異，而且是永遠毋需重新估量的應付人生的基本態度。現在我極鄭重地轉贈與諸同學，供諸同學永遠的運用。設使二十或三十年以後，諸同學中有人發覺了自己底成功，竟有關於這刊物上我所轉贈的兩個字——弘毅——的啓發，那是我將來最大的榮幸，也是今日最大的希望！

序

此册名紀念刊，蓋有二義，諸君今畢業於初中，此後或將有別離他適者，三年芸案，互相切磋，異時涉江采芙蓉，所思在遠道，留此一册，可以記鴻雪之因緣，此一義也，又諸君今爲初中畢業，所成就者如此，以後日就月將，緝熙光明，龍門燒尾，前此爲魚，回首雲泥，歷程可按，此又一義也，顧吾尤有進者，昔孫權謂呂蒙曰：卿今當塗掌事，不可不學，蒙辭以軍中多務，權曰，孤豈欲卿治經，爲博士耶！但當涉獵，見往事耳；卿言多務孰若孤；孤嘗讀書，自以爲大有所益●蒙乃始就學，及魯肅過尋陽，與蒙議論，大驚曰，卿今者才略，非復吳下阿蒙；蒙曰，士別三日，卽更刮目相待，大兄何見事之晚乎，肅遂拜蒙母，結友而別●諸君正當英年，苟精進無已，前程詎可限量，好自爲之，無令阿蒙笑人，則茲刊所以識也●民國十有八年仲夏月童致堪敍○

寫給畢業同學

沈明達先生

本校自前年暑天，從三師改組錫中，到現在舉辦初中第二屆畢業，畢業同學爲要保存永久的「級誼」，特地有同學會的組織；并且發行紀念刊，用以追懷過去，策勵將來•這個舉動，在本校可以說是「破天荒」；在同學的前途，是多少有些好影響的，所以編輯者來向我徵求「在卷首寫幾句話」，我很樂意的承諾了•

可是日來因趕於要結束各項事務和教課，雖不能說「忙無暇晷」，却也有些「頭緒繁紛」•在這種環境之下，既苦於千言萬語，無從說起；又覺得敷衍塞責，未免無聊；更因久不屬文，怕着動筆•時光儘着過去，而終於隻字未成•一這是在承諾「寫幾句話」後，所感到的困難•

但相處已二年，並且與初中部曾有一度特殊的關係，似乎於諸同學卒業之日，「誼不能無一辭」；加以承諾在先，又「奚能失信於編者」，因此最後决定，無論如何，必得要寫幾句•——不能說什麼「臨別贈言」，或者可以供同學一些參攷罷了•

我常聽人說「士貴有立志」，又常聽人責備墮落者說「沒有志氣」，可見一個人能不能立志，足以確定他前途的命運；初中畢業，正是就事和升學的歧點；諸位同學究竟升學或是就事，應得根據個人環境，深思熟慮，確定方針•其次，如果就事，則各種職業很多；如果升學，則須分科進修；究竟擇何種職業，和何種學科；也不能不先事决奪，免得歧途彷徨，浪費許多時間和精神，空走許多寃枉的路。

復次，現在的中國，可以說是民族復興時代，但也是最容易走入歧途的時代，什麼共呀國呀，一切思想落後，不適國情的學說，固然未可盲從。就是風呀月呀，一切蕩人心魄，隳人志氣的文章，也何可沉溺其中。我們一方面要明瞭自己是中華民族的一分子，同時更須了解自己是世界人類的一分子；我們要不虛度此生，要過一個有意義，有價値的人生，就得對於中華民族，盡應負的責任，對於世界人類，有廣博的貢獻。我們要卓立偉大的人格，要建設不朽的功業，想總應以此自勵吧？

最後，借引美國布林頓先生的成功祕訣，摘錄二十條在後面，很願諸同學「銘之座右」，「每日三省」。

(1)失敗的人每天空費兩點鐘，成功的人不肯虛度五分鐘。

(2)失敗的人私下總想偷懶，成功的人不會偷懶，只怕太勤苦，勞力過度。

(3)失敗的人不做事的時候，一點也不想想他的事業。成功的人隨時計劃他的事業，有了心得就記上他隨身帶的小本子。

(4)失敗的人祇要有飯吃，就不想再求知識；成功的人不論怎樣一定要求更加高深的知識。

(5)失敗的人聽了別人的批評不快活；成功的人最歡迎別人的批評，聽了立刻自已就改良。

(6)失敗的人生平不和他職業中有名的人物談話；成功

的人能夠觀察有名人物的好處，自已摹倣。

(7)失敗的人懶惰不運動；成功的人每天有適宜的運動，並注意衛生。

(8)失敗的人不曉得學一種專門技能；成功的人總有一種專門技能。

(9)失敗的人不肯把他的工作，和比他好的人比較；成功的人立志要尋比他好的原因，想法子比他們更好。

(10)失敗的人出入款項沒有預算；成功的人有精密的預算。

(11)失敗的人以節省爲羞恥，成功的人一點不肯浪費。

(12)失敗的人總說沒有好機會；成功的人不靠僥倖，自己製造自己的命運。

(13)失敗的人不肯解析自已的性情能力；成功的人時常自己反省。

(14)失敗的人讀許多沒有價值的書報；成功的人只看可靠的報紙，只讀有用的書籍。

(15)失敗的人沒有快樂的樣子；成功的人不論心中是否如意，看上去總是快樂高興。

(16)失敗的人做一件事沒有一定的方法；成功的人做一件事只用一個最經濟的方法。

(17)失敗的人躲避工作，上課；成功的人歡喜工作，上課。

(18)失敗的人妒忌別人勝利；成功的人慶賀別人勝利，

(19)失敗的人歡喜孩子氣的娛樂；成功的人做事就是娛樂。

(20)失敗的人天天模糊過去；成功的人立志要做同様職業裏最好的一個人；並且用勤勞的工作，科學的方法，互助的精神，以達到他的目的。

去年暑假休業時，我曾對初一同學什有面幾句話，現在就借來作本文的結尾。

『我希望諸位走上要成功的大道，一個個都成爲社會中堅，國家柱石；不要甘自墜落，無意義的過此一生；這個願望是始終懷抱着，始終想像着的。光明的前途，正在等候着諸位走去，願大家努力！努力！』

一八，六，二五，于無錫中學。

級　史

本級自民十五秋——一九二六——起至今歲——一九二九——止三年間之往跡在在爲吾人回憶之資料，茲將臨歧話別，三年期之團體生活告一段落，以前種種，或可爲不可少之記錄者，用分三期，撮要撤尤以呈至親至愛之諸同學。

(一)誕生時期

革命軍乘先總理遺命宣誓北伐民十六年三月抵無錫，不匝月而定首都，同年九月前，江蘇省立學校，改組本校由教廳制師範與中學兩不混淆，革命後，本省試行大學區制，中學與師範合併，前期無師範科，祇設初中故本級由前第三師範前期一年級一變爲本校初中二年級比爲本級之誕生時期。

(二)發展時期

斯時前第三師範校長陳谷岑先生調任王克仁先生來長本校，前三師爲單級制，由該校前一轉入本級約三十餘人，十六年九月十日本校正式開學，本級另添入男女新生四十餘名分甲乙二組，乙組，前三師舊生，甲組卽完全所招新生人數亦較乙組爲多，斯時二級級任夏剛伯先生，夏江西籍，教導多所熱心，故本級頗多發展，十七年二月，第二學期開學本級乙組同學本少，又因事輟學者四人，校當局以甲組生——前東大附中轉入本校者添入乙組，斯時王校長以事向大學行政院辭校長職凡三次，乃得行政院批準，由教務主任薛鍾泰先生充任代理校長職，七月大學行政院以薛先生係代理性質，改任周鳳甸先生，周先生到校後於暑期招生本級又添入同學六人，周先生爲聯絡二級感情起見，復無標準地將甲乙生重行分配，此時新生與舊生融成一處，兩兩相得，生色不少•我級之得以熙熙攘攘毫無隔膜者未始非先生此舉之賜也•

(三)畢業時期

自兩級分配後本級精神頗見聯絡更以級任童致堪先生諄諄善導，春風化雨獲益良多，際此光陰荏苒三年期滿我同學不得不與母校同學別離，而別圖發展，童先生仍謀諸同學感情永久，聯絡起見，特襄助組成本級畢業同學會，會務除本級舉少數同學負責進行外，先生多所指導，在我級同學畢業時期，可謂莫大之益，爰將歷歷回憶與影象最深之事，以誌於此•

鳴謝

本會承諸先生熱忱捐助大洋五十四元特此鳴謝

初中第二畢業同學會敬啓

級旗圖解和說明

(1)「中大中大錫中初中部第二屆畢業同學」十四字排成「中」字形蓋有四意焉：

a.能互相聯絡結成一鞏固之團體。

b.外形圓轉活動之意；且賴中之一豎可以作維繫此活動力之工具，使成循正軌之活動。

c.「中」之本意爲中正，即不偏不倚，無過不及之謂。所謂中庸之道也。

d.「中」在此之特點：可表示五中：——中國，滬甯路之中央，無錫城中，中央大學無錫中學。

(2)右角之英文字爲 ceutral univeraitg, uusih middl school 之省寫，所以排列成「二」字形者爲表示本級爲初中部第二屆。右之1929排成一列表示一種相繼永續不息之意。

(3)顏色之說明：

a.底色用嫩綠，因嫩綠色爲色素中除白色外最純潔，鮮明，和平之顏色且綠色表示進取之意

b.左之中文用黑色，因色與嫩綠色最相適合，且黑色可以表示勇敢堅忍，與不屈不撓之精神。

c.右角英文字用紅色，因紅色與綠色相配，比較明顯，並用以表示進取與奮鬥，與和平之綠色相合，適足表示和平之奮鬥。

d.旗長寬之比例爲一比二，長二尺寬一尺。

宏德誌

級旗

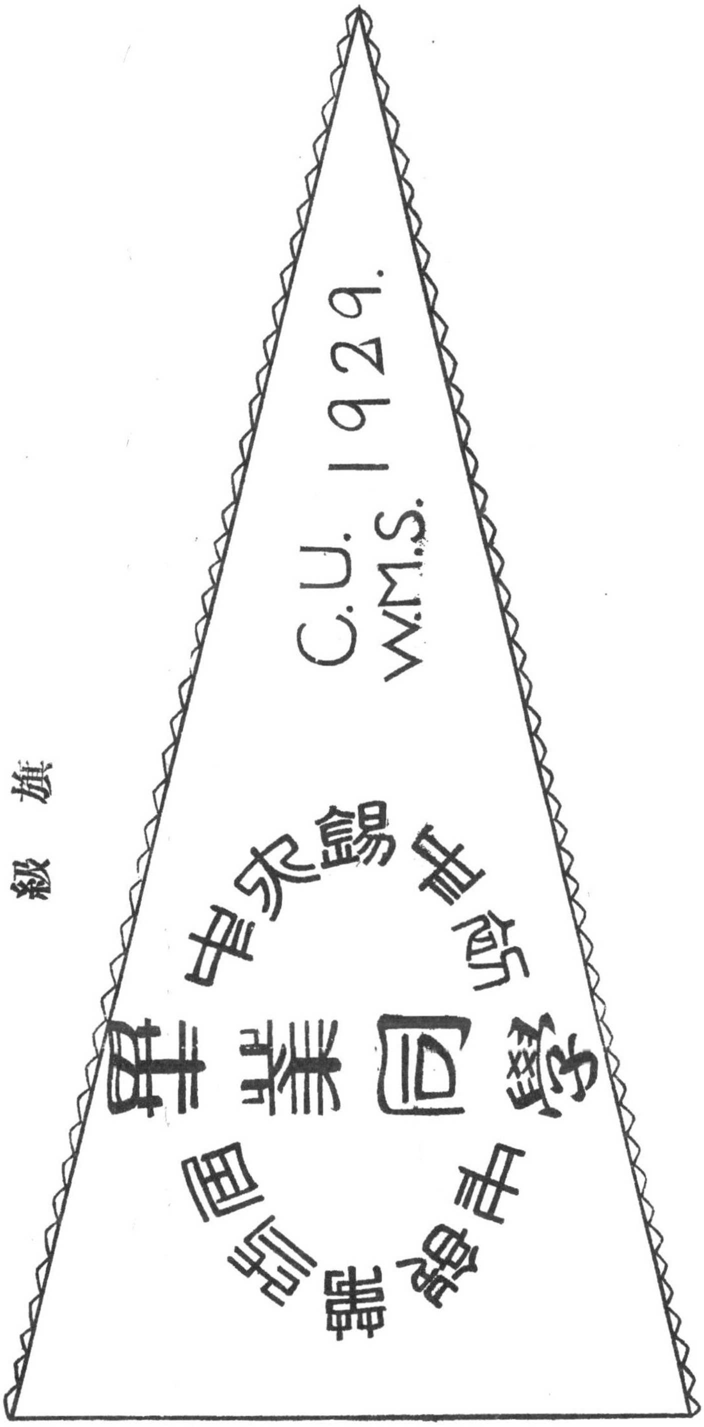

發刊辭

乃夫

時之神飛，飛，飛也似的儘力向前跑去，祇一刹那間，三年又由他匆匆地過去了。

在海灘上玩貝殼的我們，儘力眺望着汪洋洶湧的波浪，可是急急底太陽已沒入了碧油油的海水，祇剩下絲絲美麗的紅霞，和條條輝煌的波浪，嬉戲的我們呀！却得不分道而馳了。

幼稚的我們，却也了解了握手牽衣的勾當，臨別的贈物，祇有這些些貝殼，同伴們呀！不嫌不少吧？

這是留下一些小小的痕跡，以供給將來回憶和追想的資料，雖然是這樣幼稚和粗淺，然而的確是心底的流泉，决不是用手揉出來的眼淚。

朋友們再會吧！希望你有時還能記得幼時在海灘上拾貝殼同伴們！

六，十八。

別在校同學序

朱有福擬稿

光陰似矢，歲月不居，轉瞬之間耳，三年之期限至矣，諸同學或直升高中，或轉入他校，或投身商界，或從事工業，雖不一其途，而同窗共硯，融融之樂，則不能常保矣。而對於在校之同學，則別有所感。夫人非木石，誰能無情，雖在落落寡合者流，當此歧途握手，離亭分袂之時，猶不能不黯然銷魂，而況親共硯席，朝夕漸摩，共沐化雨者耶？又況多年聚首，誼篤情敦，互相敬愛者耶？人生聚散，本無一定，然戀戀之意，將相繫於無窮也。臨別有言，謹布一二。

世界學問，浩如大海潮，多於太倉粟，雖有絕倫超羣之智，益以百歲上壽，少年從事，皓首不已，猶不能探其蘊，窮其涯涘。今有人焉，大聲言曰：「世界學問，具備於吾之一身。」則人必笑之曰：「是亦妄人也已矣」蓋古今中外，必無其人故也。學問既無窮期，然則畢業二字作何解耶？應者曰：現代學制，例分三期，曰小學，曰中學，曰大學，畢業者，各階段肄業終了告一結束之謂，非眞所謂畢業也，明乎此則求學之道，思過半矣。溯自高小卒畢，忽忽三易寒暑，渾渾噩噩，所得者果何物乎？清夜捫心，愧也曷極，然往者不可諫，前車之覆，後者之師，諸同學研究學業，不遺餘力，將來定有驚人之成績可觀，以視吾儕粗魯草率，有天淵之別也，是則吾儕敢逆料，亦諸同學所樂聞歟？諸同學其勗之。

常人之言曰：入學校求學而已，其實不然，夫求學固爲青年之天職，然於求學之外，應爲之事正多，舉凡朋友之酬酢，德性之涵養，均須於求學時代養成之。蓋無學問之人，不足以服務社會，效勞國家，人人能道，人人能言之矣，然曾亦一思有學問而無道德、乏處世接物之知能，更不能服務社會，效勞國家否耶？不觀乎今日之中國乎？爲商者營私牟利，不顧一切，苟有可以利己者，雖賣國以圖之，亦所不惜，以屢次抵制日貨，而商人偷運如故，可以證明。爲官者奸汚日出，貪贓無厭，負國家之重託，爲一己之營謀，目今打倒貪官汚吏之口號，雖高唱入雲，而緣是而生者正不乏其人也，事實昭彰，欲隱無術。爲軍人者，擁兵自衛，乘機抗命，倒戈迎敵，習爲固然，弁髦法令，無復忌憚，以今日統一之局面，猶不乏此等輩也；其他之事實尚多，不堪畢舉，推源窮本，皆無道德的修養之所致也，反而言之，古今來幾許英雄豪傑，足以維繫人心，創大業垂大名者，莫不有高尚之道德，出人之人格也，無是而欲憑一時之權勢，壟斷一切，掩盡天下耳目，則其失敗，惟時間問題耳。然則德性之良窳，關係於人生及國家爲何如耶？吾儕來此三載，學業旣無所得，德性人格，更無所養成，反躬自詢，汗顏無地，是則諸同學於求學之外，更當從事於德性之涵養，庶將來立身社會，福國利民，可預卜也。區區之意，願與諸同學共勉焉。臨別贈言，不盡所懷。謹序。

留別本校全體師長

楊必立擬稿

敬愛的師長們：

別了，從保姆的搖籃中躍出而和保姆們作別了分歧的道側多麼黯然呵！

先生們：我們決不忘你，雖然相處的時間爲三年的二年的一年的不同，但是先生們給予的印象，我們是始終不會忘的；因爲先生們充滿的對我們的熱情我們也就不必再去說：

『先生們：不要忘我們』

…………………………………………

整理着過去的印片，莫不深深地刻着先生們對我們的不可磨滅的慈愛，就是因爲我們自已的不好，爲要我們改過的緣故，或者駡我們幾句，或者使我們自已感覺着難爲情……但是我們知道當時先生們的胸腔中是怎樣地爲我們燃燒呵！先生的嚴肅的態度中，是含着甜密的慈愛，而不覺着冷酷，我們不自諱自入本校至現在的過程中，沒有一個人不曾犯着過失的吧！先生們總是狠和善地爲我們糾正，使我們明瞭覺悟自已的不對狠從容地導我們以上進，先生們呵，我們怎能忘你！

先生們平時對於所担任教授的學科，總是不惜餘力地講授，務使我們得着相當的瞭解，並且審度地作課外之補充，現在別了；以自已現在的智識，和先生們平時所講授的作一比較，我們未能將先生們平日所講授的完全吸收，在這臨別的一瞬間，回想及對我們一片片的苦心，怎樣慚愧惋惜而不自安呢！

我們親密地愛着我們的朋友，只要他——我們的朋友——愛着我們信任我們針砭：及能夠增加我們身心兩方面之利益•至對先生們呢，先生毫無成見地內心坦白地和祥地撫愛着我們，雖不能說我們沒有一點敬愛的熱誠，但若與我們的朋友比起來呢，呵！敬愛的先生呀，現在始覺是非之倒置！

別了，先生們！想起以前的種種，想起先生們對我們的熱忱，及我們之對先生，祇覺得慚愧悔恨和歉憾！時間不允我們停留以後我們祇能這樣地自期着：秉承先生們給予的教訓，奮興着自身的勇氣，極力排除自已的劣點，努力於先生們指示給我們的上進之路，並且是這樣子希求着先生們！

時間雖然是不斷地進行着，地域或者是相距渺遠了，請先生們仍繼續着現在的情熱，時時作規誡和指導。

臨別贈本級同學

陳乃夫

五月的薰風，催出了我們底別淚，朋友！我們要別了。

衣於斯食於斯歌於斯哭於斯的母校，要離別了！同行同坐同遊同息的同學們，要分別了！怎不惆悵！能不惆悵！

我是最會戀舊的，惠山頂上的望太湖，東大池畔的折桃花，多麼有趣！雪浪山脚的吃荸薺，黿頭渚上的奪饅頭，怎樣好笑！第二泉的品茗，南方泉的搶飯，又怎樣有風趣！

我想：五里湖的波浪洶濤，不輸於日本的博多灣，梅園的暗香浮動，不弱於西湖的小孤山，嶂嶂山的古佛，也許像羅馬留下來的古雕刻，黃公澗的瀑布，也許似北美的尼亞加拉；甚至於小太湖上的柳影，調養室前的葡萄架，那裏，那裏都是我們慣遊高談之地，我們曾消磨了幾個快樂的空餘在上面，這是，我想值得我們留戀回憶的！然而，猙獰的時之神，他把現在造成了過去，已到了一霎那，親愛的同學們！這是離別的一霎那！

我深知道人類原是健忘的動物，有時間性的動物！今天痛哭流淚，明天又何嘗不淡忘了呢？我想，朋友們！應該打破這習慣！

社會原是一片原始時代的大森林大草莽！有兇惡的野獸，有毒人的蟒蛇，有艱難困苦的峭壁，有殺人爲生的強人，我們脆弱的生命，隨處有失掉的可能，又怎比沙漠安全些潮溼些呢！

然而，朋友們，我們應該互相提攜！

我們是人生路上的同伴，我們是更親密些的同伴，我們肩上負着同樣重大的責任，我們便應該互相提攜着，幫助着，握着手兒向這荊棘縱橫的荒野去，去！去！開闢一條新大道！

別了，同伴們，別惆悵啊！也莫悽涼也莫悲，我們應該握着手兒向前去，去！去！

六，二三•調養室

亞美利加地中海及其陸環之國家的象形

飯本信之著　載日本地理教育一九二八年十一月號　祁蘊璞先生譯

一

西美利加地中海，係包含墨西哥灣和加勒比海，殆指着形似緣海的部分海洋說的。現在拿牠來和歐羅巴地海中海澳斯大剌西亞地中海相比較，發見出許多有趣味的相異點和相同點來。先就緯度的位置說，不但是位於上邊兩個地中海的中間，又是往來鄰近諸海洋的關門，無論地中海全體對於周緣限界之百分比，或地中海內一切島嶼總面積對於地中海全面積之百分比，都是亞美利加地中海　介在二者的中間，這就是本質的相異點了。再就三個地中海的成立交通的位置和地政的地位看，三者又有本質的相同點。

像這樣顯著事實之外，吾人應當特別注意的地方，就是亞美利加地中海及其陸環之國家的形象。牠們政治勢力的分布狀態，單就設色的政治地圖上表示的觀念，實在和實質大相懸殊，假令亞美利加地中海及其陸環之上，有獨立國或爲歐洲某國的殖民地和屬領，現在亞美利加地中海，事實上爲能爲美國的地中海與否，這是政治地理上很有趣味的問題。

二

墨西哥在北美三個政治的形象之中，是面積最小的，人口却是凌駕英領加拿大，成北美唯一之拉丁系國家。無論從文化地理上看，或就經濟地理上看，牠的國民之人種的組成狀態，是混合狀態，和北美的盎格魯撒克遜系民族，成對立的樣子，卽西班牙人和印第安人的混合種占百分之四五，純粹西美利加印第安人占三五，西班牙系的白人占二。從西班牙統治時代起，一方面是大地主礦山主，他方面是勞動者小作人，中間成對立的社會，這個對立狀態，直到最近頒布許多農業法，才漸漸的緩和。從一八二四年脫離西班牙宣言獨立以來，除爹亞士總統在職中，殆不能脫却長久的內亂，更因西班牙系的殖民文化，和直接接讓的美國優越文化衝突，所以墨西哥的財政經濟，不得不讓渡他國人的手中，坦比哥(Tampico)油田，就是一個顯著的例子，在革命或變亂之中，受美國金錢的運動，確是事實，其結果各階級都困憊，墨西哥的健康狀態，愈趨於不良。

美國對於墨西哥最爲關心，不但看墨西哥是個大石油的湖水，並且拿墨西哥作爲美國敵人軍事行動的開進地，因此對於日本在墨西哥海岸作海軍的支撐點，最爲注意，此事就一九一二年的馬格達來納灣事件，可以證明。

墨西哥政治問題之中，最惹人興味的，是煤油問題，僅三十年間，墨西哥煤油產額，已占世界的第二位，一九〇一年，不過產一六四五立方米，一九二四年，突破二千立方米，初僅供國內消費，一九〇六年因英國某公司利用於貿易，從坦比哥輸出，後二年 Dos Robas 火災起，其火力能將煤油的極大埋藏量，顯露於世界；距今三年前，Potrero del Llano 有新噴出的煤油，更能聳動世界的耳目。墨西哥時煤油產額，至一九一八年，竟能凌駕俄國，最近雖有減少的趨勢，然仍於於美國，占世界的第二位，一九〇五年墨西哥產額僅三十萬桶，（ Bannel ）至一九二一年，達一億九千五百萬桶，從此以後，年年減少，茲有 Amenican Petnoleum Institute 的調查報告，列其數字於左：

一九二二……………………一八二二七八〇〇〇桶
一九二三……………………一四九五八五〇〇〇
一九二四……………………一三九四九八〇〇〇
一九二五……………………一一五九四一〇〇〇
一九二六……………………九〇〇七二〇〇〇

墨西哥旣有這樣豐富的煤油，其中大部分是由外國資本開採，所以今日煤油問題，就是和關於外國人的新法律及財產所有權諸問題，有密切的關係，因此要解決煤油問題，必須先要制定適當的法律。一九一七年之革命的法律宣言，把一切礦產地的所有權，先歸墨西哥國，此後關於該法律的適用，起了政治的紛爭，就專行搾取墨西哥煤油的英美，也就是墨西哥煤油的利害關係者，要叫牠們承認新土地法，當然是紛爭之源。一九一七年一月實施的煤油法律，凡居留外國人的土地所有者和利權所有者，就其土地利權，必須取得墨西哥國籍，除關於原則反覆論辨外，並要求一九一七年以前享有利權的舉證，這個舉證，實際上對於舊權利滿了五十年的借地權有變更的意義，加之到一定的期間，要不實行這個舉證時，就沒收其財產，這樣規定，凡關係者間不平之聲，囂然而起。煤油利權所有者和這個事件的關係怎樣？凡今日所有彼等的利權，都是在狄亞士統治時代和後來混亂時代，屢次用欺詐的方法，獲得煤油埋藏地域的大利權，今也受雙方的攻擊，第一當變更舊權利中五十年的借地權以前，必須證明舊權利之適法的所以，第二彼等就其借地權，必須取得墨西哥的國籍，就是絕對服從墨西哥的法律，不得起訴於本國法庭，這麼一來，不受本國的何等保護，所以美國和墨西哥之間，以此新煤油法做中心，起了長時間的爭論，想獨占墨西哥煤油的美國，不免陷於苦境。他方英美兩國，同就新法律感受大的打擊，假令英國的利害關係者失去利權的一部，最高政策，新法律得以實行，大保煤油利權者的共同戰綫發生破綻的傾向，在美國說，不能不算是當頭一棒，可是這樣的政政治上困難問題、大部分在英美兩國利益的負担，最近煤油生產額的減少，不能不說是是當然的結果了。

對於墨西哥的美國武力干涉的危險，早已過去，其危險限於美國煤油金業家資本家，不肯奉行墨西哥的新法律，現仍存在　若美國也能如英國屈服於墨西哥的政策，中止向墨西哥的武器祕密輸入，不至惹起革命來。墨西哥的煤油生產能力　一定漸漸向上，反之若美國政策，在激起謀反的分子　墨西哥必大受損失，實阻止有秩序的政府成立和社會的產業的進步。

在墨西哥投最大之金融的資本者，美人屬第一，英人次之，最近英政府對墨煤油政策的變更，其結果美國侵略的態度，受一打擊，已如上所述。他方德人勢力，在戰後漸漸的上昇　從一九一四年到一九二一年，美國支配墨西哥貿易百分之九十，結局墨西哥成美國的商工業殖民地，從一九二一年以後，美國的勢力，次第減少，一九二四年落至百分之七十三，其主因為歐洲諸國，對於墨西哥的進出增加　但是美國投於墨西哥煤油業的資本，達四億五千萬Peso　致美國在他項工業中，無活動的地步，今日至少墨西哥國富有四分之一，屬於美國利權者的所有。

這樣看來：吾人知今日的墨西哥，無論經濟上財政上，都有不得脫却美國羈絆的趨勢，但是現今墨西哥政府，常對於美國這樣的束縛，採反抗的態度，同時墨西哥又為對於美國的拉丁亞美利加諸國之選手，很值得人注意的。

三

普通稱的中美，是從 Tehuantepec 地峽到 Darien 基部的一個狹悅陸橋，包括墨西哥領的一部；反之西印度是由無數島嶼成立，與大陸中美對立。十五世紀頃，大陸方面，共有亞美利加印第安人六百萬至八百萬，島嶼方面，共有三百萬至四百萬。從西班牙人侵入以來，數目大見減少，島嶼部在德米尼加與 St. Uincent 印第安人的言語文化，還有殘留的，除二三百 Zambo（黑人和印第安人的混合種）尚存在外，下餘的殆全部滅濕。該地方除古巴波爾多黎各外，黑人之數占優勢，在中美的印第安人，僅佔有大西洋沿岸地方，陸橋內部尼加拉瓜低地等，臧波人也有少數，大陸中美，買斯台祚人（西班牙人和印第安人的混合種）占優勢，哥斯德黎加古巴和波爾多黎各住民多數是白人，不過僅在上層階級，占一點勢力罷了。

發見後百年，除中美亞美利加地中海少許是例外，下餘的都在歐洲的主權之下，這些地方的住民自覺，構成獨立的國家，是屬於極近代的事。島嶼地域，因水的境界，定出自然的行政區劃，反之大陸方面不然，結果規定行政區劃的全然沒有根據，Genenalkapitanat Guatemala（包括現在的瓜地馬拉関都拉斯尼加拉瓜哥斯德黎加）占中美陸橋的三分之二，下餘三分之一，屬於鄰近的行政單位，因此中美脫離母國西班牙而獨立的時候，這三分之一的地域，也就成了鄰國墨西哥新格拉拿大的一部，而英領関都拉斯喀帕斯，也脫離中美的行政範圍，這個區域，愈見縮小了。一八二三年中美聯邦共和國雖然成立，但因為該國民族組成狀態的缺陷，和政治野心家的競爭，到了一八三九年，就分裂成幾個獨立共和國來，其結果因為西班牙統治時代，州的境界，並未劃得清楚，遂惹出多數境界的紛爭，越發陷於困難，並且和墨西哥一樣，犯了共和國普通的毛病，就是革命瀕發，只有一個哥斯德黎加是個例外，這些中美共和國，乍然分離的不好處，早已經爲有識者所共認，雖然屢次作政治結合的運動，終究未能成功，不過在國際政局之上，這五個共和國取同一的步調罷了。

巴拿馬原爲西班牙殖民地，當時在交通上都視作要地，美國從法國公司讓受運河開鑿權後，就向可倫比亞要求租借運河地帶，結局被拒絕，一九〇三年助巴拿馬獨立，巴拿馬就將運河距中央綫兩側各五哩的地方，讓渡美國，美國現已築上很堅固的城堡了。

中美諸國的內政上，應當注意的地方，是亞美利加印第安人的勢力，在中美北部瓜地馬拉喀帕斯，印第安人屢起大規模的反亂，十九世紀的中葉，于加丹的 mayas 族，曾有大反亂，現在漸漸逃在原始林中，人數不到五千，他們的人數雖減少，大部分仍行反亂，是基於居住狀態之衛生的惡化，中美的原始林，對於印第安人的種族，在某種程度中，能維持他們的獨立，倒是一件極有趣味的事情。

中美諸國的獨立，係受南北二大鄰近地域獨立戰爭的影響，不能不說是用自已的力量而獨立，反之亞美利加地中海方面，能以自己的力量獨立的，殆屬例外。這個例外，就是海地島，一七八九年法蘭西革命勃發，因此法領殖民地海地島，也起了奴隸開放的運動，後來拿破崙倒行逆施，不但把首謀的人逮捕，並且捕拿黑人的大衆，當時黑人有一個極慶幸的事，是聯軍受了黃熱病馬拉利亞病和其他的熱病傳染，遂在一八〇四年成立用法語的黑人共和國和該島東半部用西班牙的穆拉脫(白人和黑人的混合種)共和國，一八二二年兩國曾結合過一次，至一八四四年又起分離。西印度羣島的運命，從來全受歐洲政局的支配，因此羣島上的住民，殆沒有什麼關係，一八九八年得自由的古巴，實仰仗美國的後援，絕不是出於自力。

現在美國對於古巴，有干涉權，且有租借的貯炭所，古巴的獨立，是有名無實的，該島白人之數　超過於有色人，正和黑人占絕對多數的海地島，東西對時，但是統計上的數字，常生變化，在古巴黑人和混黑人血統的社會地位，較之在美國好的多，反抗西班牙統治時，黑人和庫來鄂爾常常共同動作，就可以證明。

前世紀中，古巴是世界第一砂糖產地，這事由於美國企業組織的擴大和牠的現代化，牙買牙至近代產出多量的香蕉，輸出到美國去，此外閔都拉斯哥斯德黎加的溼潤低地，栽培香蕉，美國也投上多數的資本，像 United Fruit. Co, 不啻是中美亞美利加地中海等地的一個大經濟王國。

四

原來南美大陸，牠的性質上成一自給自足的經濟團體，可以利用牠的自然的利益，從幾十年前，美國努力以來，英國是不用說的，就是凡目爲近代強國的國家，總是在熱帶地方有殖民地，獨有美國是沒有的，所以牠常感覺不滿，但是美國經濟的發達，向資本主義方面上趨，因此要促進中美和西印度的進出，而美國和中美地方的關係，日漸密切，大安提耳諸島，關係更大，因互惠條約的締結，資本的輸入，這些地方，遂決定的化成美國的貿易殖民地，美國對歐羅巴的競爭，占決定的地位。

美國一八〇三年出墨西哥灣，一八一九年割讓佛羅利達，遂至在西印度地中海，占重大的地位，美西戰爭結果，得了波爾多黎各，更使牠的立足點堅固，一九一七年買收丹麥的安提耳，（有聖多馬港）不但在巴拿馬運河地帶，對於巴拿馬共和國得決定的勢力，並且一九〇七年得特米尼加共和國的財政管理權一九一五年得海地共和國的財政和軍事監督權，尚之可倫比亞委內瑞拉，也成了美國的勢力圈，亞美利加地中海在文字上就成了美國的地中海，美國說的「完成政治的安甯之限界，」至此遂告厥成功。

墨西哥在政治上看，可以說是中美陸橋對於美國的一個堅固堡壘，可是以完全的獨立勢力，趨向美國一方面，其結果不過更受美國經濟的束縛，至比上大陸諸國，更微弱而缺乏抵抗力的，是西印度諸國，牠們國家的形象，既失之過小，又因各國個別化，不能聯合作勢力的集團，所以亞美利加地中海地域，無論在自然上或政治上，都是地球上一個極大的虛弱地帶。美國對尼加拉瓜巴拿馬的進出，削弱中美諸勢力之政治的結束實不少，因此美國的地位，益加強固，巴拿馬運河，就美國本身之經濟的交通的軍事的諸點上看，實居有利的地理位置，今日唯美國之世界的優越，實有可能性。美國在一九一四年，從尼加拉瓜國得運河的建設權，謀油貯藏所確定在兩可倫島，又租借芬塞哈灣，為海軍根據地，期限約定九十九年，並得聖多馬優良港灣，故就巴拿馬運河形勢上看，英領牙買加島，事實上不免陷於孤立了。

就一般的情形說：有自然性質優良地點的國家，當然這個國家政治的安全，經濟的利益，可以增進，但是亞美利加地中海，美國既有優越的特性，牠的帝國主義的和資本主義的貪慾心，越發膨脹，反倒對於有自然性質優良地點的國家，生出不幸來，像聖多馬因爲是個良港，所以丹麥的領土，被美國買收，因爲要得巴拿馬運河的開鑿權，所以巴拿馬才離去可倫比亞而獨立，同樣的在尼加拉瓜，美國有建設運河可能性，所以尼加拉瓜的內政，不得不受美國的干涉。

荷領的庫拉索，背後沒有強盛的武力，法領的安提耳，距巴拿馬運河較遠，於美國並無何等的危險性，故今日在這個地中海中，爲美國的第一個敵人，當然是英國，這個地中海外側的英國前哨綫，就是從哈勒法經百爾慕他巴哈馬小安提耳延長到圭亞那的一個綫，美國的防禦綫，從古巴的西端到處女諸島，延長二千三百五十粁，牙買牙和英領閔都拉斯的連絡，爲之遮斷，美國的艦隊支撑點，在基衛斯提巴希亞洪達關塔那摩和庫來布拉，亞美利加地中海的美國霸權，實居安若泰山的地位。墨西哥中美諸國，和地中海諸地域，不是在美國的主權或干涉權之下，就是受美國經濟的或財政的束縛，要想反抗美國，事實上絕對的不可行，况且散在地中海各處的歐洲諸國領土，也是不免受美國的約束，將來英法荷三國，或好意的拋棄西印度的領土，也未可知，單就英法對於美國的債務，這個事情的出現，實見強烈的必然性。

作者係理學士，現爲東京女子高等師範學校教授，兼文部省地理科檢定委員，他近來對於政治地理學和地政學，很有研有，介紹德人的學說最多，常在東京帝大日本地理學會主刊的地理學評論和地理教育研究會主刊的地理教育上發表。他本在東京女子高等師範夏季講習會講演，題目是亞美利加地中海及其陸環之政治地理，這篇文字，就是略錄其一部而成。觀篇內所言，知道美國的大亞美利加主義，已經成功一半，無怪胡佛剛剛被選總統，就席不暇煖，僕僕風塵，向中美南美行，可以知其用意所在了。

譯者識一九二八，一二、一〇、

唐代文學家對於戰爭的態度

心 湛

有唐一代，征討殺伐，干戈擾攘，無或甯日，有時是對外的侵略；有時是外患的壓迫，有時是內亂，有時更是內亂外患交迫着；人民飽嘗兵戍塗炭之苦，顛沛流離，所謂父母不相見，兄弟妻子離散者，應有盡有，如此哀鴻遍地，自然要怨聲載道了。

文學乃人生之反映，情感之表露，一切社會活動。留在紙片子上的影子；我們打開唐代的文學作品一看，關于表現戰爭苦況的提倡非戰的作品，眞是不一而足，這當然是時代使然了。

但從另一方面觀察，同時悲壯的主戰的文學作品，却也非不有。大概初唐的文學是主戰的文學，現在且舉例以爲證：

「平生一顧念，意氣溢三軍。對日分戈影，天星合劍文。弓弦抱漢月，馬足踐胡塵。不求生入塞，唯當死報君

。（駱賓王從軍行）

「二庭歸望斷，萬里客心愁，山路猶南屬，河源自北流。晚風連朔氣，新月照邊秋。灶火通軍壁烽煙上戍樓。龍溟但言戰，燕頷會封侯。莫作蘭山下，空令漢國羞。」（駱賓王晚泊蒲類）

「投筆懷班業，臨戎想顧勳。還應雲得恥，持此報明君」（駱賓王宿溫城望軍營）

「塞外欲紛紜，雌雄猶未分。明堂占氣色，華蓋辨星文。二月河魁將，三千太乙軍。丈夫皆有志，會見立功勳。」（楊炯出塞）

「劉生氣不平，抱劍欲專征。報恩爲豪俠，死難在橫行。翠羽裝刀鞘，黃金飾馬纓。但令一顧重，不吝百身輕。」（盧照鄰生）劉

上面所舉是駱賓生，楊炯，盧照鄰三人的作品。這三人之外再加上一個王勃，號稱唐初四傑，在唐初的文壇上是頂赫赫有名的。下面再舉些陳子昂的作品：

「平生白雲意，疲薾愧爲雄。君王謬殊寵，旄節此風戎。按繩當繫虜，單馬豈邀功。孤劍將何記、長謠塞上從。」（東征答朝臣相送）

「匈奴猶未滅，魏絳猶從戎。悵別三河道，言追六部雄。雁山橫代北，狐塞接雲中。勿使燕然上，惟留漢將功。」（送魏大從軍）

讀以上作品，覺得那初唐人忠君愛國的精神，義俠英雄的氣概，深遠偉大的志願，溢於言表；他們並不詛咒爭，並不以戰爭爲苦，並不非戰，而且着實是有主戰傾向的

，這就有些可怪了。但我們稍仔細研究，便知也是有其原因和背景的：原來初唐是有唐三百年中的黃金時代，種種方面都顯著活潑的朝氣，其中尤以武功爲煊赫。四出征討，伸張國威，不遺餘力，且又每戰輒克，彊宇大啓，一般有志青年，在這國勢蒸蒸日上郅隆極盛之下，能不摩拳擦掌，躍躍欲試，投筆從戎，想一顯男兒好身手，庶可立功塞外，名垂青史，封萬戶侯。換句話說：就是那最易誘惑人心的功名二字在那裏作祟，使這些英雄壯士們趨之若鶩。慷慨投筆罷了。所以說：「丈夫皆有志，會見立功勳」「勿使燕然上，惟留漢將功」。

初唐的戰爭，是對外的侵略，在戰勝的光榮中，不惜犧牲一己之幸福，而把一切怨恨悲苦都抛到九霄雲外。且進而主戰。但是這個趨勢，僅乎曇花一現，到了中唐，國勢將日就衰微，內亂紛起，外禍緊逼，就中人民戍邊長征。別家離鄉。不得安居樂業，眞有民不聊生的景象了，於是戰爭的苦痛的可怕的罪惡深深的感受到了。故中唐的一般文人對於戰爭只有厭倦，只有咒詛，只描寫其苦況和罪惡，發爲悲慘淒苦的哀吟，積極提倡非戰了。且看他們的哀歌：

「澤國江山入戰圖，生民何計樂樵蘇。憑君莫話封侯事，一將功成萬骨枯。」(曹松)

「上將擁黃鉞，安西逐指呼。離鄉俱少壯，到磧減肌膚。風雪夜防塞，腥膻朝繫胡。爲君樂戰死，誰喜作儒夫。」(曹松塞上行)

本來從軍只有苦痛，毫無愉快之可言，即使幸而戰勝，主將完成了英名，封侯封王，但那無辜的小兵不知已是犧牲的怎樣的血滿長城屍塡巨港了，這樣，小兵是何苦來呢！又如：

「有田不得耕，身臥邊戍。夢中稻花香，覺後戰血腥。漢武在深殿，唯思廓寰瀛。中原半烽火，比屋皆點行。邊土無膏腴，閑地何必爭？徒令執耒者，刀刀死縱橫。」（司馬札古邊卒思歸）

「八月霜飛柳半黃，逢根吹斷雁南翔。雁頭流水關山月，泣下龍堆望故鄉。」（盧汝弼邊庭四時怨）

「惆悵江南早雁飛，年年辛苦寄寒衣。征人豈不思鄉國，只是皇恩未放歸。」（陳陶水調曲）

這樣的征伐戍在外，頻年不歸，不引起無窮邊愁和鄉思者幾希。自巳是這樣，再看那相隔萬里的屋裏人是怎樣的：

「夫在蕭關妾在吳，西風吹妾妾憂夫。一行書信千行淚。寒到君邊衣到無？」（王駕古意）

「閨中少婦不知愁，春日凝妝上翠樓。忽見陌頭楊柳色，悔教夫壻覓侯侯。（王昌齡閨怨）

閨婦因丈夫的久久不歸，引起了銀邊的煩惱和閨怨，也是理想中事了。

邊愁也吧，閨怨也吧，這都是戰爭苦況的描寫，雖沒很明顯的表示非戰思想，却在悲哀的調子裏面暗示一種強烈的反抗精神。現在再舉些反對戰爭的作品於下：

「去年戰桑乾源，今年戰葱河道。洗兵條友海上波，放馬天山雪中草。萬里長征戰，三軍盡衰老。匈奴以殺戮爲耕作，古來唯見白骨黃沙田。秦家築城備胡處，漢家還有烽火燃烽火燃不息，征戰無己時。野戰格鬥死，敗馬號鳴向天悲。烏鳶啄人腸，啣飛上挂枯樹枝。士卒塗草莽，將軍空爾爲。乃知兵者是凶器，聖人不得已而用之。」（李白戰南城）

「春草長河曲，離心共渺然。方收漢家俸，獨向汶陽因。鳥雀空城在，榛蕪舊路遷。山東征戰苦，幾處有人煙？」（劉長卿送元判官）

中唐文學家關於反對戰爭的作品太多了，難於盡述就這樣吧！

。不過白居易有一首七言古風的長歌，題目是新豐折臂翁，描寫征戰苦眞算得最驚心動魄。不可不一說及，惟以篇冗長，不能錄下，而其大意是借一個八九十歲老頭兒，回述天寶年間徵兵之苦，他自己不願從軍，却甘願折臂殘體，以反襯征戰之苦。亦可以看出當時人對於戰爭的態度了。上面夾夾雜雜舉了些中唐一般文人對於戰爭態度的作品，但是幾乎把一位非戰思想最激烈的徽號詩聖的杜甫忘了；所以最後我們應該特別提出敍述。杜甫的非戰作品不多佔其全集的大部分，比任何作家都要多，而他的藝術手腕又比任何作家都要高明，這是杜甫非戰文學的特色。

杜甫的一生，席不暇煖，到處奔波，與下層社會最是接近，下層社會的一切悲哀苦痛，最能認識眞切。表現出來也就親切有味。杜甫生値天寶之亂，弄得家破人亡，兄弟妻子離散，當時的非戰空氣，普遍於社會，而他對於戰爭的罪惡，最有深切的感覺。這些都是他的非戰思想的來源。且看其作品到底怎樣：

「戍鼓斷人行，邊秋一雁聲。露從今夜白，月是故鄉明。有弟皆分散，無家問死生，寄書長不達，况乃未休兵。」(月夜憶舍弟)

「近有平陰信，遙憐舍弟存。側身千里道，寄食一庭村烽舉新酣戰，啼乘舊冢痕。不知臨老日，招得幾人魂？」(得弟消息)

他因戰亂而遭家庭失散的苦慘，在此可以看出。但還有積極地表露戰爭的罪惡，下面舉之：

「前年渝州殺刺史，今年開州殺刺史。羣盜相隨劇虎狼，食人更肯留妻子？

「三十一家同入蜀，惟殘一人出駱谷。自說二女齧臂時，回頭卻向秦雲哭。」

「殿前兵馬雖驍雄，縱暴略與羌渾同。聞道殺人漢水上的婦女多在官軍中。」

杜甫這三首詩，把盜賊的橫行，官軍的殘暴，兵禍連年之苦，暴露無餘了。不妨再列幾個例子：

「胡虜何曾盛，干戈不肯休。閭閻聽小子，談笑覓封侯。」

「任轉江淮粟，休添苑囿兵。由來貔虎士，不滿鳳凰城。」

「干戈猶未定，弟妹各何之？拭淚霑襟血，梳頭滿面絲。地卑荒野大，天遠暮江遲。衰疾那能久，應無見汝時。」

這類的作品，杜甫多極了，即如石壕吏和兵車行兩個長篇，描寫征戰苦是多麼的淋漓盡致令人淚下呀！梁啓超稱「情聖杜甫」，這話真不錯，惟其爲情聖，所以其作品有如是者。

至於晚唐文學家，如杜牧李商隱等，都是些享樂主義的作者。都是些「十年一覺揚州夢」的作者。對於國事，好像都是置之不聞不問，漠不相關，對於表現戰爭的作品很少，這大概因晚唐國運已頹，戰禍更劇，環境既是如此悲慘，人生又是這樣淹忽，一般人以爲倒不如優哉游哉，聊以卒歲了。故晚唐文學家的態度，可不用細敍，他們的作品也就不舉了。

現代青年之箴語

唐廷翼

余爲中國四萬萬人中之一，此四萬萬人之存亡治亂，尊卑榮辱，及其領土之得喪，利權之增損，與我區區之身，其關係不亦小乎？雖然中國非近世之弱國乎？非爲九萬萬其他種族所卑視之國乎？吾我祖居於中國，吾身家親友寄於中國，然則我之於中國，不　已生有久遠之關係耶？中國人之存亡治亂，尊卑榮辱，中國領土利權之盈虛伸縮，不與我有切膚之痛癢耶？我烏得言無關？中國之事，非中國人爲之而誰爲之？非我青年爲之而誰爲之？有人焉，論未來之中國，曰：必興必強，更有人焉，論未來之中國曰：必喪必亡。主強者曰：「我中國地廣人衆，物產豐富，甲於東亞，文化發揚，冠於全球，五千年來，代有偉人，時有善政，今日一時衰弱，無足深慮，苟假以時日，必能重履平治之境，且近世之強國，惟以其實業之發達耳。而實業之發達，端賴煤鐵，而中國之煤鐵，目下產額雖少，而藏者極多，至其他金屬，與種種商品之原料，莫不俱備，除美國而外誰能我抗衡者？苟能經營有方，何難爲世界特等強國乎？』謂中國將亡者曰：『綜觀世界強國，其人民皆有相當之學識，高尚之道德，羣策羣力，見義勇爲，治者則以身許國，知公忘私，惟國家之興隆是謀，人民之幸福是求，故政治修明，建設彙彙，反觀中國人民，則知識淺陋，道德淪亡，尙虛榮，善欺詐，急於私，緩于公，治者則黨派重分，互事摧殘，武人專橫，心勞於地盤，政客肆技、智専於挑撥，苟有利於己者，不惜通外人以制國人，鬩牆誶帚，政亂如麻，若此情形，而欲競爭於世界萬國，其不爲強國所蠶食，而致於滅亡者，幾希矣！二說者，皆善也，蓋觀察點之不同耳。就中國之物而言之則中國萬無亡理　就中國之人而言之，實不足以與中國，然則以中國之富源，而復加之以優秀之人民及良政治家，則中國之隆盛，其庶幾矣。

余因之有感所矣，今日之中國人，非昔日之中國青年乎？何以今日之中國人，不足以興中國也，非昔日青年時，未有所鍛鍊與修養而然耶？將來之中國人，非現在之青年乎？將來中國之強弱，視今日之青年可以決矣。我青年乎！將來中國之興之亡，悉繫於我青年之身，其責任爲何如？受人之責望又何如？我青年乎！苟欲有以光榮我數千年文物之邦於二十世紀之新舞台，則請垂察我庸言。

我青年而欲大有爲於將來，則必努力於現在，努力之說何如？不外消極方面之改革與積極之修養而已。現代之青年，上焉者非寡取易盈乎？次焉者，非功利薰心乎？下焉者，非驕奢淫佚乎？凡此現象，皆足爲我青年戒，不觀乎日本自明治維新以來，爲期不過六十年，而此六十年間，一戰而勝中國，再戰而克強俄，領土驟增，實業勃興，其初也，亦惟截取歐化，事事倣效歐美，然日人之處心積慮，絕不與我國人同，每有所知，則必詳加研究，不肯輕輕放過，必至與人並稱而後已。若西人有所發明，日人則必探其原理，習其製法，不幾時而亦出之於日本矣。今日西人之所知，日人莫不知，西人之所有，日人莫不有，宜乎其一躍而爲五強之一也。今視我國則何如乎？吾國近世亦崇尚西學，乃現代青年，每一知西學之皮毛，即自足自大，裹足不前，以爲止乎其境矣，升乎其堂，而入乎室矣。計自清末派遣留學生至各國以來，歷時已四五十載矣，其間留學生不知幾千人矣，而成科學家，醫學家者幾何人？，良政治家軍事家者幾乎人？實業之發達，其程度若何？試觀日用品物，出於中國自製者有幾？醫藥上之藥品。及器具，科學上之儀器，及試驗藥品，出於中國自製者有幾？各種機械炮彈藥飛機軍艦車輛，出於中國自製者有幾？，西人之所知。我知之乎？西人之所有，我有之乎？西人能發明之物，我尚不能夢想，不能依樣畫胡蘆。自問能比諸日本乎？而猶不肯潛心追淺求嘗即止，反詡詡自得，惟恐人不我知，其亦不思之甚矣，至於中下之輩：或希望利祿，或偶得驕人，或專事修飾，或迷於淫邪，或習於佚樂，實爲亡國之徵兆，萬非青年所應蹈，我青年而思一雪祖國之恥者，其何可以不痛改前非？苟於努力改革之後，則應繼之以積極之修養，然應積極加以修養之事甚多，故宜以重要者行之，而重要者，莫如努力爲學，切實修養人格，與研究學說之當特別留意而已。夫學無止境，貴有恆心。且門類紛繁，雖窮畢生之力，亦不能盡取，故專攻尙焉，然近世之學，貴在實用，故科學政治工程之學宜焉。至於文學則範圍極廣，欲澈底研究，殊非易事，而不甚切用，故委諸少數人事之可也。然研究科學，亦難事也，非十年，數十年，乃至終身不爲功。故一得自足者，不足以語也。而其種種試驗動輒失敗，若以失敗而餒志者，亦不能成大業者也，必須好奇，不憚煩，堅忍不屈，以昔日之科學家爲懿範，乃能有所建樹以貢獻於國家世界萬國，青年乎！其欲繼續吾數千年前發明指南針火藥之令譽者，盍急起圖之！我國向稱爲禮義之邦，人民莫不以有淸名爲榮，金錢可喪，而名不可汚，孝悌忠信，禮義廉恥 雖士大夫以至小民，莫不謹守，而社會賴以安甯；今則受外來功利主義之鼓動，完全推倒「舊禮教」視若糞土，以致黠者，妄作妄爲、在政者，寡廉鮮恥，朝秦暮楚，國事之亂，豈不因之而更甚乎，我之所謂修養人格者，固不必一如舊日之迂闊，然矯枉亦不可太過，此亦我青年所當注意者也，至現代青年之最大危機，厥惟爲新主義新學說之誤惑，惟其原由，實因觀察之不審，研究之不澈，略知表面，即引爲金科玉律，而終不檢其思想之謬誤，不顧理論與事實之不符，不顧國情時間之不合，且從而信之行之，以至於作無價値之犧牲者，殊可痛也，凡我青年，其當愼之又愼哉！

現代婦女應有的覺悟

蔣國治

中國數千年來，男女是不平等的。女子只能禁錮在家中，還要受種種道德習俗的壓制，束縛。男子三妻四妾，是極平常的事。若說女子一嫁再嫁，乃是大逆大道，因此女子只能過不自由的生活。我們平心論之，男女不過生理上的不同，二方的待遇，竟如此的不公平。自從歐風美雨到了中國，一部分先進的婦女，覺得自己生活的不平，要解放，一部份男子，也覺得壓迫女子的不當，也主張要解放，因此婦女問題，成為近來重要的社會問題，實在有力求解決的必要。現在一班婦女，大聲疾呼，男女平等，但是效力不大，這固不能不歸咎於一部份男子的阻礙；但是也不能不說是婦女本身沒有相當的覺悟的緣故。現在把現代婦女，應有的覺悟，簡略地寫在下面：

1.身體的健全　婦女身體的健全與否，實在極有關係，要想和男子站在同等的地位上，沒有健全的體格，一定不能和男子競爭。並且婦女們負有生育的責任，所以對於將來國民體格的強弱，有密切的關係。現在的婦女是什麼樣，除去那鄉間和下等社會的婦女，因為生活關係，體格大半強健之外，其他中上階級的婦女，可說大半衰弱，手無縛雞之力的，眞是不少。還要為着姿勢的好看，就不惜違反生理，阻礙發育，像著緊衣服，束胸、高跟鞋子等，都是最好的例子。假使婦女仍是保着這樣的身體，婦女運動的前途，恐在渺茫之中。現代婦女應有新的覺悟、對於身體應當注意幾點：

一，惡習的去除　束胸緊衣高跟鞋等，是違反生理的，在身體有極大的不利；你說，好看罷，實在不過是心理和習俗的關係，不這樣也未必有失雅歡。並且在身體的舒適，行事的便利，要好得多。

二，實行勞動　中上階級的婦女，除掉在修飾上的工作，和消遣的事情外，其他一切事情，都不和他們發生關係；勞動的工作，更和他們無涉，這樣身體固覺安擱，不過人的身體是賤的，你越是勞働，倒越是強健，越不勞働，越不健全，只要把鄉下勞働的婦女和城裏不勞働的婦女，兩相比較，就很容易明白，所以實行勞働是鍛鍊身體的好方法。

三，注意衞生　對於居室的衞生，飲食物的衞生，要常加注意，尤對於生理方面要特別注意。

2.品性的淘養　現在的婦女有許多往往有輕浮和驕矜的習氣，目空一切，對於男子都不情願接近，這種品性是男女間的大障礙。或者說：現在的社會，不允許女子和男子接近，常要給不好聽的話於女子，我想只要女子自已品性端正，決無妨害。凡是現代的婦女，要有莊重而謙虛的態度，溫和而誠懇的性情，這樣自然會得到人們的欽服。

3.智識的求得　智識和人生的重要，誰都知道，而現在的婦女，大都不注意，她們到學校裏去讀書，目的在一張文憑，好說占了大半數，所以除了教科書以外，圖書館，閱報室，都不與她們發生關係，一到脫離學校，一切書籍，也就和她們分別，這樣所求到的智識，是極有限的，決不夠滿足人生的需要。所以現代的婦女，要痛改這種錯誤。要認淸爲了要求得生活需要的智識而求學。科本上有東西是有限的，還得向科本以外去找求；並且隨時隨地，都有求得智識的機會。並且智識無窮，應當不斷的去尋求，這樣有了豐富的智識，在社會服務的自能應付裕如了。

4.職業的獲得　男女平等的實現，在婦女們先決問題，要能經濟獨立。否則經濟要倚靠男子，婦女運動決沒有達到眞眞成功的一日，這是婦女們應當特別注意的。因此婦女的要有職業，是刻不容緩的了。你看現在婦女，在敎育界上占去少數的位置，和在通都大埠的機關和公司裏可以找到幾個外，其他職業界上，簡直一個都看不見，這樣的情形，婦女的經濟，恐難達到獨立的一天。並且女子們也同樣負有服務社會的責任，這是女子們應當曉得的。

5.團體精神的培養　凡是國家愈文明，團體的組織愈複雜，所以凡是社會的一分子，個個要有團體的精神。婦女們旣是社會的一分子，這種精神不可不具備。

6.生活要平民化　現在的婦女，奢侈之風氣、日甚一日，一衣數十金，以及其他像油粉等消費，着實可觀，她們的心理，無非是表現自己的闊綽，自己的美麗，來吸引他人的注意，現在婦女不是高呼着女子不當做男子的玩物，這樣不是自相矛盾了嗎？若說愛美心心人人有的，那末布衣素色，何嘗不美，不加塗飾的自然美，何嘗遜於人工美。所以現代的婦女，應當要有雅而不俗，美而不奢的藝術美的觀念。還有食物不一定要山珍海味纔可以吃，像粗米菜飯，也極有益於體的。其他一切家常事情，不一定要叫僕人去做，總之現代的婦女，當實行平民化的生活。

7.不良點的革除　女子最普通的不良點，有下面幾點：像妬忌心，女子往往對於他人的成功，勝利，很容易起妬嫉心，女子的量氣很狹小的，一遇到失敗，一受到挫折，立即灰心，消極，甚致會自殺；還有勢利觀念，女子也很強的。第一種有害於人羣的合作，後二種有妨於自已的進取，現代婦女，應當要革除的。人家的成功，只能自已勉勵，目光要遠大，要有百折不撓的精神，成敗利鈍一概不顧，向我們生命的路上走去。

8.責任的認識　女子衣食住的依靠男子，固不必說，在社會共同生活中，一切事情，推讓男子去担負，自已願居人後。就是在家裏面，對於他們的養育子女，整理家務等的責任，也不注意，這是婦女們最不好的現象，應當立即更改。負起責任來，事事不落人後，纔是眞眞有爲的婦女。

我所要說的到這裏完了，最後數語，望於現代的婦女們，婦女們，你們不是受數千年的壓迫嗎？你們解放的時候期到了！快點團結起來，向黑暗的環境進攻，解放運動的成功，要靠你們自已的努力，男子只能在旁幫助你們，大家還要知道，你們要解放運動的眞眞成功，就你們自己有快的覺悟起來，修養起來、切勿自餒。並且你們還負有改造家庭，社會，國家的重大的責任。事在人爲。望各努力罷！

人生的意義

王慶鴻

現在社會上一般人們，尤其是青年們，不是說什麼煩惱，失望，就是悲哀，吶喊，還有一般人呢？他說：現在不過是在過度時代，所以世界的情形才有紛亂不安的現象，這句話：當然是沒有意義，因爲社會的進化，並不是突變的，一時的，是漸漸的，假如說現在是過渡時代，那麼什麼時候才不是過渡時代呢？爲何單獨劃出現在這個時期是過渡時代？不過我們用冷眼去觀察觀察社會上的情形，實在要使我們悲哀，失望，因爲他們要安慰自己，就不能不用個假設的法子來解釋，說他是在過渡的代，老實說句話，現在的紛亂實在是由于我們的先輩走錯了路途的結果，不過我們已經到了這種境地、悲哀也是無效的，吶喊也是沒有人聽的，我們除了自殺之外，仍然是要活下去的。不過我們千萬不能再依着舊路走，因爲舊路是錯的，糊塗的，無生趣的，我們要把我們的人生的意義認清，方可免去悲哀，失望，………。

法國哲學家，柏格森解釋人生，他說：人生是不分片斷的，是綿延的。但是一般人却把他的人生，都看反了，所以一事不成便垂頭喪氣，長噓短嘆，這種世界還有什麼過頭？僅只無容身之地，但是要知道人生並不是永久地悲哀的，宇宙是有一種動力的，人生也有一種動力，所以他的活動方式轉變不定，要是使用一種方式使他活動，那是不可能的事，一般人心，明知人生活動有多數的方式，而他們偏偏地要抱什麼做官呀！發財呀！等等的主義，去尋快樂，弄到後來，都不免煩惱什麼生的內容，——片斷的，綿延的，——都不思慮一下，生趣因而也就被蒙蔽着不能發達了。

那麼人生的意義，究竟是怎樣呢？我的同學崔君他寫了一封信給我，他說：「……本想投考海關，可是幾方的牽制，也就把這個念頭打消，因爲要是抱着一個非進海關不可的主義，那麼就要生出種種的煩惱來了，後來恰好安豐小學缺了一個數學教員，舊同學某君寫信來教我去担任，我到也願意去試一試，于是我就在二月裏到校了，但是不幸的我，纔進校門，校長先生就先擔任起來了，我也則好回家，現在呢？無事時，寫字，到田野去逛逛，到覺得有趣，總之，我明白了人生了，人生的活動方式多着呢，不必固執，一固執，就要煩惱………。譬如寫字，在寫字的時間內，覺得怡情悅性，這就是人生的意義，寫了便了，若是爲着要成家，或是賣錢，那就不是眞的人生了。讀英文在讀的時間內，覺得津津有味，這就是人生的意義，讀完就是，若是爲着要留學英國而讀的，那麼不是眞的人生了，爲什麼呢？因爲你讀英文的時候，若是抱着一個留英的目的，那麼在讀的時候的並沒有趣味，他的趣味是在留英後的結果，但是這種結果，是否靠得住呢？尙是一個問題。若是結果失敗了，那麼所花去的功夫不但沒有代價，反而使你生出許多悲哀，………」這樣地看來，人生的意義也就容易明白了，現在我把我的人生的意義的一點說出來；「人生的意義就是不要爲習慣所束縛和壓制，而問着自然的路上走去。我們現在所受的苦痛差不多完全出於習慣自然而其實不自然的一切文明制度的牽制和束縛，這是大家都知道，而且承認的。不過習慣的魔力，最多不過一時的效力。終不能永久地束縛人類，所以我們要找出真的人生來，就不能不把習慣摧陷了，破壞了，而向着自然之路走去，所以現在研究人生哲學者，有一個共同的趨勢，就是反主知而歸於主意主情。一切社會改造家的學說，也非常注意於人類感情上的安慰，無論那一流的社會的行事，大概都不約而同的打破種種風俗習慣的桔桎，解放人類的情意，到可能的活潑自由的地步，人生的意義也就自由自然的路向感情的生活上發展，所以我們又能相信亞里斯多得的『人類受求智的慾望所衝動』的句話的人類，只有感情的衝動，一種慾望要求滿足，一種慾望要求享樂，能夠求將物質上的滿足，而後極力發展享樂一方面，務使人生得到不感覺到虛空枯燥的滋味，而盎然各適其意，各樂其生，而得到圓滿的精神生活，這是我以爲人生的意義。

給人生一點意義

朱有福

一個人生在世界上，總有意思的，這句話；我聽見人家說了不止一次了。但究竟有什麼意義？有什麼價值？這個兩手動物，生在茫無邊際的空間裏，過活在百年爲限的時間中，究竟應抱那一種態度，以度此眇小之身，方不至於辜負這一次長途寄寓？他們並不澈底的說明。所以我對於這問題起了一種幻想，要切實地研究牠，得不到一個根本解答，立志不做人，——無意思——可是終日苦思閟索

，甚至於把校課擱起，朋友寫來的信，無意思的拒絕了，可憐的我，知識太淺，閱世未久，至今仍得不到所謂根本的解答，後來一想，一個人的知識有限，不如請問別人在切磋中容或可得到較好的結果，爲此曾寫信給幾位朋友，公開討論，不料大失所望，他們的견解，非但沒有什麼特別的卓見，可安慰我的心，並且使我越發懷疑，越發徬徨失措莫知所爲。

吾所以對這人生，有懷疑的原因，因爲看到社會上的一般，太無聊了，太無意思了，現在略說一說，以見我發生此疑問，是有根據的。

第一做農的人：自小讀了幾本書，——人之初，百家姓——現在或許讀了幾本，人手，足刀，和小貓跳大貓叫，一類的書，識了幾百個字，會寫了幾個號碼，他們的父母，就不許他們再上學了，命他在家看牛刈草，做那喂家畜雞鴨種種瑣碎的事情，年齡再大一點，就教他怎樣耕耘播種怎樣駛牛馭馬等，那種淺易的知識，從此勞苦的工作，一天一天的加重起來，終日赤了足，無論在冬天，在赤日當空的夏天，從事他的苦作，皮膚發黑，手足身子變成了另外一種樣子，二十歲左右，他們的父母，添他娶了一個農家婦女，作了終身的伴侶，他的父母死了，他把他的父母安葬，財產權由父母手中承受過來，自己有了兒子，也同樣的照着父母的原文，忙忙碌碌，一直到死爲止，他們所知知道的，不過是些播種五穀的常識，本縣縣長某，與此接近的那一縣，他們或許也知道；他們的經濟狀況，有的豐衣足食，稍有積蓄，有的却不能保持一家，向別人借貸做會終年在經濟圈內穿鬪斗；政府增加他們的租稅，他們不得不承認、狡猾的官吏用政治力量壓迫他們，他們最多飲忍吞聲在私下發幾句牢騷；別的就無能爲力了。像這樣的人，活着有什麽意思。

第二做工的人，他們和農人一樣，不過他們的位置，比農人高些，他們的知識，因爲人與人接觸的機會多，比農人要豐些。論到他們日常的活，我們在旁觀者的位上，可以看到：他們的集合地，是工廠，他們早出暮歸，一天到晚，在機聲軋軋空氣惡濁的工場裏工作。從前手工業時代，他們對於一件東西，一個人一手完成，所以有欣賞那做成的機會得到一點精神上的安慰，現在分工制度通行，一人只司一事，或一小部分，機械式的運動，一點沒有生氣，單調寂寞，莫此爲甚：他們心中祗存得過且過的念頭，感不到人生的趣樂。這樣的人，生着有什麽意思？

第三商人和資本家。商人和資本家的生活，同農人工人比較何啻天壤，他們所住的房屋，或高樓大廈，或西式洋房，所食的都是些魚肉葷腥，或山珍海味，所穿的：非綢即緞，非洋服即西裝；照這樣的生活，普通一般人看來，已是很舒服的了；但仔細一想，他們並不比農人工人稍勝一籌，且聽吾道來：做生意的人，一天到晚，在人煙稠密的都會裏，肉眼所看到的是：紅紅綠綠的男男女女，和形形式式的事事物物。耳所聞到的是：轆轆的街車聲，和工廠裏各種機器的放氣聲。鼻所臭到的是：街車和工廠放氣後的臭味。口中所說的是些做生意的老套：請坐，渴茶，從何處來交易點什麽？一毫無意識的酬酢話，同時裝出一種和愛可親的態度，惟恐顧主生氣，他們腦中所想的是：怎樣可賺錢，怎樣可吸引主客的歡心，怎樣從遠處運貨物來，以應人民需要，某物品銷路不良，怎樣設法推行，他們的算盤，打來打去，總在金錢裏面兜圈子，終身壓殺在金錢下面，萬刼不復。至於資本家，他們更不舒服：天天在那裏想怎樣去應用資本，使他愈弄愈多，怎樣節制資本，使他不至浪費，苦思悶慮，比任何人感覺苦痛。近幾年社會上又行一種綁票風氣、眞正的大資本家，嚇的不敢出家園一步，一出門財產損失，否則性命不保，這樣的人生，物質上的享受，至矣盡矣，精神上的苦痛，遠過於農人工人哩！俗語云：『江南望見江北好，到了江北也要喊苦腦。』這句話却有幾分眞理。

第四政治舞臺上聲名喧赫的人，他們是有學問，在社會上居領袖地位的，他們的一舉一動，爲全國上下的模範，一言一語爲全國人民的規律，他們能用政治的威力，駕馭一切，民衆，能用政治的權力，辦到別人不能做的事情，他們是國家的代表他們的待遇享受，當然高出於一切，但他們的苦處，正和別人一樣，專心爲國者，無論矣，卽就一二野心家言：他們以爲政權在握，一切可以不顧了，於是拋棄了國家，隱瞞了人民，極力爲私人着想：，怎樣可奪得較高的位置，怎樣可多得財富玉帛，這人同我有隙，怎樣好去報他的仇，那人和我接近，這樣設法牽引他，他們的通盤籌劃的苦處，同商人資本家的設法賺錢，絲毫沒有分別，一旦水落石出，奸行畢露，在社會上失却地位、人民方面，失了信仰，走盡天邊沒路走，只得隱居山林，或動身出國，嘆一聲『此生已失矣。』這樣的人生，也是沒有意思。

以上終算把社會上四種大多數人民，通體說了一個大概，總括起來，他們所抱的人生觀有下列幾種：

1. 功利觀——做官發財的人生觀——這種觀念的發生，由於貪利心，和虛榮心，因爲貪利，所以要利祿，因爲有虛榮心，所以要功名，但人生上壽，不過百年，俗語云：『生不帶來，死不帶去，功名有時而衰，利祿有時而盡，古來幾許英雄豪傑，傳於今者幾何人？而況利祿薰心的小人麼？

2. 傳宗觀——這種觀念，中國人中佔大多數：無知的鄉人，別的都不知道，而對於他的子孫，獨愛護周至，有妨礙他子孫的人，死生同他決戰，逢着他子孫向他要求，在可能範圍內，總有圓滿的結果，這種人生前克勤克儉，一文不肯衞鄭，死了以後，預備傳給他的子孫，但要知道，子孫也是有五官四肢的，他們也能工作，同你一樣。你預先把錢送給他，他或許爲你而墮落了、這是你的罪過，『愛之適足以害之。』那又何樂爲之？

3. 浪漫觀——眼前有酒眼前醉。——這種人只知道現在。不知將來。做事得過且過，沒有一定的目標，所謂做一天和尙撞一天鐘，撞到那裏就到那裏，一直到老死爲止。這種人醉生夢死，活在世上眞沒有意思，天地間有這麼一個人，而一點沒有益處，却被他喫去了不少的麵包。

4. 求神問卜的人生觀。5. 安士全壽的人生觀。六，太上感應篇的人生等等：都帶有一點迷信色彩不値識者一笑。

說了許多不着邊際的話，似乎離題太遠，但爲明晰本文起見，不怕辭費的在這裏說個明白，現在要言歸正傳了。

我們人生的目的究竟爲什麽呢？爲名乎？爲利乎？爲妻妾子孫乎？爲自身謀幸福乎？哈哈都不是的，人生的目的決不如此簡單；這個魁然大物，生長在很短時間內，有什麽價值？養育兒女使社會不至絕滅，這就算價值麽？維護仁義道德，使人類間相安無事這就算價值麽？哈哈也不是的，人生的價值決不如此細微。我們要說明上面兩件事，得一結論，先須明瞭下列幾項——科學的生觀。——

（1）根據於天文學和物理學的知識，須知道空間無窮大。

（2）根據於地質學及古生物學的知識，須知道時間的無窮長。

（3）根於一切科學須知道宇宙及其中萬物的運行變遷皆是自然的——自已如此的——正用不着超自然的主宰或造物者。

（4）根據於生物的科學的知識，須知道生物界的生存競爭的浪費與慘酷，——因此更可以明白那『有好生之德』的主宰的假設是不能成立的。

（5）根據於生物學生，生理學心理學的知識，須知道人不過是動物的一種，他和別種動物，只有程度的差異，並無種類的區別。

（6）根據於生物的科學，及人類學，人種學，社會學的知識，須知道生物及人類社會演進的歷史和演進的原因。

(7)根據于生物的及心理的科學，須知道一切心理的現象都是有因的。

(8)根據於生物學及社會學的知識，須知道道德禮教是變遷的，而變遷的原因，都是可以用科學方法尋求出來的。

(9)根據於新的物理化學的知識，須知道物質不是死的，是活的，不是靜的，是動的。

(10)根據生理學及社會學的知識，須知道個人——小我——是要死滅的，而人類——大我——是不死的，不朽的，須知道『為全種萬世而生活』就是宗教，就是最高的宗教，而那些替個人謀死後的天堂淨土的宗教，乃是自私自利的宗教。

我們看了上面的幾條，我們可以知道：在那無窮之大的空間裏，在那無窮之長的空間裏，這個平均高五尺六寸上壽不過百年的兩手動物——人——眞是一個藐乎其小的微生物了。在那個廣漠　邊的宇宙裏，天行是有常度的，物變是有自然法則的，因果的大法，支配着他——人——的一切生活，生存競爭的慘劇鞭策着他的行為，這個兩手動物的自由，眞是有限的了。然而在茫茫宇宙裏，這個渺小動物所以有他相當的價值的，就是為他能用他的兩手和一個大腦，做出許多器具，想出許多方法。造成一點文化，使人類社會，日增文明，使我以後的全人類，得到幸福。否則人類之滅也久矣！至此我們可得一結論曰：人生的目的不是爲名，不是爲利，也不是爲子孫妻妾，更不是爲自身計算，却爲全人類謀幸福，全社會謀發展，盡我之所能，對於一切事物，由因求果，由果推因，解釋過去，預測將來；同時又運用知慧，創造新因，以求新果，個人的生命雖有限，羣衆的生命無窮，吾能創造一分新事業，（創造並不單指科學的發明）就對於全人類盡了一部分責任，人生的價值在此，人生的意義亦在此。

明白了上面的話，我們再來看社會上的一切爲——農，工，資本家，商人，執政者——他們的存心，假使都是如此，他們的人生觀，都向人類方面着想，那麼自然覺得人生有意義了，社會上至少可減去一部分的紛擾，功名利祿地盤觀念，至少可淡薄一點罷。

我這樣粗枝大葉的敍述，定然有人說我發誑，這種淺易的見解，那一人不知道，何用君之喋喋爲，但你要知道，我之爲此，正因爲他淺近的緣故。　1929，7，1，

人類之吸收

立　夫

據生物學家之研究，凡一切生物，其所以能生存和代遞，在其有吸收和排泄二作用，無一秒鐘不吸收，亦無一秒鐘不排泄，此二作用經營其新陳代謝及一切生活之諸機能人類亦不過二較高等之生物其日常生活當亦不能越於吸收和排泄二動作之外特以其爲較高等之生物爲理智的動物的原故此二種動作又可分爲兩類：1.物質的，2.精神的。

施磷酸肥料於植物則此植物之生長必較未施肥者爲迅

速反之缺乏某種養料之植物必現某種之畸形以昇錄於犬在幾分鐘內犬卽毒死故吸收之性質較排泄尤激急而嚴重卽以呼吸一項言之呼吸爲吸收人能停止幾分鐘之排泄不能使呼吸停頓十分鐘。

吸收旣較排泄有優先勢茲特就人類之二種吸收略作論列

(一)物質之吸收

物質 snbstance 凡在空間占有地位從吾人感官考察之或以某種之手續而能測知其存在者謂之物質普通人之日常吸收不外有機體及無機體二種茲略說明之並比較此二種中之有益於人生之部份及無益有害之部份。

無機體之部

空氣——空氣中之成分約分爲養淡氫等人吸收其中氧的部份以清潔身中的血我們知道血經過全身以後全身各部組織吸取血中的氧份以營養同時將自己所含的炭酸氣排到血內這時候的血內含的氧份較少或者可以說是沒有就不能再榮養功作必定經過呼吸作用使其中的炭酸氣和吸入的氧化合變爲一氧化炭而呼出同時使血內復含氧份再去循環人不能一刻不呼吸所以空氣這一種物質是狠重要的。

水 ——水的成份爲二氫一氧(H 20)不過普通人吃的水均不純潔往往含礦物質及有機體等水雖沒有什麽榮養的價値但却也是人生必要的如果每天不吃水血液就濃稠起來口腔也覺煩渴體溫的調節作用也就生變化簡單舉一個例譬如在夏天外界對體內的蒸發結果有

汗腺的分泌作用倘使沒有充分的水分的吸收怎樣能應付這強烈的蒸發呢旅行砂漠的往往渴死所以水也是人生不可少的吸收品。

鹽 ——鹽的種類甚多普通日用的鹽的成分爲氯和鈉(Na cz)其餘如動物食品與穀含有酸性的鹽葉菜和根菜中有鹽基性的鹽脂肪與豆類中有中和性的鹽等鹽是人體內骨肌肉和血液的重要成分所以鹽也是人生必要的榮養品。

有機體之部

有機體食物之種類甚多可分作兩部份

(1)有氫方面

蛋白質 cellenurin 動物性食品中甚多如卵類乳汁肉類等含的狠多植物性食品中甚少如豆類他的功用在修補及生長人體中的細胞發生能力增加生殖素。

(2)無氫方面

脂肪Fat ——動物性食品多植物性食品中少雖然沒有什麼大用處但是因爲他能發生能力及貯蓄養料所以也是不可少的吸收品。

碳水化合物cafbo-hydrats此類食物又可分爲糖類及小粉類均能發生能力

物質之必要的吸收已略如上述上述數種之吸收設缺乏某種則必生缺落病至最重要者缺乏則死不過人類始終是好動的因此有嗜好品及興奮劑等之不正當之吸收此類之吸收爲無益而有害設統計全世界之因嗜好品而死亡之死亡率當必有驚人之數目社會上深知此類食品之吸收爲失當故于法律上

道德上均予以相當之制裁但社會上之習染嗜好品者尙大有人在然人類旣知某種事之爲不當終必有取締改進之一日吾人雖不能確定若干年後全世界之人類必無此類不正當之吸收但因知有謹嚴之制裁此類嗜好品終減殺其戕賊人類之大部份勢力至掃蕩無餘終必有一日之實現嗜好品約分四類

1。香辛類——此類能刺戟消化器的粘膜久之使消化器遲純
2。酒類——類於碳水化合物但因爲他含有酒精 c2 H5 oH能使人得心臟病一心的小停頻一血犃硬化及肺病最大者如消失生殖腺體。
3•茶類——茶類有茶精Theine c5H(cH3)N4o2.H2o丹甯Taninc14H10cg咖啡精c18H10N4o2 H2o等對於心臟的作用狠有害•
4。菸類Nicotine c10H14N2此類包含嗎啡 mornhinec17H19 N4傷腦胃及咽喉等。

（二）精神之吸收

精神之吸收與物質之吸收有同樣的重要，嚴格說起來，人類旣無時無刻不作物質方面之吸收，亦無時無刻不作精神方面之吸收，精神方面吸收之對象，精微難加剖析，茲約分之如下！

地域——海性使人通山性使人塞近海的居民多進取心近山的居民多保守性如美人喜流動法人好整理英人尙經驗希臘人狗平均調和等等的習性登額非爾士望東方之日出心中卽有一種愛好美術及雄偉之感泛太平洋覺渺渺然有出世之想居幽僻地者常覺有鬼氣。

動植物——徘徊於萬花怒放間時自整理其衣履我國之婦人

採花插鬢時常左右顧其服裝游泳明爲效學於魚類獵人有能作百獸鳴者凡此種種明明爲對於動植物界吸收之反應行爲。

——上二種可簡言之曰人類對於自然界之精神吸收

他人——兒女之行動恆酷效其父母朋友相處旣久相互間之行爲常有摻雜處教師之品行學業能左右渠之生徒幼兒之由初生以至長成其精神上之吸收現象更明顯而易見

書本——書本間接以他人之行爲思想種種智識供應吾人之吸收因爲有書本才直接使以往的遺留於將來一地的傳於別地人類精神界之吸收品始不爲時間和空間之限制。

——此二種可簡言之爲人類對於自身的相互間精神之吸收

上述四類爲人類精神界吸收之對象，而尤以他人及書本二項爲人類精神吸收品中之強有力者，書本較他人尤直接而普遍特物質方面之吸收物爲必要及有害無益與否，可經化學上之分析以確定，至精神方面之吸收物，斷不能以處理物質之方法以處理之、必賴有哲學家之判定，但歷來之哲學家，互相攻擊，自有史以至現在，哎哲學界可謂尚無一公充不移之定理以供吾人之準繩，人類不能停止精神上之吸收以待哲學家之評定而資去舍，則人類對精神界之吸收物，究應抱如何態度？吾人深信種種思想及行爲，必有其是處和不是處，換言之，人世間之種種思想，必非完全爲眞爲善者，必有是非於其間，詹美士謂「對於幾個命題，如須有所取舍，但令其取舍是一種眞正的不得不有的取舍，因其性質，不能依據知識上的理由以決定者，則人的情感的性質，不但可以合法地決定之，並且是不得不如此決定之的，——但情感之決擇不免含有危險性，不得不如此決定者，爲缺乏較完善之另一法，不得不取決於情感之謂，故吾人仍不能不希望較完善之另一法之出現，政治家欲達某種之政治目的，其奸詐狡滑之言論，亂人聞聽，甚至以政治手腕，規定其勢力範圍下之民衆之精神吸收，其爲謬誤　自不待言，宗教家之言論，含神密性，律以普通之理智，卽發現其誤點，教育家之所根據之教育哲學，人各異同，卽至現在其自身根據之點，尙無絕對之發現，故吾人欲得精神界良善之吸收之解決，不必屬望於政治家，宗教家，教育家，而哲學家，又議論紛紜，卒未有正教明律之出現，羣衆心理爲盲目之衝動，一唱百和，其勢力侵假而掩蓋一時，其時某地之思想，必於某時某地有若何之關係，境異時遷，卽失其正確之價值，故吾人於精神界吸收物良善與否，評定之規律，尙未發現以前，姑立一義以資去舍，凡吸收物之當吾前，欲確定當吸收與否，可先考察此吸收物發生之背景，及預測吸收後，當發生何種之反應，此反應與吾人究爲有益與否，有益則吸收之，無益則拒絕之，至欲知如何爲有益，如何爲無益，則考察其能否使吾人之生命繼續生存，此處之吾人之生命，爲全人類之生存。

長 夏

儲 準

竹搖清影罩幽窗，　兩兩時禽噪夕陽。

謝卻海棠飛盡絮，　困人天氣日初長。——朱淑貞

在烈日炎炎芭蕉冉冉的長夏時間，確有幾件可怕事情，往往使人回味到『甯過三冬，莫過一夏』的諺語，那幾件可怕的事情呢？你看那像火一般的太陽，赤烈烈地曬着，自早至暮，絲毫沒有倦容，熱得老狗，升長舌頭，拚命的喘氣；曬得熱石板上的馬蟻，東奔西逃，走頭無路，至於人呢？尤其不了！不住的揮扇，不時的揩汗，還是汗水淋漓；上身下身，脫得近乎一絲不掛，更想連皮剝去，方纔痛快，所以夏天的太陽是第一個可怕。你看那沒廉恥的蒼蠅，他剛剛從廁所裏吃完糞便出來，便息在菜碗裏，瓜皮上，他絲毫不諒解人類的衞生，並且當你正在做事的時候他便在你頭上一息，面上一爬，你恨恨地把他驅逐出境，他輕輕兒打了一個圈，又息到你鼻子上來了，所以夏天的蒼蠅是第二個可怕，一到晚上，蠅類是躲得無影無蹤了，可是嗡嗡嗡嗡嗡嗡，蚊子出世了，蚊子竟像醫生，在你扇子略為停頓時，他便在你頭上打起清血針來，脚上打起嗎啡針來了，所以夏天的蚊子是第三個可怕，炎夏的期間，正是細菌得勢之秋，當你謹慎的時候，尚不免為之撥弄，何況還有蠅哥：蠅妹妹從中殷勤介紹呢，所以當你一不小心，那末霍亂吐瀉虎列拉這般談虎色變的傳染病，便傳到你身上來了，並且一傳二，二傳三，以致時疫流行，死者

以千萬計，所以夏天的疾病便是第四個可怕，由此看來，長夏的期間、便是人和太陽、蒼蠅、蚊子、疾病、競爭的時候，當人類競爭到疲乏厭倦的時候，便只覺得長夏苦而不覺得長夏樂了。

但是人是活的，環境是死的，環境雖壞，只要你應付得法，也可以轉敗為勝；反轉來說，環境雖好，倘若你應付失當，他亦斯不能由好變壞，然則我們怎樣來應付長夏之期呢？到莫干山枯牛嶺去避暑去罷？但是我們沒有錢呀！找一些電風扇冰淇淋來清暑罷？但是小規模的農村上是辦不到的呀！我們要確認應付的對象，在時間上是炎炎的長夏，在空間上是小小的農村，所以我不妨來談談我在長夏的生活，和長夏間鄉村的特別風味，以質諸善為攝生者，有以教我，這是我很希望的，哦！我說錯了，我述我長夏的生活，并不在乎使人家有以教我，實在要使人家羨慕我的生活吧了。

生活要適應環境，是誰都承認的，我們先來談一談環境吧，在一個小小的農村後面，有幾間樸實的茅廬，虛暢涼爽，不宜於冬居而宜於夏住；南面是大門，門外鄰居櫛比，東面側門一，門外大樹三兩株，綠蔭蓊蘙，高可插雲，屋後是小橋流水，垂楊夾岸，河對面千里秋田，幾處瓜棚，西面一箭之地，松林慰然，又遠處青山數重，明滅可見，旭日初升，夕陽西下，楊柳間知了長鳴，聲聲入耳，秧田夜雨，星月燦爛，田野裏蝦蟆閣閣，如雷鳴暴雨，通霄達旦，烈日當空，長晝靜寂，農夫戽水的苦叫，牧童驅牛的懽呼，一聲聲的從牆外傳來，這便是夏日生活舞台上的一幅佈景。

佈景是掛出來了，戲呢？也出來了，第一幕是擣衣石上讀書，時晨風習習，晨光熹微，小小的農村上，沉寞無聲，似乎還在大夢之中，牆外的小溪，也像睡着一般，柳葉上的露珠，一滴滴的滴在水面上，成爲一圈圈的縐紋，在這時候，我便在河邊的一塊又光又白的擣衣石上看書，說也奇怪，魯鈍的我，在那個時候，似乎變聰明得多了，第二幕是柳蔭下垂釣，一聲知了，太陽是很高了，鄉村上的丫嬛農婦都到河邊來淘米洗菜，煞是鬧忙，米屑菜葉，掉在河裏，引得滿河是魚，這便是引起我釣魚的動機，於是我赤着足兒，拿着釣兒，我的弟妹們，看見釣魚眞開心，於是搶拿着小木桶，米虫杯，來到河邊釣魚，我釣魚爲免除煩惱起見，常常抱着姜太公的態度，願者來，不願者去，但是上釣者，頗不乏人，當一條魚釣上來的時候，我不要動手，因爲早給弟妹們搶去了，所以我呢？釣魚比吃魚快活，他們呢？拾魚比拾黃金快活，一刻兒，木桶裏的魚，着實可觀了，於是歸家親自烹燒，孝敬爸媽，第三幕是大樹下對弈，西門口的幾株大樹，便是夏日的水晶宮、我和幾個堂兄弟，一到夏天，圍棋癖的病便發作了，眞難醫治，吃藥是不靈的，最好的良方，便是拿一張大櫈兩張小櫈，到樹下去對弈，戰場不過二方尺，但當黑白兩軍開火之後，殺哩、逃哩、追哩、圍匪哩、解圍哩、屠城哩、都是針峯相對，絲毫不讓，有人要疑問，在夏天裏這樣胡鬧不熱？嘿！說也奇怪，在棋盤上開仗，殺人沒有血腥氣，逃也不疲倦，所以熱的觀念，是輕輕地在腦中抽去了，

第四幕是瓜棚裏談天，晝長無事，辱暑困人，知了唱着催眠歌，分明是叫我臥覺，於是撫枕一臥，暈暈睡着，待着知了又唱起身歌了，我便懶懶起坐，但是肚裏好像須要某種物質是的，肚，你須要什麼？我須要瓜吃，何處有瓜？瓜棚裏有瓜，好，那末去吧，於是渡小橋，徑田埂，來到瓜棚之下，和老農夫(守瓜者)相見，說明來意，承蒙他欣然允諾，於是一面啖瓜，一面談天，自從怎樣辨別瓜的好壞，一直說到農家的生活狀況，比公園裏吃茶還快樂，現在要講到第五幕晚餐後的團聚了，當太陽攢進地下之後，西天是雲霞燦爛，煞是好看，雲霞的光輝漸漸地消失，而天空裏亮晶晶的星兒，一棵棵的跳出來，一刻兒清風徐來，星月糾縵，家人晚餐初罷，於是大家拿把大芭蕉扇，搬張板櫈到天井裏納淤涼爸、媽、伯、叔、嫂、嬸，兄、弟、姊、妹、我，男女雜坐，擠擠一堂，家庭之樂，其樂也融融，不怕熱，因爲有涼風；不怕蚊子，因爲有大芭蕉扇，談談說說，睦睦棣棣，寓家庭敎育於談笑之中，談笑多時，不覺霧氣横天，夜涼如水，於是各散歸房，維聞戶外更聲橐橐，與房裏鐘聲相和。——幕徐下。

劇是完了，我很快活，因爲在一月之後，這個影片，又要在這個農村上開映了，我願劇中的人物，年年是這樣，沒有意外的變遷繞好，哦！這個影片，還沒有一個名稱，叫『長夜的安棋兒』罷。

月　夜

玉　欣

一個星期六的晚上，校裏雖不上自修，但是因下星期一英文月考，所以還得埋頭在英文書堆裏，直到寢鈴搖後，纔走出那死沉沉牢獄式的自修室，這時頭腦昏痛幾乎不能支持，眼眩不能走，胸中也懷着無可排遣的愴悒，光也和我同樣，胸中懷着許多問題不能解决，他也時常的長嘆！

最後我們同意到操場上去散步，消失我們的煩惱，

這是一個美麗的月夜，天際的雲霧，被春風吹得一絲也不留着，潔白的月亮高高地掛在天立中，蔚藍色的天幔，在她附近的被光芒溶化成一片銀色，偉大天幔上燦爛的星兒，懦弱的被她壓制了，不能發射她的光彩，呵！可憐的懦弱者！但是世界上一切事，决不是一件物能操縱，也不是一件物能指使一切，天空中祇有月亮横行嗎？祇有她一個存在嗎？懦弱的雖是取消了他的活動，但是有幾顆強硬的存在，不怕她的威權，不怕爲多數人的愛崇，仍是儘力地和他相抗，雖不能完全顯出他的光明，確能繼續不斷忽隱忽現的發出微光，這樣把偉大的天幔點綴得更爲美麗可愛，天空便有生氣了。

月光照徧大地上，大地上的一切受他的光照，都題出爛銀色，西面的惠山隱隱可以見到，附近工廠裏黑黑的烟囪矗立於美麗的銀光中，不斷的放出濃厚的煙來，溫潤的春風慢慢地把他送向西去，去了不遠濃厚漸解淡，不久便消失了。操場中間銀灰色的紀念塔，壯嚴立於丰彩的月夜，上面還點着一盞黯淡的電燈，圍着他的石欄和鐵鍊的影子，很整齊的横在地上，越顯出他的可愛。

我和光相輔着在一排柳樹底下踽踽徘徊着，晚風吹來把柳條微微的搖動，影子也隨着轉移，我一件襤褸的白灰色的長衫上刻成全衣是美麗的花紋，柔耐的垂柳條，被風吹了時常來找拂着我久無鏤理的長髮 ， 像是和我梳理久未洗的污髮，實在使我慚愧，害羞，我污濁的髮兒，不値那少女玉手般的柳條一拂，我是尊重人格者，不因一時的愉快興賞，把人家欣賞的東西，或是公衆興賞的弄濁，我是反對獨佔主義者，我决不因他的美麗，顏色的可愛，便去獨佔爲個人的，因此我早早和柳條分離，祗在他的影下和光欣賞他一切的美，但是光時常伸手去拂摸柳條，還摘下他未發育完全的叶兒，在手裏玩弄。

在一排齊列的柳樹北面，有樹叢雜亂得不堪，像是一處無人跡到的地方，中間許多不知名的矮樹，還有一枝過人高的桃樹，我們確替牠埋怨環境，吐駡他附近的污濁者，我們爲他悲哀，爲什麼在這種污濁裏還開花呢？但是他不顧環境的不良，不以無人去欣賞便取消生命，還是儘力爲他的生存奮鬥！

慚愧的我，看到這種情形，不覺使我淚珠流下，我最會咒詛環境者，環境不良我便不願生存，環境壓迫我便願自殺，總之我始終不願在污濁環境之中生存。現在感到我們爲人的態度了，我們生命力，决不可爲環境埋沒，老實說來；環境不足埋沒我們的生命力，無論做什麼事，祗要是人類公認是的，我們一切可犧牲，向那目的走去，怨什麼環境，怕什麼威力，和我們的障礙物宣戰，實踐我們的目的。

在這夜深人靜的時候，晚風雖是微微的吹着，但是能聽出一切樹葉發出颯颯的幽音，還有野虫的叫聲附在微風中浮過，把這春光的月夜點綴得十分可愛，

這樣美麗的月夜，使人興奮的月夜，然而在煩惱悲哀的我們倆，在這樣情況之下，無非都是增加我們悵惘的資料。

我們倆徐徐的走着，談到我們的升學問題，祇有長嘆一聲；在這學期完了，讀書便告一段落，初中畢業了。一一能否畢業還是問題，直升高中更無希望——畢業後怎麼辦呢？投考別的學校，自己知道在三年中學校裏一無所得，惱海裏是擠不出一些應試的材料，到社會去服務；哈！異容不下我們的初中畢業生，唉！我們的容納地祇是太平洋，大西洋………呵！怎樣辦呢？升學，唉！升學是使我們煩惱悲哀，簡直是迫我們自殺。

這種的情況，誰是我們的領導者？怪怨誰呢？怪我們的父母、怨我們教師和同學，唉！爲什麼去怪怨人家，祇怪自己的不努力，祇怨我們不該在校做虛幻的生活，虛幻雖不能永久存在，呵！虛幻多麼危險？我們的虛幻不過三年便聲破了！現在多麼苦痛，怎麼辦呢？去請先生吧！但是先生也不能解決這個問題，時間總是恢復不過來的寶物，這又怎麼辦呢？

實在沒有什麼辦法，我們談到這裏不絕的淚球流下，沒有勇氣再談，祇是長嘆一聲，做我們談話最後的一聲。

校裏的電燈多熄滅了，祇有紀念塔頂上一盞還發出光輝，圓月緩緩爬上當空，晚風發出輕微的吼聲，我們默然

地俯視着自己的影子，在柳樹下徘徊。

忽然一片十分和諧的風琴聲，從離我們不遠的地方奏起，把我們煩惱的思路打斷了！忽然又有尖銳的歌聲唱起，歌聲可以聽出是年輕的姑娘們口裏唱出，初聽到以爲校裏女同學唱的，聽了一刻，覺得這次的歌音確是第一次宛轉我的耳膜，校裏女同學的歌音早已聽熟了可以辨明，一方面因着女同學的自修室和宿舍裏的電光早已熄滅了，想他們已在甜密的夢裏了！因此我決不信這歌聲是發源於本校，在深沉的月夜聽到這種琴歌聲，感着莫名其妙的興奮。

我們四面看去，想找覓那歌琴的來源地。

寂靜的月夜，校裏的一切都靜止了！環校的馬路上也沒有一聲的車響，就是四方匣式的門房間，屏門早已緊緊地閉塞，祇有操場的東北角上的一所小房子裏，發出煌輝的電光，窗櫺完全的開放着，便見搖泥於燈光下的人影，終久被我們發見了琴歌聲的來源地。

我們緩緩地向着歌琴聲的源地走去，琴歌格外清晰了，唱的是『明月之夜』的歌譜。怕被他們瞧見，光握着我的手把我拖到靠牆的濃蔭之下，這時我的心裏被怎麼東西朦蔽住了，人格被琴歌聲溶化了，我煩惱的心緒，被春風捲往渺茫的天上，我的心靈，我的一切…………都沒有了，祇留下一個焦急思念，就是去看他們的歌舞，心理也沒有怎麼遲疑，隨着光靠近牆壁，最後沿壁徐徐地到窗口輕輕地舉頭到那窗檻。

當我們看到的時候，琴聲停止了；倆人便合舞起來！

這是一對美麗的少女，年紀差不多，一個身材較矮小的，見來面貌很熟的，我曾經看見他幾次，但是我記不起在什麽地方看到他，圓圓的臉兒，肥胖而白嫩，肥胖得配合他的身材，嫩白的兩頰上透顯微微的紅色，櫻桃色的嘴唇，眞使人夢想，緊緊的穿着淡綠色的單衫，顯露出他胸前微微隴起的二部，使人特別的注目，但是他的嘴太凹下一些•一個身材較長的，我們祇看到他背後的全部，背後的輪廓確很整美，烏黑的髮兒很齊的遮蔽處樣的頸領，短短的衣袖，露出他玉白色的前臂，豐肥的臂部，被淡灰色的長袍緊緊地包着，顯露圓圓的可愛，短的單袍，流露出二段細細的小腿•忽然轉個身來，便得賞鑑他的臉，臉兒的曲線，比較那較矮的美些，但是臉色太黃了！太憔悴了！

舞定一曲，那短小的仍去奏琴，那一個仍是繼續着舞下。

我們站在窗前，注目他們的舞着唱着，同時有一種醉迷人的香味，隨着琴音浮到鼻尖，忽又墮入我的心顆，這時心靈的一切的一切都忙却了！祇有一個願望，祇有一個夢想，就是我能化成一個小小的飛禽，從窗欄攢入，到那跳舞場裏去賞鑑一切，我願意我的全身筋肉碎成屑粉，隨着琴音飛去，我願望春風把我的心靈捲入舞場，吹入她們的胸腔。

我們的夢想不能如心，願望的使我們悲哀，但是在煩惱悲哀中忽然得到這種淒涼的快味，一顆無着落的心靈好似得到着落，暫時忘掉了一切煩惱悲哀。

我們站着，終究被他們發現了，那身材較矮的向我們微微一笑，使我懷疑着，不知爲什麽微笑，他是嘲笑我們偷瞬嗎？還是……………？那時我確忍不住再站着，急拖着光離開窗欞，離窗戶三四步地的柳樹下，我們又呆呆停立了。

『嗒』的一聲，驚動我的心靈，這是聽熟的電燈開熄的機關聲，回過頭去，光輝的舞場變成一個黑黯的牢獄室，急趕回那窗前，祇聽得最後的關門聲，呵！他們去了。

燦爛的月光變成死灰而難看，颯颯的風，由樹枝間陣陣吹到我們身上來。

『剛才的情景，是我們的一種幻想吧！是我們往事的憧憬吧！光！』

『哦！這是我們目的的象徵呵！目的也祇與此一樣的幻滅，無常，不可及的仙子呵！目的引誘我們，仙子舞動了！目的悲哀我們，仙子遠颺了！』光說完了這幾句話，頹喪地睡倒在草地上，我也坐在他的身旁默默地深想，

幾隻黑夜的老鴉沙沙地由我們頭上飛過，片片的白雲也順着飛過去，陣陣的風由背後吹來。

『回去吧！立！月已中天了！』

一九二九•五•十•

旅館裏

乃夫

這是去年的事了，然而他底影象，還牢牢地映在我腦裏。熱氣蒸騰的旅館裏充滿了人聲和笑語，淡黃迷糊的電燈光

下，滿都是憧憧底人影，在臨馬路的洋台上，我們都一塊兒坐着閑談，謀最後的一聚，因爲瀛和護明天要走了。

桌上擺滿了書籍和食品，每人的鼻孔裏都有裊裊的青煙，在煙霧迷漫，中的每人臉上，都帶了無可奈何的強笑。

『唉！朋友們，別了！』瀛拖長了聲音。

『人生自古多離別，離別又算什麽一會事呢！朋友，別悽搶呵！』老張慷慨地。

『什麽離別不離別的，勸君更盡一杯酒，西出陽關無故人老任！喝啊！』王又把瓶塞開了。

『老王少吃些，吃醉了別再（我底好妹妹）（好姊姊）的亂叫，你知道密司孫不在這裏啊！』俏皮的楊把深以淚爲弱者的表示而假裝勇敢的我們，都失聲笑了。

『你那樣肉麻的情書，（親愛的乖乖）（我底心肝）也不輸於王』張拍着楊的肩頭，未止的笑聲，又哄然了。

『你們這些人，總是這樣，明天要分別人，爲什麽這樣高興？』

『難道明天要分別今天便應該痛哭流涕長嘆息的嗎？有了快活便不應該快活！你們這般專門作假………』

『別鬧，別鬧！這是什麽？聽！』

隔壁一陣清腕的脆聲傳了過來，

『請各位少爺包涵點。』少女的聲音，

『別客氣！』如野獸一般的叫着，

『這是什麽？』楊拉了我的衣裳低聲，

『賣唱的姑娘』我微笑答接着便是悠揚的胡琴和嬌脆的歌聲

『——我送你到板橋邊，』

朋友呀！贈你碧桃一枝；
你須時時的吻他呀，
恐她鮮紅的櫻唇，
將爲你憔悴呢！
✳　✳　✳
我送你到小池畔，
朋友呀！我贈你楊柳一枝，
你須時時愛他呀，
因他飄泊的楊花，
專惹人想思呢！——』
一陣掌聲叫好聲哄然。
『好美麗的情歌呀！好柔軟的歌聲啊！可惜被紈褲子點污了。』
『聽！又唱了。』
『——人們都愛着蝴蝶，
因他是這樣的美麗啊！
但當他是可怕的青虫時。
有誰愛他嗎？
人們都愛着鮮花，
因他們這樣的嬌豔啊！用不着
但當他是春過花謝時，
有誰愛他嗎？
咳！愛！——』
「好！』一陣怪叫，接着便是『哈哈』可是那賣歌的女郎似乎不再唱了；祇聽見一種不入耳的調笑。

『怎很好的歌不唱了？』

『大概那姑娘口喝了。』

『那些人教她唱歌，目的固並不在乎聽。』

『兄弟提議也招他來唱一唱，好不？』

『本席□議』

『這眞我們的人格要破產了，我們是學生，似乎不應……』

『這關什麼事呢？總之明天便跑了這是最後的一晚，何妨樂一樂，你總是掃興！』

『別迂 老夫子！』

『沒關係，別迂！』

『眞的，沒關係，不過，我想要請老任担任總指揮，一切進行可以便當些，因他經驗充足些。』

『好好！』

『你們既推我爲總指揮，便應該絕對服從我的話』老任洋洋地說，第一，我們人不能多，多則他們不敢來了，所以楊王張三君應該躲在窗後，況且你們都是別地方的人，言語皆是江北腔，這不十分好，第二老徐別迂，你爬上床去睡，小呂你輕輕的把門開了半扇，你看馬上就來了。』

果然，我們都希望著有一件無限的樂事發生一般，都靜悄悄地互相望著，一一依照他的話去辦。

『自然些，太呆板了，我們來談笑。』

這時窗上忽現出二個蓬鬆的人影，接着門輕輕的開了，走進一個小姑娘來，婷婷地含笑地

『先生，阿要唱只戲？』

『戲呀一啊唷，勿要。』

『先生可憐可憐妮罷，妮謝謝耐唱一只罷！』

『唱呀…………勿要，脚酸末可以來坐坐』

她們知道這是答應的表示，立在門口的一個長的姑娘也走了進來。

這時我距離她們較近，便暗暗的打量着，年紀方概都在十五六和十七八之間身上穿了廠布的花旗袍，短髮披拂，襯出一個瓜子形及圓圓的臉兒，都浮着薄薄的一層白粉，灣灣的眉兒，鮮紅的櫻唇，水汪汪的媚眼，雖不是怎樣漂亮的美人，到也風緻楚楚，老任把手指着拾旁一張凳，長的一個坐到了下來，把胡琴慢慢的和着弦

『先生唱啥？』小的一個把摺子送給老任

『不要唱啥，我們隨便談談，與不與？』

『弗能夠個呀，先生、唱京戲好勿好！武家坡，獨木關…』

『老調！京戲拚着命啞着喉嚨大喊大嚷我最討厭。』

『那末，唱點要聽個歌曲吧，毛毛雨，乳娘曲………』

『那些你們倒也會了，可是我們都聽爛了，揀一只人家最不要聽的歌曲吧！』

『唔』她們都笑了，似乎我在電燈光下，忽然看見，她們的笑裏，却帶了淚珠。

『——什麼是愛，愛是惡底化身！

　　什麼是美，美是醜的對面！

　　相愛的時候稱爲愛，

　　愛決裂的時候就是惡！

　　表面是美，上

　　腹內是醜！

世間那有真愛，
除非自己愛你自己的時候！
你別欺侮他人，
就是愛你自己；
你能憑着良心去做事，
便是天下最美的美！
你保護你自已的人格、
便是最愛，美！

『好啊！』一陣怪叫，窗外的三人便一齊跑，進來，她們却嚇了一跳，這時床上裝睡的老徐也爬了起來，

『 你們的歌太特別了，不唱小放牛五更調無錫景，却唱這些優美的詩歌、眞太奇怪特了，這些曲譜都從那裏來的』○老任奇怪地問

『這是姊姊做的』小的一個答

『呀！做的嗎？』

『是的，我姊姊從前也讀書的呀！她原是女學生啊！』

『咦！眞的麼？這……怎樣會淪落的？』

這時長的姑娘，想止住她同伴的話，早已來不及了，可是她底淚珠早亮晶晶的盛滿了一眶子，室內的空氣也緊張了起來

（ 我們都是學生呀；你別害怕，我們決不是市井傖父，你不妨直說我們是極同情……』王格格地說

她慢慢地拭去了淚，忽然昂起頭來勉強笑着「你們化你們的錢，我唱我的戲，又何必管到淪落不淪落呢！唱下去罷，你們是娛樂啊！』

「我們什麽都不要了，祇要聽你地；淪亡史，你肯直陳麽？」

「你們是少爺，祗知道化錢和玩弄我們女人，都也要聽什麼淪亡史麽？」

」我們是窮學生，絕對不是少爺……你………」

「要聽也好，可憐我自淪落以來，已好久沒人詢及我身世，今天我或許可以給我回想的一個機會，或許可以得到一些刺激！

你們聽好，也知道社會給我們女人多麽慘酷，或許你們也可以少玩弄女人一些………

『在以前，在不多幾年以前，我原是一個嬌生慣養的小姐，一切都不知道，一天到晚，祇是吃飯睡覺讀書遊玩，這快樂的童年啊！夢一般的，不可留戀的飛也似的去了！1我底姓名故鄉，你們沒有知道的必要——可憐我十四歲的那年，我的爸爸——原是一個學者——因爲與一位要人鬥了氣，便鐵索鋃鐺無辜地入了獄，一來我爸爸身體原是柔弱，二來獄卒又是非常的虐待，再加上一氣，不滿一日便死在獄中了，惡消息傳到我家裏，所憐我本來憔悴不堪的媽媽，便碰壁死了…………

『平日我家素非富有，經了這樣一個不大幸，祇能含垢忍辱破了產，把爸爸媽媽的屍骨收殮了，零丁孤苦的我幸虧還有一個遠房的叔叔收留，但不久風聲傳來，那位害死我父母的大仇人，却想把我搶去做他底小老婆，我底叔父知道了，他就勸我逃走，弱小者弱小者再壓迫再弱小者，弱小者原是祇有忍氣吞聲地被壓迫！不過馴伏的羔羊，尚能他說：『綺兒！我並不是硬心腸不收留你，實在我太沒有用了，我沒有爲我拚命的兵士，我沒有殺人利器的槍械，我沒有操人民生殺之權，我是弱小者不能保護你，你父母一生祇留下這心愛的女兒，我不忍見你給獸類去蹂躪，我要做乞丐要餓死儘願漂流到別去處罷！你要記好，弱小的人民，底生命，是沒有保障的不安全的，你去罷！你要爲你父母報仇！記着綺兒』！當時我叔父含淚把我交給了一個隣人帶到了上海，可是正是上海在風聲緊急的當兒，我與隣人又失散了………

『但是茫茫的世界那裏又不放着殺人機斷頭台呢！不知世故的我，又怎不墮入其中呢！在無可奈何的當兒，我儘受了欺騙便輕輕的墮入妓寮，當時我原想自殺，但是我還記着我衰老的叔父臨別的話，「綺兒你要爲父母報仇啊！我不死於仇人之手，不死於仇人之前，我隨便的死於萬里他鄉月黑人靜，實在心有不甘，所以我偷留賤軀以待………

『可是我總不了解人們的心，爲什麼這樣殘忍！小鳥兒當被獵人打傷將要死的時候，青蛙被巨大的毒蛇將要吞下的時候，他們發出的哀鳴，多麼辛酸悽慘！爲牛馬的勞工他們因中毒而將死時發出的呻吟，爲國事犧牲的青年當躺於南京路血泊裏掙扎的呼喊，有人心的人恐怕誰都要覺得悲慘而流淚同情的罷！然而却不料有許多人以我血淚交迸的歌聲爲悅耳，飽受鞭，韃皮包骨的身軀做娛樂………』

我們灰白的臉，都罩上了紅暈，小的一個姑娘，早已淚滿襟袖，

『我也知道，社會原是層層壓迫建築起來的，强大的壓逼

作一小小的哀鳴和痛苦的呻吟，而我們痛苦的哀鳴，悽慘的呻吟，竟被人認爲娛樂品……………）
她倆早已泣不可仰，我們也都呆呆地互相望着而孔發燒，忽然窗外吹來一陣冷風，不禁打了一個寒噤，尖銳的悽厲的黃包車夫底喊叫，聲聲刺激耳鼓。

六•十二•午夜

深省

鄭竹蟬

紅花落盡了，濃綠的果樹上結滿了將要成熟的果子；無人修飾的青草，雜亂地叢生於野外•天氣漸漸地炎熱，，接着又是柳樹濃蔭南風薰人的夏日了，同時我底畢業日期也將到來，啊！時光，你過去得爲何這樣地忽忽呢？

是過去中的一日罷！獨自在教室裏呆呆地徘徊着，深省着過去的事跡，空中宛轉的鳥音，唱着歸巢的歌曲；郊外格格的蛙聲，雜亂而喧擾地響着；操場周圍的柳樹？給狂風吹得東飄西搖地，發出呼呼的響聲、不由成毛骨悚然，心裏顫個不住•啊！寂寞的我，怎不感到身世的飄零和孤獨的悲哀呢？

光陰好像是箭一般的毫無留戀地過去，負笈梁溪已三載了、我和三師的老同學相處的時期，已到了第三年的下年，在這三年中的我，最慚愧的事的事，就是我的學業和時光成了反比例•捫心自問，這幾年的實在的成績，只是

個零•啊！不孝的我！只有跪在我父兄處請求，請求赦免做兒子的罪孽•

確是生來第一次，我感着自己智識的饑荒，和前途的渺茫•在這比秋雲還薄的人情中，那能不受人們的白眼鄙視與憎惡？在這充滿了金錢和勢力的人叢中，那能不感着人生的醜惡無聊與黑暗？我願隨着清淨的海水俱去；洗盡我的罪惡，洗盡世界的污濁！我願永遠在水晶宮殿裏，離開那無情的世界，和醜惡的人們！

看！看啊！無情的人間充滿了污濁不堪的臭氣•我是個弱者，是大自然中的弱者；微細的軀體，那能與臭氣相逼？他逼近我的鼻尖和氣管，以及我的肺臟•結果，全身只是一天一天地頹唐，，一天一天衰弱•死神在黑暗的道路盡頭、在揮手表示歡迎的樣子叫我前去；我只是盡力地掙扎，努力的抵抗•現在，已氣衰力盡，我的一切已入沉悶的悲哀中•想起了對我抱無限希望的父母、想起了對於抱無限希望的師友；還有；親愛的兄嫂姊妹，和姪子姪女；只有哭泣！

人生究竟有什麼意義？人生實在也不過就是如此罷？然而，我想信學問才是眞正的快樂，能夠在書本裏找着快樂和眞理；我想信只要一天一天的在知識上努力，總有一些兒光明•如果就這樣輕輕地放了大好光陰過去、人將幾何？不久就衰老了！

噹噹的鐘聲，從遠處傳來；癡呆着的我被驚醒了！

窗外宛轉的鳥音，唱着歸巢的歌曲；郊外嘓嘓的哇聲，雜亂而喧擾地響着，將要落山的陽光，發出胭紅的色彩，作最後的光明；城外遠遠的樹木，已籠罩着一層薄薄的夜色，操場上只是沉寂。狂風吻着柳樹，呼呼作響！

伊的小孩

呂克強

溫和慈愛的陽光，很高興地照在伊豐滿渾圓的臉上。伊的靈活發光的眼，在注抱在懷裏的小孩。——伊右手抱抱着她細白可愛的小腿。左手撫摩着她柔軟的黃髮。一面還唱着高高低低的歌兒給她聽。她怪可愛的。眞眞的可愛。——澄清晶瑩的眼睛。嫩藕似的手臂。肥美鮮紅的面頰。玉新似的小拳。圓圓的鼻。小小的嘴。啊，好可愛的她。伊緊緊的抱在懷裏。更能顯出她特俱的一種可愛。

她剛滿二週歲，就怪會笑。她經伊一番溫柔的安慰之後。她那小靈魂便好像想到什麼似的。不住嘻嘻嘻的笑。。一面笑，一面還回過頭來。玩弄伊的頭髮。啦，耳朵啦。……她的笑。還是繼續進行着。還要要狂笑哩。她又時時把她像米粉揑成似的小口，小手捧近伊豐滿的面龐去。。伊便帶笑的說。「香」她便越發笑得暢快了。一會兒，又把她兩隻白且嫩的小手，不住地拍着。一笑一拍。眞的好像音隊中的插板。很能應和。她懂得音樂嗎。不，不，一定不，她的小靈魂眞個開了開了。

她的小弟弟回來了。手裏拿了二塊紅紅綠綠的糖。跑到他母親跟前，自言自話道。（好喫的糖甜香的糖。不給妹妹妹吃。我一個自……）在這好喫甜香的聲喚中。忽然夾着一片小孩吵鬧聲。原來那塊糖被無誠見的她瞧見了。

以爲好玩。但是聰明伶俐的小弟弟。不等伊向他索。便早已一溜烟的逃走了。她起初不過不住吱吱喳喳的鬧着。到後來，終於不忍，大張她的小嘴。啞啞啞的哭起來。

伊趕上吻他的臉。一面唱着催眠歌。一面還拍着她的全身。無記憶力的她，慢慢的她甜密的夢鄉裏去了。

落 花

曹 侃

水樣的年光，一刹那巳，已早到暮春的時節了。

昔糊的我，終日在校內，過那機械式的生活，讀那刻板式的文章，終日不是忙預備這樣的功課，就是忙預備那樣忙個不休，一日的工夫，完全爲忙所消磨•所以，我的生活，是從忙中討來，這樣的生活，多麼的無味，乾燥，對於功課尚應不暇，那有餘時，去領略自然之美呢！「………」「可愛可貴的春光竟被我辜負了嗎」？

我心裏這樣的想，我這時，好像從夢中醒轉過來，厭惡了，厭惡自己的生活太枯燥，太無聊！像死灰色的一般，無半點兒生氣。這時我决願將我整個的心靈，淘醉在春神的懷裏。

星期日的下午，雲色並不十分黯淡，天氣到還覺舒爽，孤獨的我，緩步的走着，奔向那可愛的樂鄉•

廣闊的天空，淡藍的湖水，不盡的青山•碧綠的野草，垂幅美麗的畫圖，立刻現在我的眼前•這時的我。彷徘已入了仙境，覺得大自然的一切，値得我羨慕，贊美，

我繼續的走着，走到小溪的岸旁，看見那或紅或白的花兒

，落滿在河岸的兩旁，這大概是連日來微微的細雨，拂拂的和風，把牠們摧殘到這般模樣罷！可是，還留着幾片花萼，幾簇的花蕊，間有十幾片殘花，留在那些空的枝上；和許多細小的綠葉，相映着，格外顯得牠們零落的難堪•這時的我，心中說不出的婉惜，胸中懷着莫名其妙的煩悶和難言的悲哀，好像慈母失了伊的兒子一般！

「落花！落花！」鵑兒不住的叫着：好像告訴我，現在已到了落花時節了，在這當兒，我的心，好像放在冷水裏，收縮了，如受了很大的刺激一般，一刹間，逗引了無限的悵惘，前塵的回首，陳跡的摩挲，一切一切都足斲傷我的悵弱的心苗！

四年前的舉事，還深深刻在我的腦海裏，四年的故鄉，可算在礮火中，終日可聽見馬蹄聲，槍礮聲，拉夫聲……這一切的聲音了我們聽到了•只有恐怖，驚駭•各種事業了停止進行、所以，我同哥M哥也不能進學校，暫時分別了；在那年的青天，雖有那青的山，綠的水，但是我與x哥怎能如從前那樣去心賞偉大的自然呢？後來，軍事緊張，M哥與他的家人遷居他處，我們倆從此分別了，永久的分別了這是誰都不能料想得到罷？一對良好伴侶，被那萬惡的禽獸竟衝散了！

戰停了，我也就到外縣來求學；在那時，我們倆的感情，和前一樣濃厚，信就是我們倆感情換媒介，我有煩悶他總來安慰我，有痛苦，他總來解除；所以，我的一生，總不能離開他，在那年的秋天，大概就是深秋罷！接到M哥來信，說他自已身軀的瘦弱；後來竟病倒了，從此後，一封

信也沒有接到，

一年過了，片片的花兒，已落滿在地上，層層的堆起，將他掃去，誰願做這蠢事呢？倘遊人經過時，却不是踐踏得干淨嗎？可是，也不用惋惜牠！倘春來了，園林裏的樹枝上的花兒又依舊嬌紅而純白，一番新鮮的氣象，又現在世人的面前。

大哥竟在這當兒，好像受了風雨的摧殘，竟長逝而去了。

花殘了，等到春來時會再生；可是，我親愛的X哥死了，即是時間盡了，空間毀了，永遠不會再到人間！唉！這是多麼可慘的別離啊！

上帝呀！你太不公平罷！為什麼那些猛殘酷的禽獸，留在民間，不將牠摧殘個干淨呢！

獨把我那唯一的良伴摧殘，安慰我的寂寞，解除我的痛苦，還有誰呢？

我親愛的M哥，還請你給我一聲回音罷？

和風拂拂的吹着，花兒一兩片的落下，鵑兒斷續的叫着。

我那憔悴的心靈，破裂了我，流淚了，痛苦了！

我親愛的M哥，請你給我一聲回音罷？

今年落花為你流淚，痛哭，明年年花……

唉！我不願聽那鵑兒的聲，看那花兒的凋殘！

時期到了

歸廷輇

看啊！帝國主義的旗子招展在我們眼前了，

聽啊！蹂躪生命的兇聲傳到我們耳裏了，

朋友，看着罷！聽着罷！

時期到了，不是我們再甜沉在夢境的時候了，

朋友，醒醒罷！莫再做你的甜夢了！

朋友，我們都是在：

黑夜寒風裏的同伴；

荒野冷露裏的兄弟；

暴力掙扎下的同胞；

野獸踐踏下的魚肉；

朋友！我們背起了公理，負起了使命，振盪了熱血，吃飽了戰飯，磨快了利刃，裝滿了子彈，

奮勇的上戰場去！去！

我們爲着我們自己的生命之「燦爛」「自由」「光輝」「快樂」而奮鬥

奮鬥着（壓迫），（黑暗）（艱難）（虛僞），

勇敢堅毅的前向進行，

無遁逃地向敵人進攻；

公理是快要出現了，東方是就要發燒了，

我們努力直前無懦怯地做幾小時的工作！

掛號信

煥基

郵差是病了麼？不，決不是這樣，郵政決不會腐敗到如此？怎樣會將人家的匯票和信拘留在那裏，不送來呢？唉！斷無此理…………

光陰如流水般的過去，十八年的新年，又將在目前，

受了經濟壓迫的我，連一個銅子都沒有的我，獨自憑着窗欄，如此地設想

「唉！或者是來了也未可知！」

自言自語的跑出自修室，便到門房裏去望我父親寄給我的匯票。

『我有掛號信沒有』？我問着門房

『什麼掛號信不掛號信，誰要你的掛號信？倘若有了，不送進來麼？何勞你的二條腿！一天三四次』。

門房的兩隻烏黑黑的眼珠，給了我一個白眼，這樣的答着

可憐的我，被那凶惡的門房也罵得怪難過的，一言無答，忍氣吞聲的紅着臉兒，肚子裏奏着失望的悲歌，回到宿舍裏，回到寂靜凄涼的宿舍裏。

此地離開我的家鄉，也不過百餘里，何況天天有輪船往來，交通也不算不便，平時一封信，一天二天就可寄到；怎麼二星期前寄轉去要錢的信，現在還沒有個回音來？唉！我的父親怎麼還不寄錢來我呢？

（兒呀，你不要這樣的憂悶！自己的身體要緊！我們家裏，雖然如此貧苦，但是你的哥哥和我，借錢做債，無論如何，初中總給你讀個畢業的！自己的身體要緊，快些靜心調養！不要想這些那些………）唉！這不是在今年暑假裏，接到學校裏的開學信後，我憂愁父親諾大的年紀，負此重任，和悲怨我自已的命運，終於製成一場病，當我病得十分利害的時候，我父親安慰我的話麼？我的父親呀！你決不會食言的罷？決不會對你的兒子說謊的罷？決不

會不寄錢來給你的兒子做零用罷！決不會使你的兒子，因沒有錢用而半途卒學！父親呀！你知道飄零他鄉的兒子，在這瑟瑟的秋風中，連一件長袍，都是借人家的！頭上的髮，長得和山一堆似的沒錢去理，幾星期前，抛在地板角頭的污濁衣服，現在仍冷清清的放在那裏！………總之：沒錢用時，一切都不能做，父親呀！我親愛的父親呀！我想你一定不願你的兒子，窮困在他鄉！窮困死在這舉目無親的荒城罷！

想得頭痛心酸的我，倒睡在牀上，無情的熱淚，不由自主的脫眶而出，千絲萬縷的情緒，繞纏着苦楚悲傷的心頭！

「老漢你有掛號信！」

同室的一個同學，提高了喉嚨，驚動了我苦楚的心，苦腦的心房，是何等的快慰呵！立刻飛也似的跑下樓來，用着急促的脚步踏進了自修室，在那横七豎八的幾本課本中，除了那些微細的塵灰以外，什麼掛號信，……掛……號……信！什麼匯票……匯……票！甚麼都沒有，一切都成空！一切都是個空虛的夢！兩行淚珠不知不覺間，掉滿了雙頰！

「老漢，你的朋友受之獻安給你的賀年片。」

克忽然從他的手中，送給我二張賀年片，絕望了的我，當時和癡鬼似的立着，唉！窮！窮！將自己的耳朵，都弄得窮了！原來是討債的賀年片！

人家接到朋友的賀年片，笑迷迷的快樂異常、興高彩烈的到書店裏去買回覆用的賀年片——是件樂事，「但是在我呢？ 連一個有孔的「乾隆」「光緒」銅錢都沒有是怎麽好呢？

可惡的司時神呀！寶貴的韶華，被你驅向那裏去了！又把十八載的新年驅到了目前！朋友呀！我不能怨恨你們，我要怨恨那個司時之神呵！我要打破那萬惡社會的空敷衍——爲什麽在新年時節，一定要寄甚麽賀年片不賀年片？朋友們呀！寄給賀年片我的朋友們呀！我是個錢也沒有的窮漢！就這樣回覆你們個沒有麽？這是我不願意的；賀年片是決定要買了寄給你們的，但是又沒有錢，困厄的我，有何辦法呢？——去拿人家的錢罷，偷……偷……賊……做賊！呵唷！學校裏訓育先生，是何等崢嶸！何等嚴正！若是發覺了，要請你出去——開除，危哉險也………

噹！噹！的幾聲晚餐鐘聲，在蒼茫的暮色裏，將我滿腔的愁思打斷！

晚飯以後，幸虧美沒有拒絕我，借得二角小洋，無聊地，孤獨的到大同書局買得兩張賀年片、花了二分郵票寄了，

這區區的——買了賀年片和二分郵票剩餘下來了二十幾個銅子，今天一天也用得一個都沒有了！

但是父親的掛號信和匯票，現在仍是………

一九二八，大除夕夜

落花時節

周士香

子規聲聲地在深林裏悲啼，黃蝶依舊纏繞着殘萼徘徊

。在這春光明媚已過去的落花時節，誰不感到悽冷慘寂？那堪我在這時更憶起舊情呢！

今年已十八歲了，十年前的落花節，正是淚流滿腮的兒！——因為我親愛的母親在那時永別人世了。

當時年紀雖小，到現在相隔雖久；但因這事太刺激我了，所以時候隨你怎樣長下去——十年百年………要是我不入涅槃，這事一定依舊能潛伏在心靈的深處的。

我還牢牢的記着死前的一天，當我和父親上街時，我笑容滿面地向父親說：（母親的病輕得多了，今天已稍稍吃了些粥。）父親當時也是這樣想。誰也想不到今天晚上反沉重得可怕。當我兀立在床旁的當兒，她的一雙枯槁無光的眼睛，一動也不動的注射在我的臉上。陣陣的呻吟聲，真逼得我暗自流淚！

明天早上病勢更重，昨天還能稍稍發些呻吟之聲，可憐今天一聲不作，只有斷斷續續的急切的呼吸聲，時時可以聽到。但她的兩眼依舊注視我的臉兒，從沒有移射到別處，經了好久她倦極了，不得不暫時閉合。恐怕那時我是她唯一的愛戀者了，因為她一生祇剩我這個孤零零的獨子，那肯捨我而去呢！

但天公無情，牠是一切都不顧的，大約在八點多鐘吧她的但病再也不能延長了，我那時再也不能忍了，兩條熱淚像泉的水般湧出。正在淚淚珠把我的視線隔斷時，在朦朧隱約中，她一切都不顧的長逝了！一時滿房祇有號哭悲啼之聲，我在狂呼顛困之中，已昏倒在地，醒來足足哭了兩個多鐘頭。

從那天起，因爲過於悲啼，竟也爲病魔所纏。同時回想到慈母在時，當我生病的時候，她和我祈禱，燒湯，煎藥等情，能不使我越發感到悲切？

到而今，一到墳旁，一片淒涼之景，正是：（白楊樹下風蕭蕭，荒塚迷離生野草。獨居黃泉有誰知？落葉滿地無人掃！）

何況在這淒涼清寂的落花時節呢！

唉！落花，落花！花落還有重開時。

可憐我的慈母，別後相見在何處？

萬斛愁緒無計除，願將此情憑夢寄給幽靈知！

一九二九，五，二脫稿。

中央大學區立無錫中學初中部第二屆畢業同學會章程

第一條　定名　本會定名爲中央大學區立無錫中學初中部第二屆畢業同學會

第二條　宗旨　本會以聯絡感情發展互助精神爲宗旨

第三條　會員　凡本屆畢業同學皆爲本會會員

第四條　組織　本會以全體大會爲最高機關全體大會閉會後以執行委員會爲最高機關執行委員由全體大會選出之執行委員會組織如左

總務部主席（正副二人）
- 庶務股（二人）
- 會計股（二人）
- 交際股（二人）
- 文書股（一人）
- 出版股（五人）
- 游藝股（四人）

(一)各部股員不得兼任

(二)總務部及各股細則另訂之

第五條　職權　總務部進行一切總務各股進行各該股事宜

第六條　會費　每人於本學期繳大洋一元遇必要時得由大會通過徵收臨時費

第七條　任期　各職員任期以本學期爲限

第八條　會期　由總務部主席召集臨時會常會規定於本學期終了得開一次

附則

(一)本章程由全體大會通過後實行

(二)本章程有未盡善處由會員十人以上之提議經全體大會通過修改之

編後

這是要申謝的事：

沈振家先生寫出幾條人生的標準給我們、童致堪先生也把我們出刊的意義，盡量地申說的，祁蘊璞先生把一篇譯稿寫在我們刊上發表，使本刊增色。

其次就是抱歉的事

如經濟關係，把我們許多所喜歡的稿件舍棄掉了，現在所發表的不能說是所徵集稿子中的最好的，這一定是要申明而且抱歉的，復次本刊承任茂萱同學辦助的力點不少

編者

本級同學通訊錄

姓名	年歲	籍貫	通訊處
施之德	十八	無錫	無錫石塘灣施家宕
孫倩英	十八	同	無錫七尺場四號
吳讓庭	十九	同	無錫玉祁復興泰木行
謝伯寅	十六	武進	東橫林合茂興米行
王玉欣	十八	同	橫林興隆巷
謝元	十八	同	常州西郊奔牛轉鄒堰鎮益壽堂藥號
陸清如	十六	宜興	和橋隆泰恆
陳璋	十七	吳江	揚州薛家巷一號
于詠杲	十七	金壇	金壇南門下新河于大順號
謝長明	十七	溧陽	溧陽義隆潤交新昌轉厚村
曹侃	十七	揚州	揚州縣西街
曾啓宏	十八	同	揚州卸甲橋
陳家寶	十九	同	揚州小十三灣
余毓生	十七	泰興	泰興東門外失迷茶店轉
高松兆	十七	同	泰興宣鎮鄭交梅家壠
黃特生	十八	同	靖江季家市季德美
歸廷銓	十七	江陰	無錫北周莊
唐廷翼	十九	南匯	上海浦東川沙南門唐家花園
程文沼	十八	儀徵	揚州南門外徐家集
朱有福	二十	川沙	上海浦東川沙西門外恆昌泰染坊
唐宗壽	十七	無錫	無錫玉祁唐鼎豐永記
徐學明	十七	同	無錫北鄉辛巷

周士香	十八	同	無錫南門外方橋轉塔上
華宏德	十八	同	無錫梅村陸河橋
嚴欽亮	十八	同	無錫上塘南市橋四十五號
萬國治	十九	同	無錫八字橋鄧立大號交
謝仲良	十九	同	無錫梅村高田上
鄭作善	十七	武進	横林南園地
孫建初	十八	同	無錫漕橋東街
張爾豪	十九	同	無錫城中後書院衖二十一號
陳乃武	十九	江陰	無錫陳墅周志尼轉
夏弈麟	二〇	同	江陰雲亭夏德大號
蔡景襄	二〇	常熟	無錫鹿苑西港鎮
呂光強	十八	同	宜興蜀山張廣昇酒號
俞心湛	十八	同	宜興東大街南華書局
范煥基	十八	同	宜興蜀山寶泰號
周浩榮	十九	同	宜興芳橋
謝九如	二〇	同	武進湟里鎮轉新建交
儲　準	二〇	同	常州豐義祥大號
任茂萱	二〇	同	溧陽戴埠
楊必立	二〇	灌雲	板浦德明攸
錢同修	十八	無錫	南門外棉花巷一一〇號
卞士良	十九	武進	武進前横同昌泰轉
孫鴻福	十九	靖江	靖江禮士橋馮源泰號
徐名世	十七	如皋	靖江西來鎮轉江安九甲交
王慶鴻	十九	東台	東台新橋口張鉅隆轉鶴落堎鄉

中大錫中初中畢業紀念刊

編輯兼	中央大學無錫中學初中第二屆
出版者	畢業同學會出版部
印刷者	無錫協成印刷公司
出版日期	民國十八年七月
實價	每期大洋二角
代售處	無錫各大書局

省錫師畢業紀念刊

師二十六級學級會 編

《省錫師畢業紀念刊》一册，不分卷，師二十六級學級會編。民國二十六年（一九三七）六月刊行，鉛活字印本。無錫市圖書館藏。

省錫師，全稱爲『江蘇省立無錫師範學校』，創辦於清宣統三年（一九一一），原稱爲『江蘇官立第三師範學堂』。創辦人和首任校長爲顧倬。辛亥革命爆發後，曾一度停辦，民國元年（一九一二）四月復校，校名改爲『江蘇省立第三師範學校』。民國二十一年（一九三二）十月定名爲『江蘇省立無錫師範學校』。校址未變，一直在城中學前街，原無錫縣孔廟學宫之南。師二十六級，係民國二十四年入學、二十六年畢業的高中師範科學生，共有五十餘人，其中留有通訊録者三十六人。紀念刊由該届畢業生王佩蘭、倪浩堂等具體負責編輯。校長周毓莘等作序。周校長的序文，就像是對畢業生的一篇歡送辭。他欣喜地看到，同學們『三年之間，孜孜矻矻，莫不踔厲奮發，敦品立行』，『卓成有用之才』；希望大家『各歸本縣負初等教育之重任，增進地方文化』，『能克盡厥職』；同時也勉勵大家踏上社會，要繼續學習，並『抱堅苦卓絶之精神，明禮儀，知廉耻，負責任，守紀律』，在教育事業上做出卓越成績。

紀念刊的内容包括導師照片、同學照片、校景及生活剪影、萍踪紀實、級史、教職員通訊録和同學通訊録等。在教職員名單中，除校長周毓莘外，還有錢松嵒、施之勉、向賓諷等名師。在同學名單中，則有王佩蘭、錢谷融、湯定元、倪浩堂等名人，他們後來分别成爲中學名教師、大學名教授、中國科學院院士和省級領導幹部。

省錫師的校風校紀、師資水平和教育質量，從這本紀念刊中就可略見其一斑。

（夏剛草）

無錫縣圖書館惠存

江蘇省立無錫師範
師二十六級
學級會

敬贈

校訓

校訓

校歌

校　歌

mf
惠麓峯秀 句曲雲閣 大江笠澤 鍾毓奇才
Cresc
東林講學振士氣 我校繼武 要把教育根柢
栽 士不可以不弘毅 任重致遠成德達
ff
材 起 起 起 作砥柱 莫遑徊

序文

序　一

無錫師範學校師範部限招第二區學生，自民國二十[illegible]丑級始。區分無錫江陰武進宜興靖江吳縣吳江常熟金壇溧陽等十縣，凡前常州府屬全部及蘇州府屬鎮江府屬之一部隸之。十縣面積之總和，僅當江蘇全省十分之一，而小學級數，則逾全省三分之一，蓋地包三吳，夙稱全國財賦奧區，人文淵藪。丁丑級諸生之來也。適當余長斯校之歲。盡屬十縣俊彥，三年之間，孜孜矻矻，莫不踔厲奮發，敦品立行，復加軍事訓練，卓成有用之才，校風賴以丕變。今際學成，將各歸本縣負初等教育之重任，增進地方文化，吾知其必能克盡厥職也。抑有進者，世界一大學校也，學問有何止境？三年之所學，不過其端緒耳，倘以爲是亦足矣，欲僅懷此以立身處世，將有汲深綆短之歎，必也抱堅苦卓絕之精神，明禮義，知廉恥，負責任，守紀律，無時不學，無地不學，其庶幾乎！臨行有紀念册之刊，書此以勗。

中華民國二十六年六月周毓莘

序　二

韶華如遊，荏苒三年，二六學級諸君，已學成期滿，行將分道揚鑣，各展其素志，以肆力於社會矣。回溯三年之過程中，適值非常時會，教訓特別緊張，實施軍事管理，厲行新生活規約，砥礪琢磨，行動悉遵約束，誘掖奬勸，思想咸有秉夷。是所施於諸君者原屬非常之訓練，而所望於諸君者胥爲非常之人才，自茲以往，甚願諸君克荷非常之重任，建立非常之事功，風雨鷄鳴，艱巨匡濟，固非諸君莫屬也。

畢業卽失業，爲國內學生界普遍之呼聲，然是非所以語於諸君也。師範爲專業訓練，小教爲立國根基。現時行政當局，對於師範生限期服務，分等銓衡，輔導有組織，考績有專司，所以整肅師資，推行教育者，至爲周密。故諸君學校畢業之日，卽爲社會始業之期，將如何啓迪兒童，如何表率鄉邑，更如何訓練民衆，如何增益新知，自當念茲在茲，謀業務之發展，矢勤矢勇，俾職守之無虧，勿妄自菲薄，更勿私自驕矜，本有守有爲之志趣，顯達人達己之精神；果能是，則成功有望，聲譽可期，而福利於國家社會者將無限量，豈特一人一校之榮譽而已哉。

救國原有多方，而教育實爲要着；職業各有殊途，而教育最爲清苦。吾人旣以教育爲職業，則應抱堅强之信念與决心，安富尊榮，無庸繫戀，窮鄉僻壤，不存畏葸。敬業樂羣，應隨環境而適應，奉公守法，當循正義以自安。故德性之陶冶，能力之養成，須力求惕勵，不背準繩。成敗得失之樞機，窮達毀譽之涇渭，胥是乎在。人生聚散，本屬尋常，精誠團結，乃爲恆久。無論在校相處之師長，與夫先後相共之同學，不但不因畢業而或致疏遠，且特因畢業而更增親緣；以志趣同，職業同，在事業上互助合作之機會正多，在學術上切磋攻錯之需求益切。故此區區紀念小册，允爲後日精誠團結之盟書，與古人所謂黯然魂銷之情緒，固有不同者在也。

二十六年六月六日吳元滌

序　三

二六學級同學自負笈錫師，忽忽三閱寒暑。茲値畢業離校之頃，集資刊行小册，以留鴻爪，乞余數言，藉作紀念。回憶昔年諸君來校應試，錄取入學，此情此景，猶歷歷如在目前。不意一轉瞬間，三載已逝，遽賦驪歌。每念過去生活，朝夕與共，公誼私情，誠不能不爲諸君進一言，以相勗勉，此固非依依惜別，徒作無謂酬酢之辭，而浪費筆墨也。

諸君爲師範生，其旨趣當爲服務小學教育無疑。出校以後，不論其執教窮鄉僻壤，或就業通都大邑，均當本服務之精神，盡自已之責任，始終不懈，爲事業努力。愼勿因循敷衍，見異思遷，致一無成就，有虧於責守。昔韓文公有言曰：「利居衆後，責在人先」。西哲蘇格拉底亦謂：「須瞭解自我之責」。此均堪爲吾人終身服膺，謹掬誠相贈，願諸君三致意焉！

常聞人言，今之青年學子，當其在校肄業也，孜孜矻矻，向上之心殊切。一旦離校，與社會接觸，往往因意志不堅，爲外界所惑，迷戀於物質之享受，屈服於環境之支配，改弦易轍，判若兩人；甚至走入歧途，自甘墮落者，比比皆是。諸君行將踏入社會，無異身履薄冰，當引以爲戒！且人生有涯，學無止境，諸君所學，僅其發軔耳，尙有待於深切探討也。

抑更有進者，吾人既爲社會之一員，卽不能離人羣而生活。獨善其身，理固有所未合，勢亦有所不許；而謹守職務範圍，教導兒童，亦未得爲畢其能事。猶當分其能力，爲一般可憐之文盲着想，對人羣生活社會文化，作最大之貢獻。質言之，諸君不僅自强自律，更應擴而充之，以福利民爲職志，方無負國家作育之至意。

別矣諸君！從此分道揚鑣，各奔前程，願自珍重，爲母校爭光，爲國家效力，其各勉旃！

何其寬卄六年六月六日

序　四

無錫師範本屆畢業生有級刊之輯，乞余贈言。余忝居斯校國文講席已四載，睹諸生之學成以去者，已六班。而與本屆畢業生，相處三年，講論最久，則安可無言？夫諸生修業年滿則固矣。而學之果成否乎？則不敢言，業之果畢否乎？則尤不敢言。以今日小學優良師資之缺乏，則高中師範畢業生必將爲小學教教之領導者。則於小學教育應用之學識技能，必當熟諳。庶於師育措施，游刃有餘也。其於他科，余不能知。就國文言，則本屆畢業諸生平均成績固較上三屆略優。此有國文科之考績可憑者。然諸生不可以此自足。以教授兒童固有餘，而於教育研究，社會應付，以領導小學教師者，則有不足焉，安得謂學之已成乎？

抑諸生在校雖云畢業，而於服務小學，則方開其始。以終身服務與研究之事業精神言，則又安得謂業之已畢乎？諺曰：「做到老，學到老。」語雖淺俗，意味深長。寓學於做，(Learning by doing) 則今日教育家之名言也：兩曰到老，則又忠於事業之精神也。余所欲贈諸生者，無過斯言矣。

余雖碌碌無他藝能。而終身從事於專業；教國文已十七年，稍有暇隙，無日不致力於專業研究；則自信可爲諸生法者。亦嘗告諸生曰：「余不欲諸君知我爲惰者；更不欲他日小學生知諸君爲惰者。以是多病之身，每日工作恆在十一小時以上。」諸生年富力強，苟篤守斯言，則他日貢獻於小學教育與其研究者必將十百於余。即欲爲教師之教師亦不難。豈特爲小學教師之領導而已哉。

中華民國二十六年六月阮真

序　五

你們知道教皇格列高里一世（Gregory I）化導不列顛的盎格羅人的故事麼？

一天，格列高里一世在羅馬街上走，眼見着一羣天真活潑的小孩，在奴市中，很是可憐。有人告訴他，說是盎格羅人。他回答道：「不是盎格羅人（Angles），那是天使（Angels）呀，應該拯救他們」。便就派遣奥古士丁（Augustine）等到那裏去，熱心傳道，終於把全島野蠻的盎格羅人的靈魂得救了

成千成萬的失學兒童，在到處流浪，他們的身體是骯髒的，他們的性靈是光亮的，真是天使呀！你們發大願心，盡力去救他們罷！

中華民國二十六年五月十四日施之勉

序　　六

三年聚首一朝離。多少兒童盼導師。珍重前途無限好。收功小教記毛奇。

正是三師廿五周。添將生力挽狂流。獻身教育從今始。不掃文盲誓不休。

蝎來廿載客梁溪。幾輩英才擇木棲。最是一編供檢點。伯勞飛燕各東西

舊學商量子細看。者番探討寸心安。不因人熱儒家事。寄語諸君耐歲寒。　　　　　　　　　　　　暨陽向頡垣

序　七

江蘇省立無錫師範學校，師廿六學級畢業同學，有刊紀念册之議；董其事者王君仁南，囑一言以爲紀念。余方爲該級諸生實習之策劃與考驗忙甚，無暇著爲長篇論文。因念昔日讀美國蔡伯孟與康志教育原理一書，簡端有小引一節；語焉簡括，用意深長，頗足引爲諸君子勗。其言曰：

『教師對他的兒童發問：

　　你們要跟我學些什麼呢？

於是答案終於到來了：

　　我們要怎樣鍛鍊我們的身體？

　　我們要怎樣保育我們的子女？

　　我們要怎樣與他人合作？

　　我們要怎樣和人家交際？

　　我們要怎樣的休閒與遊戲？

　　我們的生活，是爲了什麼目的？…………

教師說了這一番話，他心裏覺得很慚愧；

　　因爲他自已還沒有學到這些事情』。

諸君行將參加教師之行伍矣，願以斯言以自省。余當自問，余之素養如何？余如何可以教育兒童？余教兒童學習，余更當反省，余是否能繼續進修？諸君行將參加教師之行伍矣，以此爲臨別贈言也可；以此爲歡迎之辭也亦可。

中華民國廿六年五月，潘仁序於附屬小學之迎紫園。

前 奏 曲

——錫 如——

甲戌年秋，吾級同學，紛從十縣來，聚首一堂，講習討論，轉瞬三載，行將賦別離之歌矣！吾人瞻望前途，追憶過去，而倍覺今日之可戀；依依之情，有發乎中而不能自已者。爰有畢業紀念刊之輯，乃集三年來循循善誘之導師，相互攻錯之同學，及平日參加各項活動，或攝製相片，或寫作文章，彙刊成册；則他日雖天涯地角，案頭檢閱，猶如同處「弘毅」堂下，其情景猶歷歷在目也

同學乎！此地一爲別，青雲何處期；倘冀一本友愛之義，發揚弘毅精神，光我母校，奠我國基，則國家一大學校也，社會一大教室也，千里猶一堂，誰云此別之不可復聚哉？

導師照片

周 校 長

教導主任

吳子修先生

第一學年
級任導師
張孝如先生

教導副主任
兼級任導師
何陶如先生

第二學年
級任導師
李玉彬先生

徐夢筠先生

劉覲輝先生

潘揖山先生

阮樂眞先生

顧雄藻先生

顧鴻志先生

張哲觀先生

吳淙漢先生
宗

向賓諷先生

施之勉先生

沈醉風先生

吳藻綠先生
澡祿

史伯超先生

江棟成先生

張羽儀先生

錢松岩先生

蔣希曾先生

吳溉亭先生

鄒彬芳先生

馮鳳章先生

同學照片

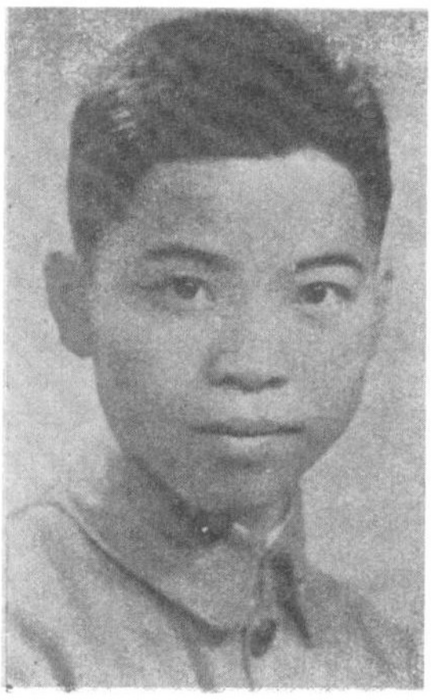

鄭國鈞

閔芙初

劉祖英

陳其智

葛敍五

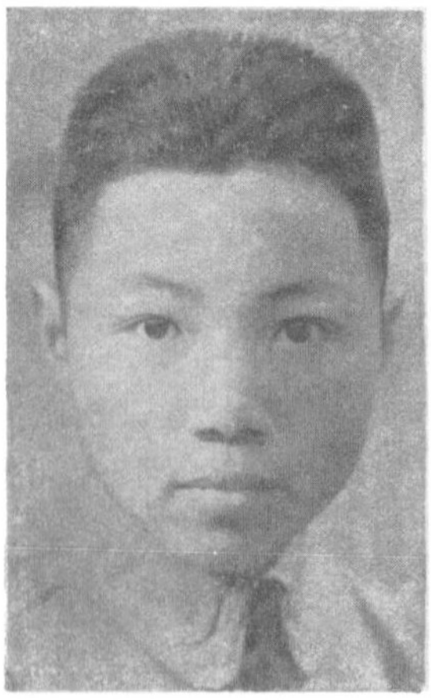

許金康

許學勤

李世澍

張漢松

陳永升

唐炳昌

丁晉芳

郁 錫 如

趙 伯 禮

孫 蟠 壽

劉　鏡

王佩蘭

許錫成

王仁南

錢孟杰

謝大鈞

倪浩堂

朱渭瑞

錢志豪

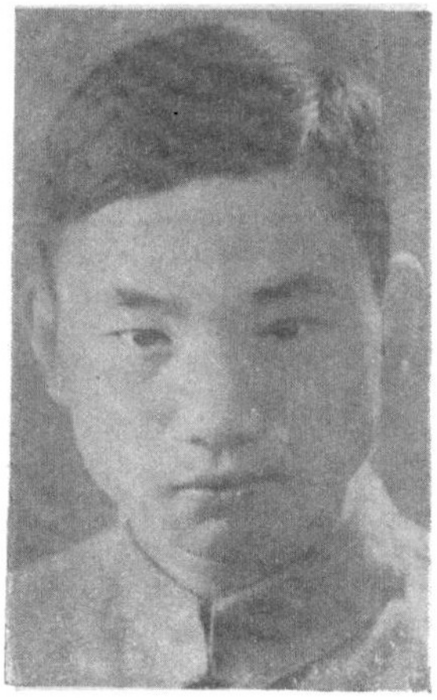

楊　灝

姚紋添

莊　嚴

梅 旒 輝

陸 以 仁

狄 壬 芳

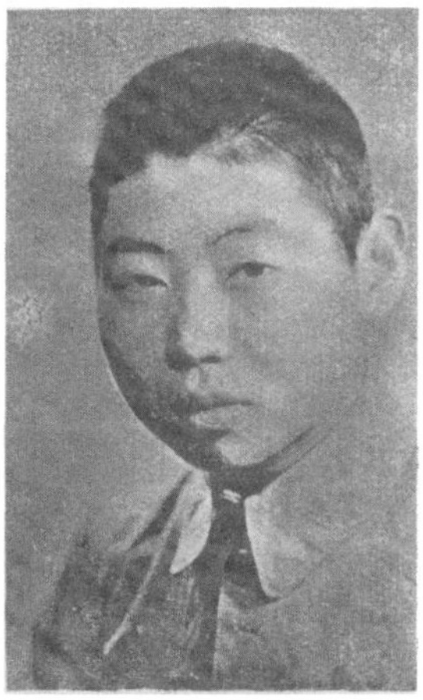

張建文

陸維熊

上官亮

姜元培

楊松泉

校景及生活剪影

校　　門

圖　書　館

大　禮　堂

教　室

運　　動　　場

課　外　閲　讀

寢室長廊

本刊編輯委員

理化實驗

試教生活

田　徑　隊

足　球　隊

籃　球　隊

萍踪紀實

旅杭剪影（一）

當心些！

晚霞

双峯

便搭船....

趕

直線與曲線

旅杭剪影（二）

雄姿——錢江大橋

夜泛

南平湖

悠閒

歸來

形影相依

不夜

人海——全運會觀众

大會場

港粤之战

海上之行

"俫伲"風光
錫園
黿渚
錫山
——等!
——抽!
——甜!
DASH!

級史

師二六學級級史

——王仁南撰——

大家在相聚的時候不覺得生活的有趣，別後才感到過去生活的渣滓也夠人尋味。況同窗三載，情逾手足的同學，安能當此驪歌頻催時，不留一些雪泥鴻爪，作爲他日的印證，藉此追懷既往，慰藉離情，更以此砥礪壯志，策進將來。所以特記本級三年簡史，以誌不忘。

屢經改變的中國教育制度，自二十三年起，無錫師範就完全沒有普通科，而爲專辦師範的學校了。爲提高師範生的程度及普及師範生的分配起見，就實行分區招生。本級就在這分區招生的辦法下產生。當然，清一色的全是二區十縣中的同學。與本級同時更新的爲校長教職員的更換。由是校中的一切也隨着本級的誕生而更新着。在這種的情形之下，我們也都埋頭苦學，服從校中的一切教訓。非但要恢復三師時代的光榮，更要進一步的成爲全國的模範。所以在每個同學的心靈中充滿了熱烈的火花，努力的爲個人爲學校而精勤向學。

民廿三年的九月一日，各地同學離開家庭，來到錫師。由是四十三顆熾熱的心融洽在一起。更因環境、教員、制度都是新的，所有的刺激，格外使同學興奮。那時的級任老師爲張孝如，他早年留學日本，歸國後於大、中學內掌教有年，才廣識博，名馳學界。本級得此，額手相慶，以不苟且不虛僞的方法訓導我們。並且時刻指示我們應讀的書及讀書的方法；以怎樣做人及最現代而實用的知識灌輸給我們。本來從初中進入高中的階段是青年思想最危險的時代。不知應走的途徑是什麼？應讀的書是什麼？徘徊在憂鬱與苦悶的歧途中。而張老師竟能替我們打開這一條路。由是同學特別努力，看書的風氣特別盛。任何時間跑進圖書館中去看，本級的同學是不會沒有的。這種好學的風氣，可說是張老師教導之力。

照例說，在師一時代的各種事情大都只會跟着人家走的。可是本級有獨特的精神。凡事可與他級合作則合作，不能則獨做。對於各種研究方面因集訓而加了許多課，所以不能儘量的參加。然於校中各種的競賽則皆名列前茅，如時事、作文、書法競賽，團體總分固爲第一，個人居然亦爲第一。書法爲董君獻徵第一，作文袁君可韞列第二，時事則王君仁南，施君樹森，閔君芙初分佔一二三名。至師三時的時事測驗仍由本級楊君灝，郁君錫如，閔君芙初分佔前三名。由此可知在第一學年就超越了其他各級。這樣光顯的榮譽在每個老師與同學的腦海中深深的印着。

第二學期開始的時候，胡君榮度、李君養成、徐君棟三位同學因事或因病休學在家，而添入一位徐君希成，本級人數由四十三位減爲四十一位了。在這學年中間上課的時間很短促，至春假的時候功課已結束。於四月十五的那天晨光曦微的早上，大家踏上了征程，赴鎮江去受集中軍訓。那時的國家已危如鼎魚幕燕，每個同學的腦海中怒花奔放，對於抗日的意念，個個已下了有我無你的決心。所以雖然受此嚴格軍訓，但是個個同學雄赳赳氣昂昂地，始終如一的肩着槍學習軍事技能。在三個月中本級同學沒有那一個犯規，且成績都在前列。於是一致的得到全體教官及集訓學生的好評。

集訓回校後就拿起集訓的精神，全校的同學大家跟着學。校中亦由教訓合一改爲教訓軍合一的管理。由是生活軍事化，校風丕變，本級成了全校的中心。那時本級添入陸君以仁、梅君毓輝二位同學。而潘君駢仁、范君錫森因病休學在家。所以同學仍爲四十一位。級任則爲李玉彬先生。李先生職教三師、錫中、錫師已十餘年，門弟子遍各地，儒學碩望，道貌岸然，諄諄以德行感化。對於級事尤爲熱心指導，務使成模範學級。而每個同學感到要在大範圍的整個民族裏能夠團結，必須在小小一個會裏也要能團結。所以各人心苗裏便開放出「師二六級會」的鮮花。這朵燦爛的，潔白的合作之花，在二年中所表現出來的團結同合作的精神，無論先生同學都一致的贊美着。各種團體及個人競賽固名列前茅，而一學年中的清潔錦標也屬了本級。

西諺說：「健全的精神，寓於健全的身體」，所以於師一時代就組織育光體育隊。因課程忙碌，無多大成績表現。到「師二六級會」成立後，就大家注意運動。

並時與其他各級及校外團體比賽籃、足、乒乓球等，藉此增進球藝及運動的機會。除特別注意運動及鍛鍊體魄外，於課內外的研研精神有更大的表現。在級中定期出版壁報，大家興趣濃厚，投稿踴躍。第二學期的壁報則更改良。採取學校新聞的編制，分採訪、編輯、出版三部。完全依照大報紙的式樣，每期出二大張，純用道林紙謄寫。內容分校內外新聞、評論、文藝、現實論壇、漫畫等，材料豐富，格式新穎，師生嘖嘖稱善。這充分表現了本級獨特創造的精神。在課外活動研究方面校中有各種研究會的組織。這許多的研究會都由本級同學支持着。如教育研究會，膳食委員會由馬君效祖主持，英文研究會由錢君志豪主持；自然學科研究會由倪君浩堂負責；社會學科研究會由王君仁南負責；音樂研究會由李君世濟負責。每個研究會把研究成績彙集油印成册，一二册不等。並且我們求學的目的，不在求得空洞的理論，而在求得與實際生活發生聯繫的知識。所以儘量利用課餘的時間參觀申新紗廠、茂新麵粉廠、華新絲廠、地方法院、模範監獄。到了師三，雖功課緊迫，仍是抽暇赴戚墅堰電廠參觀。並於廿四年的雙十節赴滬上參觀全國運動大會，便道參觀商務、中華的製版部及印刷所。由是得到許多書本上所沒有的真實知識。

師二的第二學期爲本級風雨鼓盪的時期。這時國家的危險已是千鈞一髮。所以省方派徐夢曾教官實行非常時期軍訓。同學個個有氣吞山河的氣概，扼腕切齒的痛恨着以「東亞盟主」自居的日本。所以大家很勤懇的練習軍事技術，以備不得已時亦可效曹沫，荊軻的精神，一雪積恨。當然受着軍訓的學生，對於辨別各事，終以國家民族爲前提，以理智來克服感情的衝動，決不輕舉忘動的。所以在一二九北平學生發動反日的熱烈火花時，全國各地紛紛響應，而錫師居錫地各中學之領袖，爲使民衆有確切的認識起見，本級雖受種種環境的限制，而終於領導着全校同學出外宣傳。在昏迷的病人身上打了一針清涼劑，使大家知道現在的國家究竟是怎樣！

師範學校畢業，是要出去教未來中國的靈魂的小學生的；且教學是一種藝術，非要有一種特別訓練不可。所以本級一方面爲救濟貧苦的失學兒童，一方面爲練習自己的教學技術，雖在百忙中，仍抽出些時間來，辦理一個簡易小學。學生滿百，嘉惠子弟很多，地方人士大爲贊佩。於師二辦理了一年，到師三因課程繁忙，就再交給師二辦理。辦理一年的獲益覺得比單上幾課教育理論好了許多！

一部份同學喜歡調查社會的實情及宣傳國家侵略的現狀，在暑假中就大家很熱心的做着這種工作，相約於暑假囘校後會談暑期的工作情形，不期二月的離散後，級中六位俊秀的同學，因故停學，全級瞠目驚訝，然事已不可挽囘，李老師亦愛莫能助，這是全級同學都深可痛惜的事。六位同學停學後本級就只有三十五位了，前次因病休學在家的狄君壬芳、楊君松泉、姜君元培、鄧君光璧四位同學仍來加入本級，但是周君鍾靈又患重病休學在家，董君獻徵則一病不起，英才早世，全級痛悼。

何陶如先生，知識廣博，道德高尚，譯作很多，早已渴望着他能担任本級的級任，本學年居然如願以償了。何先生與本級早已發生了密切的關係，他對師範生表示着深切的同情，時刻鼓勵着我們努力前進，不要以爲做了小學教員就算滿足，應該不息的研究，所謂「做到老，學到老」是也。平日的管教以慈母的心腸，嚴父的手段指導我們，各個同學無不樂於接受，且各種事情都是以身作則，實足爲眞正現代式靑年的楷模。

在何先生的熱心指導之下，第五學期仍繼續着以往的精神，繼續辦理壁報，以增加研究的興趣；在第七屆秋季運動會時，本級得着更大的榮譽，因爲運動的目的在鍛鍊體魄，決不是專造些選手去奪錦標的。所以本級全體同學都參加，精神百倍；雖然沒有個個人得到分數，但是這種精神的表現，殊可欣慰。且結果榮獲田徑總錦標，個人總分的前三名亦爲本級的楊君松泉、姜君元培、倪君浩堂所得。由此可知用最大的努力，下最大的決心，必能獲得最大的結果與最光耀的榮譽。在這裏本級實幹的精神已充分的表現出來。更有在前二年的校中演說競賽，本級因缺少會說國語的人才，所以從未能得佔前列。本學期經各位同學的努力，演說競賽的結果，團體分數居然名列第二。其他如膳食委員會、無線電研究會、音樂研究會、英文研究會、日文講習會仍由本級同學主持着。他如於防空展覽會時本級全體担任說明員，說話流利清楚，得到社會人士一致的稱許。

國家是個個人愛護的，而於救國復興民族最有用的軍事技能，當然愈熟練愈好，所以又有模範隊的組織訓練，直至廿六年春季的時候方停止。並且一個人盲目的，隨隨便便的沒有一個遠大而堅定的志向，那是要走入虎穴的，所以於廿五年總理誕辰紀念日聯合無錫全縣各校高二三的同學在本校大禮堂舉行一個莊嚴隆重的立志典禮，有地方長官及校長等錫以勗勉之詞，且由本級同學致答辭，經過這樣的典禮後，各人的志向就更堅定了。

寒假中總算沒有風浪，很平靜的渡過了。現在大家爲着會考，就天天拚命的預備會考功課，儘量的把書本的知識死記、硬記、熟記，每個健壯的身體日益消瘦着，怪不得「救救中學生」的呼聲鬧得整天價響了。

會考已免強的渡過，師範生必經的實習階段就接着來到。本級同學都咬緊牙關，爲小學教育而努力。第一期實習完畢後，由何陶如，徐夢笏二位先生率領着赴滬杭一帶參觀，共費九日，在杭州一星期中，除參觀杭州師範、杭師附小、弘道女學幼稚園、天長小學、高級中學、高中附小、省立電話局外，更遊覽杭州各處的名勝，覺得以西子相比的西湖風景不如錫地的太湖風景，只適於騷人墨客的品茗談遊，那有蓬勃壯志的青年跑到這裏來，他的壯志漸漸的銷沉，值得觀摩贊美的僅在製造中的錢江大橋及杭州市政而已。由杭州返上海，參觀上中實小、萬竹小學、動物園、申報館、商務印書館印刷所數處，遊玩二日就回校，大家心中非常愉快，回校以後，聽到第一期實習的結果，附小先生有許多的批評，我們儻若罔聞，繼續的開始第二期試教。

最後一學期，本級又多一位陸君維熊，想來僅這三十八位的同學終可以一同畢業了吧！但是諸君人表又患病，不能參加大考；而李君棨生則於大考完畢後，患傷寒病，不能參加會考，眞所謂只有「爲山九仞，功虧一簣」了，而命運竟這樣的壞。好在來日方長，病好後儘可努力，不過不能隨本級而同畢業，亦是本級全體同學的憾事。所以現在畢業，只賸三十六人了。

總之，三年來的本級，始終爲學校的中心學級，且三年中的生活完全爲軍事化，養成個個有弘毅的精神，而活動、研究、競賽各方面，可以說始終是佔在前面的。至於同學的才藝，卓越者甚衆，或精美術，或長工藝，或擅舌辯，或贍文辭；且團結的能力，互助的精神，處處可見。現在分手在即，從此勞燕分飛，天各一方了。然月有圓缺，花有開落，席有聚散，三年來的同學，不過是人生歷程中短短的一次聚會，今日的別離，亦是我們生活歷程中不可免的一次分散。從此我們雖然分道揚鑣，可是我們所期望的目的則相同，不必再作兒女之態，不必再洒臨歧之淚，應當同祝異日事業的成功。願各就所長，各自努力吧！

文字

文字目錄

敬告本級同學諸君

楊灝

人生何必羨利祿，但願疆場裹屍歸。　　～～自誌～～

「學校教育的最後目的，在使人服務社會。」這是一般教育家所公認的。我們現在，三年的專業訓練已完畢了；換句話說，師範教育的最後責任，是造就師資，我們現在已變成了模型中刻出來的貨品，將要輸入社會人羣中去使用了。啊！在這使我的人生，劃成前後性質絕然不同的兩個時期的當兒，——即畢業的那天——是多麼的値得我們紀念的！尤其是我們師範生，老實說，恐怕大部分同學的求學時代，就此結束了吧！我們在這時候，一面回憶過去——使人萬分留戀的求學時代，一面預測着未來——我們所應取的奮鬥途徑，我的思潮澎湃了！發狂了！惆悵、憂憤、恐怖、觳觫充塞了我的心坎，在這種種情緒交迫着的我，裂開了心胸，傾我所懷，有三句懇切的話，敬告本級畢業同學於臨別之前。

我要說的第一句話，就是我們應「立身正，處世和」。社會上不知有多少人，因爲行爲的卑鄙，處世的不當，雖則一時他人受着他的蒙蔽，但無論怎樣，終究他的內幕要被察悉的。到那時，不但你終身受人家的小覷，而且一身的事業，也永得不着他人之助了。在學校中，同學或師生之間，雖因一時的意氣而致破裂，不過他們終還能諒解你，所以直接對你的影響並不重大。但是在社會上，或許因極微小的意氣，就會得變你終身事業進行的阻力了。而且你要想克服這些阻力，是多麼的困難費力呢？

再進一層說，我國的現在社會是混濁的，卑鄙齷齪的行爲，搖尾乞憐的舉動，到處都可看到。我們初出茅廬的青年，眞的好似一張無污點的白紙。——就是已染了一些異色，但還很易去掉的——當這一頁可愛的白紙，抛入了齷齪的社會後，那些意志稍弱，行爲不愼者，也許就會將一點點平時所視爲死敵的污點，漸漸地染上去了！我們再看：被我們視爲豬狗不如的漢奸和軍閥，在學生時期內，他們的言語，是多麼激昂慷慨！他們的行動，是何等的值得敬佩！但等他跨入了社會，因了物質的引誘，環境的剌激，就使他現在所爲的行動，和他以前的說話大相違背起來。這是什麼緣故？無疑的，就是由于意志的堅毅力敵不過外界的引誘力啊！同學們，我們個個都想在社會上做一番番轟轟烈烈的事業，我們現在也都以打倒敵人，復興民族的幹部自命。我想大家決不願自己的目的不能實現，更不願做被萬人爭詬的漢奸和軍閥。那末我們的立身，我們的處世，就得注意了。

第二句話是「我們要向着我們立定的目標，繼續不斷的奮鬥」。我聽到許多多的各學校的畢業生的談話，他們終決不以現階級就認爲滿足，務必再繼續高昇。這種向上的心理，是我們人類所特有的，不可缺少的。也可說人類的所以進步，就由于這種向上心理的推動。我們師範生的前途，當然已是被小學教師的帳幕所籠罩着的。但我問一句，「你可願終身埋沒在現階級的中國小學教師的生涯中嗎」？他決不點頭承認，他必定有他更高的抱負志願。這種的抱負志願，既定爲我們自己努力的指針，那末我們就應盡我們全副精神幹去，決不因環境的優劣，效率的大小，而使我們向目標努力奮鬥的決心，稍爲鬆懈！我們切莫使他消沉！社會上有許多的人，在他未做事之前，終對人家說着我今後應如何如何。但任他說得天花亂墜，等到半年一年後，因爲受了幾次的挫折，他的預定的計劃，就起動搖了。再過幾年，恐怕連他以前怎樣對人說的話都忘了！這樣行嗎？所以現在我們不要埋怨環境，憎恨自己，最重要的還是你自己的決心！我們應抱了「非達到目的，決不甘休」的精神，衝破環境，克服萬難，使我們來創造環境，且不可讓環境來支配我們！

第三句話就是：「希望我們今後大家要精誠團結，切不可就此各自分散」。我們目覩現階級的中國社會，的確是散漫得不堪。我們現在既深悉不團結的可恨可嘆，難道我們自己還能如此嗎？不，我們是有血氣的青年，我們是社會上的標準人物，我們應爲民衆的先導。那末，我希望本級的三十餘位同學，大家密切的團結起來，切勿使之隔膜分散。這樣一面可增加我們工作的效率，一面才不愧爲有爲的青年！這樣，我們這本小册子，才達到了牠的眞正的任務了。

這三句話，就是我的臨別贈言，希望大家嚴格的考慮一下吧！別了，親愛的同學們！希望大家努力着新生命的創造吧！最後，恭祝大家前途光明！

我們戰鬥的前奏曲

——狄壬芳——

溧陽人，他是一個熱情的青年，現在還保留着童年時代一半的天眞。不幸得很，他恰巧降生在一個多難的國家的一個窮村莊上，一切生活的境遇不大好，但是他並不氣餒，他深信着：「在他離世的那天，大中華民國的國旗，已經招展在全世界了」。 ～～～自誌～～～

多情的同學們，大概正在留戀着將分別的學校吧？有的在沉思，有的在躑躅，也許有的在發狂吧！

整整地嘗了十二年的寒窗風味，到現在總算告一段落。生活將要轉變到另一個新的階段，生命史上顯然劃分了一個很淸晰的界限。完成了師範教育，在社會上正式佔據了一個「小學教師」的地位。這不能不說是我們生命史上一點兒小小的成功，足使我們聊以自慰的。

但是，陽關三叠，終日擠擠一堂的同學，將要走出了師範學校的大門，闖進了社會的黑幕圈子。別了推心置腹的老師，去和虛僞、奸詐的人們周旋。離開了座位，走上了講台，執着教鞭，捏着粉筆，強着微笑，裝着莊嚴，換掉學生時代一切的舊面目，戴上教師所應有的新面具。在粉筆灰飛揚中和一羣小天使「這樣那樣」。硬着頭皮，以小學教育界的生力軍自命。努力幹着最神聖的事業，去享受最低薄的待遇。前途旣然是這樣地黯淡，爲期又這樣的迫促，在沒有踏出校門的前一刻，在要畢業和未畢業的一瞬間，是使人多麽的留戀、悵惘而值得紀念！

唉！這條狹小而黯淡的路，是我們惟一將走的路，不必客氣和推讓，也不容你客氣和推讓。這是我們命運裏已經註定的。可是，還有一線希望，在這條狹路的極端，有一片茫茫的大海，海裏有滔天的大浪，有驚人的颶風，對岸便是我們的樂園。我們也許終生在狹路上徬徨、徘徊，也許在茫茫的海邊，發現了一隻小船，這隻小船，就是惟一擺渡我們到所渴望着的樂園裏去的工具。有勇氣的同學，會趁此千載一時的機遇，毫不遲疑地跨上船去，衝破浪花，去和海風波濤鬥爭。偶而奮鬥成功，能達到了對岸，於是可以終生優游在這樂園裏。假使不幸，當這渺小的生命，飄泊在驚濤駭浪的大海裏的時候被無情的浪花活吞去了。那末祇好永久墜入深海的底裏。這種奮鬥，我們承認不是冒險，不是自私，不是嘗試，不是投機，這是我們少年應有的奮鬥精神。成功是我們的目的，犧牲是我們的手段，爲要充分發揮我們的能力而奮鬥，爲要豐富我們的人生意義而奮鬥。

同學們！每個師範生的出路，已經由一個模型大批的鑄了出來擺在我們前面了！我們還是在狹路上徘徊，以折磨了我們的青春呢？還是利用我們寶貴的青春，去做神聖的奮鬥呢？我們共同考慮吧！

同學們！我們須要來重新認識自己。我們有的是少年勇敢的精神，有的是奮鬥的毅力。我們有冷靜的頭腦去想，我們有強健的身體去幹，恐怖不能搖動我們的意志，危險不能磨滅我們的決心。我們需要神聖的奮鬥，不要懦却的徘徊。從艱苦中得甜蜜，從奮鬥中找新的出路！

奮鬥！奮鬥！繼續不斷地奮鬥！繼續不斷地爲着前途奮鬥！我們互相的勉勵吧！

告本級同學

——莊　嚴——

去吧！去吧！世界是這樣寬大，只要你能走遍天涯，也許到處有那極樂的場地！

韶光如閃電般的過去，一眨眼間，本級同學已屆畢業的時候了。各級同學也忙着預備大考，回想在過去三年之間，同窗共硯，切磋琢磨，極盡友誼之歡，一旦離別，能不依依！但反過來一想，我們是負重大的使命的。這黯然銷魂的別離，又何足學兒女之情態呢？何況天下那有不散的筵席，今日同堂，明日異途、去吧！去吧！世界是這樣寬大，只要你能走遍天涯，也許到處有那極樂的場地！

可是同學們，要特別的留意，人生的旅途上，搖晃着的有舊禮教的尊嚴，有浪漫式的解放；有壓迫弱小民族的帝國主義，有偷生的殖民地的人民；有吸血的資本家，有剝皮的窮酸；有腦滿腸肥的地主，有挨餓的無產者；有慘的血，有悲的淚，處處佈滿了險惡、虛僞、剝奪、搶刼、殘忍………說不盡的形形色色，照這樣，又怎能發展我們的人生，不是要陷死在那社會裏嗎？啊！我的毛骨悚然，我的心蕩跳蕩，我……體顫口噤而不能說了。

胡適之先生說：「一個初畢業的學生，最易墮落的，有兩條路：

第一是容易拋棄學生時代的求知慾望。我們到實際社會裏，往往所用非所學，往往所學全無用處，往往可以完全用不着學問，而一樣可以胡亂混飯吃，混官做。在這種環境裏，即使向來抱有求知識學問的決心的人，也不免心灰意懶，把求知的慾望漸漸冷淡下去，况且學問是要有相當的設備的。書籍，試驗室，師友的切磋指導，閑暇的工夫，都不是一個平常要餬口養家的人所能容易辦到的。沒有學問的環境，又誰能怪我們拋棄學問呢？

第二是容易拋棄學生時代的理想的人生追求。少年人初次與冷酷的社會接觸，容易感覺理想與事實相去太遠，容易發生悲觀和失望。多年懷抱的人生理想，改造的熱誠，奮鬥的勇氣，到此時候，好像全不是那麼一回事。渺小的個人在那強烈的社會爐火裏，往往經不起長時間的烤煉就熔化了。一點高尚的理想就幻滅了。抱着改造社會的夢想而來，往往是棄甲曳兵而走，或者做了惡勢力的俘虜。你在那俘虜的牢獄裏，回想那少年氣壯時代的種種理想主義，好像做了自誤誤人的迷夢。從此以後，你就甘心放棄理想人生的追求，甘心做現成社會的順民了。」

同學們！社會環境是這樣的險惡，我們就退縮了嗎？不是的，我們只要退一步想，就可明白了。社會是動的，這動的社會，怎能容得我們未經世故的人呢？所以非掙扎，不能走過這人生的險道，衝過這荊棘的世界。因此我們今後當振作精神，鼓起勇氣，硬一硬頭皮，挺着胸膊向前走，走到光明的所在。

然而，事實不是那麼簡單，也得要明瞭已往的社會情形，因果關係，及社會如何演進的程序；再拿現實的社會觀察一下，覓出病態，提出問題，施以對症下藥的方法，使險阻化爲平夷，將那無辜被壓迫的勞苦大衆，解其桎梏，自由的愉快的走進幸福之樂園。但，這過渡時期是多麼困難，種種障礙要阻止你的進行，要破除這種障礙，還得要把我們在校中所鍛鍊的強健的體格，明銳的眼光，鐵樣的手腕，百折不撓的精神和毅力，一切都拿出來應用。

時代的巨輪已不斷地進展了，「同學們！時候已到了！趕快堅定的站在時代的最前線，和咱們的敵人拚一下，奪回咱們的世界，把那些兇暴殘酷的惡魔殲滅淨盡，這世界才能光明」。敬祝全體同學前進無疆！

別了

——唐炳昌

我深信人生的樂處是在『奮鬥』中間！　　　　～～～自誌～～～

別了！親愛的同學們！

我們不能忘懷：整個的三年中在一起飲食，一起居住，一起運動，一起讀書。什麼事情都是在一起。這是多麼的快樂啊！但是，現在我們要分別了。這甜蜜的夢，何時再能重溫呢？

是的，我們要分別了。然而永久不別的是我們的精神。我們要藉了這種團結的精神，來開闢光明的前途，建樹偉大的事業。

我們都是青年，有的是頭顱，有的是鮮血。要用這頭顱與鮮血去換取前途的光明，爲國家社會謀幸福！

別了！但是我們的精神永久不散。

前途

——鄭國鈞——

也不要自大也不要自餒認清着眞理向前邁進　　～～自誌～～

這渺茫的前途，
這黑暗的前途，
我要放大了脚步，
跨進這無限的前途。
待我仔細看時
前面都是那
未闢的道路，
遍地的荆棘，
都期待着我們去開發。

× × × ×

時代的巨輪不停的轉着，
國難已久臨我們的頭上。
錦繡的山河，
無窮的財富，
到如今遭了倭奴掠奪。

我們這麽就算了嗎？

不，我們要用我們的鐵掌抓住敵人的咽喉，

要用我們的熱血洗淨我們的一切傷痕。

× × × ×

我們要咬緊了牙關

立定了意志，

踏上這渺茫的前途。

未來的前途，到處是

密密叢叢的荆棘，

高高低低的山峯。

我們要鋤盡了刺人的毒草，

我們要登高山如履平地，

踏上人生大道。

× × × ×

那時我定帶着得意的微笑，

站在這燦爛的途上。

× × × ×

野外演習——集訓回憶之一——

——郁錫如——

過去，是一個露着臂，赤着脚，放放牛，割割草的鄉村牧童，現在，是一個穿制服，受軍訓，彬彬有禮，讀書求學的師範生。不久的將來，又是一個整天價和小朋友同處在一起的小學教師，以後的生活，究竟步入何種階段，只有抱定『事在人爲』的努力。

～～～自誌～～～

一天，大約是六月的上半月罷！太陽不知被誰惱了，只是漲紅着臉，怒氣冲冲地發出火樣的光芒來，向着宇宙間的一切示威。連那胆壯的風哥，嚇得躲在家裏，氣長的雲姐，也不敢走過她的面前。

我們把演習的用品，準備妥貼，全副武裝着。號角鳴了，一個個哭喪着臉，緊鎖着眉，懶洋洋的去站隊。三分鐘過去，整隊，報告人數，分劃地區，分隊出發了。

我們走！走！走了半個鐘頭，演習地到了，盡是些荒塚纍纍，野草綿綿，中間雜着滿生芒刺的荊棘。於是，成講話隊形，由中隊長講科目：「班之攻擊。」再由小隊長分別帶開演習。

我們的小隊長，是個愛說話的人。他不講則已，一講則口若懸河，滔滔不絕，隨便什麼都說得出來。今天，他看了我們懶洋洋地一副萎靡頹衰的神氣，有點兒不大高興。初則怒冲冲的顯出軍人直爽的性格，再則對我們作一段愷切的訓誡，末了，還講着他作戰時最得意的一段歷史。

「…這般天氣，算得什麼？要是眞的作戰，不要說是酷熱的天氣，須得追奔殺敵；就是冰天雪地，冷得什麼似的，還是要幹那槍林彈雨的生活…」

「…我記得五年前的這個時候，我在福建剿匪……匪勢是很兇猛的。不過，他們缺乏持久的勇氣，這或者是沒有訓練的緣故吧！當時，我當少尉排長，率領四十多個弟兄，向匪進攻。血戰一晝夜，只剩了十一位。那時候，後無援兵，前進又是死路一條。但，我急中生智，窮極變通，知道匪的側翼，是毫無戒備的。就同十一位患難同志，一鼓作氣，襲擊匪軍側翼。眞好，他們的前哨小部隊，都被我們一個個的結果了。這時我軍後方部隊，陸續開來，互相取得聯絡，乘勢猛攻，得到完全的勝利。我呢？明令晉二級擢升爲上尉連長……」他這樣得意地講完了。看一看錶，時間已不早，就開始演習。

我們被鼓舞了，個個提起精神，不怕火燒般的太陽，不管流水般的汗滴。

吳同志榆為班長，一副宏嘵的嗓子，發下一個口令。

「吳班——方向——前方高地——間隔五步——向右成散兵行」我們很快的利用了地形，臥倒作蔭蔽。一會兒，又聽得：「前進，快跑！」的口令，我們用銳利的眼光，定好目標，彎曲着身子，向前飛跑過去。

「吳班——立定——完全掩蔽」，我們知道巳經入了危險的境界，給敵人發現了。班長很担憂的，遽發此口令。當然，這個時候的我們，再也顧慮不到荆棘和籐蘿的刺繞，蛇蟻和惡蟲的螫咬。不但是這樣，平日使我們討厭的東西，現在都做了我們戰場的伴侶，生命的救星了。因為牠們能夠掩護我們的身體，眩惑敵人的耳目啊!

敵人的砲火漸漸稀疏，在四百公尺內，發現良好的目標，吳班長喊着：「占領陣地。」的口令，他們施行各個射擊，前進！進前！滾過山波，躍過狹溪，臥倒在一條淺長坑內；劈拍，劈拍，繼續的向敵射擊。

啊！離敵不過百公尺了，他們在陣壕裏探頭探腦。

「衝鋒準備！」吳班長高喊着，我們很迅速地裝子彈，關保險機，扯手榴彈，上刺刀，成散兵羣衝入敵陣，在四十公尺之外，先把手榴彈擲了，接着轟轟的爆炸聲，就發出一團團的烏烟。這個時候，我們的血管破裂了，什麼都不知道，只是喊着「殺！殺！殺！」又宏嘵又悲壯的殺聲，向前衝去。他們總退却了，我們立刻占領了新陣地，還追殺了一陣敗退的敵兵。演習終了。

隊長的評語，說還不差，帶我們到一塊空曠的草地，在一排榆樹蔭底下休息了。我們先把槍架好，再卸下武裝，光着頭，袒着胸，很自然地躺着。

痛快！爽快！

凱旋！休息！

嗚嗚的號角響了！歸隊回到營房。 ——鎮江三十六標——

緊急集合

——————閔芙初——————

把握着現實，勇往的向前邁進，是成功不二法門　　　　～～～自誌～～～

沉沉的大地，籠罩在黑暗裏，寂靜得一點聲息都沒有，除了遠近的蟲鳴犬吠以外。

潔淨的天空，沒有半點兒浮雲，明亮晶瑩的繁星，閃爍得使人眨眼。

時辰鐘上打了十一下，突然清脆的號聲，把各個人的甜夢驚醒了。剎時間緊張的空氣，充滿了全校的每個寢室。接着一條條的黑影，都奔向光明的所在。寒冷的氣，侵襲着每個人的心靈。記着：這是××日子。

不到五分鐘，整個的寢室是跑空了。五百多人，齊在操場上，精神抖擻，勇氣勃勃，那裏知道已是深秋的午夜呢？

點名以後，教導主任登台訓話！

「各位同學，緊急集合的意義，已三番五次地講過，不用說的，是訓練你們機警、敏捷、沉着的動作，應付臨時不測的事變。但是爲什麼要在今日舉行呢？爲的是××軍從今天起，在華北開始秋操。我們要想到華北的同胞，在敵人重重壓迫之下，顛沛流離，時時有性命的危險。我們爲了挽救中華民族的危亡，和援救作人槍靶的華北同胞，我們要在安樂之中，習勞苦，強筋骨，準備未來的工作。」

訓話完畢，雄偉的歌聲作了！唱得霄天的響。

「祇有鐵，祇有血，祇有鐵血可以救中國。……」

打倒帝國主義

打倒××的帝國主義

中華民國萬歲。

軍訓期中片段中的追憶

——王佩蘭——

宜興人，畢業於宜興縣立東坡小學及本校初中部，廿三年，入師範。性和平，喜文學。

~~~~自識~~~~

我拿起筆，不知怎樣寫才好，因爲三個月的集訓，印像很深，雖隔了兩年光景，而當日的情形，絲毫沒忘，腦海中充滿着一件件的事，無從下手，現在且將一二件有趣些的記下來吧！

第一件是四月廿五日的旅次行軍，這次行軍的路線，是由卅六標營房出發，向西北行，到北固山去。這段路很難走，既狹且險，稍不留心，便要跌下山谷去的，所以到了北固山，便休息二十分鐘，以解同學之疲乏，我這時便同了揚君陳君，直登北固山之巔，覺得滿目清朗，好似服了清涼劑，頓時身心爽快，頭不昏，眼不眩，脚下有力，於是舉目望江，但見浩浩蕩蕩，水勢澎湃。日光照在上面，發出一條條閃鑠的金光。各色各樣的船，出沒其間，表現出種種不同的姿勢。可謂有趣極了。正在看得出神的當兒，忽聽得「華打」一聲響，同學們高呼着「集合了」便飛也似地奔下山去，歸隊前進。——走向金山。

「行行重行行」，一路但覺疲勞的增加，而北固望江的情趣，竟在無形中飛到九霄雲外去了。好久好久，到了金山，便在江天禪寺門首，解散休息，潘區長立在和尚的桌子上，對我們全體訓話。他說：「各位同學，你們都是青年，爲什麼走這些些路，便這樣的疲乏？……我不相信，……希望各位趕快把精神提起！……」他又說：「你們看，這許多和尚，吃了飯，終日敲木魚，有什麼用！還不是人民的寄生蟲嗎？……假如一個國家的人民，有了三分之一做了和尚，那末，這個國家，便要滅亡。……我們打開歷史來看，印度起初多麼強盛！爲什麼現在亡了？羅馬起初多麼繁榮！爲什麼現在亡了？這都是因爲宗教的關係，…宗教實在是亡國滅種的工具。我們青年是千萬不可信的。……」我聽了他這段話，很是感動。但那寺裏的大
~~~~

小和尚，起初很起劲的迎接、倒茶、搬台子，忙個不了，想弄些好處。不料反被他罵了一頓，一個個目瞪口呆，想是掃興了吧。不久，便整隊歸營。

第二件是夜間的緊急集合。在五月十七的那天，我們因操了一天，疲乏極了，一到床上，便如死的一樣，還有什麼知覺？但事不湊巧，剛在這夜吹起集合號來。吹了好久，才從夢中驚醒，一聽是緊急集合的號音，一嚇非同小可，趕快穿衣服，打綁腿……燈又沒有，在黑暗中亂摸，找到了衣，摸不着褲。找到了綁腿，摸不着鞋子、……心慌意亂，簡直沒有了辦法、好容易，結束停當，忙提了槍，沒命的向操場上跑，門小人多，擠得不了，……我的運氣還算不差，剛到剛點名，沒有遲到。不然，還要受罰哩！

社會科學研究會記實

——王仁南——

生在鄙陋的鄉村中間，赤脚露臂，放牛割草，受着衆人的輕視。因此雖家徒四壁，就決心效匡衡，誓雪此辱。每届考試，輒佔前茅，不幸甫入錫師初中，父親即棄我而去，母親亦已是風燭殘年之軀。既無親戚友朋之助，復無兄弟以相慰，伶零無依，只可典借，繼續求學。由初中而師範，六年之中備嘗困難。去歲重病，幾至不起，今既仍在此世，决心打破現狀了，努力邁進，不達目的誓不休。 自誌

知識是隨着時代的輪子不息的向前進步的，那空洞的理論，玄虛而不合實際的知識是沒有用的，我們所要求的知識是與實際生活發生聯繫的知識，所以集合平時興趣比較相近的同學，組織社會科學研究會。

規定每隔二週舉行讀書會，座談會一次。藉此可以練習說話的能力，引起讀書的興趣，擴大思想的境域；並以留心內外時事，觀察社會現象，多求知人論事的機會。集合大衆的意思，思想才能進步；有了辯論，思想才能綿密；明瞭現時代，才

能知道愛國；能說話，才能宣傳演講，作灌輸民衆知識的工作。所以一年中間各個會員對於讀書會，座談會深切的感到濃厚的興趣，並且獲益很多，進步很快。

開讀書會的時候，由同學把二週中間所看的書籍，自己認爲值得介紹的，就把這本書的優點及大意簡單的介紹給同學，如此減少了同學選擇書本的困難問題，且可不虛耗時間於無用，又可以促進同學的努力。而我們覺得最感興趣，獲益最大的是座談會。當開座談會的時候，先由會員提出幾個題目，再由幹事會與導師商量後決定一個，預先公佈。然後由各會員儘量的去搜集與這問題有關的材料，到了開會時大家就把自己看到的報告出來，若一個題目有正反面的，那末就採取辯論的方式，分成二組，看那一方面理由充足，這樣的討論一個問題終要逾二小時。最後則由張孝如、施之勉、向賓諷三位老師作批評與結論。由是每個會員可以得到正確的，新穎的，實際的知識，在這裏深深的感謝三位老師的熱心指導！

我們所定的討論題目，決不是偏狹的，而是實際的，廣汎的，內中分政治經濟、歷史地理、社會現象、文藝諸組，一年中間所討論的問題如下：

1.中國究竟應該實行那一種政治？

2.日本二二六政變的因果及對於中國的影響。

3.胡漢民之死與中國政局。

4.兩廣問題的前途。

5.第二次世界大戰爆發於遠東抑爆發於歐洲？

6.共產政策在中國能夠實行嗎？

7.阿比西尼亞的抗戰與弱小民族的前途。

8.新幣制政策的檢討。

9.治河問題討論。

10邊疆問題的透視。

11自殺動因的分析。

12英美政局的動態。

13華北問題的發展。

14領事裁判權問題。

15未來戰爭中的太平洋。

16中國農村現狀的探討。

照例，應該把討論的結果，整理印發，可是因爲有種種的顧忌，只能把討論結果付諸流水了。我們非但在學校裏面作一種研究與探討，爲更求明瞭社會的實情起見，於暑假期中大家深入農村中去舉行調查工作，並同時宣傳中日兩國的外交問題，使民衆深切的了解現時代的中國與日本究竟是怎樣？

除定期的開讀書會，座談會外，並時請名人導師講演；還作分類的剪貼報紙工作；更覺得讀書、說話、寫作是是應該並重的，所以第一學期把各種有名的論文、地圖、及統計數字等節錄油印成册，第二學期則進一步的使得會員把研究閱讀所得寫成專文，彙集油印成二厚册，如此可促進會員寫作的興趣。且社會科學的一科，紛雜難記，要在龐雜的材料中得到系統的知識，非下細心的整理功夫不可。那末寫成一篇專文，是最好的整理且最易深刻的記在腦筋裏。所以寫作是喜歡社會學科的人不可不勤加練習的。

這篇文字並不是誇耀，而是希望現時代的學生不要再像舊日書生一樣的專讀死書，應當求活知識。這種研究會是練習發表意見，練習說話的。現在一般的學校裏面，缺少了這種基本練習，怪不得陶希聖先生要嘆說：「怎樣中學生說話的能力也沒有，會也不會開！」，由此就可知道了吧！

無錫第五監獄參觀憶述

——陸以仁——

第五監獄參觀，是師二時代下學期的工作。作者當時是社會科學研究會會員之一，該會頗重參觀工作，作者對之又雅有興趣，故得與其盛，亦幸事也。作者性喜研習地理，於社會事業的調查，尤覺高興，但初學之人，請待長期的進修，所以毫無成績可言。下文亦祇就簡陋的文筆作概括的記錄。

~~~~自誌~~~~

司法的改革亦是國政大端。要改良司法，監犯待遇的改善，是其最要工作，因此本省先擇幾處訟事較多的法院，建起模範監獄來。無錫也就改建了一所第五號的監獄。我們經校方接洽以後，得有機會去參觀了一下。

一個星期四的下午吧！由社會科學研究會主動，取了校片並得李惕平先生的介紹，率領着本級的全體同學自動的去了。第五監獄在城內，位於地方法院的右鄰，地址並不寬暢，而佈置却很有秩序。建築以儘量利用爲原則，所以房子稍嫌擠了些。配製取口字形，每兩幢一對，兩端並不相連，牆壁地板用水泥，堅固耐用，更適合消防佈置。口字中間的空地是早操兼列隊場所，屋背植着樹木；房屋前後有窗，空氣是很流通。兩屋間距離不大，又因爲雙層樓屋建築，加之東西都是高牆，光線是說不上充足的了。這或許是監獄應有的本色吧！改革以後猶如此，舊式的監獄就可想而知。所以監犯雖不能說飢瘦，而孔終是黃的。

監犯有輕重之別，其宿舍亦加區分。最重之犯，獨處一室，輕的就數人合宿。重犯房內，一榻一痰盂一馬桶，手足鐐長架，別無他物。輕犯房內，多雙層榻，數人合痰盂一馬桶一；榻皆係鐵製，鋪子一毯一被，極簡單。內務整理，頗清潔整齊。監犯衣服，一律青布短裝，頭戴平頂帽。且各編號於服上，便於檢查。

舊式監犯，在監待遇極苦，且被輕視。但他們雖被剝奪去公權和幸福，究竟還是人。所以新式監獄就力矯其弊。因爲人是歡喜動的，假使一個有生機的人，天天叫他困坐，有着力氣，隨他消耗，未免太不公道。所以獄裏規定，每天早上有晨操，舒暢舒暢筋骨，空下來就像日課一樣的，去進工場的進工場，進佛堂的進佛堂。因爲各人信仰不同，佛堂裏就分着耶穌和釋迦。又因爲各人的知識和技能亦不齊一
~~~~

的，工場也就分起竹、木、棉織、縫級之類。工作亦有輕重。就是他們的膳食飲料，亦歸自理。由監管方面指定多少人輪流担任。因爲那監犯之中，不乏曾經當過廚司火夫的人。這種活動，一面固可減少他們的沉默長枷的苦痛，一面更可增加生產的價值。據說他們的生產品，銷售以後，生產者也可以分得幾分之幾的報酬呢！

我們在裏面，上自辦公室，下至廁所無所不到，看去，都可以合於清潔整齊的原則，着實不容易。最後走到盡處，發現一帶高牆，其高可三丈，牆頂更架上鐵絲網，牆的轉角之處，築起堡壘式的守望處，這就是監獄的警衛了。不聽見別處時常鬧着監犯逃獄嗎？這種嚴密的防範，却也需要。

參觀完畢，我們就以後隊作前隊，退出了幾重灰色高牆和黑黝黝的鐵門，走到光明的門外。不知是心理作用不？裏面總比外面來得暗淡和悽涼呀。

戚墅堰電廠參觀記

——————姜元培——————

這一篇文字，是作者在參觀戚墅堰電廠回來後寫成的，曾發表於開明書局的新少年雜誌上。這次本級決定出畢業紀念刊而徵稿，作者因這次參觀是本級重要活動之一，有一記的價值，便將這篇文字略加修改，在本刊上登出，這是應該加以聲明的。作者雖然是師範生，但是小學教師却不是他的素願，將來的成就如何，要看他努力的程度怎樣了。……自誌……

本級在師三上學期的時候，同學們都覺得我們的生活，實在太枯燥了，整天只知道讀死書，簡直沒有一點活動。當時便有參觀戚墅堰電廠的議決。

戚墅堰電廠是江蘇全省最大的發電廠。他起先是由私人經營的，發出的電供給無錫常州兩處應用。近年來，由建設委員會收買改爲國營，營業範圍已推廣到丹陽江陰。這範圍以內的工廠，有許多已經改用牠的電力來發動機器了。最近該廠又計劃向宜興發展，現在正積極進行着。在電氣化的現代，該廠的發展，當然是無可限量。我們這次去參觀，並不是沒有價值的事情。

從戚墅堰站下車了，在鎮上吃過午飯，便步行至該廠。由廠中負責的人領導着參觀。

簡單地說來，全廠可以分爲發電和輸送兩大部份。發電部份最主要的機件當然是發電，廠中一共有兩架新的和兩架舊的，不過現在只開動一架新機，因爲僅僅這架機器所發出的電，已經可以供給五縣應用而有餘了。這機器轉動的速率爲每分鐘三千次，每秒鐘要轉動五十次。機器的週圍，包有鋼殼，從外面只能看到它的軸。因爲速率是這樣快，所以竟看不出這軸是在轉動着。

大家都知道：物體與物體互相摩擦時，能夠生熱。發電機既然轉動得非常快，摩擦所成的熱力當然很大，如果不設法除去熱力，裏面的機件一定會給燒壞。所以在電廠的最下層，有一架吸收空氣的機器。將外面的冷空氣吸進來，經過一種清濾的機器，除去灰塵和雜物，然後通入發電機，減低它的溫度。通進去的空氣所以要先行清濾的緣故，是因爲它裏面所混的灰塵等物，足以妨礙輪軸的轉動，和阻止電的流通，使之爆發火花的危險。

和發電機連在一起的是一架蒸氣機，用高壓的水蒸氣來推動裏面的活塞，由此帶動發電機作高速度的旋轉。這蒸氣機和鍋爐相通。這次我們參觀的時候，恰巧廠方正着手建造一個新的鍋爐，還沒有完工，所以鍋爐內部的構造，很顯明的可以看出來。

從前我們所看到的舊式鍋爐，添煤的方法是用鏟子直接將煤塊送進火門裏去的。這種鍋爐並不是這樣，它的四周用火磚砌成方形，底部是用許多耐火磚連接成一個環狀，兩端裝有輪子，可以緩緩地循環轉動。倘使打過譬喻，那麼，坦克車上圍着兩邊當車輪的無限軌道，和它最相像了。

爐底的一端，有一個加煤的機器。細碎的煤屑，繼續不斷地落下來，在爐底的火磚上薄薄鋪成一層，由爐底緩緩轉動而送入爐裏。另一方面，已經燃燒過的煤滓，又繼續不斷地被爐底從另一端帶出來。這樣，不但可以節省人力，而且可以增加煤和空氣的接觸面，能夠使它充分燃燒。但是這種式樣還不是最新式的。最新式的鍋爐是先將煤研成碎末，用機器扇入鍋爐裏面，讓他飛揚在空中燃燒着。這樣可以使煤的氧化更加完全，沒有什麼浪費了。

鍋爐的上部，排滿着許多細鐵管，裏面充滿了水，加熱後變成高壓水蒸氣，由一端通入蒸氣機，發動裏面的機件，然後從另一端通到冷凝器。在冷凝器的內部，也有許多鐵管，鐵管裏面繼續不斷地有冷水流着。當氣從蒸氣機裏面出來以後，壓力已經變得很小，溫度也大爲減低。現在到了冷凝器裏，遇到許多冷鐵管，當然便凝結成蒸溜水了。於是又用一種機件將這蒸溜水壓入鍋爐，再行加熱。這樣循環不斷地可以使蒸氣機一直運動下去。

以上的各部份，都是直接或間接用來發電的，所以總稱爲發電部份。現在再來敍述輸送部份的情形。

關於輸送部份，並沒有複雜的機件，比較重要的只是變壓機。原來當電流通過導線時，導線本身有一種阻力，會使一部份的電流消耗而變成熱。如果通過的導線很長，那麼損失一定非常大。要避免這種損失，惟有使電流的電壓變得極高。所以發電機中發出的電，還不能直接輸送出去，一定先使它經過變壓機，變成高壓電流，然後分送各處。

這種高壓電流，非常危險，如果有人稍微接觸一下，立刻就可以觸電而死。據領導的人說：去年有某校學生數十人來參觀，其中有一位，手裏拿了一枝鉛筆，他大概以爲鉛筆上的木頭是絕緣體，不會觸電，便用它去觸一下機件。誰知因爲電壓太高了，竟使木頭失去了絕緣的效能，才一接觸，立刻被彈下來，身上灼得烏黑，當卽死去。不但如此，如果你和高壓電流的導體距離過近，卽使不去接觸，電流也會通過空氣傳到你身上來。在這種情形之下，普通的開關當然失去了效用，因爲當它關閉以後，電流便會爆發火花，從空氣中通過的。這裏所用的是一種「油浸開關」，將開關的機件浸在油裏。因爲油的絕緣性比空氣好得多，可以免除這種弊病。

上面所說的變壓機也是這種裝置的。

輸送電流的線路，一共有兩條。一條向東通無錫，分向江陰。另一條向西通常州，分向丹陽。在廠中接通各路線的地方，裝有一種機件，平常時候，上面裝綠燈。倘使一旦路線發生阻礙，電流不能通過時，綠燈馬上熄滅，同時紅燈便亮了起來。廠中由於這種記號，能夠知道某條路線損壞，立刻可以派人去修理。

戚墅堰電廠大體的情形便是這樣。最後再來敍述一下運煤的情形。該廠離戚墅堰車站大約不過一二里，京滬路那裏有一條支線直通廠裏，運煤的貨車，可以一直開進來。全廠每天約用煤一百四十到一百五十噸，煤的來源大部份是長興煤礦公司出品，但是這種煤裏面含有百分之五十的雜質，所以也約略攙用些開灤出產的。

學生生活的紀實

——倪浩堂——

作者，字進德，號中庸，江蘇靖江人，志于航空投筆不售。喜詩文而不工，愛科學而無成。然輒自慰曰：「萬里鵬程，但能精進，又何患不抵彼岸？」稟性異人，交遊無上下。蓋亦孔子三人行必有我師之意也。 ——自誌——

誰都承認學生生活是甜密的，是値得留戀的吧！的確，原則上，我們也知道它是幸福青年的階層，是作爲事業的基石，是生活過程中的黃金時期，也就是開發種子的萌芽時期。

但是，據我們自己親歷其境的體驗，事實的鐵證，現在的學校，決不是一個理想的樂園，而是一個嚴厲威猛的場合。

我們每天具體的生活，是這樣的：

天才黎明的時光，號角就開始響了。要是你還是猶豫在牀上的話，那任憑你加速的整理內務、盥洗得快，升旗、跑步、早操、就將趕不上了。早膳一過，照例是接受着『先生教、學生聽、先生問、學生答，』的刻版教育。這樣是連一接二的下去，直到下午三點鐘，簡直沒有一刻的空隙兒。那末，三點鐘之後，可以自由活動了。那裏有這話？筆記和習題，不是積得很多嗎？明天又有什麽週考了？後天又有月考了。所以，在似乎是充裕的時間裏，想抽出一小時的課外進修，是很困難的了。我們雖有宏偉壯觀的圖書館，而通年不和它發生關係的，也不乏其人。最笑話的，就是當你上午上第二節課的時候，你在一個不滿三丈見方的講堂裏，總可以發現兩位或兩位以上的朋友，已經在那裏「拜佛打盹」了。這方面固然是教法和功課，夠不到他們的興趣；可是，另一方面，不能不說日積的疲勞，沒有恢復的結果。

陳衡哲女士曾在大公報上，發出「救救中學生」的呼聲，這正是同情我們，援助我們的好消息！

現在，學校軍事化了。當然，學生的生活受了學校的統制。可是，我們該認清我們的生活，並不是奴隸生活。

我們要理解，當國難嚴重，民族危殆的今日，我們青年，該加倍沸騰着熱血，鼓足着勇氣，受這非常時期的非常教育，肩起復興民族的最後責任，作民族圖存的最大努力。我們不要懷着「吃得苦中苦，方爲人上人」的錯誤觀念，因爲中國人，就是錯在抱「人上人」的觀念和想做「人上人」的太多，所以二十年的國事弄到這一團糟。我們要確信「吃盡苦中苦，方爲人中人」的信條。這就是說，不吃苦，是不能做人的。

我們不要埋怨這樣的生活和環境是呆板的和統制的。回頭看看，一般成千成萬的失學青年，他們根本沒幸福佔着受教育的地位，那裏還能講什麽求取實踐的知能呢？

同學們！環境是永不會美滿的！我們只有努力奮鬥，負起責任，承認自己的過失，不做埋怨環境的懦夫，還得憑着自己的力量來充實和改進我們的學生生活！

「小朋友」

——孫盤壽——

作者不才，自度將來無甚貢獻於世，值此離校之際，爰錄佛羅培爾墓誌以自惕。

『來！讓我們和兒童們一起生活！』 ——自誌——

在小學裏，我給教師們一天到晚不知喊了多少次「小朋友」。及升入初中，匆匆三年如飛的過去，末了決定進師範，預備喊「小朋友」。三年師範生活又將消逝，現在試教開始，眞的要喊「小朋友」了。

上課鐘如旋風般把我吹進了教室。我站在講台前，拿起教鞭，心裏禁不住別別的跳。一抬起頭，五十多對亮晶晶的眼睛一致向我注視，終於我開口了。

『各位「小朋友！」』

這種生硬的調子好像和我耳朵裏遺留的「小朋友」起了共鳴。我望望所站的地位和握的教鞭不免發怔。我自己覺得還是個「小朋友」呢！

三個星期的試教生活，使我感覺到經驗、學識、技能處處表現不足。做學生的時候，以爲什麼都會了，好像自傲的閨女一樣。誰知出嫁之後，有時飯煮不熟，有時烹菜不合口味；種種不妥當的事情就如連珠般的飛過來。我眞有些像這種自傲的閨女了。同時追憶着學生時代可貴的光陰，我又覺得自己酷像愛爾芬兹最後一課中遲到的小朋友——弗蘭斯。

我愛「小朋友」，我歡喜多喊幾聲「小朋友」，對着活潑的眸子，和愛的表情，天眞的姿態，純潔的思想。但，要多預備些食物給他們，才配愛他們，才配喊他們。

杭師附小片斷

——陳其智——

我的人生觀告訴我：『祇要你勇往邁進，不稍退讓，環境會被你屈伏，阻力會變成助力，一切事業終無不成的。』

～～～自誌～～～

因爲時間匆促，我們在杭師附小僅有兩小時的參觀。當然不免有點走馬看花的弊病。所以，這篇記載，祇是皮相的觀察，一定不能滿意。不過，要想在兩小時內全部看得詳細，恐怕是不可能的。

吳主任和我們說：『本校是民國念二年由清波小學改成，歷史很短，所以房屋校舍多屬舊式，設備也不充足。再因場地狹小，無從擴張，以致課後休息遊戲除了一片操場外，簡直別無場所。因此頗形擁擠。祇有幼稚園是新落成，還比較新式而且寬敞。……』這些話或許過謙，但經參觀後，事實上證明這位吳主任的話有八分誠意。該校是由本部和農村部組成的。農村部設於杭市七堡新和豐，因時間的不允許，所以未能成行，頗爲遺憾。此地共十六學級，三十二位老師，八百多個小朋友，全年經費的預算約在二萬零六百元左右，教職員平均薪資約爲四十五元，和普通小學相較，已是優待的了！

課外活動本校完全根據兒童的興趣而定，大概分口琴、歌舞、球類、田徑賽四項。然因場地支配不夠，故多室內運動，像乒乓球等，祇要支配得當，亦頗相宜。至於教學一項，根本不是短時期內可以參觀的，所以祇能從略。

上面都是瑣碎的記載，並無可取之處。該校有一個特點，也可說是浙省教育上的特點，這個特點就是『童子團』。在民國念四年教廳頒布浙江青年團訓練要則，規定小學的兒童訓導一律改爲『童子團』，不用『童子軍』，『童子團』的內容可分三點說明：

第一、童子團的信條有六：

(一)信仰三民主義；

(二)擁護革命領袖；

(三)服從長官命令；

（四）遵守團體紀律；

（五）努力身心修養；

（六）準備爲國犧牲。

第二、童子團的編制完全採取三三制，八人爲一班，每三班爲一小隊，每三小隊爲一中隊，每三中隊爲一大隊，每三大隊爲一團。

第三、童子團的訓練，也可分六點：

（一）精神訓練——凡各科教材之選取，均須以啓發民族意識，培養國家觀念爲中心。

（二）體格訓練——注重兒童平時運動、疾病、衛生等，以求兒童體格強健，精神奮發，並能刻苦耐勞。

（三）德性訓練——在養成有禮貌、愛清潔、守秩序，知廉恥等良善品性。除公民訓練外，尤須注重於平時的考核。

（四）知識訓練——注重普通常識的吸收，尤以科學知識爲最要，以啓發兒童發表創造的興趣。

（五）技能訓練——譬如避災演習、急緊集合、露營、野戰、交通運輸、救護、電信照相、偵探、看護、各種急救方法、防空、防毒等非常時期所必須的技能，都要使兒童練習純熟。

（六）紀律訓練——目的在養成『遵守團規』『服從命令』『尊敬長上』『愛護同志』等習慣。

童子團的活動每天有每天的活動，每週有每週的活動，內容頗屬瑣碎，不勝記述。至於本團的指導者，由全體教師負担，這是童子團的大概情形。

由於童子團的誕生，使我們知道各省市教育當局對於這般未來『國家主人翁』的訓練問題，是如何的關心。內容姑置不論，這種精神的可佩，是值得我們欽仰的！不過我們環顧歐、美、日本各國，對於青年（包括兒童）的訓練問題，沒有不是由中央統制起來的，所以成效很大。這種各自爲政的狀態，缺乏統一的精神，結果自屬不佳。希望當局對於青年訓練的組織和方法，加以詳細的研究，然後再明令規定，一致實行。這樣，才能有偉大的成效！

海上一瞥

——劉祖英——

劉君祖英，靖江人，性沉毅，做事慎言，卓犖不羣，天賦獨厚，各科均優，尤長運動，凡足，排，籃，田徑諸術，無所不精。矯健活潑，人豔稱之。運動會中，屢獲冠軍，實我級之運動健將也。君爲人，不拘小節，與余相識六載，交誼頗厚。茲將畢業，別離在卽，爰誌數言以留紀念。

～～英切誌～～

花了十幾個銅元，乘着六路電車，一剎那，居然把我由北站送到了外灘。蔚藍色的天空，灰黑色的柏油路，中間矗立着數十層的洋樓，門口都站着一個面紅鬚黑的看守者。街上的行人，除了少數以外，差不多都是碧眼黃髮的洋人，間或也夾着幾個拖木屐的侏儒，我到此幾乎疑是到了英國的倫敦，或美國的紐約了。黃浦江的怒潮中，滿浮着許多的商船和軍艦，上面飄揚的國旗，皆非靑天白日滿地紅的旗幟。至此，更使我疑惑了。

我站在黃浦江邊，獨自凝立着出神。我的情狀，忽而悲傷，忽而憤慨，忽而切齒，…………想在黃浦江的大潮中，洗雪我這惡濁的呼吸。

朋友！請告訴我，這究竟是那一國的領土啊?!

海上歸來

——丁晉芳——

丁君晉芳，江陰籍。性剛直，不善虛飾。遇事不諉，臨危不懼。好學不倦，尤精稔於經書。擇友嚴，必以義。人有急，必盡力以助之。見侮，輒不與人較，常言：「寧人負我，毋我負人。」故諸同學皆樂與之交。君與余同窗六載，相處若兄弟，而今勞燕分飛，離別之情，豈數言能盡哉！

～～錫如～～

現在已經四點鐘了，準時刻的火車亦快要開了。而我們在那活潑地，充滿着洋氣和充滿着全運會聲氣的上海，怎願意和他離別呢？況且我是第一次到上海，對於各種新異的東西，以前從沒有見過。現在見了之後，當然覺得格外有趣。我常聽見老到上海的人，他們回來講，也非常有趣，常有樂而忘返的現象發生。何況我是第一次到呢？可是不肯延時的火車，竟不允許我多流連一刻，再玩耍一會。因此無可奈何，只得拿着票子——走上火車。那知這班車上的乘客，特別來得多，擁擠異常。簡直一個空位都沒有。我想大概因爲是全運動會明天結束，各項競賽又在今天已經完畢。假使到明天回去，今天的旅館費及飯費，要多消費幾元。不如今天早些回去，可以節省些錢。大家是爲有這個緣故罷？雖然擠得沒有空位，我們青年學生是不該坐，就是我們有了位子，預先已經坐好，遇到這樣擁擠的情形發生，也應該讓給年老的人和年幼的人坐。何況我們又是受過三個月軍事訓練的學生，對於立的習慣，早已養成？在這個時候，眞可以給我們表現出受訓青年的精神了。就是談到立的話，亦不過幾個鐘頭。幾個鐘頭的立，是我們在軍事訓練時候，每天做慣的家常便飯，沒有什麽可以顧慮的。我照樣的立着，火車亦依然匆匆地開着。不到兩個鐘頭，眞茹南翔一過，所有的乘客去其三分之一。於是座位大空，我就坐下，坐了不多一刻，因爲一個人精神有限，在前天用得太疲倦了，夜裏又沒有好好地睡覺，所以在這個時候，不坐則已，一坐非睡覺不可，於是我和同學周君道：我暫時安睡得休息一會，等到到了七點鐘時請你喚醒我。說罷，即睡去。到了七點鐘時，周君喚我道：丁君醒來罷？蘇州站將快要到了。這時我正在甜蜜的夢中，享着上海的樂趣。一聽到周君道：蘇州將要到了，即刻打破那甜夢，把那千斤重的眼皮用力張開。四周一看，看見車上坐着許多的小學生，不知道從那個站上來的。聽他們的話音，是一口蘇州閒話，說得很是漂亮，很有知識。看他們的動作很活潑，很天真，處處表示現代化，摩登化，非鄉僻小孩所能及得的。於是我很羡慕，很欽佩他們這樣的活潑，這樣的天真，大家互相談着笑着。那知無情的火車，竟很快的開到蘇州站，把他們送下車站。他們和我分離了。至後，車一過蘇站，車中覺得冷靜不堪。車照樣走得以前一樣快。但在這時候，總覺得他走得太慢了。這大概是我的心理作用吧？車雖慢，在十點鐘，終究到了錫站。

先施屋頂花園

——葛敍五——

余江陰産，負笈來校，忽忽三載，無所成就。愧也何似？余資性魯鈍，且愛閒靜，有如雲間野鶴。雖自知爲朽木庸才，然終不自餒，祇將竭力以獻我一生於教育 ~~~~自誌~~~~

時候已經十一點了，先施樂園的各部份仍舊是人頭擁擠的鬧得不可開交；被困在大京班的C和G委實是熬不住了，C先表示有走的意思，G也跟隨着，兩個人好容易挨出大京班，鬆了一口氣。

「我們到那兒去？」G這樣的問着，隨手整擠皺的衣服和蓬亂的頭髮。

「還是到屋頂花園去散散吧？這裏太悶了。」C有樣無力的拖着沉重的足向屋頂花園走去！

臨未到達，已經覺到一股冷氣襲來；精神振作了許多。脚步也比較有了些勁，向上赳去。

規模並不大的屋頂花園，在濛瀧的燈光下，隱隱的可以分辨得出。排成圖案形的花木和小徑，在花影的深處和轉灣抹角的地方似乎還放了幾張凳子，更似乎可以聽到男男女女喁喁款談的聲息，間或有那一聲呵斥和哀求的聲響；一切的一切，在茫茫的燈光下，加以濛瀧的毛雨中，更顯得幽靜漂渺了。

「G 這裏眞好！」C 趕上了一步和 G 並着肩。

「C ，這些狗男女不是好東西………」當他們發現了人物，G 帶着嚴正的口氣，告戒着C 。

「什麼？不要開口駡人」。

「妓女！誰駡人」？

才轉身想走，背後一片聲響追上來了。

「喂！先生！怎麼不坐坐去？………」

C 和G 脚上有數，逃出了勢力範圍，稍微定了性，又是一陣聒耳的聲音傳來，分明不是剛才的，並且帶着呵斥和忿怒的口氣。

「你這沒用的東西………」接着似乎又聽得一聲「拍」！很響的一聲「拍」。

「G 在打呢」?!

「不要管他，快走，她們是生來這樣的！

「唔！」

一會兒，C 和G 又消失在人羣中了。

湖濱秋泛

——趙伯禮——

丁江文詩云：『男兒壯志出鄉關，學不成名誓不還。埋骨何需桑梓地，人間到處有青山。』禮自顧樗才，愧無足道。爰錄此詩，非敢誇大，惟藉此以自勉而亦共勉同儕也。

——自誌

無錫居太湖之濱，山水甲全蘇，余讀書之暇，輒往遊焉。時值秋深天高氣爽。雇舟西南行，經梁溪，約五里，入五里湖。湖水清淺。湖底草水，蔚然可觀。抵岸，蠡園在焉。園中有池畝許，水而菱葉覆蔽，池週有假山圍繞，爲之垤，若山峯；爲之穴，若山谷；幽徑曲折，起伏有致。極池角而爲之堤，越池面而爲之橋。設施雖小，極似天然。池北有亭，前有平地，寬廣十丈。芳草美卉，間植有序。其東有長廊，濱五里湖。憑欄遠眺，帆牆漁舟，一望無餘。其大概如是。園之小不能五畝，而佈置若此，使余身處其中，杳然若不知其所窮也。其西南里許，乃寶界橋，橫截湖面，頗極壯觀。過橋，仍登舟，西南行，未及里而四面環山，若無可出然。四山皆植楓柚，紅實纍纍。折而南，豁然開朗，睨之無際。而凸出於太湖中者，黿頭渚也。旣而舍舟登岸，就山徑曲折，攀援而登，窮其顚而止，則四週環山，皆若伏而迎余。縈青繚白，水天一色。體甯心恬，飄然若仙。於是更下南麓，其石則突怒偃蹇，負青叢以出。其岸勢參差，若塹，若巖，巨浪排擊，怒齧其涯。流沫成渦，瑽然有聲。水底輕鯈，從容往來，狀極自得。而余亦頹然若醉，不知有身矣。旣歸，不能忘，爰記其略。

同遊者，有王、陳、楊、郁、諸同學。

念五年秋季遠足記

——許金康——

無窮的前途，好像含苞未放的鮮花，正期待着把毅力來培養，用血汗來灌溉，你這成爲病魔寄宿舍般的身體，若不加改進，恐怕達不到成功罷！努力！鍛練强壯你的身體，準備着展開未放的鮮花！

～～自誌～～

錫邑地近太湖，風景秀美。每至春秋佳日，湖光山色，實足令人留連。吾校因鑒於大自然美景之欣賞，能使人胸襟寬暢，心懷怡適；迺於春秋二季，定期作遠足湖濱之舉。本年（廿五）秋遠足時，余亦偕往，掇拾所見以成文焉。

是日天朗氣清，乃與諸同學附舟而行，西泛梁溪，直駛太湖；途中遙見獨山隱現，如隨舟迂迴；夾岸樹葉，漸趨萎黃，金風颯爽，時或吹下落葉數片；迎風作蛺蝶舞；其伏若詔人曰：「流光如駛，轉瞬間秋已深矣！」

舟抵黿頭渚，相率登山，造其巔。見湖水浩蕩，微風漾波，日光倒映若金鱗閃輝；而島嶼羅列，與二三帆檣，點綴其間，益覺錯落有致。正南水天交界處，蔚藍與澄碧二色，互接成線；時而白雲朵朵，閒行天空，沙鷗點點，起落湖面。回顧錦園一帶，則見昔時純爲綠陰蒙蒙者，今已雜雜他色，紅楓數株，與碧色琉璃屋頂，相映成趣。更靜聽渚麓之果林落殼，「必剝」作響，水涯濤聲，「澎湃」和鳴；而間以一二鐘聲相應，益使人悠然神往。乃與同伴枕藉林下，松枝錯綜，疏影映地，如荇藻縱橫；加涼風微拂，野菊若點頭迎人，斯時，幾疑吾身已羽化登仙，而飄然塵外矣！既而夕陽在山，號聲頓起，同學力促余醒，紛言歸去，時人影散亂，遊人絡繹回矣！

噫！吾輩久處于溷濁都市中，耳目所接，率皆擾攘紛紜。今得睹斯景，能不令人心曠神怡哉！

杭遊印象記

——姚紋添——

匆匆地，三年又成爲往事了，過去的我，是很平凡的。　　～～自誌～～

『上有天堂，下有蘇杭』，自小就聽見家鄉的父老們這樣說，從這句俗話裏面，很可以看出蘇杭兩地繁華富麗的一斑了，江南風景，最是銷魂，尤其是杭州，因爲擁有一個絕代佳人——西子湖，更足令人神往。

杭州的風景，首推西湖。在初夏，她更顯得嫵媚了。盪漿湖心，但見青山隱隱，綠水迢迢。蘇堤白堤兩岸的垂楊，臨風搖曳，恣態動人。保叔塔很靜穆地矗立在北岸的山頂上，氣概軒昂。坐在船上，有意無意地咏起蘇東坡『欲將西湖比西子，淡妝濃抹總相宜』的詩句來，使我有超然出塵之感了，船不斷地向前行駛，浪花濺到身上，幾乎把衣服溼透，想起童年划船的情景，又不禁使我爽然了，盪到三潭印月，再到湖心亭，最後我們決定去參拜民族英雄岳飛的祠墓，祠廟莊嚴偉大，忠孝之心，油然而生。坟的前面，跪着奸賊的鐵像，墓道兩旁，有許多石人石馬，壁上寫着『精忠報國』四個大字，走出岳廟，沿着湖濱走去，到鑑湖女俠秋瑾的墓前，憑吊了一囘。離開風雨亭，就到西泠橋畔。橋旁的六角亭，就是錢塘名妓蘇小小埋骨的地方，我們在西泠橋上，坐了片刻，記得在初中裏讀過一篇夜遊孤山記，此地左挾孤山，右帶蘇堤，風景絕佳，談起賈似道的故事，再聯想到環湖的許多別墅，在數百年後，變成丘墟隴畝，亦未可知。在博物館裏，看見一條大鯨魚。到放鶴亭上，瞻仰林處士的遺蹟。

這裏，有許多著名的古剎，我們決定先上靈隱去，靈隱寺山門前，市肆鱗比，都是賣些佛珠小花籃之類，兩旁矗立着古老的樹，很是奇突。坐在冷泉亭裏，看着飛來峯壁上的佛像，聽着脚底泉聲淙淙，別有一種風趣，跨進靈隱寺，氣象頓時嚴肅起來，可惜羅漢殿已被焚毀了，只剩下些敗瓦頹垣，中間坐着幾尊破羅漢，供香客們的憑吊而已，向西南盤旋而上，就到韜光庵。茂林修竹，流泉曲折，環境多麼的幽靜啊？清漣寺的五色魚，虎跑寺的泉水，淨慈寺的濟公拔木井，以至風帆往來的的錢塘江，我們都去看過了，聽了虎跑寺裏的高僧的梵音，使我發生無限的棖觸，那悄然的情景，也許會成爲不可磨滅的印象了。

我最愛九溪十八澗的風景，一條溪水，蜿蜒在兩山之間。兩岸落英繽紛，嵐光掩映，涉足清流，彷彿身在畫中行，石塊上的青苔，滑溜得使人討厭。流泉從脚旁穿過，似乎有一種柔和的感覺。在水中走一囘。又在山徑上走一囘，茶樹，竹林，隨處可以看到，山中人的生活，畢竟是值得我們豔羨的。水源盡處，就到了以產茶出名的龍井。取道山徑，又遊了水樂洞，烟霞洞，石屋洞。再遊紫雲洞，黃龍洞，金鼓洞，要算黃龍最富麗，水樂最幽奇了。

杭州的風物，可以拿『清閒』兩個字來寫照：杭州人愛清潔，尚迷信，他們唯一的消遣方法，就是談天，說笑，喝茶，飲酒和拜佛。廟宇，酒館，茶肆，在杭州是特別來得多，高聳的洋房，華麗的亭榭，也隨處可見，街道的清潔，爲國內其他都市所望塵莫及，是很值得效法的。市面並不十分熱鬧，在湖濱的新市場，要算很繁盛了。

杭州的物產，最出名的：就是杭綢杭傘杭扇杭粉和杭剪，杭州的剪刀店，都叫張小泉，可見其聲名之大了。此外，龍井的茶葉，也非常著名。

杭州自南宋建都以後，北方衣冠之士，紛紛南遷，文化逐漸提高。直到現在，一向是人烟稠密，景象繁華。交通也很便利，陸路有滬杭甬鐵路浙贛鐵路京杭國道等，水路有運河錢塘江等，正在興築中的錢塘江大鐵橋，快要完成，定于本年的國慶日通車。自杭州可以直達江西，杭市的繁榮，是可以預料的。

在杭州盤桓了一星期之久，雖然是走馬看花，但所得的印象，却是十分深刻的。我留戀杭州，尤其留戀西湖。但是，人事匆匆，終于在細雨濛濛中向湖山告別了

杭游片斷

——— 李世濬———

濬生來弱小，兒時日處病中。稍長隨父學畫，好游山水。初中時好文學，無所成。師範乃喜音樂，於是吾始有志矣 ——自誌——

看過了偉大的錢塘江橋，便在六和塔下午餐，在飯館裏決定要走的路線，從這裏到徐村—經九溪十八澗—龍井—烟霞洞—水樂洞—石屋洞—四眼井—虎跑—再回杭師。且議決大家步行，並在九溪十八澗比賽涉水。

離了六和塔，沿着杭富公路到徐村，這路一面是山，一面就是錢塘江，風景真是美麗。那時正在中午，江中的水靜得比西湖水還要靜，真是波平如鏡，澄清的水被太陽射得一片銀光，閃閃鑠鑠像舞女的長裙在燈下拖曳，對面遠遠的隱隱幾座青

山點綴得像無錫黿頭渚黿三山一樣的有味。這樣的路上，靜悄悄的只有三個人走着，大家齊聲贊美這錢塘江眞是美麗。我們路過之江大學，在上面走一個圈子，又羨慕這學府的宏麗淸雅，談着笑着已到了徐村，看淸指路的牌子，便向九溪十八澗去。

在二山的夾道中間走着，風景頗佳。山坡上都種着一叢叢的茶樹，三三兩兩的採茶女子在摘茶芽。原來浙杭的名茶，多出在她們手裏。這大路的左旁，有一條溪水從上面流下來。這路沿着這條溪畔而築路。我們便猜想這就是九溪十八澗的溪水了。

到了三板橋，便在買茶的地方休息一下，一刻兒，大批的同學都來了，於是忙着脫襪，買草鞋，着起來，一個個跑下水去，冷淸的溪水，一直浸過小腿，冷得像吃了冰一樣，大家齊聲說道爽快。我們便涉水渡溪了！那水底都是細小的圓石，好像鋪的鵝卵石地，踏在上面眞是舒適。本來我們從六和塔跑到這裏，脚裏已感到有些疲乏。但是在水裏一走，脚勁反而增強起來，越走便覺越高興。溪裏已有許多宏道女中的學生在那裏走，她們也都赤裸着腿，見我們搶前，不甘示弱的在後面追趕，這一幅健美的圖畫煞是有趣！本來在水底行走，也沒有什麼趣味，好的是這溪旁長着一帶的靑草綠樹灣灣的枝葉遮住了陽光，垂在水面上，拂着湍急的溪水，人們在他的枝下穿過，自然感到說不出的幽美。。水流的聲音，又奏出圓滑的音調，給你一種活潑的意味。這樣的行走着，我們不願水有盡頭，山有末路，想不到還有二星期的試教生活，想不到四川河南災民的苦況，想不到一切的事了！

突然前面發出一陣鶯嚦嚦嚦的笑聲，撥開樹枝一看，有七八個女生圍在一處，原來前面有一塊圓滑的石頭，横在水上，一個人不留心跌在水裏。所以大家在笑她。我們這裏看了也是好笑。大家便在女英雄面前奮發了，要跨過去，一位同學沒有注意踏穩，撲通一聲，把半個身子跌在水裏，恰恰跌在宏道女生身旁，引得大家哈哈大笑。這眞是拜到石榴裙下了！前車可鑒，我們便慢慢的從石旁渡過。這樣小心翼翼，還有人把手中拿的鞋子掉在水裏。大家又笑着說：「溪裏來了二隻鴨了！」

這樣的走了二三里水路，興致愈走愈好了！不料已給籬笆攔住去路，不得不登岸向龍井進行。

杭游片斷——玉泉觀魚

——陳永升——

余來錫校已三年矣。今行將畢業，脫離學校生活而服務於社會。自問學不足以爲人師，行不足以爲人表。瞻念前途，不寒而慄矣。——自誌——

乘着赴杭參觀的機會，飽嘗了湖山佳味；雖爲時僅五日，却也走遍了西子名勝，尋遍了錢塘古蹟，但是最使我感覺到興味和流連的要算「玉泉之行」了。

「玉泉觀魚」的大名，久已存在我的腦海中；但總是理想而已，當在遊靈隱的歸途中，經過青漣寺的正門，那雪樣的白壁上，寫着令人注目的「觀五色巨魚」，更引起了我遊玉泉的決心了。

在遊玩的末日，我們就作玉泉之行，沿途的翠林秀竹，眞使我們神往，走近寺門漆黑的「觀五色巨魚」的大字，已映入眼簾，進寺大門，便是一帶碎石鋪的路，在山門外，還有一株「龍樹王」，便給我們一個深深的駭異，看那從一個水門汀的石墳頂斜生了出來的老幹，把一塊石碑的頭挾住，再過去一兩尺的光景，樹幹側向上，和傘一般的椏枝，分散在空中，撑住了炎熱的陽光。

寺裏面，那悠悠的一池清水，沒有溪水般的澆浴和流動。而且清澈地可看到翠色的底，中央有個小石塔，有三四尺高，池的面積，約九方丈左右。

兩三尺長鯉一般的「異魚」，黑的，橙的，紅的，灰白的在水中浮着，遊着。可憐他們無知，不以「井底之蛙」和「供人玩賞」自居，反在這方丈池中優然自得。

池中三面圍着廊，廊下擺着許多桌椅，遊人可以自由坐下，儘管終天的漫談和開食，也不會有人來干涉。中間的廊檻上，懸着一塊匾額「魚樂國」，這大概是題池的。

遊人們抛下一塊麵包去，異魚遊着爭着，呑着，有幾尾竟跳出了水面，又跌進了水面，那平靜的綠水，起了幾圈皺紋。

遊人們驚奇了，笑了。

「湛湛玉泉色，悠悠浮雲心，閑水對定水，清淨兩無塵」這是白樂天詠玉泉的詩，是怎樣的雅人深致呀！可謂是詠玉泉的絕韻了，這次杭遊留給我們深刻的印象的，就是這玉泉觀魚了。

旅杭散記

——陸維熊——

維熊，青浦產。秉性豪爽，氣量寬宏。工丹青，志趣獨到。能舍己爲人，有俠義風。至若脫略小節，乃其玩世不恭也。 ～～浩棠～～

陶醉在五月的西子湖邊。

夜的湖上，爬上了遊艇，順着水波飄蕩，不覺頌讚着夜西湖底美。旅途的疲勞，全給晚風帶走了。彈性的椅，載着有睡意的身子，像躺在情人的懷裏，眞夠味兒。

「放焰火！」我們被這三字誘動了。身不自主地便去一看。眼的慾望滿足了，却換來十餘分鐘的訓話，總覺不上算。

太陽像一個火球，炙着皮膚發痛。一雙腿交互地動作，汗珠跟着淌下，黏住了內衣，怪難過的。額上的汗水也往下跑，流到嘴角邊，像喝着鹽湯。

溫度表內的水銀，爬得高高的，仔細一看，不由自主的嚷着：「九十八度下的旅行。」

晚上的時間，是屬於自己的。給汗水淌過的身子，總得設法。「上游泳池洗澡去」！新鮮的玩意。於是把身子浸在兒童游泳欄裏。因爲沒有學會，不敢冒險，只好暫作兒童。眞也怪，要身子上來，任你亂碰總不行，像給人拉住似的。可是一不留神，就給水浮了起來，却再也伸不下去。S 君嚷着要大便，爲了「急不及待」，也不能顧到公德了。於是綠水中就有這麼一顆金黃色的東西，「急」是過了。「公德」也給S 君注意到了。他便手提着那顆結晶到岸邊去，把我差點兒笑倒在池中。

泛舟在初夏的季節裏，眞是夠樂意的。最後的一天，我們合夥兒仍舊在湖出留戀着。在寶石山下，碰到新華影片公司的外景隊。一問，才知道是來攝「青年進行曲」的。並且主角胡萍跟施超停會兒也得來。一上勁，就跟着往上爬。我們高踞在最高點，瞧着他們搭景物。是一個墓地嗎？這裏有石的碑，正露出半個空棺，誠然是不差的了。

「瞧哪！他們上來啦」！低聲的騷動。

導演史東山，留着八字鬚，矮個身材，像個道地的日本人。施超的模樣兒很瀟洒。胡萍，最後一個上來，以新型的動作，演出了嫵媚的姿態。

『胡小姐！請你照個相；』幾個動人的特寫，便收在我的鏡頭裏。因了太陽羞見人，沒見到拍戲，眞有些失望呢。

幾個大孩子聚在白雲庵了。到了月下老人祠，裝着正經，都跪下求籤。可眞怪哪！我和浩堂，以仁，都求着第一籤。四個銅子，換來了下面一張籤書：

關關雎鳩，　　在河之洲，

窈窕淑女，　　君子好逑。

是毛詩的第一首呢。在哈哈聲裏，我們成立了三君子黨。最後該輪到有『淑女』風度的S 君去求了。月下老人也跟他開玩笑，求得的一籤是：

『良人者，所仰望而終身也』。

於是，『淑女』便被我們認爲在月下老人祠內已經註册的了。

游艇載着笑聲，離開了白雲庵。

夢遊杭州記

——梅毓輝——

梅君毓輝，江蘇興化人， ~~~自誌~~~

秀麗的金橙色的陽光照着蒼碧的湖水露着跳盪的姿態，閃閃耀目。重重的垂柳映在綠水上起了疏疏密密的倒影。輕風吹拂時，起了一種細微的波動。

湖邊的窕窈女郎和西裝少年一對對地聯袂而行。眞是所謂「湖邊多麗人」！

「西湖景色多好呀！無怪人家說「上有天堂下有蘇杭」，的確不錯。今天能到這裏遊玩眞是「足慰平生」，同學X君細着眼笑迷迷地對我說」。

「何不雇一隻小艇，到湖心裏去頑頑呢？」

「好的」！我回答脫着。于是我倆便雇了一隻小艇，船夫是一個白髮翁，臉上滿面皺紋，倒也有趣。他襲着龍鍾的姿態，划着槳只聽得沙沙的水聲。一會兒已到湖心。耳際彷彿聽到一種優美的簫聲，婉轉動聽。高亢時，如白雪渺渺。抵抑時，如流水淙淙。清圓得如黃鶯歌唱。調和得如情人密談。柔和而凄麗，幽曠而遼遠，眞令人心曠神怡！就是至上的安琪兒也要羨慕呢？

頃刻已到了湖心亭了。亭畔遊客甚多，眞所謂紅男綠女，蜂湧蟻聚。亭子四週的景緻亦甚俊雅。亭旁還有蒼翠的竹林，竹林內有幾張石凳。我和X君坐在石凳上聽百鳥婉轉弄舌。輕風吹來時瑟瑟作響，不由人不覺得有點微涼。

「身上冷」X君帶着怕冷的樣子說。

「出去好啦」！我說。

于是重新出了竹林，繞亭而行。亭旁有七松草廬，甚高。微風過時，隱隱有松濤之聲，清脆可耳。那邊有桃李芬芳，小鳥跳躍。

「多好呀」！我忍不住說了一聲。

一會兒又到三潭印月去看看，不過只有三個罈子立在湖裏，成鼎足之勢吧了。

聳立雲表的寶叔塔眞是莊嚴極了。

不知爲什麽我忽然又到了靈隱寺，靈隱寺的勝蹟也不錯！好雄壯華麗的大雄寶殿，後殿上立着五百尊羅漢，盡是笑瞇瞇地。寺的後面有清澄的溪水，汩汩的冷泉，可以悅耳快目。

岳王墳上，有一塊碑蒼松翠柏，樹枝皆南向。翁仲石馬，凄涼異常。我們不覺垂淚興嘆。松柏點點頭，也好似表同情。

蒼翠欲滴的北高峯，矗立雲霄的北高峯，渺渺茫茫的北高峯，可其壯哉！山上有石階。不數步有一涼亭；爲旅客歇脚所築者一名「亦悅亭」風景亦頗佳。往上走，就是温泉，潺潺作響。泉旁有水池旅客往往在此洗澡。再上有怪石峋嶙，令人可怕。不久已快到最高峯，我也莫名其妙。只覺胸襟爲之一暢，急急忙忙的爬上去。

「小心！前面有山谷啊！」X君說。

我因路徑不熟識越發怕了起來跌在深山谷裏去了。

「啊！……救命呀！」我大聲的喊。

喉嚨已梗住了

「輝一輝！」老同學X君說。「安心睡吧不要鬧！」

我把朦朧的睡眼睜了一睜，身上不禁出了一身冷汗。那時電燈還未熄滅，我又朦朧地睡了。

創痕

——楊松泉——

我雖是個二十一歲的人了，但我覺得我仍舊是個孩子，我沒有一些成人的虛僞習氣，我爽直，我坦白，直到最近，人情世故增加了我的創痕，我才有少年人的憂鬱，而我更有了老成持重的態度。至於我的將來，我願意做一個努力不懈的戰士，讓生活的重担來鞭策我，去和環境奮鬥。

~~~~自誌~~~~
~~~~

是去年十二月二十八日的事了，我身懷凌霄大志，到鎮江去應航空委員會招考飛行生的體格檢查。

面前是一陣黑暗，我睡在牀上，轉輾反側，腦中交織成了一幅理想的幻圖——錄取以後，如何精練技術、駕着鐵鳥、指日向東、轟平三島…………

四點半，我意識地穿衣起身，離校出發。我把我僅帶的一封給教育廳的公函，交浩堂放在他的手提箱中，我知道，上帝是叫我做一次郵差的。

人力車飛奔到站，購票上車，五分鐘後，車行了。田野間的景像使我奇怪，怎麼？枯萎到這個樣兒？九時半，車抵省會，我倆下站後，即驅車逕赴教育廳，由役者引入。巧極了，容海已先到那裏了。

三封信呈在辦公檯上。少頃，一位老者來啓視後，就在一隻行李箱中，拿出三隻紙角給我們，令我們到鎮師去受檢。我們受命，走向鎮師去。門房告訴我們，檢查地點是在紅屋二樓。我們熟悉的走了去，在二樓找了些時，並沒有航空委會員辦事處的照牌。最後，問了幾次該校的同學，才在一角找到了。原來是借用鎮師的圖書室，我們把紙角遞了進去，人仍舊嘗閉門羹，差不多裏面的情形給我們看見了，檢查時就有不正確的可能。

檢查的情形是這樣的：

先是體重，我脫去了外衣和鞋子，立在磅秤上，是五十九公斤。次量身長，怪簡單的，牆上打了量表，立上去就是。胸圍一項，我的肺雖不強，結果盈得九一公分，虛得八三公分，都不生問題的通過了。

目力一項，我的成績很差，預計大有失敗的可能。檢查時，戴上了了一付一目裝有黑片的眼鏡架，「上下左右」，却毫無問題，應付裕如，兩目皆然，輕易的通過了。

檢查色盲，興趣可說最好。是二册日本原版書，裏面每頁是一個彩色的大圓圈。內有以單色拚成的阿拉伯數字，要立刻認出來。複雜一些，很不容易辨認。最後，還有彩色迷津，得用手指一條通路。我們沒患色盲，辨色力正常，是不會生問題的。

自均測驗，就是兩臂左右平舉，舉膝、單足立，左右交換，這很容易，任何人都會這一套。

眼部喉部鼻部的望診，以及精神及體格，都看了一看，毫無問題，祇有耳部，檢查的怪精細，以電光深入耳孔觀察。檢查完畢，醫官沒有說話，我祇見記載表上記着「N 」，這大約是及格的符號吧。

最後醫官令我坐在凳上，發現我頭頂有二三白髮，露了失望的表示。笑話，他竟問起了另一醫官：『要不要叫他回去？』意思是我的略有白髮，能不能及格。聞者不應，蓋容海浩堂，先以是而以不及格論矣。他看看我的檢查表上，都通過了標準，躊躇了一會；我早已抱着不強求的態度。假使身體稍有不健而徼倖錄取了，與其入校後而淘汰，還不是來一個乾脆的落第，來得爽快。終究，他翻了我的申請書看後，打開了話匣子。

『喔！是無錫師範，還是做老先生去。』這是醫官的妙論。在他的語調中，有輕視師範生就是東烘老先生的意思。所以差不多肯定的說，師範生的身體靠不住。

『做教員是很好的』又是醫官的風涼話，不知道是安慰我們致力於小學教育呢？還是說我們的體格不興，來徒勞往返？航空委員會既然應國家需要，密令各中學生前往投考。應考者有志而來，實不應吹毛求疵，對青年的熱望，迎頭澆上一盆冷水。

『微有白髮對於身體有什麼關係？』我們不平的質問。

『年輕人就有白髮，就是精神不振。』醫官的答辭。

『我前次暑假受檢時，都不因此而初試及格的，怎麼現在却連這都生問題了嗎？』這是容海經驗之談。

『我到過醫院中檢查過，據說白髮對於身體是沒有關係的。』浩堂在普仁所得到的教訓。

辯論終結，醫官發出判決：『此地許多東西都不是醫院裏所知道的。』於是在我的申請書上，刻着「不及格」的圖章。我處之泰然。不過，白髮既然成問題，爲什麽不在標準上註明？既然醫院裏有許多東西是不能夠了解航空委員會招考飛行生體格檢查辦法的，章程上註明要先到當地醫院先行檢查，不是徒費手足嗎？

眞想不到，三人會全體失敗，其原因眞令人如墮五里霧中，莫明所以。我們那能不有不平之鳴呢？

大家都又在安慰了。小學教師所負的使命，並不比飛行生來得差。就是錄取了，終究是一個犧牲。做小學教師，至少，飯是有得吃的。　　六月二日於北一。

同學們回到農村去的工作

——朱渭瑞——

前途要光明，惟有勇往直前去邁進！　　～～自誌～～

我們是師範生，亦是將畢業的師範生；換句話說，就是未來的小學教師。諸位同學，泰半來自田間，將來服務的場所，我想也許是農村吧！因爲城市中完全不能網羅，尤其在教育廳嚴勵的規定之下、一律須在各位的原籍服務。

現在中國的農村，近年來受到天災人禍的打擊，農業出產品落後，物價又低廉，使農民生活，日覺困難，而無立錐之地。我們處在這環境中，應該負什麽責任呢？我可代表的說一句，應負起救濟農民，建設農村的任務。

中國農村中，教育非常幼稚，知識分子寥寥可數。一位鄉村小學教師，即是農民的領導者。農村建設的前進，和農民生活的改良，全賴在小學教師的身上。所以小學教師的責任是很是重大的。我們既然負了這重大的使命，應該要做的工作，我現在拉雜地寫在下面：

一、注意成人教育　我們在服務的時候，主要的是兒童教育，其次爲成人教育。中國不識字的人，占全人口的百分之八十以上。這些目不識丁的人數中，成人佔其過半。我們要謀教育普及，必須將成人教育和兒童教育同時並進，可是這裏所說的並進，並不是成人和兒童在同時同地受同教材的教育，是把成人教育附設在小學校裏，例如上海的量才補習班，某某識字班等都是。成人識字教育，可以分季候或夜間來施行，在春冬兩季，農事較閒，可以辦季候班或夜間班；在夏秋兩季，農事忙碌，整天的疲勞，無暇休息，更無暇去受教育，在此時期中，教育暫可停止。然而晚間借納涼的機會，亦可講些時事啦、民族英雄故事啦，增加農民們民族意識，激發民衆愛國思想，振作救國的無畏精神。

二、改良農業方法　我國的建立，以農爲本，可是有其名而無其實，年來糧食的缺乏，必須釀給於外國，此由於農民專門墨守古代遺下的舊法，而不能以科學來改良，使農產品無限的增加。

我們並非農業專家，無農藝的技術，怎樣可使農業改進呢？我們在服務的期間，不妨閱些農業的參考書，如農業要義、農業學、農業改良等。自己亦可試種，見成效後，隨時隨地去指導，現在各大學的農場，及農業試驗場所改良的各種種子，我們儘量地介紹他們去試種。

三、提倡農村副業　在中國農村破產的環境中，要使他振興，積極的改良農業，消極的還是要提倡副業，日本在五六年前，亦同樣地鬧着農村生產的落後，經濟的崩潰，後來政府及地方人士的努力，竭力提倡副業，農民的生活遂覺舒適了。如養兔子、養鷄、種除蟲菊等。先可由我們在小學校裏試試養畜、種植，再推廣到民間。還有澄琴兩縣的土布，請兩縣的同學們要竭力提倡。總之，隨便提倡什麼副業，祇要有利於農民生活的都可。

或有人問，小學教師的工作繁忙，尤其鄉村中的小學教師，一級一人制，整天的準備功課，課餘的工作，尚不能幹了，還有什麼餘力來辦民衆學校、改良農業、和提倡副業呢？况且這幾項事，不是一時所能實現的。我們隨便做什麼事情，都是忙的，但是要抽些空閒的時間去辦，例如寒暑假，可以利用。我們要以國家爲前提，犧牲個人的一點兒小福利，亦無大關係。

我所提出的以上各點，必定有人說，這不免是唱高調。但是請諸位同學鄭重地考慮一下，究竟空話還是實言？這個問題可暫擱不談。先請諸位同學們姑且去試試吧！

故鄉政治瑣記

——上官亮——

看清目標，努力準備　　　　～～自誌～～

我寫這篇文章的主要目的，就是要把我故鄉的種種黑暗情形，告訴我們就要踏進社會的這一級同學，作一個參攷。不過本篇因爲篇幅的關係，僅能作簡單的敍述。這是我預先要聲明的。

我的故鄉在常州南面的一個鎮上。現在正盛行着壯丁訓練。這是可喜的現象。但我們不能過于樂觀。有許多教官，抱着「做一日和尚撞一日鐘」的態度，不能誠懇去教壯丁。結果可以說是沒有什麼成績的。一個月下來，壯丁非但沒有一些軍士氣慨，就是立正稍息也還做不齊。這種徒有空名，而無實際的事情，在我們鄉裏到處可以見得。在全國苦幹聲浪之下，而有此種現象發生——敷衍上級官命令，怎樣不令人痛心呢！

現在官場裏最通行的事，要算貪污了。我的故鄉當然也不能例外。上至縣長，下至區長，鄉長保長甲長，有機會時都想弄一點「外水」，來肥肥自己的腰包。有時鄉民知道了，告到上級機關去，而上級機關之官吏也是個中人，落得做個人情，終是以「不了了之」的模糊過去。例如去年土地登記，一畝田申請書，鄉長要賣一角。地政局規定至多不能過三分。鄉民知道了，連名訴諸地政局，便派下兩個偵緝隊，把鄉長帶上地政局。過了一天，鄉長放下來了，這種借名剝削鄉民的重案，也就此結束了。

我們常說普及教育，強迫教育，而在我故鄉有十分之五六的農民，三天得不到兩頓飯吃，我不知如何能去普及教育？寫到這裏，我想起近幾年來政府救濟農村的呼聲。我希望政府當局，在這農村作最後掙扎的時候，能夠有一個適當的處置。我在農村中，已聽到不少的反政府言論。其實平心而論，農民們只看見賦稅的加重，却沒有看見政府對于他們有福利的設施，發生反感，也是當然的。賢明的政府，應該快點設法使這種反感漸漸平下去，不然歷史上「星星之火，可以燎原」，農民反叛的事實，恐怕也會重演罷。這是值得我們政府深長考慮的。

在這國難嚴重的現在，一個與人民最接近的地方政府，不能戰戰兢兢的去謀人民利益，事實却告訴我們新官僚在新口號新法門之下，依舊未脫舊官僚的惡習，仍舊是貪括、腐化、不振作、不努力，真是值得我們痛哭流涕的現象。

給朋友——節自日記——

——————謝大鈞——————

我，二十歲，蘇錫人。具理智，富熱情。沉着之中有浮躁，樂觀之中有消極，是以性情奇怪，而願以音樂為終身之侶。

～～～自誌～～～

我見了您，

　何故惶恐？

但，離開您，

　又何苦痛？

×　×　×　×　×

知生之如夢，

死又胡爲悲慟？

毋遭悲喜之玩弄，

哀樂固原乎寸衷。

× × × × ×

我見了您，

何故惶恐？

但，離開您，

又只有苦痛！

夢

——————張漢松—— ——————

余，江蘇宜興人也。嘗思生不知來，死不知去，人生渺茫，直一夢耳。人生幾何？苟不慎始愼終，將與草木同腐矣。 ……自誌……

在茫茫的大海中，我是一片浮萍，給滔天大浪推打前進着。在渺茫的進程中，遇着許多的同類，也給滔天大浪推打前進着。

前進！前進！到了一個突出海面的小島，（上面有光輝的燈塔，指示着人生的航路。）我們就停下了。我們受着春風的薰陶，春雨的滋潤，燈光的照耀，腴土的培養，漸漸的變化了。變成各種的鳥，向各處飛。有的一飛冲天，有的一鳴驚人，有的衝過山海關，有的越過日本海。

「混沌世界，豺狼荆棘，滿處皆是。獵人獵狗，斜視即見。那怕你是猛鷲，那怕你是鐵鳥，也要給獵人打死，也要給獵狗咬殺。我們這羣初出飛的鳥，應有嚴密的組織，密切的聯絡；我們的陣線，才不致給他物衝破；我們的前程，才有希望。」我在出飛的時候，這樣說着。……

前程

——————劉 鏡——————

余籍吳江，年二十一歲　　　　　　　　　　～～～自識～～～

在一個恬靜的黃昏裏，淡藍的天空中，沒有一絲的白雲。一彎新月，斜掛在鐘塔之尖。淡淡的夜風，好像少女的溫情；風裏帶來了紫羅蘭的清幽的芳馥。金絲的柳條兒，瓏着羅綃的霧衣，在晚風前輕盈綽約地蕩舞。呵！她是按不住撥動了的春情的弦索了。淡淡的暮靄，淡淡的綠月，淡淡的朦朧的風情。

一切都是靜寂。黃昏的空氣，在我底周圍，織成了串串的花圈。牆哪！樹哪！操場哪！宿舍哪！都帶上了一層神秘的朦朧的顏色，在我們底眼前漸漸地隱去了。只剩了一個模糊的輪廓，好像夢中的幻景一般。

我躑躅在綿綿的草坪上，展開在面前的，覺得不是點綴多姿的操場；而是連接着天末的無限的沙漠。我，便是這荒涼的沙漠裏的苦倦的旅客，背着那人生的重負，奔跑那不盡的長途，是多麼的遼遠、艱難，而又苦痛啊！

一縷悲哀，飛絮般的黏伏在我心底葉上。茫茫的前程，展開在我的目前，這三年的光陰，比什麼都快，飛掠過去了。呵！人生是多渺茫呀！那過去的日子，眞如大海中針尖上的一滴水；那未來的前程，又是多遼遠，像大海裏的一隻小舟，隨着海風飄泊。前程正佈滿着暗礁，處處有觸礁的危險。想到這裏，不禁淚潸潸而下了。

如今我明白人生的悲哀，莫過於別離的時候。那三年的光陰，是多麼的快樂；但是到現在，什麼都是空虛了。什麼都是無痕的春夢。幸福的當時，怎能敵得鏡花水月般悵惘的現在哪！如今我才悔恨當時剝食清甘芬芳的蓮子時，而沒想到蓮子的裏頭，含着一顆苦澀的心房。現在寂寞的我，脫離了學校，飄浮到漫無邊際的人海中。前程茫茫，正在開始哩？

銀月，姍姍地拖着他曳長的燦爛底睡衣，移步西斜。星星閃着他惺忪的倦眼。就是慣于輕浪的柳條，也帶着疲倦的媚態，在朦朧中走入了甜密的睡鄉。草尖葉上，含着一層薄薄的溼意。涼露沾濕了我單薄的衣衫，我驚覺夜靜更闌。回頭看宿舍裏的燈光已經熄滅了。在幽淡的月光下，一排排的房屋，像巨靈般的羅立着。

漫漫的長夜，遙遙的前程。人生的苦痛，幾時才能擺脫呢？

冬至

——張建文——

張建文武進人，現年十九歲，說來慚愧，學校生活過了十二年，但是識見毫無長進。如今要和學校告別，恐怕我再沒有進學校的機會了。這一次的告別，或許也就是永別了。我將到那裏去找像學校這樣好的求知的場所呢！然而我想有一雙手足，一個腦子，什麼事都可幹，幹！幹！不問收穫，但問耕耘。或許將來也會有成就的吧！ ～～自誌～～

不在家過冬至已好幾年了。

見到日曆上××日是冬至。我還記得——我的故鄉是有這樣的風俗：冬至前夜，挨家挨戶是要吃葫葱煎豆腐的。因爲我們那裏有句俗話：「若要富，冬至前夜吃葫葱煎豆腐。」因此每逢冬至，豆腐店和賣葫葱的小販是好生意。

葫葱煎豆腐，想起來確是好吃也便宜的菜，化十幾錢，就得了雪白徹嫩的豆腐，碧綠新鮮的葫葱，吃在嘴裏：熱騰騰地、鹹溜溜地味美可口。一股葱香直往鼻空裏竄，開了怪開心的。要是熱豆腐拌辣醬吃更妙。麻辣辣地直滾到肚裏，那勁兒只有吃過的人，才會體味得到牠的好處。

冬至夜飯，尤其是爸爸媽媽哥哥弟弟，一道笑瞇瞇地吃笑嬉嬉地講，更是特有樂趣格外快活。

而今是離家了，那種情景是爲兒時專有的，現在那裏去找呢？餘剩的只有童年的回憶！

爸爸死了！媽媽老了！哥哥在外行業，姊姊出嫁了！家中什麽都變了，變得那樣冷靜和闃寂！

眼看着一個個冬至過去，但兒時的情景不可再得！如今作客他鄉的遊子，想起了那能不悲傷惆悵呢！不禁欲嘆一聲：「冬至年年有，人事已日非」了。

讀國語越人滅吳篇感言

——許錫成——

余籍宜興，家業農，民廿年秋畢業於鵝山小學。再三年彭城初中畢業，投考本校，幸而錄取。至今忽忽又三年矣！而小學畢業之情境，有如昨日。然已六易寒暑，光陰之不待人？誠可痛也。今當離校之際，自勉曰：「惜寸陰，惜分陰。」努力學問事業，以達目的。

～～自誌～～

勝敗之理安在乎？在能忍與不能忍而已！古之賢人，其所就者大，則必有所忍。夫能有所忍，卽能常勝矣。余讀國語，知吳王夫差敗越於夫椒，勾踐使諸稽郢行成，遂屈已下人，爲吳臣妾。當是時也，越王秉其堅忍之氣，服犢鼻，居石室，斫莝養馬，給水除糞。夫差病，親嘗糞，三年無倦色。何其能忍也！當此時也，吳越之不敵，天下皆知之矣。言甲兵，越不若吳之強；言土地，越不若吳之廣。若勾踐敗於夫椒之時，不能屈已下人，則夫差以吳之兵，進攻會稽，可滅越國。越之宗社，朝不保暮矣。而勾踐乃低首下心，屈志事吳，以驕強吳之心。貢美女樂工，使其君臣上下，淫佚放縱，不顧國事。而後已乃銳意圖治，葬死者，問傷者，養生者，弔有憂，賀有喜，送往者，迎來者，去民之所惡，補民之不足。十年生聚，十年教訓。卒敗吳於囿，又敗之於沒，後遂滅吳。勾踐之能忍，其容量之大何如哉！是亦可謂善處窮者矣。嗚呼！必有忍，其乃有濟，有容德乃大。勾踐能推此心而充之，將無往而不勝矣。豈止滅吳也哉？

空防與國防

——錢孟杰——

休管他是眞是假，但當他眞的做，成功是必然。　　～～自誌～～

誰也不能斷定，大戰在那裏爆發？到什麼時候爆發？不過，誰也不能否認大戰是不能免的；同時，我們還可以斷定，二次世界大戰爆發的主因，即因殖民地的再分割，我國土地廣大，物產豐富，人口衆多，眞是個最適宜的殖民地。所以說：「二次大戰的目的物，就是這地大物博的中國。」因此，我們爲了應付這空前的大難，就不能不未雨綢繆了。

戰爭這一回事，是隨着時代的不同，而日益繁富的。有一個極好的比喻，可以用來比喻這戰爭的演進。最初肉搏時代是點的戰爭，嗣後弓箭戈矛時代是線的戰爭，更後的鎗砲戰艦時代是平面的戰爭，近代的陸海空軍協助作戰時代是立體的戰爭。就戰爭所受的影響來說，則點的戰爭所受的損害僅及個人，線的戰爭便及於一部落，平面的戰爭及於一國家，而立體的戰爭，乃至於全民族也受根本的危害。蓋過去的戰爭，其作戰主體爲前線的戰士，只要前線不退却，後方是絲毫不受影響的。可是近代的戰爭便不是這樣了。一旦戰爭爆發，國境之內，處處是戰場，無所謂前方後方。全國人民，也無所謂臨陣不臨陣，個個都是戰士。全國的生產機關、經濟組織、交通設施等等，一到戰時，都成爲參戰的機體。動員令一下，全國的人力、財力、物力，都集中於戰事這一方面，故現代的戰爭，並不是軍隊與軍隊的戰爭，而是兩個國家的整個國力的戰爭。

國防是一個國家抵抗外侮的設備，也隨着戰爭方式的不同而進步的。昔日的國防，只要邊防、海防有辦法，其餘是不成問題的了。而今後的國防則不然，自歐戰以來，飛機作戰的效能日大，國防中心，倒不在邊疆海岸而在空中。因爲空軍的活躍，較之陸海軍爲大，陸海軍有地域的限制，空軍則來去倏忽，絕無地域限制，令人防不勝防。一旦重要都市如政治中心、經濟中心、工商業中心、交通中心、受敵機轟炸，則資源斷絕，文化淪亡，戰鬥力因之減縮，終而至於全部消失。所以說：「無空防者無國防」。

自歐戰以後，空軍在戰爭上便佔了極重要的地位，同時，戰爭和國防的意義，也因之改觀。當歐戰的時候，空軍還沒有現在發達，已能發生很大的效力。現在空軍較歐戰時已進步了很多，當然他的威力，較之歐戰時更爲重大了。現在飛機的載重、速度、高度，都比以前爲優，以優良的飛機來說，可以載一千啓羅格蘭姆的炸彈，一小時可行四百華里，能在空中飛行十一二小時，高度達六千米達以上。可是飛機仍在日益進步中，將來進步到如何程度，很難預料。不過比現在要加上若干倍，這是可以斷定的。所以英國農黨領袖勞塞米爾曾說：「不出十年，歐洲若有大戰爆發，則其大部份限於空中戰鬥，參加作戰之飛機，不下數十萬架，大戰最長時間，不過十二小時。」根據這話，就可知空軍威力的龐大了。

我們生當現代，在這危機日迫二次世界大戰無法避免的環境中，應該怎樣準備？應該怎樣應付？我們要坐以待斃呢？還是奮起拯救危亡呢？大家都知道，戰禍一旦爆發，大衆蒙受阨難，一己決不能苟免的。要解脫了大衆的阨難，而後才可求得一己的生存。我們的防空設備雖則簡陋，不過，只要我們能覺悟，急起直追，迎頭趕上，是決不致落人後的。後起的日本，便是我們的榜樣。所以說：「只要我們肯埋頭，將來總有抬頭的一天的」。

哀同學董君獻徵辭

——錢志豪——

余籍武進，負笈梁溪。良師益友，面命耳提。驪歌一唱，各自東西。伯勞飛燕，何枝可棲？三載匶匶，韶光虛擲。學力未逮，腹無寸得。欲奮前程，自嘆薄植，世事靡常，變幻莫測。戰戰兢兢，時加鞭策。勸勉進修，豈敢懷忘？學海茫茫，浩無際涯。渺渺彼岸，何日能達？登高自卑，為學有階，成敗利鈍，置之度外，毋至老大，枉自興嗟！

~~~自誌~~~

古人云：「才者不壽，智者多夭。」吾於董君獻澂之早歲夭折也益信。董君獻澂，溧陽南渡人也。生而穎悟，而貌白皙若處子，歷小學初中，學業輒冠羣曹；前年投考本校，名列前茅，余之識董君自此始。董君身材細小，頗孱弱。然讀書勤奮，恆孜孜不倦，日以繼夜，每有得，輒自喜。其爲學之勤，有非他人所能及者。董君各課皆長，級中諸同學無不器之。於書法一門，尤擅勝場，蒼勁中頗見嫵媚。校中舉行書法競賽，董君輒壓倒全校諸生，名列第一，師生皆嘆服。教導主任鄭保鎡先生奇其才，喟然曰：「使吾有女，必壻之！」其使人羨慕之深若此。為人沉默幽靜，不苟言笑，獨處若有所思，行事必三思，雖成人莫之過也。余每嘆其少年老成。嗚呼！此亦其所以夭折之一因乎？余與董君，相交未深，相識未久，而心頗敬之重之。然以爲彼此皆少年，來日方長，後會正多，相處淡如也。今歲夏，暑假肯旋，輪埠握別，汽笛聲中，相視而笑，不知語從何起，惟祝善保身體耳。於是不得與共寢食者六十餘日。想思之念益甚。迨開學數日，不見董君來，始驚異，旋聞人云：「董君病瘧，當遲數日來校。」余以爲瘧病小疾，常人皆有之，未足以爲憂也。後數日，又聞人云：「董君病已痊，不日可來校。」余驚喜相會有期而暢敘不遠矣。十月四日，得周君鍾靈來書云：「本邑大疫，死亡甚多，董君獻澂亦一病不起。」嗚呼哀哉！君竟以此而殞其生乎！信耶？信耶？我不得而知之矣。若果可信，則以君之勤奮有爲者，豈不克終其年乎！堂上雙親，將何以堪乎？若果非耶？則周君之書，明明言之矣。豈周君欺我乎？暑期分襟，竟成最後之永訣乎？工運橋畔，竟成最後之斷腸地乎！猶憶鎮江受訓，適余小病，董君時來床前，頻相慰問，殷殷積旬不倦，此情此景，何日可忘？今後余將再病，教從何處見汝耶？猶憶南窗剪燭，
~~~

共理歷史筆記，可十餘本，同學多爭錄之，余亦時相參閱，今無異成爲遺物矣。嗚呼！吾於董君之死，實有無窮之感焉。人生數十寒暑耳，壽與不壽者，固未足欷歔而流連，然我國勢險惡，關外塞邊，烽火冲天，民族一線生機，想普及教育之賴，以董君之抱才懷志，使天假以年，俾含養薰陶於教育中者，得以施諸社會，雖不敢謂大有造於家國，而使鄉黨青年，蒙其時雨，荷其培植，他日桃李芬芳，蔚爲長才，則其惠愛於社會者，豈淺鮮哉？何昊天不吊，不死董君於大展經綸之後，而死於懷抱利器之先，不死於普及教育之日，而死於力學砥志之年？何天之賦君若是其厚而待君若是其薄耶？吾爲董君個人哀！吾更爲董君之家庭哀，吾尤爲鄉黨無數嗷嗷待教之青年諸君哀矣！且余聞之，董君家境清寒，生計日蹙，深冀董君早日學成，聊盡反哺之恩，少減老父劬勞。何意董君竟忍棄其衰親而長逝乎？董君有靈，將何以堪？余以同學而兼摯友，能不有動於中？爰作辭以哀之。辭曰：

『天生英才爲俊傑，天忌英才中途折。

乘風破浪正未央，一朝狂風篙櫓滅。

風雨雞鳴懷舊情，悲從中來難自抑。

去年今日共嬉遊，今年今日生死別。

兩載南窗切磋深，不堪回首重嗚咽。

孤魂荒塚應悲泣，白楊夕照風蕭瑟。

狐貉竄兮陰氣襲，秋蟲鳴兮聲悽惻。

望子無成肝腸裂，痛子早夭心頭劇。

廿載撫養一黃粱，十年窗下雪和月。

五百師生同聲哭，白頭老父血淚竭。』

悼董君獻澂

——————許學勤——————

你的往事，

你的音容，

都在我片時的回憶中。
想而今只賸得孤墓荒荆，斷梗飄蓬

望君歸未得，已是日暮途窮，

料除非今夜，魂夢相通。

★ ★ ★ ★ ★

彩雲兒高，微風兒飄，

有遠水近山如描

更有秋花春鳥舞枝條；

月夜花朝，

也夠你清娛長宵；

尙有樵歌牧笛，

長慰寂聊。

★ ★ ★ ★ ★

料平生壯志未全銷，

都付與好友肩挑。

最傷心，寒冬時節，衰草荒郊。

望君歸未得，

猶悼君暮暮朝朝。

雜組

通訊錄

教職員通訊錄

姓名	字	年歲	籍貫	職務	通訊處
周𧹞莘	伊耕	四五	江陰	校長	常州長生巷三號
吳元滌	子修	五一	吳縣	教導主任兼博物專任教員	蘇州醋庫巷六十四號
何其寬	陶如	三九	丹陽	教導副主任兼英語專任教員及師三級任導師	丹陽西門三思橋下何宅
徐夢芴		三六	武進	事務主任兼農業暨農村經濟及合作教員	常州焦溪鎮
潘仁	揖山	三一	金壇	附屬小學校長兼本部教育教員	金壇西崗
阮眞	樂眞	四〇	浙江紹興	國文專任教員	浙江紹興嘯唫匯頭陳阮法道轉或上海靜安寺路中華書局編譯所倪哲生轉
李希文	玉彬	五三	宜興	國文專任教員兼師一甲組級任導師	宜興湖㳇
顧雄藻	蓉沼	五九	武進	國文專任教員	常州大觀路三育里
路熯	棲霞	三八	宜興	國文專任教員兼編輯主任	宜興東珠巷
辛幹	柏森	五一	無錫	國文專任教員兼初二乙組級任導師	無錫駁岸上三十七號
湯煥文	維周	三八	宜興	國文專任教員兼初一甲組級任導師	宜興東珠巷
顧堅	鴻志	四五	無錫	國語教員	無錫百歲坊巷五號
張揆讓	哲觀	三九	武進	英語專任教員兼初三甲組級任導師	常州青果巷一百十四號
張仲友	孝如	三八	泰興	教育公民專任教員	泰興季家市
吳宗漢		二九	常熟	教育專任教員兼師資訓練班甲組級任導師	上海常陰沙三興鎮
李惕平		三一	無錫	公民教員	無錫四郎君巷十五號
向韻垣	賓諷	五三	江陰	地理專任教員	無錫魚腥巷三號
施之勉		四四	無錫	歷史專任教員	無錫玉祁鎮蕭恆茂號轉施家宕
沈有葵	醉風	四四	吳縣	數學物理專任教員兼師二級任導師	本校
許乃辛	一梅	三六	宜興	數學專任教員兼初三乙組級任導師	宜興鈕家村

吳　滄	滌滌	三三	無錫	數學專任教員兼師資訓練班乙組級任導師	無錫東湖塘或無錫新生路介秀橋二十五號
史漢清	伯超	三四	宜興	理化專任教員兼初二甲組級任導師	宜興官林義莊
承士林	映清	三四	武進	物理專任教員兼教務員	常州鄭陸橋
江棟成		三八	上海市	生物衛生專任教員	上海北浙江路華安坊二十八號
張錦鴻	羽儀	二九	高郵	音樂專任教員兼初一乙組級任導師	高郵縣政府西
錢松岩		三八	溧陽	美術教員	無錫教育才街十號
蔣希曾	希真	三七	江陰	美術勞作專任教員	江陰北門外俞家場
吳誠亭		五三	溧陽	勞作教員	無錫小婁巷三十九號
鄒法彝	彬芳	三六	武進	體育主任兼體育專任教員並課外運動早操	常州大北門外中街同福和嫁裝號轉
胡永昭		三〇	浙江	體育童子軍專任教員兼課外運動早操	上海界路慶祥里十五號
孫寒華	小庄	二六	無錫	女生指導兼體育專任教員及課外運動早操	無錫小河上少宰第
劉　良	覲輝	三二	湖南耒陽	軍事訓練專任教員兼師一乙組級任導師	湖南衡陽雁江市
駱　濟	文博	二二	句容	國術專任教員兼課外運動早操	句容鮮魚巷口仁和堂藥號轉趙巷村
張玉壽	伯翁	二五	江陰	校醫	無錫小河上十三號
汪光文	詳明	四三	武進	文牘員	無錫南市橋上塘四十四號
曹駿聲		五〇	江陰	會計員	江陰西大街司馬坊東
周福賡	友蓮	四一	武進	庶務員	常州大北門外永太和
季樹棠	棣卿	三九	江陰	保管員兼書記	江陰城內中街五十號
繆佩芬	子馥	四二	江陰	庶務兼書記	江陰申港恆和仁號轉
馮鳳璋		二六	宜興	儀器標本管理員及理科實習助教兼學校園管理員	宜興芳橋
童養年		二七	淮陰	圖書館管理員	淮陰西門行台後巷三號
童　蘇	徯來	三一	江西萍鄉	教務助理員	江西萍鄉城內武官巷二十四號童道軒祠
儲　祐	經邦	二九	宜興	圖書館助理員兼書記	武進臧村恆昌磁
趙禎祥		三三	無錫	書記員兼印刷品統計員	無錫八士橋轉三場橋趙巷
杜　恭	竹康	四二	武進	書記員	常州北後街
朱思敬		三三	宜興	書記員	宜興西廟巷果利廟隔壁

本級同學通訊錄

姓名	字	年齡	籍貫	通訊處
鄒國鈞		一八	常熟	常熟東張市
閔芙初		一九	武進	常州青山門外源順記
劉祖英		二一	靖江	靖江生祠鎮義恆成號轉三元橋堍
陳其智	若愚	一九	靖江	靖江西來鎮徐萬昌號轉
葛敍五		二〇	江陰	江陰東外古文橋
許金康	伯厚	一九	無錫	無錫堰橋大森木行
許學勤	伯陽	二〇	武進	常州鄭陸橋義泰號轉北夏墅
張建文	劍之	二一	武進	奔牛東園巷
李世濟		二〇	吳江	上海老北門紫華路十五號
張漢松		二二	宜興	宜興楊巷宏大祥號轉金紫圩
陳永升		一九	江陰	無錫陸家橋大成號轉朱徐巷
唐炳昌		一九	溧陽	溧陽東門真武巷十二號門牌
丁竹芳	祖雄	二三	江陰	常州北外利港鎮永慶堂轉花家橋
郁錫如		二一	江陰	無錫河塘橋轉謝莊
趙伯禮		二一	武進	常州奔牛湯莊橋
孫韜壽		二二	宜興	宜興官林懋康號
劉　境		二一	吳江	吳江縣西街二一號
王佩蘭		二二	宜興	宜興大浦協興泰號轉趙莊
陸維熊		二三	青浦	青浦金澤鎮
許錫成		二三	宜興	無錫和橋天樂茶社
王仁甫		二一	無錫	洛社下塘大街張永茂寶號
錢孟杰		二一	無錫	無錫南方泉耆前橋

謝大鈞	傑中	二〇	無錫	無錫公園路三十七號
倪浩堂	遵德	二一	靖江	泰興毗盧市聚豐厚號
朱潤瑞	步漁	二〇	常熟	無錫楊舍萬源號
錢志豪	漢光	二一	武進	武進瞿家巷
楊　灝	扶眞	二〇	武進	常州厚餘鎮
姚紋添		二一	江陰	無錫北瀾
莊　巖	培漢	二一	武進	無錫分水墩殷廣和號
上官亮		二一	武進	常州坡上鎮
梅毓輝		二二	興化	興化海池西板橋口六號
陸以仁	存之	二二	江陰	無錫楊舍嚴萃華號
姜元培	德栽	二三	丹陽	丹陽縣前街一〇九號
楊松泉		二一	無錫	無錫泗堡街四號
狄壬芳	元定	二〇	溧陽	溧陽西碼頭門鼎盛香號轉
鄧光壁		二一	無錫	無錫城內黃泥橋錦樹里鄧宅

本級歷屆職員表

本級歷屆職員表

	第一學期	第二學期	第三學期	第四學期	第五學期	第六學期
隊長	錢志豪	馬效祖	馬效祖	徐希成	王仁南	李世游
副隊長	王仁南	唐炳昌	錢志豪	王仁南	錢志豪	郁錫如
學術股幹事			王仁南	施樹森	唐炳昌 葛敍五	閔英初 陳其智
遊藝股幹事			承　翼	承　冀	李世游 劉　鋭	陸維熊 謝大鈞
健康股幹事			倪浩堂	倪浩堂	倪浩堂	楊松泉
事務股幹事			徐希成	諸八表	郁錫如	楊　灝
文書股幹事			董獻澂	董獻澂	孫盤壽	陳永升

附註：第一學年尚未成立級會，故各股幹事未選出。

本刊職員

本　刊　顧　問

編輯顧問　阮樂真先生　吳子修先生

經濟顧問　周伊耕先生　何陶如先生

出版顧問　徐夢笏先生

本　刊　職　員

總務　李世濬　郁錫如

編輯委員　王仁南　閔芙初　陳其智　姜元培

陸維熊

會計兼事務　楊灝

文書　陳永升　孫盤壽

編輯餘言

編輯餘言

相處三年的同學，互換了青年的熱誠與坦白，大家受着風薰雨陶，長成了許多有用的良材。現在各自分道，燦爛的奇卉異葩將開放於黑暗的社會上。這本小小的紀念刊就是三年來本級團結精神的產物。

在第六學期開始時，就有舉辦畢業紀念刊的決議，可是畢業、會考、實習，牽住了每個同學的心。雖然分離是很不平常的事，因爲時間的關係，也由熱烈而變爲淡漠了。後來經陶如老師的鼓勵和熱心的贊助，于是就組織編輯委員會，積極進行。

這樣繁重的事情，竟落在我們幾個低能者的手裏，毫無經驗的在暗地裏摸；並且時間是這樣的短促，前後的編輯差不多僅二星期，一切只可草率的付印，而最大的問題，還是在經濟，以很少的金錢，要有精美的紀念刊，這是不可能的。所以團體照片，軍訓照片等雖已拍攝，亦因限於經濟，只可不製銅版。當這本紀念刊與各位見面的時候，或許要驚訝，編輯得太幼稚與簡單。但這是經濟與能力的關係，要向各位同學與熱心指導我們的先生致其歉忱的。

顧名思議，所謂紀念刊，目的是在紀念的。所以在文字方面，每個同學須作一篇。我們廢除了單調空洞的課作，留着的大慨是各人個性的展覽，團體活動的鱗爪，個人經歷的回憶，課餘生活的特寫，軍事訓練的記述，痛悼亡友的紀念，和依依惜別的描寫，雖然不如學術論文的那樣有意義，多少是能負起一點紀念使命的。

達到更高的階層，這是每個青年人的理想。現在雖環境限人，但有志竟成，爲欲知道各人將來的志向與抱負，各同學於自己文字之前作自誌一篇。同學照片則人各一幀，惟鄧君光瑩照片則缺如；導師照片因限於經濟，僅把三年來在本級任課的先生刻印在上，至於校景及運動照片的拍攝，是在強烈陽光的照射下請費錫胤先生拍的。尤當在此懇切的致謝。而紀念刊中的封面圖案，萍踪紀實等都由陸君維熊一人設計與繪圖，謹向陸君表示謝意。

教室裏的勤奮，會場上的激昂，操場上的勇敢，研究室裏的實驗，和試教的情形與創痕已足夠回憶，其中有安慰，也有刺激。諸位應該對準目標，向前努力！大家已閱過蔣委員長的西安半月記和蔣夫人的西安事變回憶錄，委座人格的偉大，可使頑石點頭，我們應以委員長的人格爲我們的人格！

最後，以

「醉臥沙場君莫笑，古來征戰幾人回。」　王翰涼州詞

「人生自古誰無死，留取丹心照汗青。」　文天祥作

四句詩敬獻給各位。我們要把此身貢獻於國家，應留意於鴻毛泰山之辨。

無錫縣立師範學校周年紀念刊

縣立師範學校 編

《無錫縣立師範學校周年紀念刊》一册，不分卷，學校集體纂輯，民國三十六年（一九四七）十月由大成印務局承印出版，鉛活字印本。無錫市圖書館藏。

無錫縣立師範學校，創辦於抗戰勝利後的民國三十五年（一九四六）八月，校址在梅村泰伯廟。首任校長是西南聯合大學畢業生、蘇州人蕭以何。教職員有十七人，其中骨干教師有同時從西南聯大畢業的許彦生、童椿年等。許彦生（一九一六——一九八五），無錫梅村人，長期從事教育工作。晚年曾先後擔任九三學社中央委員、九三學社無錫市委主委、無錫市政協副主席、無錫市人大常委會副主任等職。

紀念刊卷首有朱家驊、孫九録、薛明劍、徐淵若等知名人士的親筆題辭。蕭以何校長爲該刊撰寫了序言。該刊主要内容有本校史略、一年來大事記、現況一覽、校舍籌建概況、一年制簡師科第一届校友通訊録、在校同學通訊録等；還刊有北部校舍門景和正在興建中的新校舍照片、校長照片、全體教職員合影照片，以及校徽、校歌等。校歌作詞者向賓諷是省立無錫師範的名教師、詩人；作曲者錢仁康是無錫籍音樂家、教授。

一九五五年十一月，該師範學校停辦，改辦爲無錫縣梅村中學。該校秉承泰伯至德遺風，尊師重道，作育英才，立人達人，以爲師表，其教育質量在無錫地區一向名列前茅。

（夏剛草）

民國三十六年十月

無錫縣立師範學校周年紀念刊

陳雪屏題

目錄

門景

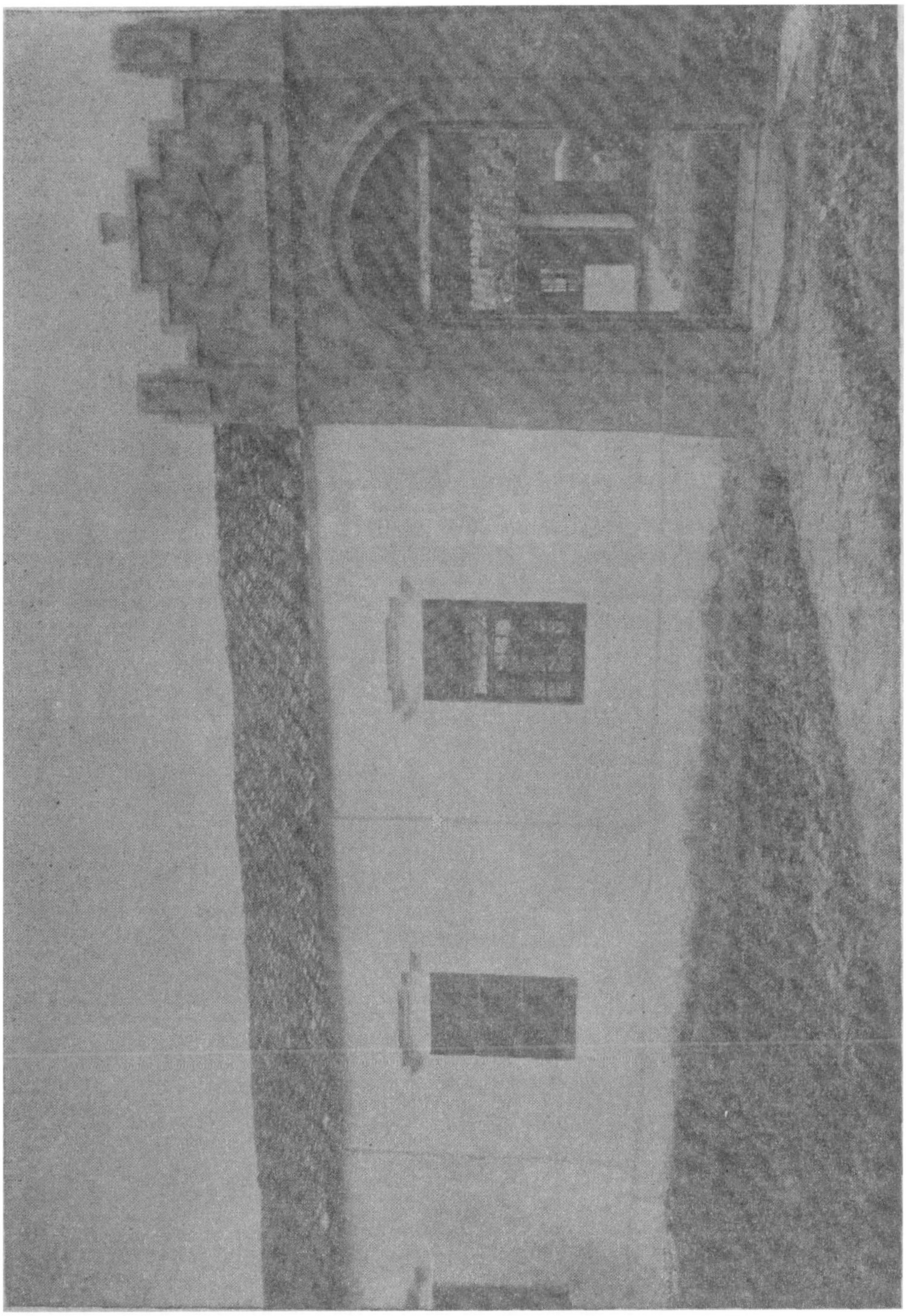

新舍

蕭校長以何

全體教職員合影

無錫縣立師範學校週年紀念

尊師重道

朱家驊題

矜其血氣以
規法度

無錫縣立師範學校週年紀念

孫九錄

作育英才

田培林題

無錫縣立師範校慶紀念

立人達人

杭立武敬題

普及基本教育的
基本工作在培植
品學優良的師資

無錫縣立師範週年紀念

三十六年冬 查良釗題

無錫縣立師範學校一周紀念

師範教育，應深植教育建國之信念，愛兒童，愛國家，克盡教師應有的責任，且使具有改造社會風氣之熱忱，能作國民之中堅，盡其最大的貢獻，

汪懋祖敬題

無錫縣立師範學校　周年紀念

陶才鑄範　星紀方周

文分涑泗　鐸韻悠悠

書寅甫敬題

無錫縣立師範一週紀念

以為師表

薛明劍題

無錫第三師範周年紀念

百年樹人

徐潮書

無錫縣立師範週年紀念

作育英才

李惕平敬題

無錫縣立師範一週紀念

百年樹人

范陽生題

校歌

向賓諤詞
錢仁康曲

Moderato
文化開基數讓鄉 泰伯早垂裳。鴻山高伯瀆長，
縣師鼎立峙其旁。建設自我教育兒郎
三樂異尋常！萬能手腕，一貫主張，同學共担當！
努力掃文盲 中華民國壽無疆！

序言

本校創立於國家勝利之後，設校址于泰伯封地——梅村，其意義之重大，責任之艱鉅，可知也。夫建國工作，至繁且重，而其大切，則在國民教育之普遍發展，如欲發展國民教育，當以師範教育爲先，蓋師範教育，爲國民教育之母也。事理至顯，不更贅言矣。以何奉令承乏本校以來，鑒于責任之重，校務之繁，如蚊負山，深懼隕越，故無日不憚精竭慮，冀有所樹立，用慰全邑人士殷殷之望也。憶創校之初，人力物力俱感艱困，然人力可求，物力難得，故一年以來，計劃多而實施少，深自咎責，然於社會人士之鼓勵與指導及本校師生協助之下，得使本校粗具規模，以何奔走其間，亦覺私衷忻感。惟今日舉世紛擾，國家未安，民生益形凋敝，吾人處此動盪之時代中，當一變懷疑消極之觀念而爲堅强積極之信心，移其失望，轉其危困，一本師範教育之任務，爲國家培植基本建設之幹部，而建設新生民主之中國。至擴充學級，充實內容，樹立專業精神，健全輔導工作，以及如何謀師生生活之安定，此尤須與全體同仁，兢兢業業，共謀發展者也，茲值本校立校周年紀念，爰出此刊，並誌數言，用垂紀念，且以自勉焉。

蕭以何識

史略

本校創設之議，始于抗戰以前。三十五年春季，縣政府與地方人士籌建校舍，由泰伯廟捐助位於附屬小學西隅之農田十餘畝，作校舍基地。嗣以師資缺乏，而縣政府經費又極拮据，原定計劃，不克如期完成，乃因陋就簡，借泰伯廟中部成立，並由地方人士集款建築教室十三間。同年八月二十七日，何　奉令長校，設一年制簡師科，與簡師一年級各二班，招收學生二百人，九月二十八日開學，十月二日正式上課，爰定是日爲立校紀念日。三十六年夏季，爲配合師範教育五年計劃起見，呈請縣府追加預算，增設高師，關於校舍建築，及課桌椅等等，悉由環境設計委員會募款建造，慘淡經營，得成今日之局面，撫今追昔，倍覺師範教育使命之艱鉅也。

一年來大事記

三十五年　八月

二十五日　招考新生（教育科主辦）
二十七日　縣府轉發教育廳委任令及鈐記
二十八日　實地赴梅村視察校舍

九月

五日　續招新生，分城鄉二處舉行
八日　假崇安寺中二鎮中心國民學校爲臨時辦事處
十日　開始修理校舍
十五日　與地方人士强學曾先生等洽商，提製課桌椅及床舖
二十日　編餘軍人搬出校舍
二十一日　全體教職員來梅村本校辦公
二十三日　教職員伙食寄搭于中華中學
二十八日　發開學通知
開學

十月

二日　正式上課

十一月

十五日　出席全縣運動會，許錫培同學得跳遠冠軍
二十日　省督學吳龢來校視察

十二月

十三日　教室窗子全部裝配玻璃
十六日　與地方人士聚餐
二十三日　出席參議員監選人談話會

三十六年一月

三日　出席江蘇省立無錫師範區國民教育研究會
五日　出席公私立中小學校長談話會
十五日　出席梅村西倉兩鎮參議員選舉大會

二月

十三日　招收簡師一年級插班生
十五日　出席大錫報主辦之「中等學校男女仝學」座談會
二十四日　請首都衞戍司令部無錫指揮所督訓組組長劉宏德暨軍事科科長李占澤講演
二十五日　出席城區公教人員學生示範區國民義務勞動會議

三月

七日　本校教職員與地方人士聚餐
級際排球比賽
十四日　舉行全校大掃除
十八日　與地方人士接洽建闢籃球場並由學生建築完成
二十日　勞動服務隊從事粉刷全校牆壁工作
二十五日　全校學生佈種牛痘
二十八日　學生代表晉城向參議會呼籲請求增加學生公費數目

二十九日 推進師範教育運動並舉行教育座談會

三十日 列席參議會教育組審查會，聘定環境設計委員會委員

四月

十二日 文藝競賽

十四日 請省錫師附小校長張正三先生講演「怎樣堅定從事教育的信念」

十九日 舉行不合格學生甄審

二十一日 陳逸陳豫康先生等洽商籌建教室事宜

學生自治會工作人員補行宣誓儀式

二十五日 一年制簡師科學生赴省錫師附小參觀

二十六日 三年制簡師全體學生赴黿頭渚蠡園梅園遠足

二十九日 舉行環境設計委員會會議

五月

三日 請立法委員孫九錄先生講演

九日 舉行演說競賽

十四日 一年制簡師科學生分赴蘇州杭州參觀

十五日 赴教廳報告學校近況及接洽三十六年度班級事宜

十八日 大同絲廠舊料改建新教室，學生自動參加拆卸工作

十九日 一年制簡師科學生至附小見習

二十六日 省督學李從之教育局長楊鏡航來校視察

二十八日 赴常州出席省立無錫師範區國民教育研究會

六月

七日 舉行成績展覽會及遊藝會，附近各界人士來校參觀

八日　舉行教生大批評實習

十四日　出席歡迎嚴莊監察使來錫巡視大會

十八日　一年制簡師科畢業考試，教育局派顧尚志指導員來校監試

二十一日　舉行畢業典禮

二十八日　縣教育行政委員會通過本校下年度增級事宜

七　月

二日　編製增添初中二班師範二班之概算書

十二日　出席小學教師暑期講習委員會會議

十三日　添辦初中，因環境困難，函參議會暫緩辦理

十四日　參加東亭區參議員座談會

十五日　參議會通過增級預算

十七日　核訂招生簡章

二十日　呈報畢業生成績及不及格學生補考事宜

二十四日　刊登招生廣告

八　月

一日　報名開始

五日　城鄉二處仝時舉行考試

十一日　錄取新生揭曉

十二日　至小學教師暑期講習會授課

十四日　縣府核准臨時購置費

二十二日　各級新生繳定額金期截止

二十三日　傳備取生

九　月

九月

四日　縣府核訂收費數目
七日　訂定本外籍新舊各生應繳各費數目
九日　學生膳食改由廚房包辦
十二日　開學
十七日　補行開學典禮
二十九日　舉行月光會

十月

一日　聘定環境設計委員會委員
七日　編訂三十七年度增級預算
十六日　舉行週年紀念籌備會議
二十日　大掃除

無錫縣立師範學校　一年來大事記　八

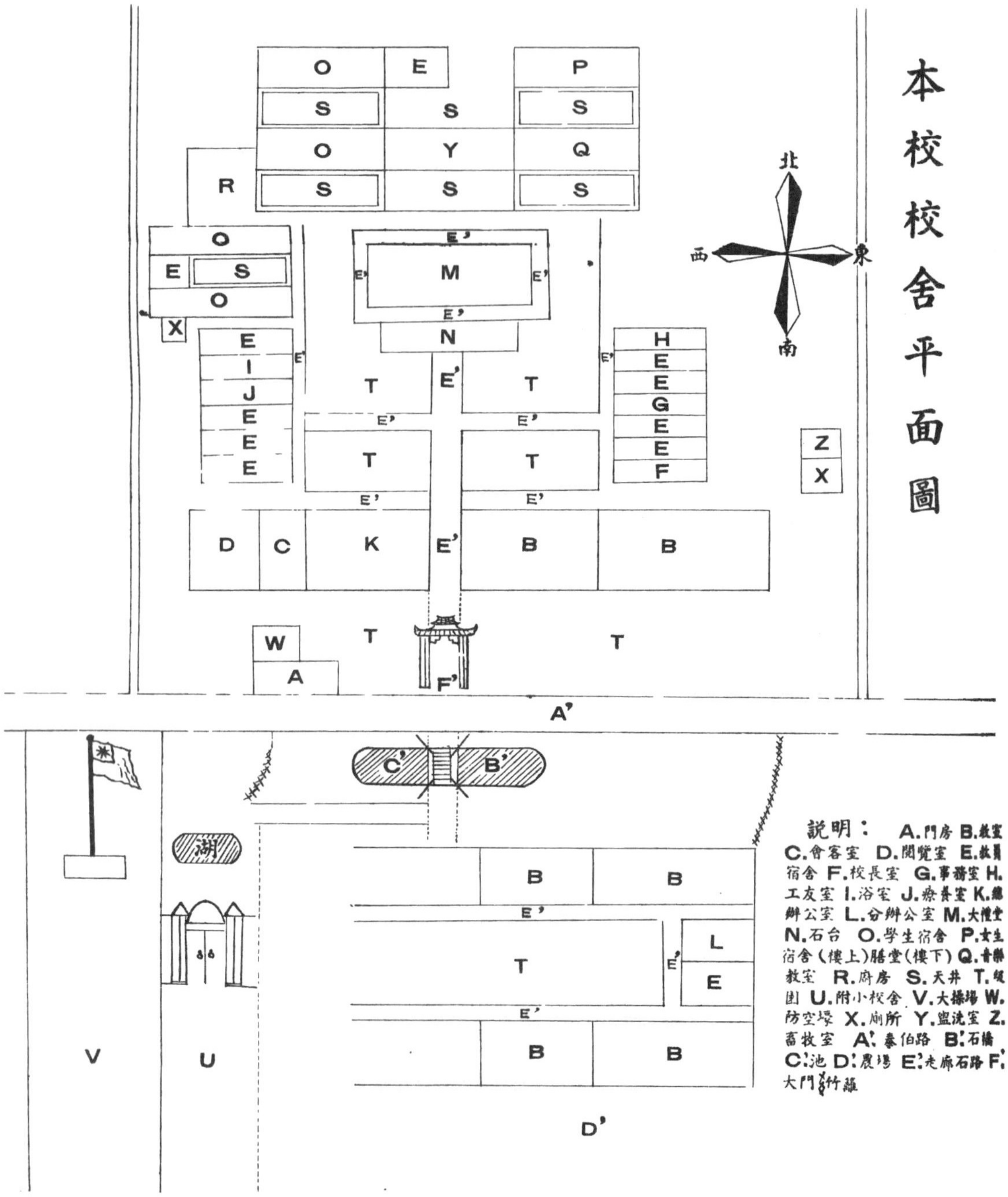
北
西
東
南
湖
說明： A.門房 B.教室 C.會客室 D.閱覽室 E.教員宿舍 F.校長室 G.事務室 H.工友室 I.浴室 J.療養室 K.總辦公室 L.分辦公室 M.大禮堂 N.石台 O.學生宿舍 P.女生宿舍（樓上）膳堂（樓下） Q.音樂教室 R.廚房 S.天井 T.綠園 U.附小校舍 V.大操場 W.防空壕 X.廁所 Y.盥洗室 Z.畜牧室 A'.泰伯路 B'.石橋 C'.池 D'.農場 E'.走廊石路 F'.大門

本校校舍平面圖

組織系統表

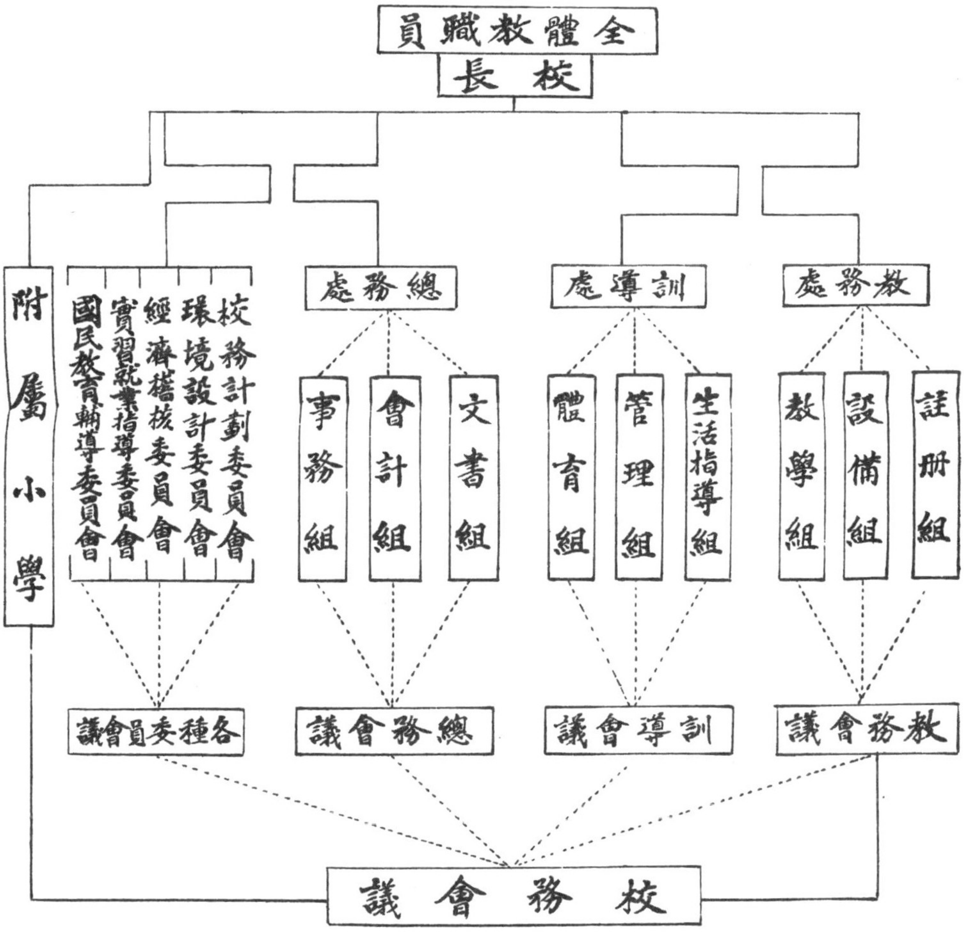
全體教職員
校長
附屬小學
校務計劃委員會
環境設計委員會
經濟稽核委員會
實習就業指導委員會
國民教育輔導委員會
總務處
訓導處
教務處
事務組
會計組
文書組
體育組
管理組
生活指導組
教學組
設備組
註册組
各種委員會議
總務會議
訓導會議
教務會議
校務會議

三十六年度第一學期校務實施計劃大綱

（一）關于全校方面的

一、注重人格教育，教師應以身作則。
二、成立校務計劃委員會。
三、聘請環境設計委員會委員。
四、成立國民教育輔導委員會。
五、經濟稽核委員會除負稽核之責任外、兼負經濟計劃之責任。
六、編造下年度之擴充校舍與增級預算。
七、注重學生之勞動生產訓練。
八、技術科（勞美音體）之特別訓練。
九、籌備一週年紀念。
一〇、聘請名人來校講演。
一一、佈置新校舍之環境。
一二、確立服務觀念，提倡進修精神。

（二）關于教務方面的

一、嚴格考核教員在教學上之情況與勤惰。
二、嚴格考核學生成績（常舉行不定期之考試）
三、嚴格執行考試制度（杜絕作弊及依賴之風氣）
四、成立各學科會議決定各科作業要項。
五、增進各科作業比賽與活動。
六、訂定本學期中心工作與工作程序。
七、訂定各項章則簿册圖表。
八、計劃一年制簡師科之課程分配與進度。

（三）關于訓導方面的

一、注重人格教育。

二、養成自治治人之態度與精神。

三、採用軍事管理方式。

四、注意學生生活習慣與體貌。

五、計劃學生課外活動（自治、會級會、歌詠、話劇、壁報、球類比賽等）與指導。

六、協助地方推行公益事宜。

七、訂定本學期中心工作與工作程序。

八、訂定各項章則簿册圖表。

（四）關于總務方面的

一、籌措建設經費。

二、編造預算決算。

三、確立會計制度。

四、充實各項設備，適當分配各項用具。

五、改善教師福利，嚴格管訓工友。

六、計劃新校舍各項工程。

七、環境設計與佈置。

八、訂定本學期中心工作。

九、各項章則簿册圖表之訂定。

現任教職員一覽表

姓名	年齡	性別	籍貫	學歷	經歷	職務	擔任學科	每週教學時數	專任或兼任	到校年月
蕭以何	三三	男	靖江	國立西南聯合大學教育學士	國立西南聯大師範學院公民訓育系助教西南聯大訓導處訓育員等職三年	校長	注音符號	一小時	專任	三十五年八月
童椿年	三一	男	金壇	國立西南聯合大學教育學士	國立西南聯大附中昆明市立中學雲南省立昆華師範等專任教員	教務主任兼級任	教育心理 小學行政	十四小時	專任	三十五年八月
楊維新	三三	男	溧陽	國立政治大學研究部第一期畢業	歷任中學教員教務主任訓育主任分校校長等職五年	訓導主任兼級任	國文公民	十三小時	專任	三十六年八月
强家鼎	三一	男	無錫	上海高級職業學校土木科畢業	無錫私立吳風中學英文數學教員	總務主任	地理 生理衛生	十四小時	專任	三十五年八月
許彥生	三二	男	無錫	國立西南聯大理學院物理系畢業	國立中山高級工業職業學校數學專任教員開明書店編輯部職員	簡二甲級任	歷史 數學 英文	十九小時	專任	三十六年八月
劉佾如	四五	男	靖江	江蘇省立勞農學院畢業	靖江縣立鄉師斜橋小學教員靖江民衆教育館館長	簡二乙級任	動植物 國文 公民	十七小時	專任	三十五年八月
陳楓	二八	男	浙江麗水	國立社會教育學院藝專科畢業	四川私立廣安中學江北縣立中學浙江新昌縣立中學音樂教員	簡一甲級任	音樂勞作	十七小時	專任	三十六年八月
項一天	二六	男	浙江浦江	軍委會忠救軍連長訓練班一期畢業中央訓練團教育班一期畢業	曾任排長連長軍民合作站主任副營長營長等職	簡一乙級任	軍訓童軍	八小時	專任	三十六年八月
呂秀芳	二五	女	浙江永康	國立浙江大學畢業	曾任嘉興青年中學文史教員一年	女生指導	國文史地	十八小時	專任	三十六年八月

無錫縣立師範學校　現況一覽

段純	二九	女	浙江杭州	國立西南聯大理學院物理系畢業	昆明市立中學雲南省立昆華師範杭州市立中學等數理教員		數學英文	十九小時	專任	三十五年八月
徐振瀾	二八	男	浙江永康	國立英士大學農學院農學經濟系畢業	浙江龍泉縣文師範專任教員兼教務主任台省教育處編輯股辦事員兼編輯	文書	化學生理自然	十六小時	專任	三十六年八月
趙錦文	三二	男	無錫	江蘇省立無錫師範高師科畢業	無錫縣玉帶橋小學玉祁鎮中心國民學校校長	附小校長	教材教法	二小時	兼任	三十五年八月
王世賢	二七	男	河南沁陽	河南大學體育科肄業	國立中央大學訓導處課外活動組組員國立勞作師範工訓部代理教務主任兼體育教員		體育國文	十七小時	專任	三十五年八月
高超	四三	男	金壇	上海美術專門學校畢業	岸頭水北中心小學校校長白馬中學勞美教員		勞作美術	二十小時	專任	三十六年八月
張廷鏞	二三	男	江陰	江蘇公立南菁中學高中畢業	江陰民業銀行會計主任	教務員	算術	十小時	專任	三十五年八月
李鴻	二九	男	浙江杭縣	江都私立揚中畢業	江都縣政府會計員恆和錢莊會計員	會計			專任	三十六年八月
盧蓮清	三四	女	溧陽	上海幼稚師範畢業	曾任小學教員八年中學職員三年	事務員			專任	三十六年八月
謝春馥	三六	男	無錫	上海私立中國中學肄業	無錫雪龍橋小學校校長	事務員			專任	三十六年八月
葉錫康	三〇	男	靖江	貴州省立貴陽中學肄業	軍事委員會譯員訓練班助理員	事務員			專任	三十五年八月
張詠仙	四六	男	靖江	檢定合格	靖江縣立廣陵鎮小學總務主任兼教員蘇北中學職員	事務員			專任	三十六年二月
徐粲昌	三七	男	無錫	申新勞工醫院畢業	私立吳風啓新中華等中學校醫	校醫			專任	三十五年八月

教務概況

教育部爲謀全國國民教育之普及，令各縣創設縣立師範，培養師資。去年夏本校創設於無錫梅村，招收學生二百人，共分四班教學，今夏畢業一年制簡師科兩班。今夏復招收四班，本學期全校學生共三百人分六班教學。學生多數來自農村，生活簡樸；學校新創，設備簡陋。因此我們的教學方法也就順應着這些條件去做，所以在技能科方面我們注意生產技能的訓練及勞動服務，藉以養成勤勞的習慣，鍛練成强健的體魄。在數理科方面，因爲學校經濟拮据，理化儀器無力購置，我們一面從事理論的探討，另一面從實際生活中求問題的解决，以充實同學的科學知能；在文史社會科方面，我們借助課外閱讀實地觀察和作業，來培養民族文化陶融同學的道德品格，啓發研究兒童教育的興趣，培養終身服務教育的精神。

一年來我們最感困難的是教學參攷資料的缺乏，理科設備的簡陋和一年制簡師科的課程及教材等問題，可是我們並不因困難而灰心，始終振作精神來克服這些困難。關於各項競賽，各種規程章則，簡師科的參觀見習和試教，以及服務情形和國民教育的輔導工作等，限於篇幅，姑從略。

各級學生籍貫統計表

級別	簡師一年級						簡師二年級						簡師科					高師一年級			共計		
組別	甲組			乙組			甲組			乙組			甲組		乙組								
年度	卅五	卅五	卅六	卅五	卅五	卅六	卅五	卅五	卅六	卅五	卅五	卅六	卅五	卅五	卅五	卅五	卅六	卅五	卅五	卅六	卅五	卅五	卅六
學期	一	二	一	一	二	一	一	二	一	一	二	一	一	二	一	二	一	一	二	一	一	二	一
籍貫 人數																							
無錫	41	46	12	44	46	48			31			38	29	23	33	26	38			42	147	141	239
武進	7	7	6	3	5	2			7			4	8	6		2	2			1	21	20	22
江陰				4	6							4	3	3	4	2	2			1	11	12	8
靖江		7	2		6	2			4			4	1		2	1				2	5	14	14
宜興	2	2	1	1	1	1			2			1								1	3	3	6

無錫縣立師範學校　各級學生籍貫統計表　一三

溧陽	1	1	1						1												1	1	1	4
丹陽	1	1	1						1													1	1	2
常熟				1	1																	1	1	
吳縣	1								1						1	1						2	1	1
泰縣				1	1							1										1	1	1
鹽城				1	1							1	1									2	1	1
興化													2									2		
揚中						1																		1
浙江永康																					1			1
東台															1	1						1	1	
合計	55	65	53	55	67	54			48			53	44	32	44	33		43			49	198	197	300

各級學生人數性別統計表

年度	學期	人數	簡師一年級 甲	簡師一年級 乙	簡師二年級 甲	簡師二年級 乙	簡師科 甲	簡師科 乙	高師年級	合計
三十五	一	男	34	35			30	27		126
		女	21	20			14	17		72
		共	55	55			44	44		198
	二	男	41	42			19	22		124
		女	24	25			13	11		73
		共	65	67			32	33		197
三十六	一	男	40	38	33	34	30		41	216
		女	13	16	15	19	13		8	84
		共	53	54	48	53	13		49	800

學生年齡統計表

年度	學期	十二	十三	十四	十五	十六	十七	十八	十九	二十	廿一	廿二	廿三	廿四	廿五	廿六	廿七	廿八
三十五	一		5	19	26	31	35	30	32	10	2	2	3	1	1		1	
	二			6	19	33	38	34	30	19	9		2	3	1	2		1
三十六	一	5	22	45	59	56	46	27	14	7	7	3	4		3	2		

各級學生家長職業統計表

級別	簡師一年級						簡師二年級						簡師科					高師一年級			共計		
組別	甲組			乙組			甲組			乙組			甲組		乙組								
年度	卅五		卅六	卅五		卅六	卅五		卅六	卅五		卅六	卅五		卅六		卅六	卅五		卅六	卅五		卅六
學期	一	二	一	一	二	一	一	二	一	一	二	一	一	二	一	二	一	一	二	一	一	二	一
農	21	25	38	21	25	31			25			19	18	13	19	15	15			25	79	78	153
工	2	2	3	1	1	2			2				1		2						6	3	7
商	18	23	5	17	24	13			13			19	17	11	17	12	15			18	69	70	83
學	8	9	3	11	13	6			3			11	3	3	5	5	8			5	27	29	36

政	2	2	4	2	2				2		2	1	1	1	1	2			1	6	6	11
軍				1	1						1									1	1	1
醫	4	4		2	2	2			3		1	4	4			3				10	10	9
合計	55	65	58	55	67	54			48		53	44	32	44	33	43			49	198	197	300

訓導概況

師範學校是嚴格訓練青年身心，養成小學健全師資的場所，我們的訓導，即遵照中華民國教育宗旨及其實施方針，依據下列目標而實施：

一、鍛鍊强健身體；　二、陶融道德品格；　三、培育民族文化；　四、充實科學知能；

五、養成勤勞習慣；　六、啓發研究兒童教育興趣；　七、培養終身服務教育之精神；

根據團體化，紀律化，平民化，社會化的原則，參照實際生活的需要，施以最新式的科學教育，及健全的身心訓練，並使學校與社會溝通，造成「教」「學」「做」三者合一的環境，使學生對于教育事業，有改進的能力，及終身服務的精神。

茲將訓導實施要項摘要列述于下：

一、生活管理　爲養成學生整潔、敏捷、勤樸、耐勞、團結、互助、振作精神、遵守紀律諸美德起見，本校學生，不分年級，均實施軍事管理，全校學生編制爲一大隊，設大隊長附各一人，由訓導主任及軍事教官担任，大隊之下分爲四中隊，每中隊轄二區隊，每區隊轄四分隊至五分隊，區隊編制以班級爲單位，女生則不分班級，另設一中隊，中、區、分隊長，都由學生自行選任。學生在校須一律着規定的服裝，每日早晚，全體學生須參加升降旗典禮，日常進對應退，以及一切生活，都依照軍事規則辦理。

二、自治活動　學生自治會爲本校學生課外活動之唯一組織，其目的在培養學生自治精神，促進其德育智育體育羣育之發展。學生自治會由各班學生推選理事十七人組織理事會，分設服務、學藝、康樂、風紀、事務五部，各部設總幹事一人，幹事若干人，總幹事由理事會推選理事兼任，幹事由理事指定會員充任，各部的任務如左：

服務部　關于學校服務、社會服務、及生產勞動事項。

學藝部　關于學術研究，書刊出版等事項。

康樂部　關于衞生及體育活動遊藝表演等事項。

風紀部　關于新生活規律之實踐，及秩序與紀律之促進事項。

事務部　關于文書、庶務、會計及會員之登記事項。

由于師範生畢業後卽爲人之師表，故本校特別注重學生自治能力的培養，校內各項學生活動，大都由訓導處指導自治會領導舉行。

三、康樂活動　師範生是需要永遠年青的，他們需要永久保持活潑，愉快，興奮的情緒，以深入天眞爛漫的兒童羣裏，所以我們在課外提倡歌詠戲劇美術等活動，除了以「愛」「美」「笑」「力」來充實精神生活外，並注重理論與學術的研討，現在加入歌詠團和戲劇團的學生，幾佔全數三分之一，每星期都規定時間，聘請導師指導練習，每逢重大節日，都有隆重的演出。

四、體育活動　「三等體育的國民建設不了一等的國家」，體格是成功立業的資本，尤其是一個師範生，一出了校門就須肩負艱苦的國民基礎教育工作，往往要身入窮鄉僻壤，獨對孤燈，一人要分做校長，教員校工等職務，非但要鍛鍊自己的身體，並且需要鍛鍊次一代國民健强體魄的技能。因此我們在課外常常舉行籃球足球板羽球、乒乓球、和踢毽、跳繩，拔河等比賽，以及國術舞蹈田賽徑賽等練習，爲了鼓舞運動的興趣，教師們便常常和學生對壘，體育場上常有花白頭髮的老青年奔馳着，學校才創辦了一年，場地設備，雖然不够，但運動空氣，却頗熱鬧。

五、學藝競賽　爲鼓舞學生學習興趣起見，每星期常舉行各種學藝競賽，如書法，速算論文、背誦，美術，時事，壁報，演說辯論等比賽均編排于行事曆按時舉行。其中書法，演說，時事等，更注重平常練習，每日規定學生練習大字一張，小楷三行，交由各級級任批改，晨會時並隨時指定學生報告時事，一方面使學生有天天閱讀報紙的習慣，一方面訓練學生有隨時對羣衆說話的口才。舉行演說比賽時，先由級任導師指導本班學生，使在本班有普遍演說的機會，早會時並隨時指定學生作五分鐘的學術演說，使演說競賽，成爲普遍訓練學生演說之舉。

六、勞動服務　小學教師需要有萬能的雙手，刻苦耐勞的精神，這些精神和能力，我們都令學生在勞動服務中養成，全校三百多個師生，只用了四個校工，每天潔除及炊事，都由學生處理監督。校中空地闢爲花圃及農藝二個區域，在課餘時間由各班學生分担墾殖工作，舉凡掘地除草蒔花植菜担糞澆水等事，都由學生自行輪流担任。他如道路的修築，教室地面的鋪整，也都由學生分做這些工作一年來已有顯著的成績。

以上係舉團體訓練中之犖犖大者，關于個別訓練方面，如對于個性調查，個別談話，家庭聯絡獎懲考核等工作，平時都有詳確記載，以供訓導參考。

總務概況

本校總務之計劃與設施，在適應學生羣體生活及環境之需要，並協助教務訓導體育之進行。我校限於經費困難，校舍建築等大部由地方熱心人士負責完成，小部暫借秦伯廟東西兩院多餘房屋應用。茲將事務方案，辦事信條，工作程序等分述如左：

（一）事務方案：事務人員，既須有刻苦耐勞之習慣，又須具忠誠廉潔之操守，應付緊急處理敏捷，責任所在，事必躬親，並須用科學方法處理事務，用藝術的眼光佈置環境，用廉潔的操守經理賬目，用經濟的方法購置物品，用誠懇的態度訓管校工。

（二）辦事信條：

1我們要有勞苦的精神　2我們要具敏捷的手腕　3我們要有精銳的眼光　4我們要用科學的方法

5我們要有容忍的態度　6我們要施周密的條理　7我們要合經濟的原則　8我們要適合環境的需要

9我們要作通盤的計劃　10我們要棄營私的慾念

（三）工作程序：

（1）規定事項：

A開學前：　一、修理及支配校舍　二、整理及添修校具　三、襄助招生事宜　四、辦理學生繳費事宜　五、辦理師生膳食　六、支配校役工作及工資　七、代辦學生書籍簿本　八、編製一學期

預算

B每　日：一、攷察校工勤惰　二、檢查各處清潔　三、收發往來文件　四、購辦日用物件
五、核算收支賬目　六、診察學生疾病　七、巡視各處是否按時息燈及校工是否按時作息

C月　終：一、召集工友訓話　二、發給薪水工資　三、編製經費報銷表　四、編製本月領款名冊
五、統計月內各處已領物品　六、召集總務會議　七、全月收支數交稽核委員會審查

D學期終：一、查點各部校具　二、收藏重要校具　三、編製一學期決算　四、結算各項賬目
五、決定校工去留

(2)臨時事項：

A、會同教務處辦理同人參觀教育機關及學生旅行集會等事項
B、佈置會場及招待來賓等事項
C、協助體育委員會佈置運動場及球場等事項
D、指導學生膳食委員監督廚房清潔衛生等事項
E、其他臨時事項

校舍籌建概況

本校始創於三十五年七月，是時抗戰勝利，百端待舉，師範教育爲當務之急，縣教育當局及地方人士有鑒于斯，爰假泰伯廟爲校舍，然尚不敷應用，乃由强學曾先生向各方勸募添建平屋拾叁間（計教室四個、大門壹間），並捐助課桌牀舖等，又承吳風中學移贈校用器具甚多。本學期學級增加，復蒙强學曾、陳逸、張伯範、陳豫康、徐森泉、謝春馥、祝君安、龔豪賢諸先生之熱忱勸募，於泰伯廟前空地上建平屋拾叁間及添置課桌牀舖等，惟內容設備尚欠完善。至三十七年度又須增多班級，而房舍等勢必增設，仍須仰仗熱心地方教育諸君多多協助與縣教當局之主持焉。

鳴謝啓事

本學期因增設學級，添建新舍，勢在必行，惟感基地無着，無法建造，茲承泰伯東院贈助基地壹畝五分，租田七畝五分，泰伯西院贈助基地五畝，租田二十五畝。今日之校地寬暢，學生遊息有所，皆由東西兩院之慷慨而重視教育所致也，特此誌謝。

鳴謝啓事

本校自三十五年決定創立於梅村後，深感校舍不敷應用，今年學生增多，無法容納。茲承大同製絲合作社香平分社梅村分社贈助大部廠房舊料，又張伯範先生及東亭區區長陳逸先生捐助鉅金，供給此次新舍部分之建造費，殊深感激，特此誌謝。

鳴謝啓事

本校創設以來，內部設備不敷應用，校方經費有限，膳堂長凳迄未購置，一年以來，全體學生殊覺不便。茲承陳逸、張伯範、兩先生慨助長凳一百六十張，全體師生感激之餘，特此感謝。

募建無錫縣立師範學校教室暨課桌牀鋪收支公告

甲，收入募款：梅村鎮陳志超祝君安鸛亳胥君經募白米六、四四石洋一二四萬三千七百元（合時值米二四、八六石）。香平鄉周邠南謝伯明君經募白米三石洋一〇六萬元（合米二一、二石）。荊福鄉呉鵝囊華松濤華文李君經募白米二石洋六八萬三千五百元（合米一三、六石）廟涇鄉鮑映明君經募洋三一萬元（合米五、五石）、東湖鄉蔡福保君經募洋一二五萬元（合米五石）。以上各鄉鎮經募之款由本會詳繕各戶捐助細數已在各該鄉鎮公所公告徵信不再詳列。張正覺君經募洋一五〇萬元（合時值白米三〇石）徐森泉君經募陶鳳山君一五萬元周裕泉君一〇萬元中國棋子公司五萬五千元張協明李運生宋海道王曉崐鄒福康鄒子清蔣玉興盛河發鴻興行沈上達沈順寶沈章寶君各五萬元錢貴卿君四萬元神州旅社華文卿君各三萬元黃才明錢金林君各二萬元共計洋一〇四萬五千元（合時值米二一石）安龍山鄉華明甫君經募一二萬元（合時值米二、四石）。蔡麟伯君經募高秉丞君五〇萬元丁琴生江承伯潘應山永泰紗號大昌號諸君各一〇萬元大隆新康紗號一〇萬元郎務庭費大有胡文煜胡友聞綸昌絲廠陳其祥蔡麟柏諸君各五萬元孫柏生君三萬元元豐昌二萬元共計一五〇萬元（時植白米六萬合二五石）。張光磊君捐助二〇萬元並經募尤君瑞君一〇萬元鄒林蒼君五萬元共計三五萬元（合時值米七石）翁春苑君經募翁氏諸君八萬七千元（小麥三包售得）黃志達君二萬五千元黃斂庵何重陶君各一萬元黃念春吳培元翁春苑君各五千元共計一四萬七千元（合時值米三石）。強學會捐助白米三四、二五石洋一一四萬二千八百元（合時值米一九、八四石）。又經募強氏義莊白米二〇石張伯範君白米十石鄒養賢華菊人君各二〇萬元鄒襄義莊強其章鄒茂如君各一〇萬元鄒心岳五萬元計共白米三〇石洋七五萬元（合時值米一五石）。強學會鄒養賢君捐助三十五年梅村大牆門秋繭行包烘盈餘一五七萬四千元（合時值米三一、五石）。胡迪園君捐助五〇萬元（時值米六萬合八、三石）以上共計收入白米七五、六九石洋一二一八萬六千元（合米二三三、二石）

乙、支出：建築教室四座校門一間（計平屋十三間）全部木料磚瓦儘量利用原有舊料及吳風中學撥助大部份外付木料洋一七四萬元（合時值米三五石）。付磚瓦白米二七、六五石。付石灰白米一五、二四石。付紙脚白米四石又洋五萬元（合時值米一石）。付水木作工食七八〇工每工米七升計（尤裕庭包）米二三、七石又洋一四八萬五千元（合時值米三〇、九石）。付籮綆洋三〇萬二千元（合米六石）。付鐵釘洋十七萬元（合米三、四石）。付鎖鉸鏈洋一三萬八千元（合米二、七石）。付雜支洋三三萬四千元（合米六、七石）。付玻璃洋八二萬元（合米一三石）。付課桌二〇〇副每副工料三、二斗計洋三五二萬元（合米六四石）。付雙層床六〇副每副工料五萬五千元計洋三三〇萬元（合米六六石）。付另建門房工料白米五、一石又洋三二萬七千元（合米四、五百）木料連運費洋二一萬四千元石灰雜支一一萬三千元工六十工每工八升半計五、一石。以上共付白米七五、六九石洋一二一八萬六千元（合米二三三、二石　　註一：當時建築工資及課桌等與承包人訂約米計算即磚瓦石灰等亦以米計故將收支各款均依照時值折合米數。　　註二：輸捐諸君如有遺漏及錯誤而詢問者請專函梅村縣立師範蕭校長轉強學會爲盼

無錫縣立師範募建委員會常務張正覺總務強學會經濟張伯範工程鄒餐賢審核浦漪人

一年制簡師科第一屆校友通訊錄

姓名	籍貫	年齡	性別	服務或升學地點	通訊處	備註
許靜如	無錫	二〇	女	后橋鎮中心民校	蘇州后橋河北	
嚴友菊	無錫	一六	女	東亭鎮中心民校	無錫東亭鎮	
楊雨春	無錫	一八	男	禮社鎮中心民校	無錫自治實驗鄉禮社鎮中心民校	
毛堯佐	武進	一八	男	張墓保校	無錫雪堰橋毛納性先用轉	
惠永培	無錫	一七	男	華莊鎮作新小學校	無錫南外華莊鎮	
孟篇	無錫	一七	男	方湖鄉第二中心民校	無錫周潭橋化南小學	
任式澂	無錫	一七	男	安徽省全椒縣東大街吳宏昌糧行內交	無錫榮巷任森泰號交	
陳貽清	江陰	一八	女	雲亭綺花鄉中心民校	江陰雲亭轉蔡村	
吳博威	武進	一八	男	私立培本小學	無錫青祁	
鈕敍英	武進	一八	男	周橋鎮前龔小學	無錫周橋鎮第二中心民校	
毛翰飛	武進	一九	女	周橋鎮劉家頭小學	無錫周橋鎮轉	
王淑秋	武進	二一	女	周橋鎮劉家頭小學	無錫周橋鎮轉	

姓名	籍貫	年齡	性別	服務或升學地點	通訊處	備註
孫舜珠	無錫	二〇	女	旗杆下小學	無錫北門內旗杆下三號	
陸伯勳	武進	一九	男	崔橋鎮中心民校	武進東橫林崔橋鎮	
鄒洪才	無錫	一七	男	香平鄉一保保校	梅村交強家橋小學	
劉光圻	無錫	二〇	男	私立培本小學	無錫青祁	
陸景華	武進	一九	男	鄭家橋中心小學	常州北外鄭家橋	
吳伯榮	無錫	二三	男	武進黃堰鄉中心民校	武進黃堰鄉中心民校	
安侶梅	無錫	二三	女	南京中央無線電廠子弟學校	南京玄武門大樹根三號之一	
朱懋積	無錫	一七	男	八士橋鎮四保保校	無錫八士橋西鎮過恆裕南貨號交	
蘇錫祺	無錫	一六	男	劉潭鎮八保保校	無錫北門外毛巷街	
華士章	無錫	一九	男	蠡河鄉九保保校	南門外蠡橋轉郁家里	
朱素瑾	無錫	二〇	女	私立培本小學	無錫青祁	
堵國樑	無錫	二五	男	彭鎮小學	上海浦東大團東	

姓名	籍貫	年齡	性別	服務或升學地點	通訊處	備註
許鈫根	無錫	一六	男	九里鄉中心民校	不詳	
沈允才	無錫	一八	男	新塘西八保保校	無錫厚橋鎮大同春藥號交呂電佳先生轉	
安佛影	無錫	一九	女	羊亭鎮中心民校	無錫楊亭鎮	
朱賏玲	無錫	一八	女	長街鎮中心民校	無錫南外虹橋下長街鎮	
安振環	無錫	一九	男	廊華鎮中心民校	無錫廊華鎮	
徐效增	無錫	一九	男	査家橋鎮中心民校	無錫査家橋	
戴顯明	無錫	二二	男	倉下鄉中心民校	査家鄉倉下鄉	
朱寅官	東台	一九	男	省立太倉師範高師	省立太倉師範高師	升學
許錫培	無錫	二一	男	大牆門中心民校	無錫大牆門鎮	
趙樸如	無錫	一八	女	玉祁鎮中心民校	無錫玉祁鎮	
王玉良	無錫	一八	男	方湖鄉第九保保校	無錫南外葛埭橋轉邵巷上	
殷秋聲	武進	一八	男	殷家日小學	無錫雪堰橋殷家日交	
陳聽濤	武進	一七	男	安舍鎮保校	武進安舍鎮錢巷甲	

姓名	籍貫	年齡	性別	服務或升學地點	通訊處	備註
錢瑞增	無錫	一七	男	太平鄉中心民校	無錫華莊鎮轉西橋灣小學	
鄒其庭	無錫	一六	男	私立明德小學	周新鎮戴家壩	
侯珉娟	無錫	一六	女	香平中心民校	無錫梅村交香平鄉中心民校	
朱斌煜	無錫	二三	男	坊前鎮中心民校	無錫北方泉鎮	
蔡貫一	無錫	一七	男	西倉鎮中心民校	無錫西倉	
欽秀珍	無錫	一八	男	香平鄉中心民校	無錫梅村交香平鄉	
華文忠	無錫	一六	男	東園鄉中心民校	無錫梅村森泰轉交東周巷中心民校	
錢麗君	無錫	一九	女	縣師附小	無錫梅村	
鄒慧武	無錫	一九	女	大牆門中心民校	無錫大牆門	
周桂馨	無錫	二一	女	黃土塘中心民校	無錫黃土塘	
李美音	江陰	一九	女	陸家橋鎮中心民校	無錫陸家橋	
朱錫麟	無錫	二七	男	嚴家橋中心民校	無錫嚴家橋	
范滿仙	無錫	一九	男	興塘鄉中心民校	無錫査家橋轉興塘鄉	

姓名	籍貫	年齡	性別	服務或升學地點	通訊處	備註
薛淑蘊	江陰	二一	女	楊舍自治示範中心民校	江陰楊舍	
楊福荃	無錫	一九	男	金橋鄉四保保校	大牆門中心民校許錫培先生轉	
[illegible]	無錫	二〇	男	香平鄉一保保校	無錫梅村同祿號轉	
[illegible]	無錫	二一	男	井[illegible]鄉二保保校	梅村德生堂藥號交	
蕭愷儀	靖江	一九	男	南京江甯師範	南京太平路三八二號	升學
朱永祺	無錫	一七	男	不詳	無錫安鎮西街天全堂	
趙錦安	江陰	一七	女	不詳	無錫郁家橋	

姓名	籍貫	年齡	性別	服務或升學地點	通訊處	備註
張劍人	無錫	二〇	女	不詳	無錫新生路一四三號	
朱光源	江陰	一八	男	不詳	無錫城內惠巷三號	
王宗秋	無錫	二〇	女	上海曹家渡培德小學	無錫城內北裹城脚九號	
陳毅英	靖江	一九	女	不詳	不詳	
王思孜	靖江	三四	男	不詳	不詳	
陳中鶴	無錫	一九	男	不詳	無錫小河上二十號	
費德珍	吳縣	一七	女	不詳	上海白克路六二八號交	

在校同學通訊錄

簡師科

姓名	性別	籍貫	通訊處
李加祿	男	無錫	洛社鎮上塘東街九號
榮錫金	男	無錫	洛社鎮下塘中陶巷
錢祖德	男	無錫	無錫南門外巡塘鎮賢渡橋
言耀維	男	無錫	無錫北鄉東北塘羅橋
糜浩澍	男	無錫	無錫南門外西廟轉南糜巷
徐惠娟	女	無錫	無錫城內新生路小婁巷口九十八號
包福池	男	江陰	無錫河湘橋
華立三	男	無錫	無錫東亭鎮馮日茂茶社轉堠暘石塘橋
過錦韞	女	無錫	無錫八士橋
丁建中	男	無錫	無錫南門外清名橋界涇橋丁公興油麻號
沈耦生	男	無錫	無錫南門外西廟橋
王月芳	女	溧陽	溧陽南門外謝婆園拾壹號
蔣正言	男	無錫	無錫黄土塘蘇倫醫院
洪仲元	男	武進	無錫周橋鎮洪豫豐號
鈕校德	男	武進	無錫周橋鎮龔萬興寶號轉
陳綠漪	女	無錫	無錫東鄉查家橋轉興塘
倪綉英	女	無錫	無錫北鄉秦巷鎮
夏毓珍	女	無錫	無錫城內熙春街十八號
黄綏琴	女	無錫	無錫北門外勝利街大吉生藥材號
徐　蔚	女	江陰	江陰華墅西街彩怡堂
楊午青	女	無錫	無錫北門外塘頭鎮師古橋楊性初轉
王忠秀	男	無錫	無錫南門外北坊前致和堂轉高阡橋
陳鼎祚	男	無錫	無錫梅村鎮陳埂上
倪以綱	男	無錫	無錫北坊前
方坤元	男	無錫	無錫梅村鎮德生堂藥號
顧望生	男	無錫	無錫梅村
倪仲達	男	無錫	無錫東門外安鎮中市倪耀根餛飩店
安　彬	男	無錫	無錫東湖塘
周　芸	女	無錫	無錫甘露鎮後西街
馮龍祥	男	無錫	無錫安鎮王降昌寶號轉交馮胡巷
王秉衡	男	無錫	無錫大牆門鎮三星堂轉長田岸
强忠良	男	無錫	無錫梅村鎮强家橋

姓名	性別	籍貫	通訊處
黃福初	男	無錫	無錫薛典橋角里
呂相周	男	無錫	無錫梅村錫盛
呂渭漁	男	無錫	無錫梅村呂浜
周仁安	男	無錫	無錫東門外蠡埄
安士珍	女	無錫	無錫安鎮東街安氏醫室
周瑞元	男	無錫	無錫安鎮區曹樂鄉第一保曹墓塘
錢雪芳	女	無錫	無錫鴻聲里七房橋
范奇珍	女	無錫	無錫東鄉查家橋轉與塘
華祖欣	男	無錫	無錫梅村鎮德生堂藥號
謝君樸	男	無錫	無錫梅村新街

高師一年級

姓名	性別	籍貫	通訊處
徐志達	男	江陰	無錫吉祥橋堍中國水瓶廠
平文正	男	無錫	無錫東門外楊亭鎮
尹德霖	男	無錫	無錫光復門外清眞寺路二十四號
郁鴻鈞	男	無錫	無錫南方泉白施郁巷上
董文義	男	無錫	無錫南門外葛埭橋轉毛巷
潘志源	男	無錫	無錫南門外裕和永南貨號轉黃堰
嵇九如	男	無錫	宜興張渚埝頭橋交車埰村
吳鶴林	男	無錫	無錫胡埭鎮吳義興南貨號轉
過楚生	男	無錫	無錫北士橋良貴堂
吳籌延	男	無錫	無錫東大街五十七號
史洪富	男	溧陽	溧陽西門碼頭街同姓烟店轉埭頭白塔里
程進元	男	無錫	無錫蠡瀆鎮
陸連榮	男	無錫	無錫南門外南方泉長春新交陸巷上
顧瑞倩	男	無錫	無錫周三浜第二支路十五號
張瀛	男	靖江	無錫斜橋鎮乾泰號
張味蒓	男	無錫	無錫南門外周澤橋
徐京禧	男	浙江永康	浙江永康由義巷四十四號
馮威	男	無錫	無錫東鄉查家橋轉倉下
楊仕生	男	無錫	無錫陸區橋仁昌交
劉進基	男	靖江	靖江斜橋
蕭佛增	男	無錫	無錫南門外葛埭橋燒香浜
唐善述	男	無錫	無錫楊墅園仁壽堂轉交

姓名	性別	籍貫	通訊處
王榮如	男	無錫	無錫張涇橋陸元盛南貨號轉
吳盤榮	男	宜興	宜興和橋南新街趙永興寶號
宋毓鎏	男	無錫	無錫北鄉長安橋大宋巷
吳開明	女	武進	無錫雪堰橋北街
龐國樑	男	無錫	無錫南門外夏家邊顧泰記寶號交小吳巷
張林海	男	無錫	無錫陸區橋同和寶號轉先溝橋
奚瑞芬	女	無錫	無錫洛社楊墅園奚協泰米行
章蕙濤	女	無錫	無錫洛社楊墅園章升泰寶號
張希賢	男	無錫	無錫南門外新安鎮
呂林根	男	無錫	無錫梅村鎮呂巷上
張雲芳	女	無錫	無錫南門外梅村鎮北張巷
安成	男	無錫	無錫東湖塘
沈鳳翮	男	無錫	無錫無錫鎮陳悅成號交西場巷

姓名	性別	籍貫	通訊處
顧伯平	男	無錫	無錫萬仁大交
强惠元	男	無錫	無錫梅村鎮
陳敏	女	無錫	無錫梅村鎮
濮有成	男	無錫	無錫茅塘橋濮家里
錢勤	女	無錫	無錫鴻聲鎮親仁堂
高文伯	男	無錫	無錫南門外茅塘橋李恆泰轉北宅西巷
何壽基	男	無錫	蘇州薛典鎮轉何家裏
戚舜德	男	無錫	無錫安鎮東市
范雯嬴	女	無錫	無錫堰橋范同豐號
張永初	男	無錫	無錫南門外蠡橋鎮後南張
季金生	男	無錫	無錫東門外安鎮中市採芝堂藥號
王秋泉	男	無錫	無錫北鄉八士橋轉旺巷上
王鶴興	男	無錫	無錫陸區橋河柳村

簡師二年級甲組

姓名	性別	籍貫	通訊處
陳憶三	男	無錫	無錫梅村鎮大成棉布百貨號轉
包世範	男	無錫	無錫東門外楊亭鎮包巷上
陸惠珍	女	無錫	無錫石塘灣西首順泰昌木號

姓名	性別	籍貫	通訊處
陳德本	男	無錫	無錫安鎮
周永慶	男	無錫	無錫陸區橋石萬順肉莊轉河頭上
王澄映	女	無錫	無錫西倉鎮衛生堂國藥號轉王石弄

姓名	性別	籍貫	通訊處
陸國良	男	無錫	北門外八士橋轉西陸家莊
吳宛珍	女	無錫	無錫八士橋裕德堂轉交張巷上
錢松年	男	無錫	無錫南門外伯獨港協泰醬園槽坊
趙士傑	男	無錫	無錫東門外查家橋生生堂藥號轉倉下
錢文初	男	無錫	無錫陸區橋轉丁莊上
臧文賢	男	無錫	無錫陸區橋時益義店
惠錫明	女	無錫	無錫城中道長巷九號
陸兆衍	女	無錫	無錫城中進士坊巷九號
余秉栟	男	無錫	無錫大牆門鎮磚場上
陸　彥	男	無錫	無錫北門外堰橋中街
蔡維新	男	無錫	無錫北塘後蔡家弄十號
繆秉奎	男	無錫	無錫城內學前街十四號
王有慶	男	武進	無錫南宅鎮潘村
管瑾珍	女	武進	無錫南宅鎮同昌祥寶號管志誠收
奚金法	男	武進	常州西門外薛家橋郭順興號交界溝村
沈民昌	男	無錫	無錫南門外大牆門鎮蔡史上
嚴文達	男	無錫	無錫戴溪橋毛廣和藥號轉尖埠上
姜　秀	女	丹陽	丹陽縣珥陵鎮晉裕煙莊交姜培英先生收
朱光之	男	吳縣	無錫洛社張鎮橋朱永和號
邵澄華	男	無錫	無錫洛社楊墅園長豐泰寶號交
朱亦民	女	無錫	無錫北塘大旅社
王順庠	男	宜興	宜興和橋南新街趙順康寶號
蔣法明	男	宜興	宜興和橋南街新頤和藥號交西鋤蔣培生先生收
吳芳遠	女	無錫	武進成章鎮任家村
周森岐	男	無錫	無錫洛社張鎮橋周基頭
孫德昭	女	無錫	無錫石塘灣西街啓秀堂
秦鑑善	男	武進	無錫雪堰橋乾和元寶號轉馬蹟山耿灣
丁瑞栟	男	無錫	無錫南門外清名橋上塘競新綢緞莊
楊人佩	男	溧陽	溧陽西門碼頭大街德茂香店
郭道政	男	江陰	江陰北外新大祥棉布號
黃國任	男	靖江	靖江北門外勝利街劉福安鑲牙號
范秀章	男	無錫	無錫東門外興塘
候方培	男	靖江	靖江北門外薛恆茂號
鄭錦春	男	靖江	靖江度量衡發行所
王勝東	男	武進	武進南宅王飯興寶號
張繼忍	男	武進	武進南宅王東盛
王紀康	男	無錫	洛社南雙廟朱趙巷
顧瑞鶴	女	無錫	無錫港下

姓名	性別	籍貫	通訊處
梅自萍	女	靖江	靖江城內沿河街十七號
安華芬	女	無錫	無錫安鎮中市轉
高月珍	女	無錫	無錫貫橋街一號
徐尊棣	女	武進	武進南宅鎮王乾源號轉

簡師二年級乙組

姓名	性別	籍貫	通訊處
陳永祥	男	泰縣	泰縣郭村鎮
吳祖約	男	無錫	無錫梅村鎮泰伯東院
胡逸漁	男	無錫	無錫安鎮正源號交胡家巷
華惠仙	女	無錫	無錫安鎮華信茂交
張錦安	男	無錫	無錫南鄉華莊鎮蘇義興交
蘇鳳儀	男	無錫	無錫南鄉華莊鎮蘇義興交
安德泉	男	無錫	無錫安鎮太康南貨號
王惠芬	女	無錫	無錫安鎮王聚興號
安三南	男	無錫	無錫安鎮中市義和祥號
錢中一	男	無錫	無錫鴻聲鎮恆大號交
奚冠文	男	無錫	無錫陸區橋張鳳和號
陸驄	男	無錫	無錫東門外查家橋生生堂藥號交椿樹下
趙爽秋	女	無錫	無錫八士橋東街交趙巷
趙永良	男	無錫	無錫八士橋交趙巷
包鳳鳴	女	無錫	無錫北鄉河湘橋
顧松泉	男	無錫	無錫大牆門鎮塘莊橋
黃世庭	男	無錫	無錫洛社南雙廟鑫華號
仲炎	男	江陰	無錫光復門外漢昌路長康里六號
黃士農	男	無錫	無錫北鄉劉潭橋西街
黃進發	男	無錫	無錫北鄉劉潭橋西街
蔣菊華	女	武進	武進南宅葉義成號
管秀春	女	無錫	無錫南宅鎮
鄒耀南	男	無錫	無錫南門外梅村鎮同祿號交鄒更上
毛萬初	男	無錫	無錫南鄉華莊鎮蘇義興號
王積仁	男	無錫	無錫南鄉華莊鎮蘇義興號
錢麗春	女	無錫	無錫鴻聲里七房橋
徐紀成	男	武進	無錫雪堰橋馬蹟山古竹
孫志宏	女	無錫	無錫石塘灣啓秀堂

無錫縣立師範學校　在校同學通訊錄

姓名	性別	籍貫	通訊處
裔程鵠	男	鹽城	上海閘北西克復路造幣廠河邊三三二號勤餘醫園交曾魯南交
周堯玉	女	無錫	無錫北鄉黃土塘
周忠義	男	錫無	無錫厚橋鎮景慶堂轉曹墓塘
蕭望馨	男	無錫	無錫南鄉葛埭橋燒香浜
夏緯英	女	江陰	江蘇江陰縣北漍東街
蔣効祥	男	宜興	宜興縣和橋南新街頤和藥號轉西鋤村
濮尊仙	女	無錫	無錫洛社南雙廟朱趙巷
張健光	女	無錫	無錫石塘灣
黃振華	女	無錫	無錫大牆門碩望橋
劉禮成	男	靖江	靖江斜橋中市恆源公醬園槽坊號
章裕毅	男	無錫	無錫梅村轉錢甲裏源茂號
劉永和	男	武進	武進南門外寨橋鎮河北大劉家塘
葛淑娟	女	江陰	靖江復興街八十六號
龔松興	男	武進	無錫周橋鎮義信源交大庄里
范冬其	男	靖江	靖江北門外對街口劉福安鑲牙號
陳一洲	男	江陰	無錫楊舍蔣橋趙源裕轉
殷藝芳	男	無錫	無錫北門外玉祁鎮轉齊家社
劉迴基	男	靖江	靖江斜橋鎮交
汪芸娟	女	無錫	無錫蕩口鎮花沿橋
吳若啟	女	無錫	無錫縣下塘八號
任雪蘭	女	靖江	靖江城內布市街二號
王瑞南	女	無錫	無錫張涇橋曹莊裏
黃梅芬	女	無錫	無錫茅塘橋鎮
章秉倫	男	無錫	無錫梅村鎮轉錢甲里章源茂
朱炳坤	男	無錫	無錫梅村鎮綠河橋

簡師一年級甲組

姓名	性別	籍貫	通訊處
沙亞娟	女	無錫	無錫陸區橋沙賢收
萬子平	男	無錫	無錫梅村萬仁大轉周巷上
夏南登	男	無錫	無錫安鎮夏家橋
劉翰珍	女	靖江	靖江城內後坡街二九號
秦兆楹	男	武進	無錫雪堰橋馬蹟山耿灣
曹碧英	女	無錫	無錫新安張住宅

姓名	性別	籍貫	通訊處
毛銳明	女	武進	武進南宅鎮東街
袁國華	男	無錫	南門外華大房莊袁家灣
許正四	男	無錫	無錫東門外石埭橋許巷上
于湘琴	男	無錫	無錫城中寺巷內壽康藥號
黄秀清	女	無錫	無錫北鄉東房橋轉西大房
錢癸霞	女	無錫	無錫東亭徐萬益寶號轉南錢
許青萍	男	無錫	無錫東門外鑫埄轉
周生海	男	溧陽	溧陽縣建國書店
棨漢壽	男	宜興	宜興縣山下橋正豐泰號
完覺仙	女	武進	無錫周橋鎮宋家頭
蔣素珍	女	武進	無錫周橋永年堂藥號交
華翰臣	男	無錫	無錫南外江坡橋轉石塘橋
薛　鵬	男	無錫	無錫南外許舍鎮轉三家村
周光成	男	無錫	洛社張鎮橋周令鑫轉
蔣珍梅	女	武進	無錫雪堰橋周德興鉄號
處世南	男	無錫	東門外査家橋轉北處巷
宋家帆	男	無錫	無錫南外周潭橋東宋巷
常雨春	男	武進	武進西門外安家舍潘茂泰茶號
臧根海	男	無錫	無錫陸區橋時益裕寶號交

姓名	性別	籍貫	通訊處
張煥根	男	無錫	無錫戴溪橋張庄村
范錫元	男	無錫	本邑東外査家橋興塘
周志剛	男	無錫	無錫梅村鎮蠡山于轉交隔河大王
許叔道	男	無錫	無錫梅村全昌轉浜頂頭
吳文達	男	無錫	無錫縣蕩口趙家東橋
鄒子均	男	無錫	無錫南外轉廟全武忠轉挾橋頭
陸鳳生	男	無錫	南門外江溪橋轉楊木橋
馮道達	男	無錫	無錫安鎮馮頭巷
吳香娥	女	無錫	無錫南外薛典鎮轉唐吏上
姜　龍	男	丹陽	丹陽珥陵胥裕葤莊轉
杜勇偉	女	無錫	無錫北外八士橋東街杜巷上
楊錫山	男	無錫	無錫梅村西坡塘
鄒俊德	男	無錫	無錫梅村鄒家橋
鄒炳南	男	無錫	荆礄鄉鄒更上
萬正邦	男	無錫	無錫梅村鎮轉交萬巷上
朱耀林	男	無錫	無錫蕩口劉潭橋轉南小橋
王瑞寶	男	無錫	無錫梅村生生堂
錢惠潔	女	無錫	無錫新瀆橋
曹玉祺	女	無錫	無錫南外薛典鎮曹家灣

無錫縣立師範學校　在校同學通訊錄

姓名	性別	籍貫	通訊處
周榮炳	男	無錫	無錫梅村義茂盛
席雲鵬	男	無錫	無錫東門外查家橋鎮公所轉
陳安生	男	無錫	無錫梅村陶三珍肉莊
浦文明	男	無錫	無錫安鎮永和祥轉浦南房
季坤泉	男	無錫	無錫梅村生生堂轉周浜巷
邵普才	男	無錫	無錫梅村陶三珍肉莊
葉佩棣	男	靖江	長安市永康藥號
倪瑞生	男	無錫	無錫南門外北坊泉鎮後街
陳祖裕	男	無錫	無錫縣東河頭巷二一九號

簡師一年級乙組

姓名	性別	籍貫	通訊處
趙坤榮	男	無錫	無錫北門外八士橋交三墩橋趙巷上
安欣德	男	無錫	無錫北門外八士橋再春堂交安家莊
安貞雲	女	無錫	無錫八士橋再春堂轉安家莊
龔蓮芬	女	無錫	無錫西門外雞塘橋龔巷上
李倫華	男	無錫	無錫梅村老採山
潘鼎華	女	靖江	靖江北門外大街口永大生號
諸涵秀	女	無錫	無錫楊亭
處忠倫	男	無錫	無錫東門外查家橋轉交小陳巷
錢棣林	男	無錫	無錫西門外錢橋鎮南街
趙錦秀	女	無錫	八士橋交三墩橋趙巷上
孫?清	女	無錫	無錫駐聰街貳號
陳敏	女	無錫	無錫梅村余源來轉陳四房
黃秀雯	女	無錫	無錫北鄉東房橋交西大房
劉少嵩	男	無錫	無錫禮社鎮新村劉文翰宅
蔡壽生	男	無錫	無錫寨門
任傑	男	楊中	楊中三茅鎮東街大中商店
孫九川	男	無錫	無錫迎迓亭三十六號
完梅僊	女	武進	無錫周橋鎮交宋復標
徐雲良	女	靖江	靖江靖南鎮國民學校
未友林	男	武進	武進漕橋裕來藥號
高善康	男	無錫	京滬線洛社張鎮橋高湧盛交
王敬仁	男	無錫	無錫胡埭楊源長轉邵巷

姓名	性別	籍貫	通訊處
陸森林	男	無錫	無錫張涇橋陸源盛號陸家莊
强金庭	男	無錫	無錫洛社南雙廟鎮上村
胡　新	男	無錫	無錫安鎮胡家巷
馬永康	男	無錫	無錫西門外陸區鎮濟春堂號交劉佛巷
華逸才	男	無錫	無錫南門外華南頭巷上
徐清泰	男	無錫	無錫北門外寨門鎮交濟村
許凌秋	女	無錫	無錫西門外陸區橋大鴻橋
鄒耀昌	男	無錫	無錫南門外梅村鎮同祿號
陳葆全	女	無錫	無錫江溪橋楊氏倉所內
呂明發	男	無錫	無錫西倉元豐濟轉呂家巷
王俊年	男	無錫	無錫蕩口趙家東橋元村灣
鮑紀福	男	無錫	無錫南門外清名橋南上塘萬盛糧行交廟全二中心
陳法根	男	無錫	無錫南門外泛溪橋墩上
陳蘊眞	女	無錫	無錫東亭鎮北街陳聚茂字號
張鳳恒	男	無錫	無錫安鎮過恒泰南貨號交楊家巷
趙劍典	男	無錫	無錫洛社同和藥號交鵝子岸
陳祖浩	男	無錫	無錫南門外梅村鎮河北
徐伯榮	男	無錫	無錫南門外梅村鎮沈家橋
孫祖浩	男	無錫	無錫南門外茅塘橋

姓名	性別	籍貫	通訊處
孔希聖	男	宜興	宜興和橋南新街
王瑞源	男	無錫	無錫南門外梅村鎮同太德交周祥巷
邵炳南	男	無錫	無錫梅河東灣
朱鐘鳴	男	無錫	無錫梅村鎮德堂藥號
沈德翔	男	無錫	無錫安鎮岳沈公橋
沈福榮	男	無錫	蘇州后宅協泰隆號交石家橋
朱秀容	女	無錫	無錫大橋門棠街衖口
朱瑞餘	男	無錫	無錫甘露鎮謝埭橋第二保國民學校
胡綿之	男	無錫	無錫梅村鎮河北
司馬根南	男	無錫	無錫安鎮洽昌南貨號交橫塘上
須靜芬	女	無錫	無錫王莊鎮須氏義莊內須柏康轉北莊須英培收
楊月仙	女	無錫	無錫南門外南方泉吳塘門
陸國初	男	無錫	無錫八士橋西陸家橋

編後記

本校爲舉行一週年校慶，特編印這一冊特刊，俾將本校成立之經過及一年來各方面的情況公諸社會各界，尚希賢達君子不吝指正是荷。唯是編排付印，頗爲匆匆而草率，其不完善處，諸希鑒諒。本刊印刷費，太半由本校一年制簡師科第一屆校友捐贈，附此誌謝。

大成印務局承印

地址 無錫中山路三六二號

電話 九百七十五號

公益商業中學校第二屆畢業刊

本屆商科畢業刊編輯部　編

《公益商業中學校第二屆畢業刊》，本屆商科畢業刊編輯部編，民國十三年（一九二四）鉛印本。

民國八年（一九一九）榮宗敬、榮德生在無錫西鄉榮巷創辦公益工商中學，設工、商兩個專業，附設商店、銀行、工場供實習用。民國十二年（一九二三）首屆畢業。因工科招生不足，遂專辦商科，學校也改名爲公益商業中學。本屆畢業生正是改商科後的首屆畢業生，在校史上是第二屆。當時校長爲蔣仲懷。全刊内容有唐文治寫的弁言、國文教師張潮翔的序、教師朱銘嘉的緣起、教師殷樹菁的發刊詞、第二屆畢業班小史。全書有照片近二十幀，全面反映了當時校内建築和各種設施。校董、校長榮氏兄弟及在校教師皆有照片。其中有任教務理事的錢偉長之父親錢聲一。照片之後刊載畢業生作品，分商學及文苑兩大類。商學有通論、銀行、保險關税及買賣、經濟與商品、會計等，文苑有論説、叙事、序跋、詩詞、雜俎等，充分展示了學生的知識及專業水平。附刊有本級同學通訊録。全班原有四十一位學生，因各種原因中途輟學，故畢業時僅二十二人。刊中有畢業生小史一覽，每人一頁，左角有該畢業生姓名及照片，然後爲教師給予的百來字評語，介紹學生的長處優點，下附英文介紹。這對畢業之求職十分有用，爲畢業紀念刊之一大特色。畢業生中安文奎、楊傳琦剛畢業即被上海商業銀行聘用，即是其實例。當時學校在滬寧綫上頗有影響，畢業生很受社會歡迎，錢偉長、榮毅仁等都就讀於此。該畢業刊爲校長及教師出資刊印。

本書據原刊本影印。

（徐志鈞）

國文部

無錫公益商業中學校第二屆畢業生編輯年刊

甲子年

本屆畢業刊顧問

本屆畢業刊之所以文才精選佈置適當者端賴本級敦請諸位顧問先生之熱忱指導得能免於隕越及時獻世茲謹將

台銜書於左以誌銘感於無涯焉

張杏邨先生

鄒岦以先生

袁佩青先生

蔡虎臣先生

張潮翔先生

宋泳蓀先生

本屆商科畢業刊編輯部

前籌辦主任	安文奎（正） 楊傳琦（副）
前中文總編輯員	安文奎
現任籌辦主任	殷樹菁（正） 倪丕烈（副）
現任中文總編輯員	殷樹菁（正） 朱銘嘉（副）
中文編輯員	本級諸同人 合力屬文
庶務主任	杜鑫武
會計主任	朱銘嘉

公益商業中學校第二屆畢業刊

目次

和 平 耐 勞

弁言

吾邑棠巷公益商業中學甲子畢業刊告成。諸生請蔡君虎臣問序於余。余惟吾邑以商業著。公益中學以商業名。商戰之在今日亟矣。然以道德為尤要。余服官商部時。即提倡商業道德。迄今二十餘年。猶守此志不懈。蓋一心之道德。即一身之道德之所關也。一身之道德。即一邑道德之所關也。一邑之道德。即一國道德之所關也。道德行而欺詐之風息。人心焉有不正。商業焉有不興。富強之效可立致矣。惟望諸生畢業以後。務以躬行道德為宗旨。他日出而任事。天下之士莫不尊而重之。曰此講求道德者也。此公益商業中學之學生也。是則余之所厚望也已。

甲子夏五同邑唐文治謹識

公益商業中學校第二屆畢業刊

序

民國甲子夏，商科三年生以修業終了，纂輯第二屆畢業刊。屬稿既竟，乞序於余。余曰：有是哉，諸君之不忘本也。慨自晚近以來，師道陵夷，士習囂張，青年子弟，視學校如傳舍，對師長同學如秦越，一出校門，有道路相逢而掉頭不顧者矣。此學校所以日多，而學風所以日壞也。然則其致弊之故安在？曰忘本而已。不知學校者，人才製造之工場也；教師者，匠人也；同學者，工場之出品，與我共受匠人之斲削而始成器者也。明乎此，而後知母校之不可負，教師與同學之不可忘。諸君等之爲是刊，蓋深明此義者。他日人手一編，開卷披覽，見某圖某幅，則曰此吾母校之堂、某師之影像也；讀某篇某什，則曰此吾同學某某之作、某師之所批評而改削者也。則茲刊之成，不但以留畢業之紀念，而返本勵俗之意，即寓乎其中矣。諸君其毋渝此志哉。是爲序。

民國十三年夏月無錫張照南潮翔序於工商中學校

2

緣起

畢業刊何爲而作耶。曰、載成、績。留紀、念、也。在、昔、士人入泮。則有、游、庠、錄。登賢書。則有、鄉、試、錄。公車獲雋。則于、慈、恩、寺、雁、塔、題、名。後人效之。遂爲故事。清季科舉廢。學校興。月、刊、季、刊、年、刊、等、出、版、物。由、此、起、矣。況吾儕來此。尊聞行知。匪伊朝夕。風雨。一廬。暑寒。四易。前後師友。去者幾人。存者幾人。商業上之知識。孰有餘。孰不足。孰得、粗而、遺、精、孰、窮、源、而、竟、委。各述所知所聞。藉以覘各個人之心得。此、本、刊、之、緣起、者、一。歲月如流。瞬屆畢業。此後分道揚鑣。各事其事。風流雲散。勞燕東西。縱使鱗鴻有便。千里馳書。而覿面無緣。亦、徒、增、渭、北、江、東、之、感。欲求如。此日之。西窗夜雨。翦燭深談。不其難乎。今者編輯成帙。一卷之中。彙集同學之近作。刊列師生之肖像。庶幾、鴻、爪、雪、泥。藉、留、紀、念、於、萬、一。此、本、刊、之、緣、起、者、二。抑、更、有、進、焉、者。天、道、三、十、年、而、一、變。六、十、年、而、再、變。丁、茲、歲、開、甲、子。談、氣、數、者。羣、目、爲、一、周、之、始。貞、下、起、元。天時人事。必因之一新。而、吾、儕、之、畢、業。適、值、干、支、之、復、始。始也。者。物之。本也。事之。端也。意者吾儕效力於社會。立業於商場。其、以、此、爲、始、基、之、兆、歟。則此。次。之。畢。業。非畢。業。實始。業。也。畢業。非。難。始業。實。難。將欲。慎。始。而。謹。終。不可。不有。畢。業。刊。以。留。紀。念。而此。第。二。屆。畢。業。之。適。值。甲。子。更不。可。不。有。畢。業。刊。以。留。紀。念。也。邦人君子。其亦有以教我乎。

甲子夏五錫山朱銘嘉草於榮巷之商校學舍

發刊詞

殷樹菁

嘗聞江漢之君。悲其嘹歷少原之婦。哭其亡簪。至微之物。一日遺喪。且爲慨然。況乎數載相處。形影不離。師長則朝夕訓誨。同學則終年切磋。風雨晦明。聯牀共話。忽焉賦別。能勿悵然。於是印於腦者。不能無感觸。識于心者。不能無回想。欲求此感觸與回想。可永留紀念。俾開卷把玩。如對故人。千里遙隔。若晤一室。舍文字記載外。詎有他道哉。此吾級畢業刊之所由起也。是刊也。凡吾級同學畢業者。苟有優良之著作。特長之科學。以及師生之照片。罔不臚列其中。燦然畢陳。則是刊之可以紀念者。爲何如乎。不特此也。畢業之後。或升學他校。或服務社會。出其所學。見之事業。當斯時也。回想昔日肄業之狀況。取是刊而把玩之。見其中之明窗淨几。屋宇峻巍者。皆昔時在校情形也。昔日之背山面湖。地曠氣清者。其風景仍如舊耶。復觀夫吾可敬可愛之師長。循循而善誘。可法而可象。被我以春風。沾我以時雨。灌我以智慧。勗我以道義者。今何如耶。容顏未改耶。健康如故耶。吾同學數載同堂。疑義相析。奇文共賞。攜手而論心。徘徊而彳亍。相與登山臨水。吟風弄月者。今且如萍踪之聚散無定耶。或南其轅。或北其轍。或領袖商界。蔚爲中堅。或株守家園。聊無與味。則吾之感於心而觸於懷者。又何如耶。吾雖不能知學校之盛衰。師長同學之近況。而開卷展覽。一如身處其間。見吾師長之藹然可親也。同學之怡然相對也。雖遠隔百千里。猶彷彿濟濟一堂也。則吾之悅於心而勵於衷者。又何如耶。凡此皆足以攄懷舊之蓄念。發思往之幽情。而爲紀念之所不可少者。此吾級畢業刊之所以可作臨別之紀念。而供日後之參考也。矧吾校爲商業學校。所得爲商業智識。故關於商業之材料。尤爲豐富。商事之情形。更爲闡發。則吾級畢業刊之價值。更不可等閒視矣。至於以我今日畢業時之所成。留之以察後日之所得。而驗吾學術之進步與否。考吾今日之變遷。以自覺而自勵。則是刊又豈可少哉。不辭固陋。爰書數語以弁其首。

甲子級小史

殷樹菁

歐戰以前一弱肉強食之世界歐戰以還一經濟競爭之舞臺處弱肉強食之世界徵整軍經武無以圖生存處經濟競爭之舞臺徵振興工商末由致富強歐美各國所以竭智盡力精益求精者殆爲此也回顧吾國之業工商者太半拘墟膠柱乏遠大目光鮮專門學識是皆由於專修之教育幼穉卓犖之才智缺乏也曩年邑商榮公宗敬德生兩先生鑒及於此慨捐鉅資創設工商中學迨民國八年秋校舍落成聘胡雨人先生爲校長招新生百餘人翌年秋胡先生辭職蔣仲懷先生繼之先生本學界翹楚山斗共仰長校後不辭勞瘁刻苦經營工場機械布置周詳銀行商店規模宏大於是續招工商兩級是時本級初入校爲商業預科同學凡四十有一皆感受風紀嚴肅可以約束身心功課切實可以促進學程而私忻得所但宿舍卑濕同學攖癘疾者什三四嚴君榮恩浦君應鎬榮君佩生困於病而輟學斯固同學之不幸抑亦本級之不幸也於是衆皆知鍛鍊身體之有益乃組織足球隊以葺體魄強健則病魔易祛又恐文之不修有課餘小楷之練習以期書法之進步是則動靜之調和有益身心者不尠其尤爲本級之光榮者厥惟演說會與足球隊方本級之在商二時也同學以辯才爲商人必需故組織演說會以資練習後以大考在邇即告停止足球隊自成立以來屢次比賽鮮獲勝利乃是年遽爲全校之冠蔣校長特獎優勝旗一方以美之於是本級之足球遂甲全校斯固一時徼倖然亦同學練習不怠勇往不撓有以致之耳去年暑假後蔣校長辭職經同學一再挽留卒以去志甚堅未能允許於是校長一席由校董兼任另請張杏村先生主任校務但學校既經變遷人心因此不定賴張先生任勞任怨處

置有方。諸教師亦顧全大局。和衷共濟。故未受影響。本級同學。萍踪聚散。至本屆畢業僅餘二十有二人。今年春季開學後。同學議決舉辦畢業刊。由英文教師鄒巽以先生熱心指導。自發起以至成刊。先生顧問。週密。勞心費神。惟懼文不精。佈置失當。自粗稿以至完成。奔馳指揮。炎夏汗流。而不辭力促早日告竣。方克按期出板。當始組年刊籌辦時。公推楊君成偉爲籌備主任。而以朱君銘嘉杜君武鑫爲會計庶務。後楊君以故力辭。又推安君文奎繼任。更兼中文編輯。而以楊君傳琦爲副。并兼英文編輯。凌君宗墨任英文編輯。樹箐任中文編輯。厥後安楊二君就職於上海商業銀行。先後告辭。乃復推樹箐爲籌備主任。而以倪君丕烈副之。又推朱君銘嘉任中文。楊君成偉任英文。暮春三月。全級出發參觀。地點爲上海杭州。計時閱半月。編輯之事。於是停頓。今樹箐謬承推舉。妄膺編輯。當與諸同人黽勉。以竟全功。爰舉梗概如右。謹獻于世。

無錫錫成印刷公司廣告
印刷事業爲輔導文明之利器本公司有鑒於社會之需要創
設至今已閱十餘載營業日益發達內部一再擴充 自建
寬大工廠於無錫城中書院衖 購用新式印
機自備發動引擎 出貨迅速約期不悞 至出品之
精良價格之低廉早蜚各埠 惠顧諸君之推許本公司爲發
展營業便利 顧客起見特設 分公司於南京花
牌樓中市開業以來辱承寧垣 政學工商各界交口稱譽
嗣後當更加勉勵精益求精藉副 雅意茲將本公司出品之
特色分列於後
一鉛印部份 本公司備有各號銅模自鑄鉛字花邊新式圈
點 並製銅版鋅版銅圖特雇名司精刻各體文字工細畫圖不論大小印
件筆畫清明色彩鮮明富有審美價值決無模糊舛誤之弊
一石印部份 特備五彩大石印機 專印彩色地圖文憑股票商標
月份牌美術畫風景片等設色鮮艷花樣精巧
一發售部份 本公司除承印鉛印石印各件外並有各號鉛字各種花
邊各色油墨中西紙張各式名片以及信箋信封五彩結婚證書各種禮券
等自製品物廉價發售名目繁多不及備述
無錫錫成印刷股份有限公司謹啟
無錫實業學校建築部之特色
(一)聘請工程師計劃繪圖
(二)承包中西房屋成績卓著
(三)估價精確限期竣工
惠工橋實業路電話一六九
文華書局廣告
本局開設無錫倉橋下坐西朝東門面專售木
板石印經史子集各級學校教科各項參考用
書地圖辭典雜誌小說教育用品儀器文具監
造大小風琴精製信封名箋表簿筆墨一應俱
全倘祈 各界源源惠顧不勝歡迎之至

和　平　耐　勞

校董榮宗敬先生

校董兼校長榮德生先生

和平耐勞

公益商業中學校第二屆畢業刊

題校董榮宗敬先生小影

西神毓秀篤生偉人商場酬戰金鑠彌眞溫溫其貌奕奕其神繡平原買錦絲後生奉以爲典型

題校董兼校長榮德生先生小影

神光奕奕顧視清高關生民之大利裁南國之英髦滿門墻兮絢且爛羌無言兮李與桃洵商壇之健者而吾中華民國之人豪

Dedication To

Mrssrs. Jung Tsung Chin and Jung Te Sheng,

Founders of the Academy,

Whose Every Thought and Every Effort

Has Been in Our Behalf

This Volume of "The Great Lake Ray"

Is Respectfully Dedicated.

校門　此於道取　堂升室入

THE ENTRANCE OF THE ACADEMY.

階不崇　桷不雕　臨大事　咸集於斯　聽訓受命　罔敢不肅　曰是吾校之堂　大禮堂

THE AUDITORIUM

宿舍及教室 敞爽不卑 曾借一枝 寢斯遊斯 受天之釐

THE DORMITORY AND THE CLASS-ROOMS.

公益商業中學第二屆畢業刊

前校長胡雨人先生

前校長蔣仲懷先生

前舍務主任薛公俠先生

校務主任兼本級級任張杏村先生

商科主任袁佩青先生

教務主任黃蔚如先生

舍務主任陸子久先生

公益商業中學第二屆畢業刊

前商科主任朱麟趾先生

前商科主任徐覺世先生

前代理級任曹仁化先生

前級任胡樹聲先生

舍務理事蔡虎臣先生

教務理事錢聲一先生

國文教員張潮翔先生

英文教員鄒巽以先生

公益商業中學第二屆畢業刊

法制經濟教員錢季常先生

校醫顧子靜先生

簿記實習教員張曉初先生

體操教員俞箕如先生

久坐春風懋先德　飽經化雨茁新芽

THE TEACHING STAFF AND THE GRADUATING CLASS.

和平耐勞

一 東林舊跡
二 岳墳
三 小兩谷
四 岳廟
五 包孕吳越
六 天心台
七 徐錫麟墓
八 七星橋
九 黿渚東亭
十 寶傲塔
十一 錫山
攝影者
杜武錢

和　平　耐　勞

本屆畢業刊承
諸師長熱心贊助同人等曷勝感激本
當將
玉照刊登以副
盛情祇以時間偪促難以如願抱歉之
至謹將
台銜列左

王翰秋先生　王子程先生
屠剛直先生　吳第初先生
徐叔良先生　吉石泉先生
陸同祺先生　周鶴山先生
華季瑞先生

尚有前任教職員先生數位或因探詢
無方或因轉折太多或因請而未見
賜允故
諸師長
玉照亦未克敬奉鑄版本級同人無任
惶悚失禮殊甚書此以表歉仄

和平耐勞

本屆畢業刊復蒙

諸師長慨解仁囊共襄厥成同人等感纂無既謹鐫

台銜以表謝忱

張杏邨先生　袁佩青先生　鄒巽以先生　黃蔚如先生　陸子久先生　蔡虎臣先生　錢季常先生　錢聲一先生　屠剛直先生

張曉初先生　張潮翔先生　曹仁化先生　宋泳蓀先生　徐叔艮先生　陸同祺先生　王子程先生　華季瑞先生　榮德生先生

銀行實習 朝益暮習 之致胡云 密縝此遜 策千然計

PRACTICE IN THE SCHOOL BANK

日試萬言無須不律　打字

PRACTICE IN TYPE WRITING

本級足球隊　同志利斷金　威武不能屈　富貴不能淫

THE FOOT-BALL TEAM

前身應是霍嫖姚　本級籃球隊

THE BASKET BALL TEAM

本級網球隊

身隨柳線迎風舞　腕向魚罾撲月來

THE TENNIS COURT

鼓蘭槳以渡渚　穿花徑而登舟　半淞園內樂何如　堪比雲鶴與海鷗　本級參觀兩旅滬在半淞園攝影

A PARTY IN PAN SUNG YUAN, SHANGHAI

具考古證今之識　方可臨水登山（引顧亭林語）本級旅杭在飛來峰攝影

A TRIP TO HANGCHOW

太湖黿頭渚

橫雲石壁

A VIEW OF THE GREAT LAKE

無錫錫山

晚鐘禪聲

SIH SHAN, WUSIH

天心相印圖

易繫辭云天數五地數五故有句云數點梅花天地心引此爲題

五人者。居同里。學同校。風雨一堂。形影不相離者四載矣。今年夏。將畢業。此後或服務社會。或就學他鄉。天涯地角。勞燕分飛。爰於錫邑繡衣峯後。同攝小影。以留紀念。嗚呼。是可

覘交誼矣。銘，嘉固亦同里也。以事未能與斯盛。欣羨奚似。故誌其梗概如右。所以示不忘也。五人者誰。杜君成叔、華君劍虹、虞君以仁、楊君蘊石、顧君曼軒也。

甲子夏五同里學弟朱銘嘉識

和　平

耐　勞

羲之七帖先君中年手臨此
字有雲烟卷舒翔動之氣非
善雙鉤者所能得其妙精
刻石者所能形容其一二也
紹興丙辰十二月初七日男文仁審
定

天定手臨

惟克念先帝
創業未半
而中道崩殂

樹青康書

道德文章

克庭手書

畢業生小史

錢基厚題

顧鴻壽

James H. S. Koo

顧君字曼軒，無錫人也，君能而不矜，慧而好學，既長英文美術，又精會計輪運之學，心靈手敏，識卓才長，洵商塲之驍將也，端木貨殖，億則屢中，君殆深得端木之祕訣者歟，嗚呼，是可以理財矣。

文奎

My classmate Mr. James H. S. Koo is a native of Wusih. He sits behind me in the classroom and sleeps in the same apartment of our dormitory. He is an active man, quick in motion and warm hearted to do public services for others. Last year he was elected by the class the captain of our tennis team with much honour. He is also glad to show his strong leg in a foot-ball play as well as to swing his boxing limb on a tennis court. In the resting time, we can never find Mr. Koo in his seat but not fail to catch him on the play-ground. He, however, is not merely an athlete, but also studies lessons as diligently as he exercises his stature. When he is interested in a new lesson, he does not stop at the middle course. We may call him a fine diligent scholar.

My friend Mr. Koo is also an artist. We have often found at his desk many attractive cards drawn by the well known artists both at home and of foreign countries. Sometimes, he will paint a picture for amusement.

The inclination my friend conceives is to become an influential merchant in the community. When he finishes the course in this Academy, we shall see new reforms in our society through his services in the days to come.

M. C. Chu.

嚴厚栽

Hawthorne H. Nien

君思周慮匝德厚信征愛書善畫富貴任心其爲人治事如治己事萱志凝神終日不倦以君之沉毅不拔以君之剛正不阿處此善柔便辟之社會毋有世路崎嶇行不得也之歎乎

文奎

See! a kind and honest scholar stands before you, who steps forth from a family of Wusih. In spite of his short stature and homely appearance, he has the value of his own. His name is Hawthorne H. Nien, which is so stated that he perhaps wishes to follow the foot prints of the celebrated American novelist Nathaniel Hawthorne some day.

Nien distinguishes himself in drawing beautiful pictures. It is a happy lot to obtain one of his successful works, for he seldom agrees to draw a scene for any friend.

The artist is also well versed in the different subjects of commercial knowledge. I remember that several months ago he was honorably elected by us to be a circulating manager in our school shop, where he worked out the shop's accounts with great accuracy and clearness. By this reason, every one here praises him and says that Mr. Nien is a youth of good ability, when he goes forward into society in the future.

James H. S. Koo.

繆天定

Thomas T. Miao

世不乏剛正不阿之士。亦不乏思慮敏捷之才。然往往昧于小節。忽于輕微。求其能兼全而謹小慎微者。舍本級繆君天定外。實不多覯。君軀偉昂。性情豪邁。凌雲之志。威武不屈。長于國文英文簿記珠算等科。又工詩書。吟哦則激昂慷慨。作字則珠圓玉潤。洵多才多藝也。

樹菁

Mr. Thomas T. Miao was born in the same country wherein I first became acquainted with the light of the world; but now his inner parts are quite different from mine, becuse he still conceives the old nature-faith and the significances of the fatherly traditions, as I am not so much in the worship. However, our country ancestors, noble deeds are praised and followed by both of us. Being his nearest neighbor, as the location is concerned, I record his personal history brevity with much admiration to him.

His dignitory nature is perhaps acceompanied by the mettle of youth, as he appears before men. But he is a son of reason, and can apply his qualities in proper ways. In the classroom, he is a silent and ambitious savant, as he takes to his learning hugely at the desk all day long. Being very fond of absorbing the commercial course, he is especially excellent in the working of the abacus. None of us can rival with him in this art. When we were in the preparatory department, he always acted as the leader, who encouraged us to fast calculate many hard countings with the apperatus. As a good writer, our Miao menages his popular pen too freely. I have found in him that he likes writing in a very warm state, since he has acquired a great deal of progress in the many sided knowledge. An advice is worth while to offer to him, that is, a popular pen is embellished by both correctness in observation and justice in expression, without which the contributions are no worthy issues at all.

Our gigantic friend (for Miao possesses such a great frame) has rendered several ever-remembered services. He was once the Chinese general editor-in-chief of the Dih Chih Weekly (迪智週刊) of the Kiang-yin club at Wusih. In addition to this glory as to offer our admiration to him, the class welcomed him to the seat of presidency two years ago. Now he is the leader of the Kiang-yin club in the Academy. According to these above mentioned works, we may imagine the superior elements of service in him.

Franklin S. Yang

樊宇清

Napoleon J. Van

聖賢豪傑。非吾徒所能期。吾能若是。是亦足矣。斯言也。樊君最厭聞之。曰•是乃自暴自棄之意思表示耳。君勇於進取。富冒險精神。平生慕拿破崙之爲人。故君之西名。以拿破崙爲首。君眉宇軒昂。軀幹雄偉。性爽直。豪邁不羈。頗有拿氏之遺風焉。精商學。通數理。尤喜研究文學。君卒業後。幷擬入大學。求高深學問。鵬摶九霄。前程萬里。其志正未可以管蠡測也。會當臨絕巔一覽衆山小。謹以此言。爲樊君頌。

成偉

Mr. Napoleon J. Vane is a fine gentleman with a face so grave and quiet that you can easily know him as one conceiving a great deal of wit and observation. His whole manner and appearance are quite state and noble. He keeps his promise so well that he wishes not to break his words any time, as I have been told; and he is more heartily to make every thing useful for the public weal rather than for his own. He very well knows how to communicate with kindness, carefulness and civilities among schoolmates.

He always rises very early in the morning, in spite of a hot or cold weather; and applies most of his time to study lessons even when he is alone after school works. Sometimes he struggled with the dim gleam of a candle, by whose light he sat belated for finding out the secret beauties of knowledge from among the books. What a diligent student he is! By this fact, there are many books both in English and Chinese, which he has all acquainted with. He is very skillful in mathematics and chemistry. When any one is in trouble about either kind of the works and does not know what to do, the man is sure to visit his side for help and can certainly receive an immediate direction. He is also interested in many sided study-works which he learns as hard as his regular courses.

Mr. Vane, in fact, stands above ordinary sons of books, and, without question, is praised as one of the best kind in our learned society.

Macaulay T. Chen.

楊傳埼

George Yang

斂才就範。抑氣歸神。吾於楊君見之矣。君工書法。長樂律。搆文作算。不加思索。氣盛而不發怒。才長而不見嫉。非功深養到者。烏克臻此。所謂道高魔集。才雋謗至者。其然豈其然乎。

文奎

My dear friend Mr. Yang is a diligent fellow in our class. To lengthen his admirable energy, he keeps an excellent proverb in the mind: "Work while you work; play while you play." Beside the regular subjects of study, Yang is deeply interested in the side-reading. For this reason, most of the books known to us have been chewed and even digested by the marvelous youth. His noble traces in the brain will never fail to persuade him great some day.

Our fine scholar is also very well versed in Chinese music as well as some works of our school band. Most of the artistic instruments, both Chinese and foreign, he is able to play upon with considerable skill. He is a good singer too. He often tells us that the music is a good diversion to relieve the feelings of a man of much business, and that by this amusement, a neutrality of capacitie always exists in the happy bosom, the result of which makes the individual happy, peaceful, bright, and energetic. His statement indeed, is an effective remedy to those who possess dark and choleric dispositions.

Suppose you can hardly believe Mr. Yang's marked genius in literature. He writes a composition with good speed as if he would not exercise his mental faculty. Truly he is a born follower of our famous literati.

This warm blooded but mild youth, though works sharply on different sides, well controls his sentiments, and so creates him no enemies. To our Yang, I can only best my breast with a jaunty air for his being a dirtinguished strong among us.

T. M. Ling

楊成偉

Franklin S. Yang

楊君尙志。字成偉。江蘇江陰人也。性爽直。有奇氣。果敢有爲。不拘小節。尤嫺辭令。以是本級級務。非君莫屬。洵同學中傑出人才也。長商學。擅英文。凡所述作。曉暢事理。識之者。莫不深贊許之。君歷任本級級長。及運動部長。江陰同鄉會會長等要職。本屆畢業刊。組織伊始。衆推君爲籌備主任。旋因事辭職。復公舉爲英文總編輯。蓋君能任勞任怨。遇事始終不渝。而學問淹通。又爲衆所信服故也。

天定

Mr. Yang has been in this Academy for four years, and now is 22 years old. He dresses himself very plainly but cleanly. His admirable feature and vivid expressions are very kind, yet quite grave. His sweet speeches and clear voices make every one willing to join his accompany.

His nature is very earnest and honest. He is always glad to help any one who is in the condition of certain difficulty, especially to serve those who are interested on public affairs. Once, he was eager enough to start an "English Bible Class" at the Tung Ta Chih (東大池), a charming section near our literary wall. Last year he and some intimate acquaintances invited a foreige missionary Mr. R. T. Ross to teach moral lessons on every Sunday. Recently he assembled a nnmber of schoolmates to form a literary named "Star Light Society" (星光社). Moreover he heads to all the Kiang-yin products of this school and has been successed in pursuading them to unite together in the state of a club. In all these activities, his nature and behavior may be distinctly observed and praised.

It is without question that Mr. Yang will has great success some day and raise a famous reputation for himself, so I can not forbear encourage with such and exclamation: Vigilance and patience are your compass! Success and glory a are your aim! James T. Yin

虞以仁

Yu I Jen

君敏而嗜學。好整以暇。才華卓犖。態度彬彬。所謂慧機在腦。而成竹在胸。是善處靜者也。大學謂靜而后安。莊子謂靜水可以明燭鬚眉。吾於君亦云。

文奎

Here is a youth in our class of 1924, who is a product of Wusih. He by the name of Yu I Jen, came to this school with me in the same year and had been already my good friend at the higher primary school. He now is nineteen years old and five feet tall. He is of deep silence in heart and so hates to talk much.

Mr. Yu studies lessons very diligently. If a hard problem lies before him, the faithful student must investigate the basic principle until he has got the secret. To Arithmetic he pays particular attention, and so has acquired a great deal of understanding in this study. Several beautiful essays both in English and Chinese are from his pen. At the last term examinations, his name stood in front of the group. For this reason, we can know Mr. Yu is a diligent member of our class now and since.

We can see from this piece, that Mr. Yu is a peculiar youth in our class. Hard exercises and too long conversation are not his delights. Being a silent product, this beautiful youth has particular elements to attract the attention of the class.

Hua Ngo.

華　鍔

Hua Ngo

論亢爽純樸之士。則本級中有華君。務實際。尚力行。其言論之激昂。態度之豪爽。凜然有不畏艱險。不懼邪僻之言。而其平居之安閒靜穆。悱惻纏綿。則別有天眞爛熳之觀。君蓋寬而猛。恭而安者也。

文　奎

Mr. Hua is one of my worthy classmates. His nature is frank. His action is adroit. I have received many favors from him, for he often told me what were my faults and how to correct them. He never obeys other blindly. When a class meeting was held and important matters were being discussed, he often talked with a loud voice and a gruff look, if the words of another were wrong or contrary to his inclinations. But he is not an obstinate fellow, and so has no enemies; and he has never made an action he thought uncomfortable in conscience. For this reason, he has secured a best mark of deportment and testimonial every year in the long run of three years in the school.

He studies lessons diligently and with a great wit. He writes both Chinese and English compositions more rapidly than other classmates do. Moreover, he has a special excellence in memory and so the examinations on Commercial knowledge, Geography, and History often made his name run in the front of our class. In other courses he also obtains a good mark.

As to his health, this fellow is very thin. However, he can run and jump very well. During our athletic meeting last year, he won several victoies. As he is one strong of our football team, our victory over any other team depends much upon his mighty kick.

I. J. Yu

孫寶嘉 P. C. SUN

非學之難。學而能有恆實難。余負笈本校。同級中最稱莫逆者。舍楊君成偉外。厥惟孫君寶嘉。君課餘作書。未嘗或輟。故書法之工。進步之速。冠儕輩。誠所謂持之以恆者。又好英文。捧卷默誦。務了解而後已。性溫和。遇事謹慎。相處數載。曾未見其有疾言遽色。忠誠持重。於斯可見。尤長簿記珠算。復擅音樂。良夜撫琴。聲調清越。聽者神怡。誠好學之君子。曠達之高士也。

樹菁

Mr. P. C. Sun is a bright product of Wusih. I once heard that he has been influenced to be so refined a youth mostly by his ancestors' noble domestic disciplines. However, strange to relate, he has a distinct humour with other persons, that is he is not so much delighted to communicate with many friends than to devour his lessons with earnest application of the mind.

Here I am much proud of his accomplishments. The Sun having been enriched by many attainments, I consider he is one of the best handlers of the abacus, a good book-keeper, a fine musician, a worthy writer, and also an energetic player upon the field. Tree years ago, when we were in the class of the prepartory course, he often finished his abacus exercises earlier than we did, and never made a mistake any time. That is a remarkable report! Since our entering the department of the major course to the present, he has been very attentive to register clear records of his commercial works. By this reason, his records are not only of order and reason, attention and accuracy, but also present the forms of the best model writing.

However, this superior scholar of genius and wit is no bookworm. Sometimes our class took a battle of football with another crowd, and he was always a center of the spectators' praises on the occasion: the hero bravely stood upon the battle field, with whose valour our enemy was often severely beaten.

I hope Mr. Sun will employ his same wisdom and courage to benefit our society after his graduation from the Academy. To this youth, I present a word with all my heart: Love yourself; try to do the best; and be an endurable fighter in your days to come!

Franklin S. Yang

孫保琳

Poa-Ling Sung

劉夢得曰。感人心者。莫切於聲。孫君其能以聲音感人者乎。君醉心音樂。夙夜研究。不遺餘力。每當夕陽西下。新月初上。本校音樂室內。每聞有絲竹之音達於戶外。或則慷慨激昂。響遏流雲。或則委婉清揚。如泣如訴。同學之過是室者。輒不自知其神之往而足之停也。性慷慨。作事有古俠士風。讀書聰慧。過目即知其大意。眉宇軒昂。軀幹魁偉。望之嚴正。即之溫潤。蓋其陶淑之功得於音樂者深也。君字楚卿。名保琳。江蘇無錫人也。

天定

Mr. Sung is a nativ of Wusih and a guide of our class. In many a laby-rinth of our school problems, the thread of his counsel often led us to safety. His body is corpulent, his firm manners hospitable, and his school works energatic and admirable. He seeme gentle, but not to the point of weakness, for he never surrenders principle for expediency. He is more of a man than he appears, and he is true to himself and true to others.

"Half Moon" is Mr. Sung's nickname, for Sung is fat enough to bear the good title. The worthy call is familiar to every one of us, and so his own name and the "Half Moon" have been mixedly used by his acquaintences. This nickname in Chinese is not without a literary explanation. The conbination of these two words "Half" and "Moon" is the result of the Chinese character "胖", meaning "Fat". Mr. Sung does confess the nickname, because he knows very well that the stature of a great man or influential merchant is always corpulent. "I will make myself a great man in the future", is his proud wish. After his graduation from this Academy, he has resolved to improve his commercial knowledge, and will suggest many excellent systeems for reform. He has enough courage to beat foreign trades down some day and make our commercial power supereminence by a jump. As the graduation occasion of our class is being drown nearer and nearer, we shall have a strong gentle-man to help our success. We wish him to have a prosperous future.

Francis Wei

陸鍾秀

Macaulay W. Loh

陸君鍾秀。本級之瀟灑士也。胸懷磊落。言語豪爽。性任俠。不避權勢。天資穎悟。故於會計英文等科。最爲優長。又擅網球。矯捷敏活。冠於儕輩。書法之佳秀。圖畫之專工；猶其餘事。君誠得天獨厚者歟。

樹菁

Mr. Loh is a silent student in the classroom but a talkative man among a group of familiar acquaintances. He looks like a handsome youth, for he well pays scrupulous attention to his appearance, and walks very gracefully.

He is a son not only of thought but also of action. Moreever, his executive talent is supported by an ardent fever whereby he never tires of performing duties. In short, "Service" is his motto.

He is tall and slender, but strong in physique. He is kind to others but strict with himself; serious but capable of a hearty laugh; bold, but not zealous to offend fault; eloquent in conversation, but reticent before public audiences. He is very humorous, too being able to evoke a laughter by a single word.

Endowed with business talents, he will, after graduation, enter the commercial world with self-confidence and much care for victory. To make China prosperous and firm on an industrial basis is the chief aim of this young man. We venture to prophesy for him a sunny future in his chosen occupation.

Nei Pa Li.

殷樹菁

Tames T. Yin

本級中之才華卓犖、學識兼長者。非殷君樹菁耶。君字錫朋無錫玉祁人。幼承庭訓。長而就學於外。兢兢業業。矢志不懈。故各種成績。均皆優良。而於書法圖畫等科尤擅長。性豪爽倜儻不羈。遇不平事。輒不惜竭己之力以助之。本屆畢業刊。君被推為籌備主任兼中文編輯。朝夜奔波。不辭勞瘁。規劃佈置。井然有條。

所交甚鮮。嘗曰益者三友。損者三友。與得損友。不如無友。此君擇交之所以慎密。而不肯以勢利苟合也。倘與之友。則歷久久彌敬。數年如一日。君誠今之晏平仲哉。　寶嘉

Mr. James T. Yin is my intimate friend. His character is passionate as well as bold, for he will not enjoy his meal with pleasure, while his most cordial frien Mr. Yung Yin Kuei (榮君映奎) feels unwell at home: and he also will not yield a little to those who want to destroy his reputation or whom he does not respect.

He has a noble behavior, and has acquired a fair stock of knowledge. He enjoys English with the some interested tastes as he enjoys a best dinner. Perhapes you would be glad to see how superior his English is, and wonder and praise his good Chinese pieces. Does he neglect the interests on Chinese? Not a little bit! The only pain he bears is that he has not any other good opportunities, besides the lectures of our Chinese teacher.

He inspects good reasons and makes his work successful and excellent. With this observation and wit, he has, more or less, gotten the truth of humanity and invented many interests of a man's true living. As I have often heard of his saying that the world needs us if we can do worthy things which give much profits to the country. "if we," added he, "loss our opportunities on the globe, we shall be laughed at by our genius which is thrown away without attention: and if we are not different from all other creatures, we have no superionity above the living thing". A very adorable atterntion it is! For his intelligence, I respect him with more admiration than I do not all other classmates. I look upon him as a very thoughtful fellow a noble product, and a youth of successful. So I now wish him to put into practice what he has said, and be a great man in the future.

Franklin S. Yang.

陳　德　章

Macaulay T. Chang

論沉思遠慮之士。則本級中有陳君。能忍有恆。四年如一日。處事則從容大雅。運動則矯健活潑。才力心思。並臻佳妙。文章道德。兼擅其美。洵商塲中之飛將軍也。早歲失怙。艱險備嘗。天之所以扼其遇者。即天之所以成其材歟。

文　奎

Behold! hare comes a man whose name is Mr. Cheng Te Cheng. He is very well versed both in charcter and wisdom. When he patiently leasns a lesson, he not only reads it over, but also catches its secrets. The reason that can get much from lesson is no wonder. Though he is a natural pursuer of knowledge, yet he knows clearly that, if a man applies too great a labour to the literarly leaves, it will injure his health. So he holds fast to the excellent maxim, that is, "work while you work and play while you play". As he is very honest and kind to every person of the learned society, every strong here is very glad to be his friend. And he is, indeed, a quietand patient young man. He speaks scarcely; and I believe, that he has never uttered a hundered words in the public place in a day. However, his grave and quiet manners often cause a misunderstanding of the world. At a glance, people might think of him as a fellow knowing nothing; while, in reality, he is very excellent both in English and Chinese. In shost, he is a very dilligent and honest person in our class. His good character and honesty will never fail to give him a bright life.

Hawthorne H. Nien.

凌宗墨 T. M. Ling

凌君清予傳。予無以傳凌君。雖然凌君何須傳耶。觀其貌豐腴。態昂藏。見之者無不曰。此吾商界之未來偉人也。以君之聰慧。以君之好學。宜乎文章科學。無不兼長。而處事之縝密。服用之整潔。猶其餘事焉。君殆所謂庸中佼佼。鐵中錚錚者歟。

文奎

Behold! here comes a gentleman who is a distinguished figure of the Wukiang species. He sits behind me, and has been my intimate acquaintance for a considerable space of time. Our sacred tire of friendship is of great value. His nature is earnest, generous, and trustworthy. He marks his excellence by writing the best English in our class, and, for this reason, the English treatises from his pen have always attracted the concentrated attention of others and raised a reputation of much praise throughout the institution.

Now we have organized a board of editors for the publication of our second Annual— "The Great Lake Ray." Ling is elected to be an English editor, whose literary strokes add sure embellishment to our proud success. And the earnest youth, after accepting this appointment, has worked with care and endurance, accuracy and observation. The editorial duties, especially he undertakes, is not an easy job, one should know; but the fine scholar commands his golden nib with accuracy and satisfaction. From this, I say that Mr. Ling is an able, earnest, and excellent worker.

The bright Wukiang product has a corpulent stature; but some times he has misfortune to be troublesome in his nerves, the result of which will cause confusion of the mind and the deppression in spirit. This makes me so doubtful of his secret physical constitution that I still do not understand the reason at present.

Recently, I have heard from some one that Mr. Ling will continue his study in a higher learned society. Such-a-one university, until he will graduate with a degree. This news makes me feel very happy. That his fortune is lighted by the lamp of blessedness is a proud drophecy. We congratulate our beloved scholar with three "Hurrah's."

James H. S. Koo

倪丞烈

Nie Pa Li

君長文學。尤擅數理。不多言。言無不中。不多交。交無不篤。慧中。秀外。爾雅溫文。張子房之流與。排難解紛。法語巽言。魯仲連之流與。易曰•謙謙君子。微君其誰與歸。嗚呼•可以處治世。可以處亂世矣。

文奎

Mr. Nie sits in the seat of presidency in our class. Why is he selected as our class leader? There is a great reason. As his morality is first, lessons excellent, traits of character far from rustic, and the power of judgment better than anybody else; he can only be our head and respected by all the classmates.

His morality is firm and praise-worthy, but his knowledge no less strong. He has often occupied the record between the first and the fifth orders in our class on monthly and term examinations. If you ask him the secret of his success, he will answer you, "Do not forget the lessons of this day, and you will never lose knowledge."

Moreover, my friend is a man of judgment. So he knows what is good and what is evil in any condition. He holds the scepter of presidency of our class very safely. He is always a figure of success with his intelligence so fine and wise.

In a conclusion, he can become a great merchant, I say. Have you seen a successful merchant without a strong judgment? Do you find a merchant that becomes rich and powerful who has not great knowledge? I have no doubt that my dear friend will be a great merchant, for he is excellent in both these above mentioned factors.

Macaulay W. Loh

夏　衡

Kung-an H. Hsia

尙德者不尙力。尙力者不尙德。夏君尙力而尙德者也。貌傀偉。體昂藏。旣長運動。而文學數理。亦靡不探若邃奥。扶孤危。恤困窮。亢爽之氣。任俠之概。凜然有古黃髯虬髯之遺風。其勇而有仁者耶。其仁而有勇者耶。

文　奎

Here comes a brave young man whose nickname is "Mr. Savage". He always bears a sunny aspect in his face and can smile when one fulls into conversation with him. His presence warms us as the coming Spring. Proud to recall the facts, our Savage has offered so many successful job for our football team that he is able to take the important position of the center-forward. When he was up the field, every one of our army was filled with the spirit of a tiger.

Hsia is a man of excellent brain, but he persues wisdom without applying the utmost diligence. This is no laziness. A bright scholar only picks out the worthy juice leaves the refuse behind without further consideration. See! our gallant can put his words into the most vivid expressions and, therefore, can keep his audience in attention as long as his wishes.

The gallantry knight has a motto of his own. "Let the soul reign over the body" is a precious rememberance whose light shoots out the rays of blessedness to his future. His energetic self-control is well exercised; his impartial judgment and accurate reasoning power are so admirable that he has made up his mind to be free from the enslavement of passion, prejudice, circumstance, temptation, and other inferior parts. How respectable his inclinations and conduct are.

V. Q. An

韋福生

Francis Wes

論聰明俊逸之士。則本級中有韋君。君氣概軒爽。心思精雋。處事不拘小節。讀書不求甚解。大有倜儻不羣之概。其文思之迅捷。楷書之娟秀。猶其餘事焉。君其得天獨厚者與。

從 周

Mr. Francis Wei is our patriotic warrior. When our class would have a battle of football with anther crowd, our hope was largely dependent upon his beautiful legs. Indeed, in the field, his manner was very brave. By this means, where-ever he ran, the enemy could seldom be successful before him.

It is a delicate character that Mr. Wei possesses. When we have finished lessons at the end of every day, and have no inclination of doing further work, during that time he often talks about something that often becomes the source of a great laughter among the class. On account of this jocular nature, he is looked upon as our class physician who is able to relieve the feelings of some book-worms of our group. Beside this, our worthy class-mate bears his character so delicate, manners so gallantry, and conversation so humorous, that the interesting youth has now won a mirthful nick-name of no bad a meaning. He is called the "Eastern Charles Chaplin".

Our Wei, however, is not merely a clown. His knowledge in every course is very good. So I hope he might be a very worthy man in the world, if he will make good use of his parts. In my opinion, I rather hope to see him develope commercial activities, as his proper services, in our country after the completion of his school education.

P. L. Sung

辛克庭

Tames T. Sin

君賦資聰穎。稟性耿介。讀書務求實際。接物一以坦率。世俗酬應。訥訥若不素能。然每言及社會黑暗。國事蜩螗。則又義憤填膺。豪氣貫日。陳詞之激昂淋漓。誠有出人意料者。年十五進工商預科。迄今四易裘葛。師長之稱譽翕然也。或有以卒業後之方針問君者。語間頗逌君謀一席地。君但默而不答。嗟嗟．孝先之志。豈徒謀溫飽。燕雀安足以知鴻鵠之志哉。君姓辛。鋭斌其名。

樹菁

It is a happy lot fallen upon me to describe one of our younger classmates. He is a native of Wusih, a fine graduate of the Fifth Higher Primary School of the same city. Now, on his second glorious graduation of a higher standing, he is only nineteen years of age.

Having conceived a worthy stock of modern wisdom, our beloved brother well knows how to preserve what he has already acquired, and encourges himself to be a worthy man. His Chinese calligraphy is thought charming, which is a delicate outstanding accomplishment of our literate.

He takes to his learning by following the wise steps of the ancient renowned scholar, Tao Yuan Ming (陶淵明), who, in running over the pages, picked out the striking points, but left these of minor importance behind without serious consideration. Yet, with this method of study, Sing is no less valued in knowledge than our bookworms. In addition to the regular works, he is so fond of the newspaper reading that I once exclaimed: "The newspaper is your bread; the novels your flavourous tea; and the miscellanous printings and caricatures your favorable music!" His nickname is "Mr. Champion", the call being largely due to his suceesses in physical activities upon the field. We send him out with much hopeful contemplation.

Franklin S. Yang

杜武鐏

Tu Wu Tzun

多才者不必有德。有德者不必多才。求才德兼全之士。於同級諸子間。吾必以杜君爲巨擘。不孜孜於學。而學無不精。不斤斤於事。而事無不成。傷髫年之失怙。悲世事之蜩螗。憑几獨坐。劃然長嘯。滿懷感慨。有非旁人所能知。杜君蓋深心人也。其好賢如渴。纏綿悱惻之情。令人可愛。而其嫉惡如仇。剛正嚴毅之風。則又令人可畏。杜君其威而不猛。和而不佞者歟。嗚呼。可以任社會之艱巨矣。

文奎

Here is a gentleman, who is a man of inspiring and honorable character. He is very singular in his behavior, but traits proceed from his good sense. Who is he? He is my old friend Mr. Tu. Here I will introduce him to the public.

Mr. Tu. is an excellent son of knowledge, who reads and discusses books regularly and with endurance. He is active instead of being passive, interested in books instead of being compelled to read. To show the worthy parts of the diligent fellow, I recall a fact that two years ago he was a friend of his sick bed. Having lost many of his lessons for a long time, he came here again, and studied with double diligence to recover the time that he had missed. He is the head of our class now. His knowledge is very well developed in different courses of his study.

As I have been here for four years I am very glad of having got much help from the leader during the space of such a long period. He and I do keep a firm friendship, and so I can not but introduce him to the public.

T. M. Ling.

李　侃

Washington K. Lee

以君體力之雄偉。赳赳桓桓。大有暗啞叱咤之概。而治功課則忘飢忘寒。對同學則唾面自乾。犯而不校。深合古人寧人負我。毋我負人之美德。君蓋從事於婁相養氣之學者歟。

文　奎

Mr. Lee is a studious person of our class. He reads books diligently, and so has already got a great stock of knowledge. Even now, I have found him sitting in his seat by the desk and studying his lessons hard from all his favorable courses. He uses his abilities in chewing the leaves of Accounting in which his diligence functions with unusual endurance. But the other lives of the commercial knowledge also have closely been booked into by him with very much success. When we fall to ask him any difficult point in them, his echo is always easy and rapid, and he never issued a wrong answer to the inquirer's ears, as I have known. By this, we know that he studies very diligently in them.

There is a wonderful thing in him, that is, he has entered this school and become one of our classmates for a long period. He is a Nanking fellow, but he worships this school heartily. We have found that Nanking is a famous center of admirable education in Kiang-su Province. There are many institutions of higher education within the great stone city, but due to the want of a good Commercial Academy there, the honest knowledge hunter rather takes this long journey to satisfy his desires. Having understood this secret, we should not laugh at Mr. Lee as a man of very strange mind.

George G. Yang

朱銘嘉

Chu Ming Chia

惟天下之至柔。爲能制天下之至剛。朱君溫柔和藹。有雅士風度。諸家雜學。靡不畢覽。接物待人。不卑不亢。而其臨機之果決。處事之從容。大有輕裘緩帶。揮塵清談之遺風。所謂靜如處女。動如脫兎者。吾於君亦云。

文奎

My worthy friend Mr. Chu is a very wise and diligent product since his youth. He is strong enough to struggle with good spirits against hardship, and so often very successful in any course of study when he is in the school. I know his character is trustworthy, honest, kind, and generous. Whenever he mixes himself with the school boys in certain Conditions he is a distinguished mark. He keeps his good reputation partly by his hard work and partly by his wonderful power of observation. He is a quiet student in the classroom, but a talkative man among a group of familiar acquaintances.

He is physically weak because he does not like physical exercises. But with his sharp observation and diligence in taking notes, he has become a scholar of considerable knowledge. He likes Chinese more than English. He is so rich in the commercial knowledge that most of the courses are under his observation.

By this description of my classmate Mr. Chu, any one will recognize that he can be called a good student in our class, for his good knowledge and gentle character. We all love him, none of us will hesitate to advise him to train his body healthy and strong.

James H. S. Koo

安文奎

V. Q. An

多才者多情。多情者多愁。安君自入學校。試皆冠軍。來本校。任級長三年。今年又兼本刊籌備主任。精心擘畫。綽然有餘。至其交友之間。纏綿悱惻。繾綣情深。聆其言論。如飲醇醴。才如此。情如此。乃萱老椿凋。雁行中斷。悽涼寂寞之景。有不忍言者。而安君則憂人之所樂。樂人之所憂。聰慧練達。倜儻風流。是殆稟天地間之奇氣者與。

武 錢

When Mr. An was very young, his father died. The solitary son was in very pitiful condition. To remove his sad feelings as well as to try his first service to the world, he taught some boys in his private room. Now he has to struggle for his own future prosperity with bright directions. How much more care he should take! As he is a man of so mighty a will, no hard condition can check his courage. He is diligent all day long. He takes a morning exercise to start his daily work, and studies both English and Chinese by lamp to complete his report of the day.

But he has a particular trait of character of his own, that is, he neglects his own dresses but applies his whole wind to knowledge. So we call him the Wang An Zua (王安石) of our generation. The call is not without reason, for, being similar to the Wang, he is also great and mervelous in literature but is lazy to wash his face and unwilling to go to the bathroom of our school. His life is so sweet that no man hears of his worthy words without staring at his genius and intelligence with admiration. Some times, we call him "Dr. An" for he really posseses marvelous air castles in the head. Now I hope that he will be a great man of letters in morden age in his future life.

W. T. Tu

ERRATA TABLE
B

The Life History Brevities of the Graduates

Name	Page	Line	Word	Error	Correction
Thomas T. Miao	3	3	5	becuse	because
	,,	5	5	ancestors,	ancestors'
	,,	8	2	dignitory	dignitary
	,,	,,	6	acceompanied	accompanied
	,,	13	16	apperatus	apparatus
	,,	14	6	menages	manages
George Yang	5	11	1	capacitie	capacities
	,,	18	14	best	beat
	,,	19	6	dirtinguished	distinguished
Franklin S. Yang	6	5	12	on	in
	,,	7	15	foreige	foreign
	,,	8	17	number	number
	,,	9	6—7	literary named	literary club named
	,,	10	10	successed	successful
	,,	13	9	has	have
	,,	14	4	so	So
	,,	,,	9—10	encourage with	encouraging him with
	,,	,,	12	and	an
	,,	15	6—8	glory a are	glory are
Hua ngo	8	3	13	other	others
	,,	14	9	victoies	victories
Poa-ling Sung	9	4	2—3	that is	that is,
	,,	9	7	Prepartory	Preparatory
	10	1	5	nativ	native
	,,	3	14	energatic	energetic
	,,	4	3	seeme	seems
	,,	8	5	acquaintences	acquaintances
	,,	9	2	conbination	combination
	,,	13	9	systeems	systems
	,,	14	14	supereminence	supereminent
	,,	15	11	drown	drawn
Macaulay W. Loh	11	4	13	Moreever	Moreover
	,,	8	10	too	too,
James T. Yin not Tames T. Yin	12	3	2	frien	friend
	,,	6	2	some	same
	,,	9	8	teacher	teachers
	,,	12	3—4	As I	I
	,,	13	8—9	"if we,"	"If we,"
	,,	,,	12	"loss......	"lose......
	,,	15	9	superionity	superiority

	12	15	13	......thing.	......things."
	"	16	16	not	to
	"	17—18	1	successful	success
	13	1	2	hare	here
	"	"	12	Cheng	Chang
Macaulay T. Cheng	"	2	2	charcter	character
not	"	"	8	leasns	learns
Macaulay T. Chang	"	4	19	literarly	literary
	"	7	17	quietand	quiet and
	"	11	8	shost	short
	14	"	10	duties	duty
T. M. Ling	"	19	1	society.	society,
	"	20	15	drophecy	prophecy
	16	2	9	fulls	falls
	"	3	2	Spring	spring
Kung-an H. Hsia	"	"	15	job	jobs
	"	4	18	up	upon
	"	7	13—14	juice leaves	juice and leaves
	"	10	2	gallantry	gallant
Francis Wei not Francis Wes	17	9	1	gallantry	gallant
James T. Sin not Tames T. Sin	18	6	13	literate	literates (or literati)
	"	13	11	suceesses	successes
Tu Wu Tzun	19	2	4—5	but traits	but his traits
	"	8	15	the	a
Washington K. Lee	20	5	6	lives	lines
	21	1	13	since	in
Chu Ming Chia	"	2	8	hardship	hardships
	"	3	11	Conditions	conditions
	"	13	15—16	him, none	him, and none
	22	4	13—16	so mighty a will	mighty will
V. Q. An	"	8	4	wind	mind
	"	9	19	mervelous	marvelous
	"	13	19	morden	modern

The Names and Addresses of the Graduating Class (同學錄)
Thomas. T. Miao not Thomas T. T Miao

商學

南郭老人

無錫

顧子靜

陸子久

是粉爲無錫理化教師顧子靜陸子久二先生以化學方法用上等質料配合製成其色純白其香幽雅有各種優點

(一)配合均勻質地細膩

(二)有粉色而無粉質不損皮膚

(三)搽之顏面立即化消而永留鮮明光澤其功效能使容顏嬌嫩熱癟消除久搽且可轉黑爲白遠勝他種雪花粉無間冬夏均宜施用定價格外從廉

經售處 無錫寺巷內樂羣公司

合製精美雪花粉

和 平 耐 勞

商學通論

論中國實業不振之原因及救濟之方策

朱銘嘉

時至今日。商戰亟矣。歐戰後各國咸知武力之不足恃。決最後之勝負者。端在財富。而振興實業。尤爲增加財富之要素。觀戰後各國之努力恢復。無一不注意生產。覓求銷場。於是我中華大好河山。將爲羣雄角逐之場。而我仍依然老大。受人經濟侵畧而不覺。國亡無日矣。究其不振之原因。約有三端。人才與資金之缺乏一也。政治之黑暗二也。交通之阻滯三也。請分言之。

（一）人才與資金之缺乏　孔子曰。工欲善其事。必先利其器。人才與資金。其爲經營實業者之工具乎。茲先言人才。語云。長袖善舞。多財善賈。古之范蠡。能擇人而任時。子貢億則屢中。白圭樂觀時變。故能致千金而累鉅萬。結駟連騎。聘享諸侯也。若智不足以權變。勇不足以決斷。仁不足以取予。强不能以有守。欲其所業之蒸蒸日上。猶緣木以求魚耳。今之經營者。管理既不經濟。目光尤極短淺。不知利用統計以觀過去。而測未來。僅憑目前之情狀。以定進行之方針。其不謬者幾希。舊者無論矣。即新者雖有學識。而缺經驗。一旦任事。多憑學理。甚且產銷商情。從不明悉。常致失敗。予攻擊者以口實。社會既輕視新人物。事業愈無進步矣。此關於人才者一也。以言資金。實業之命脈也。資金斗則周轉靈。反是則左支右絀。一籌莫展。况乎國外貿易權。操於洋行。匯價漲落。聽命於外商。銀行無形之損失。何可勝計。加之同業互相猜忌。絕少聯合。甚且有媚外商。以求一己之利。喪信用。以乘快一時。此實業不振之關於資金者又一也。

（二）政治之黑暗　論政治。則內爭不已。外患日深。槍林彈雨之中。民求生且不暇。遑論實業。關稅則自有清以來。向受條約之束縛。無間出入。皆值百抽五。更不問其爲奢侈品與日用品也。凡歐西各國。原料與製造之分。通過與實銷之別。在在差異。其稅率某也應獎勵。某也免其輸入稅。某也增產額。給與津貼。或施行專利權。斯數者。均先進國行之有效。未聞吾政府有意及之也。反使洋貨之行銷內地者。僅加征百之二五。即通行無阻。而華貨則否。在產地既征出產稅。至行銷地則又有落地捐。凡遇關卡。既稽且征。甚有稅捐之數超過其成本者如陝西之煤油不能東來固因交通之不便而稅釐之重亦一因耳政府又無一定之商業政策以獎進而保護之故去歲江西某木殖公司幾瀕破產欲求免稅而未准中國郵船公司請加補助而竟遂太平洋中之孤曙起而復隕良可歎惜此華商不能與外人競爭政治之不良亦其一也

(二)交通之阻滯　交通爲發達實業之利器合衆聯邦建國百五十年耳而產物運銷全球儼然爲世界供給之後府所以致之者賴有二十五萬哩之鐵道以轉運其產物可謂盡天時地利之至者矣以我國幅員之大人口之衆蘊藏之富無一不駕而上之獨至鐵道之敷設寥寥無幾數其幹路在北者僅京奉京綏南滿中東猶有條約之關係一時不易解決中部者爲津浦京漢通東西者僅隴海一綫江以南祇滬寧杭甬及粵漢之一段各道近受內亂之影響武人之干涉營業不振商旅苦之水道之自西而東者爲黃河長江及珠江黃河水急可通航者僅河套一部分耳每歲決口爲害田廬長江之航行權外人亦得共之而吾國招商局管理不善嘖有煩言故多趨太古怡和而利權外溢矣珠江航路甚短亦許外人通航兩粵年年戰爭商賈裹足不前是吾有極優之水道惜未能用天然之利耳郵務辦理尚佳電信則南部之海線亦爲外商之大東大北所經營主權失矣且也商電征費本省每字六分隔省倍之文明各國無取費如此之重者殊非福利實業之道我國近代交通機關既如是之窳敗欲有無之相通轉輸之便捷其可得乎況淮水不導黃河不治爲害正未有艾也

我國實業之不振既如上述然則藥石之施其可緩乎不揣淺陋輒分關于政府實業教育三綱草之於下

(甲)關于政府者　我人民宜促政府興實業息內爭更精制法規提倡保護不遺餘力關稅則收爲國有厲行保護政策獎勵絲茶及土產精製品之輸出量其等第或免其稅釐或倣歐西成例給與輸出獎勵金外貨之精製品及奢侈品則抽以重稅使其成本增而銷路塞裁撤釐卡免國內貨物之重征企業家之資本不足者則加以補助電信水線亦收回國有更利用無線電台添設鐵道及長途汽車開闢海外航路創設大規模之郵船公司國內則治黃導淮以便灌溉此關于政府者也但我國政治黑暗已極執政者愛國愛民之心籌劃軍政各費已精疲力盡安有領暇及此故不宜依賴政府當由人民自相團結依次興辦或尚有可爲之一日耳此關于政府者一也

（乙）關于實業者　爲實業家者允宜具互助之精神進取之決心優長之學識豐富之經驗及雄厚之資金以此而從事於競爭劇烈之商場其或能有補乎對外貿易則組織多數大規模之進出口公司在國外設分支店及代理處以通聲氣利用統計作精密之觀測藉操勝算於國外舉辦實業先擇切于民生日用足以抵制外貨者如紗布五金機器烟酒等類每年進口均在數千萬兩以上能有一足以自給亦可挽回無限之金錢較之仰政治借欵爲生之各銀行得失不可以道里計矣此關于實業家者二也

（丙）關于教育者　多設職業學校養成專門人才以致用於將來務實際而去浮文使明瞭世界之大勢及中國之現狀不致閉門造車學用互異此關于教育者三也

此上所述能按序行之實業指日可興則國勢因之增盛歐美之强盛非不可幾也吾將拭目以俟之

調和廠主與工人之辦法

倪丕烈

我國自近數年來工廠之中時有罷工之風潮罷工起因非要求增高工資即減少工作時間與改善待遇等但廠主常因自身利益關係或減輕成本使對外競爭易趨勝利起見每不允其要求於是工人相約停止工作爲最後之要挾甚至借工黨以爲後援相持日久雙方損失誠於生產方面蒙極大之害攷歐西各先進國工人對待廠主除罷工外又盛行怠工焉怠工之法尤勝於罷工若工人有要求而不允遂相約怠工工人依然入廠護其工資惟於工作之時或遲緩其速率或粗糙其出品甚至無意中損壞其一二緊要机件使出產品不能銜接至達其目的而後已以上二種工人之示威運動均於資本主有巨大之損害者也蓋資本主投其巨資建造工廠以事生產而圖獲利其生產之多寡係乎工人之勤惰若一旦罷工則資本主之損害自不待言矣故當求改良之方補救之道也補救之道甚衆如採用以件計值法(Piece Wark)泰拉獎勵金法(Tayor' Premiun Plag of Wage Payment)均可減少一部分之阻力而得良善之結果但其最佳者莫如於工廠之中附設儲蓄銀行提高利率獎勵工人之儲蓄或規定預扣工資百分之幾一定儲入本行或將每年工人應得之贏餘亦强迫其存入待該欵逐漸增加遂添招新股使工人均能認股而爲工廠之股東既爲股東自能勤其工作以冀工廠之盈餘得紅利之分配如此之法則罷工怠工不抵制而自消弛矣

我國紡織業之前途觀

陳德章

歐戰起後。我國紡織獲利甚厚。國人鑒於利之所在、均爭相投資、設廠增錠、大有風發雲湧之概。迨戰事告終、本紗之輸出杜絕。外紗復紛至沓來、遂至連年損失。廠家難於支持、近復以美棉歉收。而我國主要產棉地。如陝西直隸河南等處、天災兵亂頻仍、農民不能安心種植。及收穫後。而有匪患之阻隔、又不能大宗出售、遂致新棉收成不足以供本廠之需。而日商又在產棉區放價收買、捆載東渡者已不知凡計、洋商定貨數亦不貲、本國棉花既不敷所需、欲求援於外棉、外棉亦屬歉收、求供之差太遠。遂釀成棉貴紗賤之趨勢、現時紗廠已與無棉之歎、故我國紡織前途困難正尚未至其極也、抑有進者、我國紗廠在發達時、各廠盈餘甚厚、然無公積金之提出、爲將來填補損失之用、故一旦受棉貴紗賤之影響。遂有停工、及觀去年英日廠於我國者、均處同一之境、彼反累有贏餘、固爲工廠管理之得法、抑亦逐年公積之故、今則棉價益貴、成本愈巨、雖說棉紗價格亦隨棉價上騰、但棉價漲風之銳。尤在紗價之上、設再無緩和之方、則影響所及、紗花將同陷於危境。而紗廠前途。恐更無轉機之望、雖然、此亦暫時現象、各國業是者亦同俱困難、惟國人當注意者。是否有發展之餘地耳、觀本花產額豐富、工銀低廉。工廠發達。該業前途之發展、正未有艾也、是在國人放大眼光。厚集資力、羣策羣力、以與外紗相抗衡。或有轉危爲安之一日耳、

論中國商業不振之原因及補救之方法

華　鍔

觀古今國家之興盛衰亡、常係乎財政。財政之富裕貧窮、惟在商業、商業盛則財裕民強、反是則財絀國貧、此天演之公理也、彼英倫三島、猶居世界經融之中心。北美合衆、執全球財富之淵源、緬甸印度、失其東亞故有之勢力、若此諸邦。何一非國家商業政策得失使之然也。今也。歐美列強、東鄰日本無不求商業之精進、交易之繁盛。蒸蒸日上。以充裕國實爲目的、強國富民爲進縄、捨其武力之侵略、轉爲商業之競爭、推廣銷路、發達國家之商業、且歐戰告終、白人轉其羅盤之針。指我東來。下戰艦而登商船、棄兵器而握籌算、無不以振興商業爲己任、我尚不自覺振興商業、與彼競爭、反日趨衰落、大有一厥不振之勢、安可與列強抗衡於商戰劇烈之時代乎。雖然、商業之不振、亦有由來。此無他、蓋吾國商業政策之殺雜糾紛。有以致之。茲言其最重要者、則首在商業人才、人才不足。則不能與外人對衡、次則資本不充、不能有宏大之企業、國家不加以保護、或提倡之責、商人亦不能與外商競爭、稅關不修、交通不便。商務因之停滯矣。且也。國家內戰。爭權奪利。無有已時。商人動輒受阻。有此

數因。我國商業。其能不落人後乎。國家無商業人才。則與外人通商。必假他人之手。不得直接交易。物價之高低。金融之漲落。悉在彼邦掌握中。我商人祇能隨其號令。毋得違之。甚且強抑市價。妄斷商品之優劣。我商人有苦莫訴。因缺乏資金。則商品求售之心必急。價格雖在原價之下。亦有願出售者。耗其資而不顧。若是可能望商業之發達乎。若夫關稅。則純爲單一協定稅率。無伸縮自由之權。且洋貨之進口。捐一子口半稅而已。我國貨之銷行內地者。則更有厘金之朘削。土貨不能與外貨相抗。可知之矣。交通不便。則運輸阻滯。貨價增昂。有此數端。欲商業之振興。其可得乎。至其補救之法。則國家宜盡力保護商人。提倡實業。增設商業學校。培植商業人才。對於交通。則集資建築。稅關則收回己有。不容他國干涉。改爲國定稅率。厚集資力。講求直接貿易。由是內國商業日漸振興。銷路暢。則稅源增。財政自可充富。經濟亦得寬裕。而國強民富矣。商業政策之得失。關於商業之盛衰有若是之關係。願我國人。速起圖之。

銀行

內國清算及準備辦法

李侃

國內各銀行互相往來，對於其準備之處理，互有不同，大概分之爲分散準備制與集中準備制二種，

分散準備制者，各銀行自爲準備也，相互銀行之往來，皆由本行之準備撥之，此制甚不利於銀行，因平時一無所用，徒負資金之利息，且不與他行有關係，承平之時，存於庫內而無用，一遇緊急，自行準備不足，求他行之融通，則甚難也，

集中準備制者，各銀行互以其準備，存之於一特別銀行，各行不必另自準備，所有收付，僅送於特別銀行而處理之，此法可使準備減少，至緊急時，一行一地之準備差額不足，尚可向他行準備而爲融通也，

清算之法，以往來行互相之差額，而運送現金，此法極不利便，近世各銀行，皆存其款於一特別銀行（常爲準備銀行或中央銀行）而各留一差額，清算時僅以其差額之增減而轉帳可矣，設甲乙丙三地之三銀行，甲爲特別銀行，乙丙各有差額於甲，設乙對於丙有$1000.－之債務，甲行減乙之差額而增丙之差額各$1,000.－則權務皆相消矣，

設特別銀行，定各銀行之差額過多，各銀行實際無此甚多之往來，或資金過少無力爲之，則可與一較小銀行往來，而該行有差額留於此特別銀行者，特清算之法較煩耳，設甲乙丙丁戊五地五銀行，甲爲特別銀行，乙丙二銀行各用差額存之，丁銀行無力與甲銀行往來，僅留有差額於乙銀行，戊則留差額於丙銀行，設丁行有戊行$\pm$1.00.0－之債務，其了結關係，則乙行之丙行賬差額減少，甲行之乙行賬差額減少，丙行賬差額增加，丙行之戊行賬差額增加如此則丁戊之債權債務皆了結矣，

銀行放欵可能性之計算

倪丕烈

存欵貸款。爲銀行主要業務之一。今欲增加放欵之源。必先設存款。非僅持股本爲之也。考歐美各國之銀行。於金融寬鬆之時。對於存欵不過留百分之幾以爲準備。其餘皆可貸出以生利息。茍其所貸之欵一時不取現金而仍存於銀行。如是轉相存借。則可超過原資十數倍。而得絕大之利益。可謂能盡金融流通之效力矣。今舉實例以明之。設某銀行對於存欵之準備爲百分之五（5%）則一元之資。可得二十元之貸借力。（Lending Power）今某甲借銀一百元。存於行中。以5%準備。則餘九十五元。仍可貸出。以貸欵仍存行中。以5%準備。則九十元二角五分。仍可貸出。至百元全爲準備時。則其貸欵爲二千。（100÷5%）以六厘利息計之。可得一百二十元。而其付出之存欵利息。不過一小部分耳。近世銀行得以蒸蒸日上。茍非內部辦理之不良。絕不至倒閉者。蓋爲此也。而生產社會亦利用銀行此等能力。以發展其營業也。

銀行救國論

孫寶嘉

國家之强弱。係于商業之隆替。商業之隆替。尤恃乎銀行之盛衰。蓋銀行者。商業之中樞。國家之命脈也。銀行而盛。非特商業因以發達。國庫隨之豐裕。市塲經濟。益以穩固。生產事業。愈形進步。銀行業衰。非特商業因以中落。財政隨之窘迫。市塲經濟益以紊亂。生產事業愈形頽敗。何則、商店公司大半恃銀行之周轉。以發展其商業。調劑其金融。國家則依賴銀行。得以集散通貨。謀社會經濟之發展。于是金融緩急。皆操縱于銀行之手。茍銀行而有倒閉停欵之事。則各界罔不受其影響。而頓呈彫零恐慌之現象。國家亦入于旋渦。故銀行之盛衰。直接關於國家之隆替。况當商戰劇烈。國家貧匱之秋。銀行苟能利用放欵、貼現之政策。擇其經驗豐富信用篤厚之人。儘數放出。俾發達生產事業。鞏固市面金融。一方獎勵儲蓄。使窖藏死財。化爲生產資本。於是商業日以繁盛。而國家之實力。因以充裕穩健。生產益形

促進。而人民之經濟因以充裕。國家有磐石之固。實業有興旺之象。不展一策。而救國家於無形之中。吾故曰。銀行者、救濟國家之利器。發展實業之中樞也。

我國銀行貼現事業不發達之原因及其補救之策

楊傳琦

我國實業之發達。雖遠不如歐美。然在亞洲所佔地位。亦首屈一指。良以歐美諸國。信用發達。交易繁盛。銀行業因以亦繁。故票據轉帳。反超出現金交易數倍。固不若吾國之商業習慣。不顧信用。往往毀約。於是不得不以現金交易。而票據不常見矣。此我國貼現之所以不發達也。且歐美諸國。有興信所之設立。調查各商店之信用。甚爲詳明。而銀行當票據貼現旺。可以隨時咨詢。以察其信用。而爲應付貼現之方針。英國則尤有貼現經理人等。立于商人銀行之間。以察其信用。往往向商人買入信用票。轉賣於銀行。以負其責。故銀行自樂於應付貼現也。吾國既無興信所。又無貼現經理人。銀行於是不能象顧。而察各商人之信用。致銀行不敢放手經營。而商人尤爲不顧信用。致信用票無由發行。此吾國貼現事業不發達之原因也。然其補救之策。則必銀行以自己信用爲基礎。提倡多收存欵。社會則利用支票滙票等。以免運送現金之繁瑣。商人既覺便利。而票據之應用愈大。貼現自然勃興。然後設立興信所貼現經理人等。以監察之。商人自能顧全信用。貼現事業。因之發展矣。故銀行廣收存欵。尤爲發達貼現事業之良策也。

銀行與實業之關係

樊宇清

銀行之於實業。猶血脈之於人身也。人身百體四肢完全無缺。而無血脈爲之流通。則全體之功用失。實業界無銀行。則各事凋敝。蓋世之資本家未必爲企業家。故雖擁貲鉅萬。富埒王侯。無銀行不過穴藏窖貯。與無財相埒耳。而企業家未必爲資本家。故雖懷蘊才猷。而囊橐空空。將何以發展其事。有銀行出。利其信用。吸收有餘。注茲不足。資金得其用途。實業因以發展。且銀行復以貼現放欵之法。潤澤工商。銀根緊急。而銀行爲之調和。此其影響於實業界者一也。投機之弊。能擾亂市塲。爲害經濟。實非淺鮮。而銀行事業。務求穩固。放欵貼現。悉以信用與商品爲主。投機之企業家。自遭屏絕。苟一旦恐慌將至。銀行可高其利率。殺融通之道。於是市塲得以安然。而實業得以發展。此事影響於實業界者二也。社會進步。交易頻繁。貸借日密。若悉以現金受授。檢點數目。辨察眞贋。繁瑣固不待言。而異地債務之清償。又非易易。今銀行之支票滙票既行。貸借關係。片時清償。且以代用証券爲受授。而應有之現金。可用殖於實業。此其影響者三。銀行營放款貼現。根據于企業者之信用。而企業者欲保其信用。以圖事業發展。於是信用日益穩固。而業務亦日益隆盛。此其影響者四。世道衰風俗頹。歲祝契約。延期履行。視爲慣例。熟知信用因此而失。商業由此而敗。爲害非淺。銀行貸借。惟約是視。不容延欵。於是信用見重於世。信用重。工商得以發展。此其影響者五。綜上觀之。可知銀行業之影響於實業之盛衰。實具有密切之關係焉。

我國國外滙兌不利之原因、

顧鴻壽

銀本位之國。以金爲商品。金本位之國。以銀爲商品。依金銀之價而有升降。夫本位相同之國家。有滙兌市價之平準及輸金點。所有變更。全依滙票之供求而異。二國之貨幣。本位若不同。除供求外。又有金銀市價之比例。甚爲不便。我國爲銀本位。歐美各國。均爲金本位。金銀本位既不同。且又以需要供給之關係。故常處逆勢。觀歐戰前而益顯。蓋吾國受取他國之總額。與支付總額。不能相等。致騰落無常。以此二因。滙兌之市價。時有漲落。滙價既有漲落。影響於輸出輸入。不僅商品。對於供求。而價漲落。且常視金銀比價以定授受。觀其結果。則發生現金流入流出之手續。且世界各國用金者多。用銀者少。用金多則金之需要日急。用銀少。則銀之需要日減。需要急則價值昂。需要減則價值廉。如是則金價日昂。而銀價日落矣。且由此金銀之相差。亦日大。吾國滙兌所生之損失。亦日鉅矣。失金銀之比價。在昔一與十六。今且一與三十。自是以後。金銀之比價日益大。而吾國滙兌上之損失。更有不可言者在也。

保險關稅及買賣

人壽保險之利益

辛克庭

人生最可痛者。死亡而已。最可憐者。殘廢衰老而已。不特於自已有極大之影響。即賴以撫育奉養者。亦有非常之危險。故近代識者。本想像之心。對將來而生顧慮。常存欲免去將來危險之觀念。於是有人壽保險公司之設焉。蓋有保險。則個人雖遭不幸。不致危及父母妻子之生計。而鰥孤寡獨。亦賴以維持。是保而利及家庭個人者也。危險之來。常基於人之所忽。自有保險。則互相策勵。警告研究。防止災害之方法。促成必要之設備。如衛生清潔等項。於是盡力服役於社會。以增工商業之進步。是保險而利及社會者也。被保者既獲生命損失之賠補自可免一家生計艱窘流離失所有于法律之擧動而秩序亦賴以安寧焉是國家提倡人壽險一方保人民安居樂業各事其事一方促社會實業之進步秩序之安寧而國家賴以進于富强之域獲益誠非淺鮮

保險事業與中國之關係

陸鍾秀

保險事業自組織上觀之有營利主義相互主義折衷主義三種營利主義以營利爲目的相互主義以衆人同共組織各人各負其賠償損害之責任各有被賠償之權利爲目的折衷主義以營利公司公配其利益於被保險者爲目的統觀三者營利主義爲一般保險業者之謀利物品其裨益於人民者甚鮮吾國保險事業正在幼稚時代人民之信仰保險者不多今施以營利爲目的者恐保險事業不能發達也相互主義限於一部分人民之組織世界各國之行此主義者頗少我國保險事業未發達而用此不得抒展之主義益形凋敗不振矣故此主義於吾國亦不適宜折衷主義一方面於保險業者既可以營利一方面於被保險者亦可以享益且能分配其利益於被保險者是可促進保險事業之發達而增加被保險者之信仰蓋中等以下之人民咸可得其利益也吾國保險事業正圖發展被保險之信仰程度正欲擴張此主義得兩全其美於吾國保險事業可謂適當者矣當我國保險事業未有之時人民之危險異常重大或因個人之危險而侵及一家因一家之危險侵及一社會甚或因一社會之危險而侵及一國國民之實業或因是而不振一邑之富饒或因是而不豐一國之利源或因是而不謀矧今文明各國咸有保險事業商場之交戰可借此爲後盾使我國獨無則勝成破敗可不思而知之矣是保險事業於吾國之財富商業有莫大之關係利用折衷主義以求其發達可也

全損與共担分損及獨担分損之扼要解釋

繆天定

全損者 Total Loss 乃海上保險遇險後完全損失其目的物也此類又可分爲確實的全損 Absolate Total Loss 與假設全損 Constructive Total Loss 二種前者爲確實的完全損失如輪船沉於海底無從救濟者是後者爲保險之目的物雖具其形而已無價值也其賠償法當以假說的完全損失計之共損分損又名共同海損 General Average 航海船設遇險時因爲全船之安全計拋去一部貨物得生之損害也其損害須船主貨主運送主共同分担之如航海遇大風雨船長因危險而故意駛上淺灘或所斷帆檣或因燃料缺乏一時無從取得即將船具或貨物燃燒或遇危險而駛入避難港凡此所受損失之費均

爲共同海損而賠償亦須共仝分担也猶担分損即罪獨海損 Particucar Average 非因共同之險而受之損失如貨主之貨物一部分受水浸濕或一部房間受火災損害等均爲保險者獨任賠償者也

釐金局之弊害

韋福生

釐金者爲通過税之一種各國皆無獨我國至今尚有考其起源所以抽税之目的當前洪楊之亂金陵失陷餉源枯竭太常寺提議創設厘捐以助軍需抽税之時原以事平即廢庚子之後各地先後設立全國約計二千餘卡不啻縱千萬虎狼於國中任其朘削商民咕囁命脈施行以來先是僅設于都市繼以繞越者衆遂致窮鄉僻壤亦無不設然其弊害之大何可勝言茲畧述如下

(一)釐金局有阻礙交通之弊　夫商人運輸貨物大都畏厘局之抽税因此有可繞越而免暴征者則雖路程之遙遠亦不計也此豈非厘局之阻碍交通乎

(二)釐金局有妨碍人民之生計　蓋厘局所抽之税由表面觀之固納取於商人而究其詳則實取之於人民也商人自納費後則必將所納之税加之於貨物之上而售之於購貨者而貨價亦因之昂貴貨價昂貴於人民生計豈不艱窘哉此非厘金局有妨礙人民之生計乎

(三)釐金局有阻碍物質文化之進步　設有商人欲運轉新製造品於內地初計其價暢銷內地得有盈餘也後因厘局之暴苛捐税即致初計可有盈餘者反致虧折因此即停止新製造品之輸入內地矣于是人民于生活享用上減少幸福甚或本可得廉價優美物品因之亦有拒而不用此豈非厘金局之阻碍物質文化之進步乎

(四)釐金局有阻碍國貨之銷路　如我國出產之物品較之外貨爲純粹而外貨輸入我國也但完納海關之關税及子口半税外即能通行內地然我國之物品運至各地逢關抽税逢卡抽厘折合成本則較之外貨之價值高至倍餘且吾國人民大都喜取徵利故外貨銷路日廣國貨則停滯此非厘金局有阻碍國貨之銷路乎

評國定税率與協定税率之優劣

華鍔

國定税率者各本己國法律之規定視國家經濟及財政之情况而定税率之高下不受他國約束故税率均可自由訂定因之可審諸本國生産之狀况何如對於競爭品之輸入則課以重税本國不能生産品之輸入則概爲免税對於普通原料及半製品輸入多不課税

而精製品及奢侈物。均加重稅。以爲抵制。無論採行保護。抑或自由。皆一本己意。不容他國有所干涉。故其益及於商業與國家者。非淺鮮也。協定稅率者。兩國訂定條約。規定稅率。此種稅率。又可分雙方與一方二類。雙方協定者。兩國互相協定稅率。並及物品之種類。且附有效期間。在此期內。任何一方。不得任意變更其稅率。然雙方協定稅率。訂約之國。各能發展其國家生產之利。交相受其益焉。一方協定者。以條約之關係。而訂定稅率。其權盡操於他國掌中。且所定者。多利於彼而不利於己。此種稅率。又在雙方協定之下矣。由此以論。國定稅率。有自由規定之權。故無論以收入或保護爲主。欲貫徹其目的。非國定稅率不爲功。施此主義。則內國生產事業。自然日進。國外貿易。日益發達。商業進步。指日可待矣。協定稅率。則動多箝制。仰人鼻息。而期間過長。則於己國經濟狀態。常不能相應。過短則於商人又不利焉。國定稅率。與協定稅率之優劣。由此可知矣。且也今日我國稅率。純爲一方之協定。稅率之高下。悉爲外人所定。我國人不得過問。凡洋貨進口。徵子口半稅外。可自由流通於內地。不似國貨層層受厘金之束縛。雖有機器仿造洋貨一項。可受優待。但爲數甚微。期間亦短。是我國稅率。優待洋貨。而暴征國貨。求諸他國。絕無此例。因之外貨充溢於市場。國貨不能暢銷於內地。商業之不振。蓋有來矣。

進貨時應注意之要點

陸鍾秀

商品之購入。爲商業交易之根源。進貨之巧拙。即商業之盈虧。故商人對於進貨事項。頗爲重要。今列其應注意者七則如下。

一、進貨之期間　在此期內。先察現在市場之存貨。將來市場上供給之增減。社會嗜好之變遷。需要者之增減。代用品之有無。金融市場之變化。販賣地之範圍內購買力之變化。有無同業之競爭。以爲進貨多寡之標準。

二、貨物之來源　貨物購自出產地。其價必較他處爲低廉。

三、關於對手人之注意　宜注意趨於信用頗厚者。交易範圍頗廣者。商品之貯藏頗豐富。便於選擇者。

四、進貨時之計算　其計算進貨與運送時。所需之費用。買入後至賣出時。所需之保管費及資本之利息。運送或保管中所生損失。

五、進貨時之方法　詳察以上四項。若何爲何益。若何爲敏活。以決定直接購買。委托購買。或合夥購買等。

六、知銷貨之法則　進貨與銷貨爲生意緊要關鍵。既進而知其出。則貨無屯積之虞矣。

七、知普通商情　商界中每有因同業或異業之興衰。負連帶之關係。故商人對於普通商情。知之愈悉。則本身於進貨出貨。更有把握。

進貨時既審其注意之要點。則商品之買入。可得其最廉者、最適者、最流通者、最精美者。其商業之勝利。可造左券也。凡我商人。曷加意於斯乎。

推廣商品銷路之方法

陸鍾秀

推廣商品銷路。爲商業上最重要之事件。蓋商品銷路之若何。於營業上生莫大之關係。故該方法爲營商者所先決之問題。今擇其著要而通行且合於社會上一般人之心理者。論之如下。

一、預約推廣法（The Precontract Method）　物品未出或未到之前。先說明商品之內容實質。且低廉其價。而預爲募集買主。以資推廣。於是可知社會上對於此種物品之功用及銷路。以定製造量數。此法今盛行於書業。

二、廣告推廣法（The Selling way by Advertisement）　此法宜特別注意。蓋爲吸引顧客之第一手段也。故於商業之盛衰大有關係。不可不詳加審慮耳。其法有六。(1)於新聞雜誌上登載告白。或揭示於通衢。(2)商品之陳列。(3)分布各種商品之樣子。(4)出品於博覽會及陳列館。(5)用汽車汽船巡廻於繁盛之都會。(6)刊布定期印刷物等是也。此皆足以刺激一般世人之感動。而引起其需要也。故今日商業之所以能發達。大半得力於廣告。而以上之六法中。尤以於新聞雜誌上登載告白爲最多。蓋價既廉而效力尤大耳。

三、分送精美商品目錄（To send the finest Catalogue for Commercial goods）　此法大半實行於外商。我國罕有之也。蓋非有大規模大資本之商店。決難實行。因成本頗鉅。小規模之商店無力爲之耳。

四、獎勵推廣法（Present or bouns on buying）　此法現今亦頗盛行。亦最易吸引顧客。該法分二。(1)買滿若干。另加贈品若干。愈多愈贈。(2)得彩法。即預定數種彩獎。編成號數。以爲顧客摸彩。若購若干以上。則可摸彩一次。其法亦最新穎者也。但寓有賭博之性。是亦不能稱完美者也。

統上觀之。要以廣告推銷爲最善之方法。費廉效大固也。而有普徧之主義。故上至大商下至小販均能得推廣之效也。

經濟與商品

金銀比價在金銀同等重要時常爲一律之原因

李侶

經濟上之觀察，凡物價低落則需要者衆，然需要既多，則價格又貴，價格既貴，則需要又少，而價格又低落，故物價常趨於平衡，金銀同等重要之時，苟非生產率不同，其比價亦常相平，即是理也。今設二單位國間，於金價騰貴時，金本位國因用銀國家必減其購買力，則於其輸出額亦受影響，而輸入增加，因輸出入關係，則需要匯票者多，供給匯票者少，供少於求，使銀價增高，而銀本位國此時呈反對現像，因求少於供，使金價低落，及金價低落，金本位國因輸出匯兌之得利而增加，則輸入減少，於是需要匯票者少，供給匯票者多，供多於求，則銀價又賤，銀本位國因求多於供，則金價又貴，金銀相互漲落，直接使一國之輸入額變易，變易間接對匯兌有升降，故其比價常爲一律也。

論生產與消費 Production and Consumption

華鍔

生產者。非謂眞能創造貨物自無而有也。乃吾人類。僅就其天然之產物。變其性質。換其形體。更其位置。增加財之價值而已。化天然物而爲有用之物。化物爲財。而後使之成一種價值之行爲也。論其要素。則土地、勞力、資本三者是也。有土地。斯有原料。有勞力。則可變原料之形狀或地位。有資本則造成工具。或爲付代金與勞銀之用。三者缺一。即不能完成生產之手續者也。消費者。謂人類非眞能消費貨財。乃消滅或減少貨財之價值耳。消費之種類。則有人爲與自然兩者。而人爲消費。又可別爲有爲與無爲。而有爲消費。常以生產爲目的。故亦曰生產消費也。由此可知。生產者。非創造貨財。乃增加貨財之價值。而消費者。亦非消費貨財。乃消滅或減少貨財之價值也。然生產與消費二者。國家財力之消長係之。凡生產逾于消費。則社會之資力豐厚。國家富强。消費逾於生產。則民貧國弱。故定國家貧弱富强。可視其生產與消費二者之比例爲何如也。由此觀之。國家應獎勵有利之生產。與補助生產之消費。使原料盡爲己用。地無遺財。民無坐食。產物可達四方。反觀我國經濟窘迫。已至極點。民性奢侈。日益熾盛。外貨日進。奪我本國土產之銷路。生產少而消費衆。財源之不充可知矣。國焉得而强富哉。

華茶改良法

辛克庭

關於改良華茶之法。列表以明之。

華茶改良法

- 商人方面
  - 種茶
    - 一方由茶戶施工壅肥—或自種或購茶山使成正式之茶園
    - 一方由茶商多組織公司—用專家司理各事則工省而出產增
  - 製茶—效法印日茶公司用烘乾室自動機分罐裝載
  - 銷茶—組織大公司以擴張內外貿易凡種茶製茶賣茶均由公司爲之分別銷售力與銷售法
- 政府方面
  - 治本之法—設立公共機關選專員司其事分設於各重要地督令各茶商改良種製及國內外自運自銷之策又立茶叶研究所編製近代產銷統計表並派專員駐國外市場調查報告常開茶叶品評會請中外茶業專家分別評論以定優劣
  - 治標之法
    - (1)設檢驗所—以取信外商舉凡顏色光亮皆有準繩以屏外人種種指摘之言
    - (2)減免苛稅厘金卡稅—而進口關稅並重征以免印茶入口
    - (3)補助廣告—對中外報章多登長期廣告並各類圖寫等之招貼木板大廣告以及試用法與分贈法借與印日茶相抗不妨由政府每年津貼廣告費以利發展

振興絲茶之我見

夏衡

中國商務。以絲茶爲最鉅。自日本意大利法蘭西皆出絲後。而中國之絲業滋衰自外洋通用印度錫蘭爪窪之茶而華茶之出口者亦少今欲振興非重立新章不可茲畧述於下

一、齊價　新茶新絲既出後須同行公議視貨色之差等以定價值之高下若有私自貴賤者全貨充公。如此則出售而價不貶即不售價亦不貶外商知價有一定絲茶一出自無不爭相購買矣。

二、去弊　中國絲茶之弊不一端。絲則或不淨。或染油。或雜以亂絲。茶則或採摘不時或炒

工不足。或色不豔。或味不佳。或暗中摻雜。有一於此。皆足壞市面而塞銷路。必去絕淨盡。乃可振興。

三、歸一。　中國絲茶各商。大半散處。不相聞問。故弊端自此而起。宜令各處行棧合成公司。毋得獨開生面。庶聲氣聯絡。得以互相關照。外商雖黠。亦無如之何矣。

凡此三者。固皆振興絲茶之要策。然此爲治標之策。至治本之策。則改良育蠶種茶方法。尤爲振興之要策。夫以中國蠶力較各國爲大。茶性較各國爲純。苟能革弊而改良之。則我國之絲茶。不即振興者。吾不之信。

會計

原料之佈置及計劃

李侃

製造廠中，所用之原料，不下千百種，苟無一定系統之排列記號，而强記其固有名稱，非徒實際所不能，抑亦理想所不可也，欲求其易於檢查，必設一易於記憶之法，與以行次序之號數，代其名稱數量等，是則所謂記帳號數 Account number 是也，

記帳號數處理最良之法，莫逾於 Melvil Dewey 所創之小數制 Decimal System 者，其法，點之左，記原料名稱之代表號數，點右則示大小形式等，原料名稱之代表號數，由其原料之多少而定，在十種以內者，用1至10之號數，至一百種者，用1至100之號數，設某種原料尙有詳細分類者，則於原料名用A，B，等表之，其詳細分類用1，2，等表之，又有時因點之不易注意而改爲圈者，今舉實例以明之，設A代普通分類之鐵，3代詳細分類之騎馬釘，以釘之長度示於點右之第一位，厚度示於第二位，釘頭之形式，示於第三位，釘長二吋，代表號數爲6，厚度一吋之5－8，代表號數爲4，頭爲圓形，以2代表之，則書爲A3.642或A30642，此制既省時間，且有系統，便於記憶，尋査之時，依此號數即可，而製存貨表亦簡，此實近世無論大小之工場，其原料佈置之最良法也，

簿記上貸借之原理

李侃

我國舊時帳簿，有收付二項，言收入者，金錢之收入也，言付出者，金錢之付出也，金錢以外之物，無收付之記載，售出器具而得現金，則於收欵之簿記之，（例：收售器具大洋一百元，）購入器具而付現金，則於付欵之簿記之（例：付購器具大洋一百元）凡不關於現

金者，多不記載，蓋以金錢爲記帳之標準也。

若複式簿記，有貸借二方，即收付是也，其記帳不以金錢而以價值爲標準，收入者，價值之收入也，付出者，價值之付出也，故凡物之有價值者，皆記之。

價值二字，依經濟學上言之，凡物能滿人之欲望者屬之，常以金錢定其高下，收入一物，即收入若干金錢價值，（但金錢亦爲商品之一，本身自有價值，因該價值常不易變，故爲各物價值之代表，設收入一元，即收入其價值耳）故購器具而付以金錢，則收入器具一價值，付出金錢一價值也，例如購之以銀元三百元，則收器具價值三百元，付銀元價值三百元也，而昔之僅記付出一方者，今則收付皆有，故複式簿記，有收必有付，而其價值必相等也。

有價值之物，不僅有形者也，如債權債務損失利益，亦有價值之存在，而價值乃有有形無形之分。

有形價值者，指實物之價值也，如購器具付以金錢，二者同爲實物之交換，其收付平均，固甚明瞭也，若無形者則異是，如貸與某甲銀元若干，付出銀元固實物也，而無物可收入，但其時必收入一借票，以示吾之債權增加，即以實物之金錢，而易以無形之債權，及收回時，則債權消滅，即以此無形之債權，而易以實物之金錢也，如向某甲借銀若干，收入實物之銀元，付出一非實物之債務，即以無形之債務，而易以實物之金錢，及清償時，即以實物之現金，而易以無形之債務也，如此則凡債權債務，雖非實物，亦以之作爲一物矣，言乎損益，理亦相同，損失者，付出金錢之價值，而收入損失之價值，即以實物之金錢，而易以無形之損失，故損失可視爲無收回之債權，利益者，收入金錢之價值，付出利益之價值，即以無形之利益，而易以實物之金錢，故利益可視爲無清償之債務，於是利益損失，亦如一實物矣，其收付之情形如下：

收方　1實物　2非實物（債權，損失）　付方　1實物　2非實物（債務，利益）

總言之，複式簿記收付之原理，不以金錢收付而以價值收付爲準，無論其爲有形物抑無形物，增加價值者爲收，而減少價值者爲付也。

期結報告應注意之要點

孫保琳

結算者，營業主於一期中，欲知其營業狀況如何，而行之事也，對於結帳單 Balance Sheet 及損益表 P/L Statement，應特別注意，以查何者爲費用，何者爲損失，何者爲利

公益商業中學校第二屆畢業刊

益，何者爲利息，旁及資產負債之如何排列，以資改良其營業也，

費用與損失，利益及利息，在簿記員之處理，多無分別，而實則差異甚大，費用可收回並可預計，損失不可收回且難預測，原料之因天然而減少，是損失也，運貨之運費，是費用也，費用作爲原價計算而損失則否，故營業主須依此設法以免下屆損失之虞，損益帳上之營業管理二部，記載費用，普通損益一部，則記損失，利益者，對企業之報酬，利息不過因資金貸出而得之報酬，非營業上本來目的，營業管理二部僅記利益，而普通損益部則記利息，是二者簡易之區別。

結帳單示一期資產負債之情形，比較兩方性質，而後知其營業之固否，流動資產比流動負債爲多，其營業地位，必甚穩固，故其排列，應極注意，普通於資產排列時，先爲流動，次延遲，故後爲固定，負債亦然，苟排列紊亂，則於記算頗不便也。

成本會計各帳互相之關係

孫保琳

屬於成本會計之計算者，共分五部，每部各有帳一種，即現金帳，原料總帳，成本總帳，成貨總帳，營業帳是也，各種依其排列之順序，互生關係，

現金帳之付出，約有二種，一購原料而由原料總帳上收之，一付直接工資及各間接費用，記於取用原料單 Stores Requisitions 之補助帳上，製造部以取用原料單呈於原料部索取原料，則原料總帳付出，而成本總帳照取用原料單上之原料，直接勞力，間接費用之數記之收方，及貨既成，以成貨單 Stock Debit notes 之記載，載諸原料總帳之付方，成貨總帳之收方，至接到定貨單 Merchandise Orders 時，則于存貨總帳付出，營業帳收入，貨既售出，收入現欵，則現金帳收入矣，該帳收付之差，是爲製造上之總利益 gross manufacturing Profit，其關係成一圓形，圖表如下：

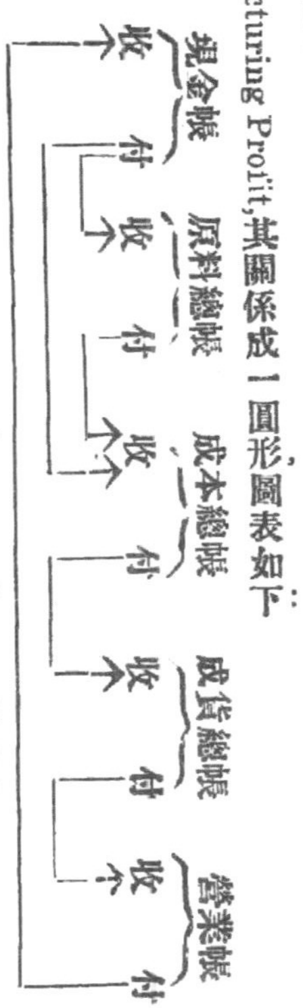

成本會計中原料部存貨之整理

嚴厚栽

原料部存貨表上所載存貨之數，常與實際所存者不符。蓋原料運輸之間，常有不能免之損失。如蒸發，磨損等是也。故原料部發出之數，須較製造部所出之原料取用單 Stores Requisition 上所載者爲多。蓋所以防半途之損失，而致製造部不敷所用故也。此種損失。

雖若甚微。然積久之。則其所失。亦非鮮矣。故必有一整理之法。今述之於下。

會計上整理之法。首查實際存貨而記于存貨目錄片 Tally Card 上。一方于原料總帳上。記其少去之量。而不改其價格。如鐵塊十萬塊。每塊價一分。則共値銀一千圓。而實際僅爲九萬九千六百塊。則于原料總帳上。減去四百塊。價格仍爲一千圓。則每塊爲一・〇〇四分。而原價則不變也。

但有時差額過大。則此法不適用矣。因成本過大。將來於售貨之時。必致多感困難。故須以其所差之數。由原料總帳付出。而過至普通總帳存貨整理帳之收方。作爲損失。於營業期終了之時。由損益帳整理之。假如查某種原料減少若干。其價格爲銀一百圓。則分錄如下。

存貨整理	100.
原料	100.

如此記法。對於成本可減輕。售貨則甚易也。

無錫大陸大藥房廣告

本藥房開設北門外
大橋街中市專運泰
西各國醫藥原料診
療器械照相材料各
種上等洋酒化學工
業要藥注射新藥化
裝妙品一切補品自
製四季家用良藥並
極靈驗之夏令急救
時疫藥水各品定價
從廉倘蒙各界光
顧無任歡迎

本主人謹識

和 平 耐 勞

文苑

論說類

說鐘

安文奎

鑄銅爲鐘。鐘何所用。曰、善發聲。故用以爲萬舞者歌。鐘也。用以爲聚衆者警。鐘也。春夢婆娑。驚聞報曉之鐘。飢腸轆轆。駭聽飯後之鐘。豪門之鐘。用以列鼎會餐。學校之鐘。用以召集生徒。釋道之鐘。用以禮拜懺悔。推其所以用之之故。不外乎大叩大鳴。小叩小鳴。善能發聲而已。鐘聲所至。罔敢或違。君子聞鐘聲則思武。庸人聞鐘聲則知警。聞梵鐘之音。宛悟禪機。聞孔廟之鐘。肅然起敬。鐘聲之感人亦深矣。或曰。鐘之聲。何自發。曰發於銅。曰實其中而擊之。不鳴。空其中而置之眞空中。雖竭力以擂之。而聲亦勿之聞。聲果何自而來耶。曰、發於銅而傳導於空氣耳。非聲則鐘失其用。非空氣則聲無所聞。然則鐘之所以爲用者。實空氣是賴。故鐘之所以空其中者。爲貯空氣也。簨簴以懸之者。爲增空氣之面積也。今實其中而失其空氣。雖擊以巨梃。其聲何可得而聞哉。雖然。凡物不得其平則鳴。今以銅鑄鐘。與以銅鑄幣。均之銅也。而鑄爲鐘。則曰此黃鐘大呂之聲。鑄爲幣。則詆之者曰銅臭。一重視之。一賤視之。不平孰甚。將毋鐘之鳴也。亦正藉空氣爲之傳導以鳴其不平者乎。抑天下之不平甚多。特假物之善鳴者以代鳴乎。夫鐘固善鳴者矣。吾聞亞之東有睡獅焉。豺虎熊羆。環其左右。嚙其首。噬其腹。而獅則黑甜鄉裏。好夢正濃。有能擊鐘以醒之。使吼其嘈咗之聲。俾衆獸皆俯首帖耳者乎。吾當名之曰、醒獅鐘。

文思如水銀瀉地無孔不入奇甚奇甚

平等辯

朱銘嘉

歐化東漸。共和政成。自由平等之說。人人皆以爲口頭禪。而詮解謬誤。眞意全失。此不可以不辯。等是人也。含生負氣。同圓顱方趾。同以至權利義務。無不同。此平等之謂也。今之倡平等者。謂共和國家。人人有當兵納稅之義務。卽人人有受法律保護及選舉代議士之權利。斯固然矣。若夫家庭之間。父母盡鞠育子女之責。子女盡孝養父母之道。此乃日月經天。江河緯地之大義。故謂父與母平等可也。子與女平等可也。謂子亦與父平等。女亦與母平等。其可乎哉。間嘗論之。五倫之中。朋友相對待。可云平等。夫婦稱敵體。可言平等。兄弟如手足。

名次之先後以年劃多少爲序

猶可謂平等歟。體既更。君臣禮廢。今之總統。即國之公僕。尚無不可以稱平等。獨至父子一倫。名分森然。子不祗厥父。且猶不可。況可平等視之乎。由是以推。父復有父。子復有子。於是乎有祖孫之序。且也親其所親。人必有父黨。有母黨。祖孫父子伯叔甥舅之屬。平等乎。不平等乎。如必泯其等級。無尊卑。無長幼。無上下。則是借父耰鉏。可以有德色。母取箕帚。可以立而誶語。冠履可以混淆。而手足可以倒置也。俱孰甚焉。孟子曰。從其大者為大人。從其小者為小人。大人小人。可謂不平等之至矣。又曰。物之不齊。物之情也。故地有高原。有下隰。水有河海。有潢汙。山有泰岱。有培塿。推之獸有虎豹。有犬羊。性之善惡不平等。鳥有鴻鵠。有斥鷃。質之大小不平等。木有梧檟。有樲棘。材之良賤不平等。何獨至於人。必强不平以為平。是何說也。班氏古今人物表。區分九等。其言雖不必盡確。要之人必有等。猶之堂必有階。階必有級。可斷言也。嗚呼。平等之說既起。則中國數千年德行道誼。與夫尊尊親親之義。必淪胥以喪。而少陵長。小加大。賤妨貴。禍中國者。必此言也。夫余憂之。余痛之。因作平等辯。

文思充沛。不為題囿。詮釋精當。說理上選。

說宗教所以濟法律之窮

杜武錢

法律之用果何在乎。曰所以防閑人民。使不為惡也。道德之用果何在乎。曰所以督責人民。使不可不為善也。若天下人人能在道德範圍之內。則法律固無所用也。且道德惟讀書明理者知之。奸邪桀黠之徒。不可以言道德也。然天下之為惡者。多為奸邪桀黠。而讀書明理者。知法律之不可違。道德之不可悖。而不敢為非也。奸邪桀黠。不知道德為何物。又不知法律係何用。故作奸犯科。無所不為。由是觀之。道德祇可導君子於為善。不能阻小人於為惡。欲阻小人於為惡者。其惟宗教乎。夫宗教設輪廻因果善惡報應之說。於杳渺之中。若有若無。以迷若輩之心。而使免於為惡。故法律之所不能治者。宗教能治之。然有宗教而法律即可廢歟。曰不可廢也。白蓮教宗教也。八卦天理等教亦宗教也。若無法律而任其流行。則天下糜爛矣。故法律者。亦以禁不法宗教之萌芽。而純正之宗教。可以濟法律之窮也。

意精辭湛。卓爾不羣。

說愛

杜武錢

博愛。美德也。而所以用其愛者有別焉。蓋愛其所正而不愛其所不正者。君子也。不愛其所正。愛其所不正者。小人也。君子愛人。小人愛己。君子之愛曰公。曰德。小人之愛曰私。曰利。人飢己飢。人溺己溺。禹稷之愛也。一夫不獲。時予之辜。伊尹之愛也。老安少懷。孔子之愛也。先憂後樂希文之愛也此皆君子之愛其正者也充其類可以齊家治國平天下功名利祿可以榮我者小人愛之子女玉帛可以樂我者亦小人愛之充其害可以喪身亡國故桀紂以愛色亡湯武以愛民昌蓋必能愛人者乃能愛物能愛物者乃能愛己君子之愛人愛己也小人之愛己害己也愛其所當愛不愛其所不當愛者斯謂之博愛若不明是非不分善惡而泛愛之此墨子之兼愛佛氏之慈悲未得乎性命之正非仁者之所謂博愛也

辭旨純正能見其大

日本地震爲中國振興工商之一大機會

辛克庭

誠哉日本今日之地震爲我國振興工商業不可多得之良好機會也夫以蕞爾日本經數十年之慘淡經營國勢雄厚工商發達執亞東商業之牛耳舉凡我國著名輸出品若絲若茶昔日暢銷於歐美市場者至今無不爲其所奪以致絲茶各業一落千丈是雖我國墨守舊法不知改良之過抑亦日本狡詐百出臨機善變迎媚東西各國能迎合人民心理有以致也今也天作之災轟然大震慘遭巨劫工商事業大受影響雖日人富冒險進取之心而又長於創建然東京橫濱全國精華薈萃之區盡付一炬元氣沮喪工商蕭條非有十數年休養生息不克恢復舊觀且國內之秩序紊亂未復則國外貿易必受影響蓋原料少則商品乏商品乏則貿易稀工商呈衰敝之象而金融有恐慌之形矣故近日日商之棉茶絲業市面下落遠不及未經地震以前加以人民日用之具灰燼無餘衣食缺如自給不遑勢必仰求他國以苟延殘喘而濟目前之窘更何暇謀擴張國外貿易哉然則斯時也非我振興工商業之大好機會乎又況吾國沿海諸省密邇東瀛運輸便利非歐美之遠涉重洋可比設政府採保護貿易主義減稅卒裁厘卡以輕商人之負擔推廣商品之銷路而全國人民復急起直追改良製造乘日本之敝取而代之則十年以後我工商前途安知不能駕日本而上之哉若長此兄弟鬩牆操戈同室因循坐誤失此時機一轉瞬間日本之元氣已復而我工商之衰敝如故則與坐失西歐大戰時之機會等耳顧不重可惜哉

氣勢蓬勃語語精當

秦始皇焚書坑儒論

倪丕烈

秦始皇焚書坑儒論者謂其殘暴不仁蔽塞民智實爲名教中之一大罪人余竊非之間嘗攷周室之所以見滅六國之所以兼幷實以諸侯擾攘王室凌夷故始皇得以乘機蕩盡於是廢封建設郡縣去井田開阡陌是所以矯三代之弊固立國之基也彼淺學迂儒紛紛誹

和平

議或謂廢先王之法罪在不逭或謂棄封建之制禍且不測甚且牽之於書詆爲虐古始皇武勇果斷彼迂儒之論固不足聳始皇之聽豈不足亂黔首之心若果任其橫議黔首益惑天下之亂不難立見始皇收天下之書而焚之逮天下之儒而坑之所以安黔首奠國基也且千古無不弊之制因時制宜豈宜墨守五帝不相復三王不相襲封建井田之制行之於三代則宜行之於秦漢則否蓋三代之時民心淳朴人口稀少干戈罕起田畝有餘封建井田之制是以可行迄乎春秋諸侯之利欲日熾戶口之生殖日繁此制已不可行況逮强秦統一之時哉迂儒無知妄議是非卒遭坑戮是則非始皇坑之實迂儒自坑之也豈足爲始皇之過哉迂儒不坑則民心不安大難立見而雄偉强悍之秦不難立兆分裂是始皇之焚書坑儒非始皇之樂於焚書坑儒亦非始皇之必欲焚書坑儒實勢之不得已也使始皇而樂於焚書坑儒始皇而必欲焚書坑儒則彼青臣李斯之徒非儒者耶何不并此而坑之醫卜種植之類非書冊耶何不并此而焚之始皇之焚書坑儒其旨已昭昭然矣或曰始皇既忌迂儒坑儒足矣焚書何爲抑知迂儒之論由於食古不化迂儒雖坑焉能保後起者不亦猶迂儒之挾書妄論也此始皇之所以并書而焚之也夫闇昧無知之主尙知書爲可貴儒爲可珍乃以革弊變法武勇果斷如始皇者獨不知貴之珍之耶蓋亦以書有不足貴儒有不足珍者有以致之耳嗚呼始皇革弊而焚書坑儒此始皇之所以爲始皇此始皇所以卒爲我國變法革弊之先主而爲後世可感可服之偉人也吾於斯舉吾有以知始皇矣

高譚雄辯得未曾有

論中國舊時文學優劣點之所在

倪丕烈

論世界之文學以吾國爲最古論文學之內容又以吾國爲最難此各國所公認者也及歐化東漸文明日進科學繁多光陰寶貴時間經濟於是維新之徒共斥舊文學爲無裨實用而羣趨於新文學夫舊文學之所以難者因其偏於華美耳然惟其華美故舊時文章音節和諧辭藻艷麗意趣淵深含蓄不盡此六經諸子及漢唐以下之文所以能使學者百讀不厭與味濃郁也然則舊文學之優點固自有其不可湮沒者在也但爲文而徒泥音節專尙辭藻則文學之用僅爲弋取功名富貴之羔雁及供給少數文人學士之研究而中材以下焉能明晰普及教育云乎哉此固舊文學之劣點無庸爲之諱言者也且魏晉以後專致力於駢文雖堂皇典麗而無裨實用有宋之時道學昌明紙上空談亦無實益此等文字均不足以促進世界之文化何足取哉降至近世舊文學既難普及自宜設法改良先其實際而

耐勞

後其華美若視舊文學如涕吐以爲槪不足取而專趨於新潮流則高尙之著作優美之意趣何由傳達後世使千百年後猶膾炙人口耶且也西洋作家皆研究古文若希臘拉丁等文無不精益求精故其文學可以永垂不敝吾國民之醉心新文學而詆舊文學爲槪不足取者亦可以反矣

筆機爽利一氣呵成

宋和契丹論

凌宗墨

國之興不興於興之日必有其所由興國之亡不亡於亡之日亦必有其所由亡興亡之機庸人昧之識者知之如宋之天下人謂其亡於金予謂非亡於金也亡於契丹也亡於和契丹也使澶淵既勝以後眞宗能聽寇準之謀不議和而議戰是時韃靼已亡敵無良將而宋則六師用命諸帥協和天兵所向勢若摧枯何難長驅直擣殲彼醜類復燕雲已失之土使之割地求和城下請盟哉誠如是則宋之天下可百年無戎狄之患矣靖康之禍胡爲乎來乃計不出此偸目前之苟安以不戰爲仁而小不忍者亂大謀貽噬臍之後悔以議和爲智而無遠慮者有近憂厥後欽若進讒寇準遠徙慶歷以後兵額愈多財政愈絀而國事亦日非神宗之時與遼分界坐失山後之地七百里而金兵之開釁已兆端於此矣謂非契丹之和有以階之厲哉洎乎二帝蒙塵中原鼎沸後之子孫卒以和議誤國吾不禁爲趙宋悲者爲中國悲也

氣盛言宜筆無滯機

對於救濟日本震災之我見

陳德章

日本我之仇敵也人民所切齒今天降巨禍猝遭震災吾人聞之當欣喜之不暇何救濟爲雖然幸災樂禍君子所恥救災䘏鄰春秋之義况日本與我同處亞洲徐福之裔秦人之後也今遇慘刼胡可坐視而不一援手乎考此次日本地震之烈亘古未有其被災以東京橫濱爲最甚樓台焦土山河易位昔日繁華盡成灰燼嗷鴻徧野有力難奮苟無鄰國以濟之則被難之人非死於飢即死於寒非死於寒即死於病數百萬災民繫生命於仁人君子之手能不哀哉幸歐美各國踊躍救濟我國人亦不吝解囊慨捐巨資中央政府甚至有加關稅弛米禁之議如此熱心拯救在日人方面誠當北面而頂禮感激而涕零矣雖然救人固大德也惜乎籌欵之道尙未得當焉夫隣災之所以必弔唁者表親愛之誠耳若賑欵之多寡則必內審諸己量力爲之在富者雖助萬金不爲多在貧者即捐一金亦不易而世俗不

察以多爲槃釣名沽譽舍己耘人抑亦謬矣我國貧乏已極民力久疲自救不暇遑能救人況加關稅而弛米禁哉夫米民食之源也源大則饒源小則匱鬻者米有出口之禁所以表示米之產額不足以供外也今弛禁以濟人是奪己之食而與人食在鄰國固有益矣其如本國人民何此米禁之必不可開者也加關稅者是間接加全國人民之負擔也稅重則物價貴物貴則人民之生活愈艱際此連年水旱之秋而更重其負擔烏乎可此關稅之必不可加者也嗚呼弛禁之議倘未成爲事實而目前市況米價已逐步增漲是日人未受益而吾民已被害此所謂從井救人何計之左也抑吾又有感者此次日本地震吾國僑民之被災者計亦不在少數乃國內同胞未聞籌若何之救濟即有之亦遠不如救日災民之熱心豈同胞之生命不若外人之尊貴乎抑濟之自有其時歟吾於此端不禁徘徊太息不置也

高譚雄辯咄咄逼人

今年雙十節之觀測（民國十二年十月一日）

殷樹菁

火樹銀花金聲玉振客歲國慶日之盛典甫逝乃日月飛丸韶華流矢今年雙十節之良宵又屆白露需空素月流天節序猶昔秋景依然而世事變遷時局已非矣今夫蘇督齊燮元曹仲珊之心腹也浙督盧永祥張作霖之爪牙也一屬直系一則奉派雙方之仇視有如水火之不相容冰炭之不相共也此次之江浙和平會議豈果有意爲社會謀福祉免蒼生於塗炭乎蓋迫於各界之專電呼籲外僑之生命財產焉耳夫和約之締成既非出自雙方當局之誠心而欲求其能保持於永久者此必不可之事也江浙之危機既如此而北京國會又將於今歲之雙十節舉曹錕爲總統錕既當選則直系諸將均受優寵奉皖諸派必一致反對而吾江浙之兵禍將胚胎于斯矣戰爭之地點如江蘇之宜溧浙江之湖衢與夫安徽之廣德建平皆爲將來槍林彈雨之鄉健兒流血之所在昔江浙戰鬥之地本在上海吳淞等處此次因上海爲全國商業發達之地外人生命財產附麗之區而吳淞更爲貿易之要港故申淞決無兵燹之災而他處則隱受其害倘一旦變起蕭牆戈操同室則不徒江浙糜爛已也全國人民罔不直接受其影響何則江浙爲物產富庶之區實業繁盛之地一呼一吸動與國內人民之需要供給有密切之關係故戰端不啟則已不幸而爆發必致舉國騷然海內鼎沸而大局不靖矣然則今年之雙十節非國家慶祝之日實軍禍醞釀之時耳

論事有識

諸葛亮未出隆中已識三分天下論

陳鍾秀

能建非常之功者。必具有非常之識。識見不精。而躁急以求進。身則所爲無非近功小利而已。此古之豪傑。所以不岌岌於苟合也。漢獻帝建安之際。羣雄並起。割據中原者。指不勝屈。是時才智之士。莫不各事其主。以取富貴。惟諸葛亮高臥隆中。以管樂自況。而不預世事。設無昭烈帝三顧求之。後世之人。且將比之於欺世盜名之隱者。而譏誚之。詎復知其經濟之宏。而抱道之篤哉。蓋其時王綱不振。天子徒擁虛名。而曹操奸雄。假名自逞。士之眞心爲漢者。爲肯俯首賊臣。自遺惡名於後世乎。此諸葛亮所以深自隱晦。不求聞達。寧與草木同腐也。雖然。世事縱不可爲。而經猷乃不得不具。故行義以達其道。本乎隱居以求其志也。否則平日雖有斯人不出如蒼生何之美譽。一旦得遇知己。政柄獨操。而作事乖張。毫無裨益。是誤人適所以誤己。豈不爲天下後世笑哉。而亮則於未出隆中。昭烈帝尙在困迫之秋。即已預料荆州可取。巴蜀可資。終成三分鼎足之形。及其一出茅廬。竟爾攻無不取。戰無不克。獻替昭繼。而正統以成。非上知天理。下究人事。胸涵冠代之略。才蘊帝師之算。烏能若是之前知歷驗之不爽也。周公瑾。魯子敬。荀文若。諸人才非不高也。智非不深也。而所事不正。終不免於失身篡賊之譏。是以文若晩節頗悔。前此佐操之非計。欲以正道自救。而未能。忿然自殺。抱恨千秋。從可知有才而誤於所事。雖建功立業。亦無足取。況乎有名無實。不擇其主。惟知榮利。而不顧背逆者。豈非諸葛之罪人哉。嗟乎。士之不遇。不過無名。而擇主不愼。且將遺臭彼時。才智之士。知此理而自甘隱晦者。不知凡幾。豈特司馬徽。崔州平。諸賢士哉。而諸葛武侯遠矣。

憂患所以生人論

論古有識辭旨明暢

樊宇淸

勢位富厚。人世之順境也。晦盲否塞。人世之逆境也。人之恒情。孰不欲居順而去逆。而君子之處世。乃獨取乎逆境。而不願多處順境者。其故何哉。誠以富貴利達之來。皆由天定。不以其道而得之。不能久享也。夫人生於世。宅心爲要。身安舒而心汨於欲。雖生猶死也。彼世之祇求身安。而不求心泰者。亦終勿思已耳。嘗考孟子之時。一急功圖利。廢仁蔑義之時也。故孟子列舉古來聖賢所經之事實。俾世人咸知憂患爲有益於身之事。非有害於人之事。愼勿岌岌焉以求去其憂患爲慮。蓋心不離於思、者爲憂、心常懼事之害、者爲患、思久而純則神明通於夢寐。而至理可得。懼害既多。則處事精詳。而所爲必善。理足氣充。而善行昭著。豈不現面盎背。生機活潑。而體胖神淸哉。觀於此。則可知人生之不幸。在無憂患。在有憂患而不能善用其憂患也苟能善用其憂患勞神焦思以求吾心之所安則終必有左右逢源鳶飛魚躍現諸吾目前之一日也是憂患烏足以傷人哉而生於憂患之一語孟子又豈欺我哉嗟乎境異情遷庸衆常然若君子之存心本以義理爲依歸初不以境遇爲變易是以飯糗茹草終身不必爲困富有天下貴爲天子亦不見有一毫之自滿求其性命之眞全而不求外遇之順適聖賢大抵然也然則孟子所言非爲賢人君子而言實爲因循苟且貪安喜逸不善居於憂患之人而言也雖所引之事皆指歷代聖賢而言而所示之的皆因鄙夫俗子而發使之知憂患自有莫大之益不可不守分安命以待天時之轉變非然者文武成康均生而爲儲君長即登大寶何嘗由憂患而得亨境者孔子顏回飯疏陋巷終身在困厄之中又何嘗因憂患而得權位者於以知憂患之生人所以勸憯背而不肯隨分者也生人之生字非專指身體之生活也天爵既修則人爵自至即或不至而心泰神舒豈不愈於身居富貴而神已先亡哉彼薰心於利欲而憂其所不當憂患其所不當患者曷勿以孟子此言而熟思之

精思詳辯如剝繭抽絲

說宗教所以濟法律之窮

繆天定

法律之窮濟以宗教非宗教勝於法律也因法律懲於已然而宗教懲於未然故也夫法律所以致平治宗教所以維法律故法律不可一日亡而宗教亦垂千年而不滅蓋常人之情其畏有形之懲戒每不如其畏無形之禍福法律予人之懲戒是有形之畏也有形之畏人得而避之可僥倖苟免於法律之外宗教予人以禍福是無形之畏也無形之畏人不得而欺之無所逃於宗教之中法律懲於有形且予人以苟免之心於是惡者不肯自以爲不善而不肯者且將竊仁義之名以濟其盜蹠之行因之有譎曲以爲直者飾非以爲是者而法律爲之窮矣禍福降於無形每示人以不測雷霆霹震於空中愚者不知其然謂是神之所以懲奸也偶有觸電而死者人愈信之即不必轟轟焉日聞其聲而常若有雷霆之震乎其上何也爲其不可測而不可僥倖苟免以逃避也彼宗教家常語於人曰禍福自有其主宰悉舉而歸之於神故佛教之徒登於莊嚴之殿凜凜若釋迦牟尼之臨於其上而爲之主宰也耶教之徒入於禮拜之堂亦凜凜若上帝之臨乎其上而爲之主宰也是故因善而獲福者則咸曰是神主之所以勸善也有因惡而獲譴者則咸曰是神主之所以懲惡也由是莫不束身自愛不敢不去惡而從善以冀神主之默佑而助我夫然則人人懾於法律之嚴

公益商業中學校第二屆畢業刊

而憚於宗教之罰相戒不敢爲惡人羣亦以之平治故法律所以懲宗教之敝而宗教亦所以濟法律之窮也是則宗教法律二者之名雖異而其維治社會之秩序與使人去惡而從善之宗旨則一也

氣充辭沛筆力雄健

說遊學

繆天定

學以遊而益進信乎其說之不虛也予觀孔子周遊列國而春秋作太史公足跡幾半天下而史記成子美太白崎嶇於齊魯秦蜀荆湖之間而成一代之詩家蓋游可以豁胸襟暢心懷吸自然界之美景凡滄海桑田之變遷城堡關塞之險要人情風俗之異同苟非身歷其地不能知其底蘊徒泥昔中之陳言未足以爲信也且游亦未嘗非學也覽往古之遺跡觀山川之名勝而於斷碣殘碑之文錄而誦之英雄豪俊之跋摹而憶之則亦未嘗於學無補也然則謂學必求之於書舍書之外竟不能得者豈通論哉或曰如子之言則求學可以廢書籍徒遨遊天下足矣是又不然夫孔子周游列國之時道已大明太史公足跡未半天下之時學已聞世而子美太白崎嶇齊魯秦蜀荆湖之時其所爲詩亦已膾炙於人口由此觀之舍學遨遊而卒能成學者亦未之有也要之學以究古今之事理遊以證事理之實在學與遊固相輔而行不可偏廢也

松風水月之清華仙露明珠之朗潤

記敘類

遊東大池觀桃花記

陳德章

耳東大池桃花之盛者有日矣以校課繁冗無暇領略甲子三月某日姑與同學子一採其勝至則碧草滿地山容含笑波光蕩漾映岸上桃花盡成絳色池廣數十畝數年前經開原鄉人陸氏培之所修濬引流鑿石中築亭台繞池四周種桃花萬樹以爲邑人士春日游覽之所時山屐無聲遊囊匿影鳥啼林靜如奏笙簧夾岸桃花奇葩爭放爍若紅霞傚步其中輕風拂衣袂飛紅點襟上心曠神怡飄然有出塵之想舉校中伊唔之苦胸中塊壘之氣盪滌淨盡因以爲陶靖節所述武陵源猶在人間也陸君謂予曰物之廢興成毁不可得而知也大池之在昔荒草野塘荆棘縱橫牧童樵叟且過而陋之方是時人豈知有東大池耶池

既不名則桃花奚植吾儕又安得優游於此乎今則不然池固猶昔而桃之名池之勝已爲探奇好遊者所共賞然後知天然風景必藉人工之點綴而益著人工之點綴又藉天必然者爲之基礎也予領之相與面水坐桃花下影照池裏花落衫中折花弄流顧而樂之微風過處落英浮水波紋如縠遙聞歌聲自隔岸至幾疑前度漁父重泛問津之棹也同遊者三人坐久而起繞林而歌野老不至魚鳥共樂快何如之既而落日銜山大如車輪孕嫣曳紫光灼灼射桃花絢爛如錦髣髴徐熙畫圖也嗚呼武陵源如可求願扁舟攜書長往工耕養親以樂吾所即沒齒不與世問聞怡如也同遊者爲倪君丕烈陸君鏞秀

筆意蒼勁丰致絕佳

遊東大池觀桃花記

殷樹菁

鶯花三月江南孕長躑躅郊野紅白掩映爭艷鬥研者胥桃花也或含苞欲吐或奇葩競放臨風濯濯罔不足以賞心悅目然吾之所志獨不在此而在東大池者豈以郊野之桃難以供名士之玩賞動騷人之顧盼也良以大池之桃種類既繁風致各別且有山水之勝更足供人徘徊流連而不忍舍此旖旎之桃花所以因大池而益名大池之勝境亦因桃花而愈彰也池距吾校東北約里許而池之西更有一池故以東西別之余自來校後屢探梅園之梅而未嘗一顧及于東大池之桃深以爲自負而兼負茲一片絢爛之桃花也甲子三月上浣張師以自題見屬乃邀兩三知交於課餘之暇作東大池之遊爲實地之觀察既以領畧春光即以償我素願迨抵池畔見夫環列如屏蒼翠欲滴者羣山也虬龍攫拏夭矯盤空者古柏也翼然高聳凌波倒影者池上之亭榭也朱欄曲檻倚山面水參差而出于林木之杪者陸培之先生之別墅也晴波蕩漾綠泓三篙平湖十畝光可鑑人者即東大池也岸之東燦若紅霞迎人欲笑微風乍起則紅雨千點飄墮水面如織錦綺者即東大池之桃花也大池之勝概如是此其所以別說天趣引人入勝者歟嗟乎余心愛梅而不愛桃良以梅骨格高騫風致天然非若桃之紅艷薄命可供俗人玩而不宜雅士賞然對此一片春光又未嘗不追想陶元亮所述之武陵源而彷彿置身于其間也瀏覽之餘心曠神怡因語諸友曰曩者余嘗偕季弟志矛道出于此見夫荒草塞途莓苔滿目豈知不數年間昔日之蔓荊叢棘已蔚爲今日之名卉奇葩然則今日之名卉奇葩又安知不爲他日之蔓荊叢棘夫隋苑梨花吳宮楊柳幾經滄桑已成泡影矧此數株桃花能保其不憔悴凋零而與榮替盛衰之感也乎然則彼富貴浮華驕誇于一時者又何嘗非朝露暮烟與池畔桃花共其綺麗而同其

漸滅哉。覽花卉之盛衰。知人事之變遷。有感于中。泚筆記之。

前半切實發揮末段蒼涼感慨辭藻紛披饒一唱三嘆之致

遊東大池觀桃花記

陸鍾秀

距吾校東北里許。有東大池者。擅山水之勝。饒林泉之趣。池周環石堤。植以桃花。暮春時尤勝。然心雖艷羨。未嘗往遊也。甲子三月星期休假。乃偕二三侶儔。一往領略其風景焉。時麗日行空。和風習習。一路尋芳。見羣山爭翠。峯嵐環抱。鬱鬱葱葱。幾疑無路。而不知大池即在其間也。行有頃。聞水聲潺潺。知已去池不遠。既至池畔。縱目四顧。則波光蕩漾。綠漲三篙。水清澈底。毛髮可鑑。池畔桃花千株。或紅或白。相映愈妍。徘徊良久。令人意遠。大有出塵之想。恨不能作茅池上。日與水光山色。暨此艷麗之桃花為伴也。既而緣池信步。碧草如茵。落花滿地。蓮花山倒影波中。如入畫圖。夾岸桃花。含笑欲語。東風拂之。則紅雨片片。墮於水面。武陵舊植。不是過矣。惜乏桃源洞。可以避世耳。因思此池於十數年前。不過一荒煙蔓草之區。除一二樵父牧童。涉足其間外。鮮有知之而游者也。顧自陸君培之經營以來。堤之以石。植之以桃。於是山光水色。驟增其美麗。知者廣而遊者亦漸衆。大池之名。乃藉藉於人口焉。嘻。不可謂非池之幸也。又不可謂非桃花之幸也。有此桃而池乃有名。有此池而桃乃留芳。向使桃不植此。余恐池不能為余所知。而桃亦不能為余所賞也。且夫世人之有池與桃者多矣。有桃而不得此池。有池而不得此桃者。亦多矣。今見斯池斯桃。能不興無涯之感慨耶。因泚筆而為之記。

丰神瀟灑辭旨新穎

序跋類

讀荀子強國篇

凌宗墨

治天下之道有二。王與霸而已。聖賢行其道而王。雄傑施其術而霸。霸也者。以力假仁者也。王也者。以德行仁者也。至治之世。聖賢者出。修德教。行仁義。懷柔四夷。四夷莫不懷其德。故王者之治以德。紛亂之世。雄傑者出。恃威力。假仁義。號召天下。天下莫不畏其強。故霸者之治以強。稱王之與霸。其政治之優劣。如是而已。此荀子入秦。所以慨然不能已於言也。秦自襄穆。訖於莊襄。誠能行聖王之道。講信修睦。使人民親其親。長其長。壯有所用。幼有所教。

鰥寡孤獨廢疾者皆有所養則天下聞秦之風孰不若水之就下何待力征經營哉惜乎應侯僅知遠交近攻之策足以削弱諸侯而不能力行仁義以王天下此荀子所以深爲嘆息者也

辭旨雅純讀書有得

送商三同學赴滬甯等處參觀序（民國十二年五月）

孫保琳

歲癸亥孟夏六日商三同學以將次畢業赴滬甯南通杭州等處參觀商況將行之前夕某君過余言曰此行也吾子其有以語我乎對曰吾聞之亘古一轍者理也變化無窮者事也亘古不變之理不可以處至變無常之事此理想之所以與事實並重而修學與參觀之所以不可偏廢也嘗觀今世中學或專門學校畢業學子往往見擯於社會謂爲校中學生好大而誇敗事有餘成事不足是雖社會墨守古舊之惡習要亦學子徒恃書籍爲規範閉門造車有以致之也諸君負笈本校行將四載畢業之期在即矣此四年間書籍之所得良師之所授朝乾夕惕簡練揣摩悟於理而會於心者固郁郁乎盛矣雖然其即可以問世乎曰不可蓋天下之事實每與理想相左若拘泥理想則扣盤捫燭何以得廬山之眞面況乎商業情狀變幻靡定昨日之所是今日或已爲非今日之所是明日又或已爲非不於貿易之情狀博覽周諮則何由知其究竟是諸君此行之不可緩也審矣夫上海繁華富庶甲於東亞富商大賈雲屯霧集觀乎此可以知中外貿易之情狀南通實業冠冕中華東西人士無不蒞至觀乎此可以知國中實業之大端至於龍蟠虎踞之金陵山明水秀之武陵物產既豐商務尤盛山海珍奇陸離光怪觀乎此則萬貨之情可得而見矣且諸君觀廠肆之規模如何組織如何市場之金融如何貨物之出入如何交易之手續如何人民之嗜好如何推之風俗習慣物產路政之繁與夫往來交際酬酢應答之微一一研究討論務窮源委反而證之書籍若者合於理想若者事出意外若者與書籍所載大同而小異若者與師長所授似是而實非若者可資楷式若者可爲龜鑑觀乎此則所知者博所見者廣夫然後可以問世矣夫然後激戰商塲可以所向披靡矣故億則屢中子貢聘享諸侯之效也家累千金卓孔氏連騎游閒之效也古來商家巨子所以富埒王公名傳古今者皆由游行攷察樂觀時變有以致之也今諸君參觀之區皆中外商業之所薈萃觀此則中外貿易大勢瞭如指掌是此行也非白圭所謂樂觀時變之機乎至觀乎海上租界之喪失主權外貨之焜燿璀燦則可以激諸君愛國之思觀乎南京之煙雨樓臺琳宮梵宇掩映於長林古木間則可以起

諸君弔古之思。浮江而北。則江流之奔放。金焦之嶄秀。古之所謂天塹者。諸君以一葦杭之。觀乎此。則可以暢諸君之胸襟。壯諸君之心志矣。至於岳王墓畔。西子湖邊。夕陽翠柏。芳草池塘。諸君觀乎此。則其感慨當何如乎。然則諸君此行。不惟可以周知中外貿易之大勢。以證實在校所得之理想。亦可以瀏覽東南之佳山水。以拓胸襟。擴學識。其幸福爲何如乎。僕勞人也。每欲遨遊通都大邑。山巔水涯之間。而卒未果。即有所至。亦行蹤暫駐。不遑考察。未嘗不深以爲憾。諸君工於文者也。其於廠肆之巍峨。帆檣之鱗集。江流之澎湃。海濤之汪洋。與夫珍禽駭魚。可愕可喜之事。爲我敘而記之。他日歸來。作長夜之談。可乎。

筆酣墨飽。與郊寒島瘦者不同

讀謝梅莊先生戇子記感言

孫寶嘉

佞人之所好也。直人之所惡也。然則爲直者何不一變而爲佞者乎。曰。不失其本性也。夫佞者雖爲人所好。直者雖爲人所惡。然及其終則好惡反之矣。謂余不信。觀於謝梅莊先生所作之戇子記。可以知之矣。梅莊廣西全州人。官翰林時。傭僕三。一黠。一樸。一戇。主人有事。黠者不問事之優劣。輒阿諛逢迎以爲之。故曰。黠者有用。樸者則不知事之優劣。命無不從。故曰。樸者可用。戇者則不然。凡事之可爲者則爲之。不可爲者則不爲。雖主怒而不顧也。故主者曰。戇者無用也。會主人有罪下獄。未幾奉命戍邊。出獄治裝。黠者逃矣。樸者亦力求他去矣。斯時戇者乃慷慨而言曰。吾願往。乃爲之市馬。進車。製穹廬。備粱糗。以從。於是終得主者之好。而二者終得主者之惡。因是觀之。黠直相反。好惡不同。豈不信歟。奈何世上之黠者比比。而直者寥寥。如晨星耶。曰。主人使然耳。嗚呼。不亦謬乎。不亦恐乎。吾爲熟思而審處之。則惟幡然改計也可。

熟於操縱離合之法。罄拱縱逆老筆紛披

讀易感言

樊宇清

天下之最無定者。莫易若也。蓋易具交易之道。與變易之理。寒也而必變爲暑。夜也而必易以日。其他奇奇怪怪之變端。時明時晦之情狀。即聖人亦未嘗能盡其妙也。然而天下之最有定者。亦莫易若也。日月交移。四時不忒。億千萬年。猶一歲也。凡人不明一定之至理。而私欲無限。遂不得不隨錯措之陰陽。以入於偏僻無福之境。而厄窮不返。聖人之心。與天合德。其進也有漸。震新之一陽初動。而不求速動也。其退也。亦見幾而作。姤遇之不合。早見有必退之兆。而不强以相持也。於是動之極者靜。必至靜之至者動。必形天之動靜。即聖人之動。

靜從未見有永爲背昧如凡鄙也文王囚羑里孔子厄陳蔡時在寒冬而一陽自有來復之期盜跖之終於囹圄嬴秦之不及二世要皆因一差忒之際陰而久雨不晴一霽復雨也禍福自己求我從天消長之有定時天亦因我變幻不通而無定也嗚呼易乎至聖人心契於天而率性以應於常道之天乎是否泰有定時不至常爲否不矜常遇泰於泰於否皆當循自然之天理而不可從人欲斯則不流乎陰陽愆期之戾氣矣彼陰陽愆期之戾氣大抵爲不善之小人而應之乎余未能居貧而不憂讀易以覘聖人之用心蓋有不必憂者在也余之事皆從父母所爲父母以爲可而余以爲不可諫之不從聽之而已余以爲可父母以爲不可輟之而已聽之而獲益輟之而無咎是從父母即所以從天

漢儒說易主乎數宋儒說易主乎理數者難測理者易明文能雙方兼顧可稱合作

送同學某君冬節歸里序

嚴厚栽

離校而心放歸里即休學學生之通病也故凡校中休假偶賦歸去至期滿來校則心思棼亂精神渙散無意學問第事玩遊必待數週之後放心始能漸收偏察學子往往皆然雖然此特就寒暑期之長者言之耳若夫一二日之假爲時既促習性未必驟變固不致心思棼亂精神渙散也况乎涵養功深如某君者哉某君余之至友也學同堂寢同室性厚氣和余所欽佩好學不倦同學均嘖嘖稱之開校至今來嘗言旋今屆冬節擬返故里省高堂而盡孝道取衣物以備冬需此歸也固宜若夫戀天倫之樂而荒寶貴之光陰隳求學之壯志而犯學子之通病則非勤學者之所願也以某君之堅忍卓絕吾知其必不然也君其勉乎哉

情文相生言簡意賅

讀陶淵明桃花源記

顧鴻壽

夫有道之士處危亂之邦往往超然高舉以潔其身而保其眞携妻子挈邑人別覓洞天如桃源者而避世焉非工於謀己而拙於謀人也不得已也然則桃源果有其地乎曰有中天之世鼓腹含哺君民賡謌唐虞一桃源也成康之世刑措四十年不用周初之桃源也弱小如魯三月大治至路不拾遺夜不閉戶魯之桃源也故舉凡世稱至治或治稱小康者皆桃源也誰曰無之哉然而靖節之桃源在世外雖高尚如劉子驥未能問津則又何居曰此靖節之所以慨然不能已於言者非特靖節爲然也即聖如孔子其大同之桃源至今未見道高如老子其無爲之桃源亦成幻想又何怪靖節之桃源迷途而不可問津哉

筆致超脫會心獨遠

詩詞類

十六字令 遊半淞園

安文奎

烟。疎雨微風滿一園。波響處。船繫綠楊邊。

望江南 半淞園亭

前人

園林好。綠滿小橋邊。幾點青山煙淡淡。千竿翠竹影纖纖。人立畫闌前。

望江南 遊西湖

前人

江南、好。容與小菱船。輕颸吹斷杏花雨。微雲浮動白鷗天。搓得浪花圓。

其二

前人

江南、好。湖上門飛槎。萬頃澄波青一色。微風響處綠陰斜。半是畫樓遮。

蟬琴 限蟬字

前人

疎桐百尺欲參天。迭奏琴聲一樹蟬。哽咽曾聞齊女怨。玲瓏偏按伯牙弦。響從葉底依微出。音在枝頭斷續連。雅曲聽來非綠綺。誰堪抱此綠陰眠。

清風來故人 限清字

前人

風來淡蕩晚凉生。吹入胸懷倍覺清。習習還思君子德。依依如見故人情。荷香披拂隨時送。竹影飄飆到處迎。相識宛然稱莫逆。欵留少住好飛觥。

學然後知不足

前人

每笑浮誇士。欺人已自欺。業原多不足。學乃可深知。習坎流常歉。持謙覺地卑。涉山邱尙小。觀海水難爲。

北窻高臥

前人

北牖當窗臥。先生興倍豪。高風堪溯晉。處士共推陶。簾捲千絲雨。松飛一枕濤。簟衾邀午爽。響細薄秋毫。

下帷聊喜讀書聲

前人

聊喜帷初下。時聞誦讀聲。名山饒逸興。舊業對寒檠。翠幕重門鎖。雲章萬軸橫。音流金石亮。窗掩綺羅輕。

以文爲友

前人

每顧良朋會，常教講習殷。同人皆勝友，益我以宏文。結納吟風雨，研磨擴見聞。詩書敦宿好，圖史挹清芬。

登錢塘六和塔

繆天定

攝衣歷級到層巓，鳥瞰錢塘在目前。樹樹連村村繞郭，山山拖水水圍田。峨峨直影臨曉日，滾滾之江瞰碧天。極目無垠情廓落，隨緣小立倍流連。

秋樓望月即景

樊宇清

皓魄當空起，星芒逐漸收。白雲浮擁樹，清水倒懸樓。有客憑欄望，無聲覺露稠。蟲吟蛩四壁，節序又驚秋。

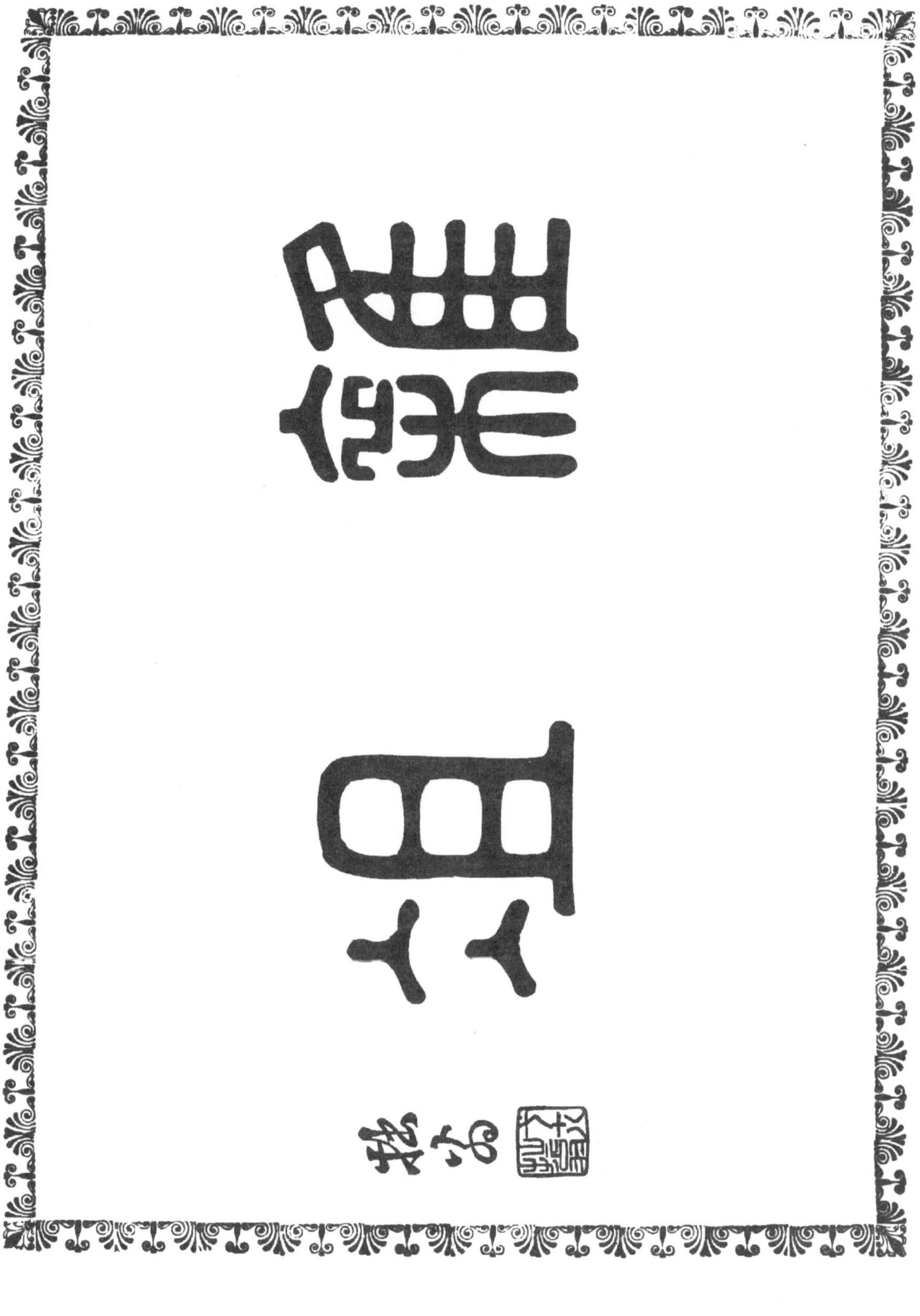

王雲軒先生潤例

一尺斗方紈執扇　每件二元　三尺六元　四尺
十元　五尺十四元　六尺十八元　八尺念六元
屏每堂照尺加一倍半　手卷照斗方計算　帳額
八元
人物照例　山水七折　花卉五折
工筆加倍　寫意減半
點景普通不加人多另議　極工長題不應其餘是畫
皆畫允否惟須面商　劣紙代擬立索不畫潤資
先惠約日取件　住址無錫城中鳳光橋南竇宅

次菴書例

匾額　每字方一尺一元　尺五二元　二尺三元
堂幅　四尺三元　五尺四元　六尺六元　八尺
十元　丈疋十六元　橫披同
屏條　每條四尺一元半　五尺二元　六尺三元
八尺五元　丈疋八元
楹聯　三尺一元　四尺一元半　五尺二元　六
尺三元　八尺五元
扇箑　每面一元
卷冊　每方一尺一元
以上書件均作分隸金箋加倍劣紙不應壽屏碑誌題首跋尾
市招名刺各種另議潤資先惠約期不誤
收件處無錫公園路曹宅　俞復代訂

華藝三先生潤例

川自髫齔父兄即授以畫學東塗西抹五十餘年今
垂垂老矣不勝酬應之煩爰訂約規藉知定例假雲
山以販賣結翰墨之因緣分取多金毋傷大雅當亦
諸君子所共諒也
扇面　兩元　冊頁同
堂幅　每尺兩元　屏條倍之
梁溪南野老人

燕侯篆刻潤格

石章每字三角朱文加倍　牙章每字一圓
晶章每字三圓　玉章每字四圓
扇骨每把六圓　畫加倍過小不刻
潤資先惠　半月取件
收件處無錫新街巷竇宅

公益商業中學校第二屆畢業刊

雜組

課餘娛樂說

安文奎

有健全之身體。而后有健全之精神。有健全之精神。而后可以造深邃之學問。故古言六藝。射御與禮樂同科。前哲治學息游與藏修並重。蓋亦以不求身體之健全。不足以造深邃之學問也。今求娛樂於課餘。非亦欲養息精神。以健全其身軀乎。或謂古人求學。或閉戶讀書。焚膏繼晷。或空山獨處。矻矻窮年。其功名事業。多成於刻苦之中。況今科學昌明。莘莘學子。方朝乾夕惕。慎思明辨之不暇。安可或作或輟。擲光陰於娛樂之中。以自畫其進取之途耶。不知古人求學之餘。亦多從事娛樂。或清晝垂釣。或月夜眠琴。或樽酒以論文。或臨流而賦詩。故精神不快而自快。身體不健而自健。若終日埋首書城。不加休息。則腦力滯鈍。心神交疲。以之求學。不惟徒耗時日。抑亦何以探科學之邃奥。此課餘之所以不可不娛樂也。然則娛樂之道當若何。其將詼諧滑稽。如東方淳于之流。引他事以博衆人之笑乎。曰是非所以處同學之道也。其將抗聲高歌。乘暇時以爲顧曲之機乎。抑將喧囂馳逐。借操場以爲角力之所乎。曰是爲傻孟鄙夫之行。爲非我高尚學子之舉動也。至若敲棋酌酒。乃無業者之游戲。鬥葉博蒱。乃牧豬奴之行樂。則尤卑卑不足道矣。我高尚之學生。當從事高尚之娛樂。當夫明窗淨几。潑墨揮毫。習右軍之書。畫米顛之石。或奏管弦絲竹。陶性情於音樂。或察魚躍鳶飛。暢天機於自然。學校園中。賞羣芳之燦熳。圖書館裏。覽萬卷之文史。此求娛樂於靜者也。至若往來馳突。蹴踘可以鍛鍊體魄。宛轉俯仰。網球可以活潑精神。求身軀之矯捷。則有跳高跳遠矣。練目力之敏銳。則有檯球棒球矣。此求娛樂於動者也。況吾校位置化山明水秀之鄉。星期假日。桂棹蘭槳。泛舟震澤。呼朋邀侶。涉彼高岡。萬頃堂前。流觴曲水。陸莊亭上。瀹茗清談。此可以清明志氣。暢適胸襟。孔子所謂游於藝者也。孟子所謂養我浩然之氣者也。夫然後精神不求健而自健。以之求學則觸類旁通。以之治事則井然有條。若於身心交疲時。而反以博弈爲娛樂。心爲形役。流連忘反。不惟拋荒學業。而又勞瘁精神。此所謂玩物喪志。晏安鴆毒。樂既不可得。抑且有無窮之禍焉。夫忙裏抽閒。其間彌甘。苦中作樂。其樂乃真。吾曹於上課之時。凝神壹志於書籍之間。以求知識之完善。而課餘之時。復屏除卑劣之習慣。以從事高尚之娛樂。求所以神爽體健之道。於是學因樂而彌邃。樂因學而愈真。學問既日進無疆。而身體亦日見康健。所謂讀書之要樂何如。不其然耶。語曰。人之求樂貴能役物。而不爲物所役。斯誠課餘娛樂之良法也。雖然。從善避惡。固在學子之自擇。輔導啓廸。亦端賴良師爲指南耳。

名次之先後以筆劃多少爲序

苕帚傳

洒洒洋洋思如泉湧

安文奎

帚將軍苕姓有潔癖善去穢所向披靡故人號將軍焉其先萑族也夏后少康知其才始拔之草莽妻以有箕氏之女於是其族大盛檀弓君臨臣喪以巫祝桃茢執戈魏文侯操彗掃門以迓賓客凡茢與彗皆將軍之苗裔也厥後將軍逸事播於王氏者尤多如王思遠之爽帚拂坐足以表將軍之性王子敬之沾泥書壁足以稱將軍之勢焉將軍足跡徧天下自朱門素封篳門圭竇之家將軍聲威所及塵垢掃蕩蟲毒斂跡於是苕將軍之聲名揚溢海內人有以其好逐汙下而輕視之者將軍不因之少怠厥職嘗曰穢吾世仇也吾族之敵於穢者多矣吾之所以含垢忍辱粉身碎骨而不辭者欲去穢以清君側耳箕氏亦虛懷若谷將軍出必與之偕咸謂將軍所以能揚清激濁者箕氏贊助之功爲多將軍性又恭敬每遇長者恒與箕氏斂袂而退識者謂爲知禮云

論曰帚將軍固善除穢者矣然今天下之爲穢者不獨塵垢蟲毒也將軍第知塵垢蟲毒之爲穢而不知天下人心之穢方什佰倍於塵垢蟲毒也塵垢蟲毒之爲害害之小者耳人心穢濁之爲害其害有不可勝言者以將軍之力僅能去塵垢蟲毒然猶終其身掃蕩之而不能盡況人心之穢濁哉

機勢靈活夭矯猶龍

說我之名

朱銘嘉

客有過而問曰子名銘嘉其有說乎曰古之君子於凡服御之物日用所接者皆著銘以自警今也人心不古鏤私慾者累累銘嘉言懿行者蓋鮮居此亂世不有嘉言懿行以維繫之其不流於末俗者幾希吾故名之以自警客曰有是哉古之聖賢亦惟有此嘉言懿行而已子果銘於心而躬踐之聖賢可希也銘嘉勉乎哉

用意沉着掃盡浮辭

農工商與士之譚話

杜武錢

尼山後人獨坐書齋正讀周易不輟忽有一人排闥入覗之則神農苗裔也謂尼山後人曰君終日危坐書空咄咄果有何益乎不若余務農而利天下也汝不聞一夫不耕則天下或受其飢盍不棄書而從余執耒鋤之爲愈乎尼山後人未及啟齒而墨翟耳孫又至含笑言曰君日以仁義道德爲言務空談而不務實際既不能躬畊以自食復不能力作以養身此

社會之蠹耳余固負成器而利天下之責者不較汝有益於人類乎語未畢而陶朱之裔又驅車來入室就坐目視尼山後人曰君家夫子恒謂君子喻於義小人喻於利吾等逐利於什一而稱之曰小人然則所謂義者果何爲耶將以衣乎將以食乎抑將以居乎衣食居三者人生之要素而君是之不察徒炫虛名務大言以駕吾農工商之上揆諸情理豈可謂平尼山後人聞三子言正容而答曰我之居汝等上非我之所自尊乃一般人民之所尊我也推一般人民之用心蓋以農工商雖能有利天下然負發明改良之責俾農工商日漸進化得有今日之盛者實吾輩讀書人士之功也且農工商即能生產矣而無道德以維繫其間則農工商將成一盤之散沙而提倡此道德者亦吾輩讀書人士之責也吾既負此重責故雖居汝等之上亦自無愧三子聞之默然無語悄然而退

短峭簡潔風趣盎然

論養生之道

夏衡

閒虛居士遁跡乎逍遙之野銷聲於寂寞之濱謝濁世而長往與古人而爲羣輕祿傲貴含華葆眞俗士不敢窺其室庸夫未嘗過其門於是烏有先生聞而造焉寒暄既畢相與論及養生之術閑虛居士曰吾子出風入雅逞性任情遐路光賁亦有以教我乎烏有先生曰夏蟲難與語氷朝菌不知晦朔吾子耽靜蓬蓽猶未翔心瀁瀁而頤其眞宰也今將與子東躡日觀西揖玉女中蹐少室南凌天柱咫尺天門呼吸帝座五嶽歸來泛舟四瀆浩浩蕩蕩倏忽萬狀澡溉塵矜洒練五藏雖有抑塞鬱結牢愁之苦足以蕩滌消釋而無餘矣子能從吾而觀之乎居士曰登陟之勞孰若燕居之樂予有十畝之園五畝之宅前臨清流背負城郭壘石成山岡巒畢具鑿池蓄水略彴可通可以涉趣可以節勞此亦山水之窟也奚爲僕僕哉烏有先生曰閟宮秘宇彫堂綺疏溫房冬暖清室夏虛珍奇之玩駢羅乎几席芬芳之木交植於階除此宮室之妙也子能從吾而居之乎居士曰高明之家有鬼瞰宰相之門不容車余有先人之敝廬在編樺爲籬索茅代瓦井臼悄氛琴尊古雅優哉游哉聊以卒歲廣厦非吾貪也烏有先生曰綺羅之衣輕於疊雪紗縠之裳冰文花纈被體稱身消釋煩熱於是越女侍前燕姬奉後出則陪乘入共華讌飄輕裾曳長袖粉白黛綠捧盤匜而執巾櫛者莫不嫺於語言儀態艶逸雅善歌謳間嫺琴瑟爾乃酒酣耳熱絃管雜陳發響雲遏飛聲激塵按節起舞體迅飛鳧洞心駭目色授神輸此亦聲色之綺麗也子亦能怡神于此乎居士曰素安韋布不習紛華階老有椎髻之妻下走有赤脚之婢安步當車晚食當肉居夷待命俛

仰自得惟江上之清風山間之明月耳得之而爲聲目寓之而成色亦何必忍欲抑情矯強自克哉今者子引我於疲神之域棲我於蔀家之屋飫我以吐棄之味道我以無等之欲欲以厲我祗亂我心可以休矣烏有先生默然而退敗興而出

見理正確是得長生之道矣

西湖遊記

夏衡

風景之勝絕山嶺之奇突名勝古蹟之夥莫有西湖若矣予累欲遊以事未果今歲校中有旅行滬杭之舉予亦與焉遂乘車至滬更由滬而之杭居人告予曰遊西湖者陸轎而水船予曰不然江山之觀一入轎船則不能見其大且異境多在人跡罕至之處轎與船不能至也因步行至蘇堤堤西有園亭潭北有大亭翼然水面者湖心亭也亭北突起而韶秀者孤山也山上紫垣繚繞者行宮也其東直抵杭城者白堤也蘇堤縱而白堤橫孤山介兩堤之間焉其西有岳武穆廟廟外鑄秦檜夫婦而其首己爲人擊碎嘗讀史至國家興亡之際不能無疑於天也當武穆提兵北伐山東河朔豪傑響應韓常內附烏珠外奔使其予秦檜以暴疾假武穆以遐年復神州而返二聖至易易耳而顧不然待其人之云亡邦國殄瘁易代而後乃復祀武穆而擊檜豈天心悔過而假手於人也抑天終不悔而人奮其力與天爭也人之言曰善惡之報不于其身必於其子孫今聞秦氏盛而岳氏衰此又何哉使天不好善而惡惡人之好惡之心何由而生也天之好惡既與人同胡爲乎其子孫終不悔也嗚呼此其故聖人知之矣昔者聖人之作易也君子長而小人消曰泰小人長而君子消曰否運之有否泰數也天之所不能違也非小人得志而害君子則運不成故萬世之人心好君子而惡小人者天理之常一時之氣運禍小人而禍君子者天數之變萬物之於天猶子之於父臣之於君也龍逢比干其君不以爲忠申生伯奇其父不以爲孝孝子不敢非其親忠臣不敢懟其君而於天何怨焉由岳墳而西道出北高峰下路傍皆山蒼松翠柏蔽岫連雲沿溪深入有坊題曰飛來峰過坊而西有寺曰雲林本寺主持披法衣登壇講經巍然據高座首坐二人侍者八人其下行列而拜跪者可二百衆比邱與比邱尼咸在其威儀俯仰皆嫻謹獨惜所講無所發明即成書而誦之其下不必盡聞聞者不必盡解徒聽侍者拜云則拜起云則起而已嗚呼佛法入中國千餘年矣愚民絕其父子之天性飲食男女之大欲而爲僧自宜求成佛而佛又必不可成不成佛而徒自苦奚爲僧哉且此堂上堂下說法聽法諸衆非不自知照本諷誦隨人跪起之不可以成佛然而必爲此者蓋有所不得已也貧無所養

不能力作固剏髮而爲僧而天下之愚夫愚婦非爲殿宇莊嚴戒律威儀以聳動之不能發其信心而得其布施故此濟濟而楚楚者名爲學佛實爲救飢計也井田久廢學校不興彼既無田可耕又不聞聖人之道以爲依歸窮而無所復入無足怪也出天竺而南至于忠肅公之墳于墳之南南高峰也此中名山古刹甚多屈指不能數其名累月不能窮其境吾始知吾之足力不能偏至也遂還留數日遂乘車而返校

敘事簡明而立論嚴正咄咄逼人

農工商與士之譚話

倪丕烈

有農工商三人過士而問焉曰古之所謂四民者非士農工商耶士曰然然則四民之中何獨貴士乎士曰此吾國相沿之習俗自昔已然不自今日始也君等所云亦有說乎農曰吾躬耕南畝勠力終年培植五穀以供衆食其於人類功亦巨矣工曰吾採取天產製成熟貨利濟社會其功固不亞於農也商曰吾奔走風塵跋涉山川運輸貨物有無相通既能生利又能益人捫心自問可謂自食其力不愧不怍矣惟士不耕而食不織而衣既不生利抑且分利焉然古今相襲反以士爲貴此吾輩百思而不得其解者也君其有以教之乎士曰農工商雖能生利而其智能薄弱學識淺鮮故闡發精微開物成務非士人不爲功士既負先覺覺後之責啓迪後生之任雖不生利實開生利之源者也烏可謂不耕而食不織而衣哉三人聞之莫不頷首稱是繼而曰君言固是也然舉目斯世求士之能闡發精微開物成務者古今有幾人哉當其在校讀書意不過弋取學位爲炫耀鄉愚耳目之計其於社會有何裨益以故農科博士之經驗有時不及一田夫工科博士之經驗有時不及一機匠商科博士之經驗有時不及一商店之夥友尤有甚者且假士人之名爲盜賊之行則士人實害羣之馬也何貴之有哉士人聞之汗涔涔下默無一言而退

紆徐卓犖井井有條能得古文氣息

勞力者與資本家書

虞以仁

某某先生足下嘗聞資本家之能享大利創大業者莫不恃勤懇之勞力者爲之工作焉勞力者之能生存得衣食者亦莫不賴富貴之資本家爲之維持焉是二者其財力未始不相需也資本家費精神出鉅資以營業務而收其利於事固宜勞力家勤手足苦身體以工作而受其報於理亦宜是二者其地位又未始不相等也既相等而相需矣則尤不可以不相諒然而今之資本家輒以財勢壓制勞力者勞力者往往以罷工要挾資本家致資本家受

和 平 耐 勞

莫大之損失勞力者亦蒙絕巨之痛苦是二者其相激之勢又未嘗不貽社會之憂也然勞力者之罷工實資本家有以致之當今米珠薪桂物價騰踴度日之艱難非特勞力者爲然而勞力者爲尤甚若更加以壓制則罷工之舉萬難倖免俄之過激黨卽受資本家之壓迫而起今日流轉內地肩負織物沿途呼賣之俄人皆受黨害最甚之俄國富民也足下爲資本家之領袖俄國之事見之已久必能設法爲同人等維生計而免將來之隱患也臨書惶恐不勝待命之至勞力者某某等謹上

立言公允不作偏激之譚

客邸鄉思

楊傳琦

雨打孤窗風吹客館蕭蕭瑟瑟夜色凄其獨坐沉思悵然若失嗟乎予勞人也風塵僕僕寧無已時回憶旬前某夜月明如晝夜涼如水獨坐軒前老母適至撫予背而言曰癡兒何尚未臥耶夜深如許不畏寒乎父母老矣寒煖宜自珍攝幼弟跳躍而前曰阿兄教我讀書我與阿兄同眠今也背鄉離井遠客滬濱凄涼客邸中心如擣回憶吾母之告戒叮嚀與夫幼弟嬌健活潑猶深印予腦海中乃蟾圓僅半梁溪歇浦睽隔河山白雲親舍時切依依予但願有如桃源仙境承歡菽水躬養吾親何必勞形苦心逐逐於名利場中哉然而大孝揚名小孝養口腹丈夫之志當以澤潤社會自期烏可戀戀家鄉作藩籬之鷃乎言念及此向之所視爲凄涼蕭索者轉覺前途有無窮之希望矣亦所以使予自勗也

乞者言

嚴厚栽

去歲冬予與王君歸自西山道出古刹之旁忽聞歎息之聲出於牆陰怪而視之見一乞者擁敗絮臥於室隅倚壁而歎就而問其所以曰先生年尚少加以終日窗下尚未任職社會故不知今日之人情也頃者一華服男子來此進香跪於佛前叩首而祝曰佛乎佛乎今我敬佛以香上佛以燭佛其賜我以富貴享我以高年我當更厚以香燭爲佛上壽也佛固知我今雖差稱有餘然較之豪富者猶秋毫之於喬木位不過一小吏耳大官我亦優爲之我故厚以香火在我至靈之佛前乞一顧憐使我榮登高位富雄一方室家融洩子孫滿堂此則我所有乞於我佛者也言已復叩首者再然後起立欲歸時余伏室隅見其行因出而向之乞彼怒曰賤丐貪吃懶做不知自立尚厚顏向人乞食耶不顧而去余聞其言因歎夫世人之昧也今世之人孰非乞者欲官者乞於官爲學者乞於師法雖不同而乞則一也凡百世事苟非有乞而得則非賊即盜與其爲盜爲賊反不若爲丐之正大光明也且彼亦嘗乞

公益商業中學校第二屆畢業刊

靈於木偶之前矣不旋踵即識余之乞告不知彼比木偶為何如也吾聞昔者子胥乞食於吳市淵明亦有乞食之作豪若子胥高如淵明尚不免於此豈亦為貪吃懶做而然乎予聞其言頗有激而然者歸而為之記

鬧鐘傳

醒人迷夢不少

嚴厚栽

鬧鐘機匠子也生而銅筋鐵骨雖終夜操作未嘗言倦後因機匠貧乏無力豢養鬻人為僮主人以其勤且信甚愛之恐其年幼為奴僕欺凌故不使離左右食同桌寢同室行立坐止無不攜之同處當春秋佳日主人常挈之同遊凡主人之所經碧水青山鬧鐘無不嘗其風味主人或流連忘返彼必吆然而呼曰時不早矣可以歸矣主人在家定何時作事彼必於何時告主人未嘗失信主人以其誠竟養以為子云

嗚呼鬧鐘一僮僕耳猶能勤且信豈今之青年將為國家之主人翁者反不勤不信者乎觀乎鬧鐘可以興矣

老人曝簷記

興乎微而所感者鉅

顧鴻壽

邑西某村有老人者不知其所自來居極陋恆杜門不出出亦寡言笑以故村外人鮮有知者予友陳君怪而訪之會未一見一日道過其居見老者扶杖坐簷下衣敗絮戴破帽老態龍鍾頻頻點首嘆息一若重有憂者久之乃仰天而嘆曰日乎日乎今日之日非昔日之日乎然吾觀今日之日不禁有感夫昔日之日也余友進而慰之曰憂能傷人丈何憂之甚老人視之良久乃曰吾往事固不足與外人道君長者不妨明告幸為我祕之予家江右世宦也姓氏不可告君告則適以增吾之羞吾之生也吾父已逾知命湯餅筵開賓客盈庭咸謂公子廣額豐頤他日蜚黃騰達造福門楣可預決吾父聞之撚吾額掀髯大笑曰願如尊言及年三四秀慧益甚某歲冬暮家人圍坐暖閣乳者抱予立門左時夕陽將墜晚霞飛紅予則手指夕陽口呼盤盤意欲得之乳者會予意徧告家人舉座粲然此予孩提時之情景也迨年稍長父命就傅予性好頑輒逃學師不之責父多病臥內室母以獨子故溺愛不理予志益肆心益放無何父病歿予更無顧忌日與無賴伍無所不為吾母既喪所天予又不肖終日飲泣一日予自博場歸母察知大怒曰吾家已非昔比若復終日如此何以為生叱予立簷下時方夏日日光如灼立久之汗淚俱下予泣母亦泣以為予從此悛悔矣太息謂余

曰。兒能痛改前非。力謀自立。尙未晚也。自是余稍斂跡。無何。祝融肆殃。吾家爲燼。母子相抱而泣。鄰翁某憫之。讓破屋使居。幸得棲身。然家無餘儲。衣食不給。母令告貸親友。奔走數日百無一應。即昔之殷勤向予者。至是亦反顏相識。予歸不敢告母。飾辭而已。既入嚴冬。朔風寒慄。予與母坐簷下。相對睨日。飲泣無言。不得已託翁謀入某肆爲夥。過假歸省。老母輒依閭望。某歲中秋。余病於肆。老母望子不歸。怨憤交集。及問鄰翁。告以故。母驚心欲碎。病不能起。既無醫藥。又乏奉養。纏綿牀褥。僅留殘喘。已不可救。既聞余聲。微睜其目。溘然而逝。余此時搶地呼天。一慟幾絕。幸肆主憐余貧。給資殯斂。葬事既畢。予志大灰。乃遠涉江湖。隨處爲家。如是者五十餘年矣。昨歲過此。彷彿舊廬。遂僦而居之。癸冬曝日。聊以禦寒。回憶兒時事。恍如夢幻。而仰視紅日。鮮麗如昨。翹首故鄉。雲天渺茫。嗟身世之顛沛。悟人事之靡常。深願世人奮發有爲。毋如予之蕩業敗名。貽羞先人也。陳君歸以告予。偕往訪之。則雙扉洞然。老人已杳。室中空無一物。屋角蛛絲。地上鼠跡。荒涼滿目。類久無人居者。詢之村中人。則亦茫然不知其所之。或曰。叟恐人知。故即遠避。或曰。陳君固憂時士。特假此以諷世云。

敘事詳明足以諷世

技擊餘聞

飛彈絕技

曼軒

齊魯之間多盜。行旅每有戒心。非得鏢師之保障。不敢冒險。有鹽商王某者。挈妻孥。攜重資。道經山左。聘鏢師李道章護裝。李江都人。本出綠林。浪跡江湖二十載。曾遇高僧。授以絕技。數年藝成。業保鏢。善飛彈。發無不中。名震綠林間。鏢旗到處。匪盜無如之何。某日王商行至中途。忽聞呼嘯聲。一惡盜昂然至。挺矛躍馬進。謂鹽商曰。速出爾財物。否則將不汝貸。鹽商方驚懼間。而李已躍馬持刀出。指盜曰。爾亦聞江都飛彈子李某名耶。不速退。汝命且休。言罷。舉刀直刺。盜亦挺矛相拒。數十合。李不能勝。乃飛彈。中盜顱。餘黨鳥獸散。自是盜匪聞李名者。莫敢再犯矣。李業鏢師。歷三十年。至老而精力不衰云。

虎虎有生氣

紅綃女

陳德章

紅綃女者。奇女子也。平居好衣紅衣。人故以是名之。父名之剛。佚其姓。精技擊。善飛彈。有神彈之稱。女少而慧。教以拳術。無不領悟。數載而盡父術。家洞庭山畔。踞太湖之勝。一日女方舞雙刀。白光一綫。環繞周身。一尼過而奇之。曰。孺子可教也。女怒。擬之以兵。尼徒手仆之。女慚跪而請益尼曰汝第晨至此無使外人知也後尼日授以劍術女敏且勤期年術大進能行峭壁而登高峯身輕如燕可作掌上舞眉間常露英氣偶見飛隼過頂上女奮擊下之尼笑曰可矣遂授一寶劍叮嚀而別一日薄暮見父踉蹌奔入呼曰紵兒來言訖仆地女急扶至床之剛氣喘曰阿翁創甚兒乎……聲甚悽微忽大聲曰創吾者晏飛以手撫女曰能手刃父仇乎女泣諾之剛笑而歿女痛甚父葬既畢提劍覓仇千里獨行茫無所之一日行深山中樹木蔥鬱人跡甚罕旁有古剎女息其下私念天地之大父仇何所方凝思間忽有一客狂奔來呼曰盜盜邏則有性命憂女迎曰止幸勿聲觀吾誅盜爲地方除害少頃盜至頭裹黑綃手短刀目光灼灼射女面女劍而前曰盜何爲者盜怒曰婢子汝知晏飛名耶女亟呼曰晏賊奈何殺吾父劍之盜固精刀法於是刀光劍影兎起鶻落劇鬥良久盜漸退女迫之盜登屋女亦繼登劍光到處熱血四濺於是持盜首飄然如鳥下客驚喜拜謝女不顧而去疾若風雨途遇尼曰大害已除父仇已報可從我去其後商旅過太湖者猶有見其衣紅綃與老尼偕遊云

紅綃殆紅綫之流耶筆妙傳神讀之爽暢

公益商業中學校第二屆畢業刊

校訓贊

和——商場翔舞。初試太阿。艱虞穩渡。厥道維和。

平——待人接物。有權有衡。心清志潔。不頗曰平。

耐——大器甯靜。韋弦可佩。寵辱不驚。方名能耐。

勞——氣豪志偉。細務親操。業成赤手。莫憙辭勞。

製歌者

宋泳菽先生

級歌

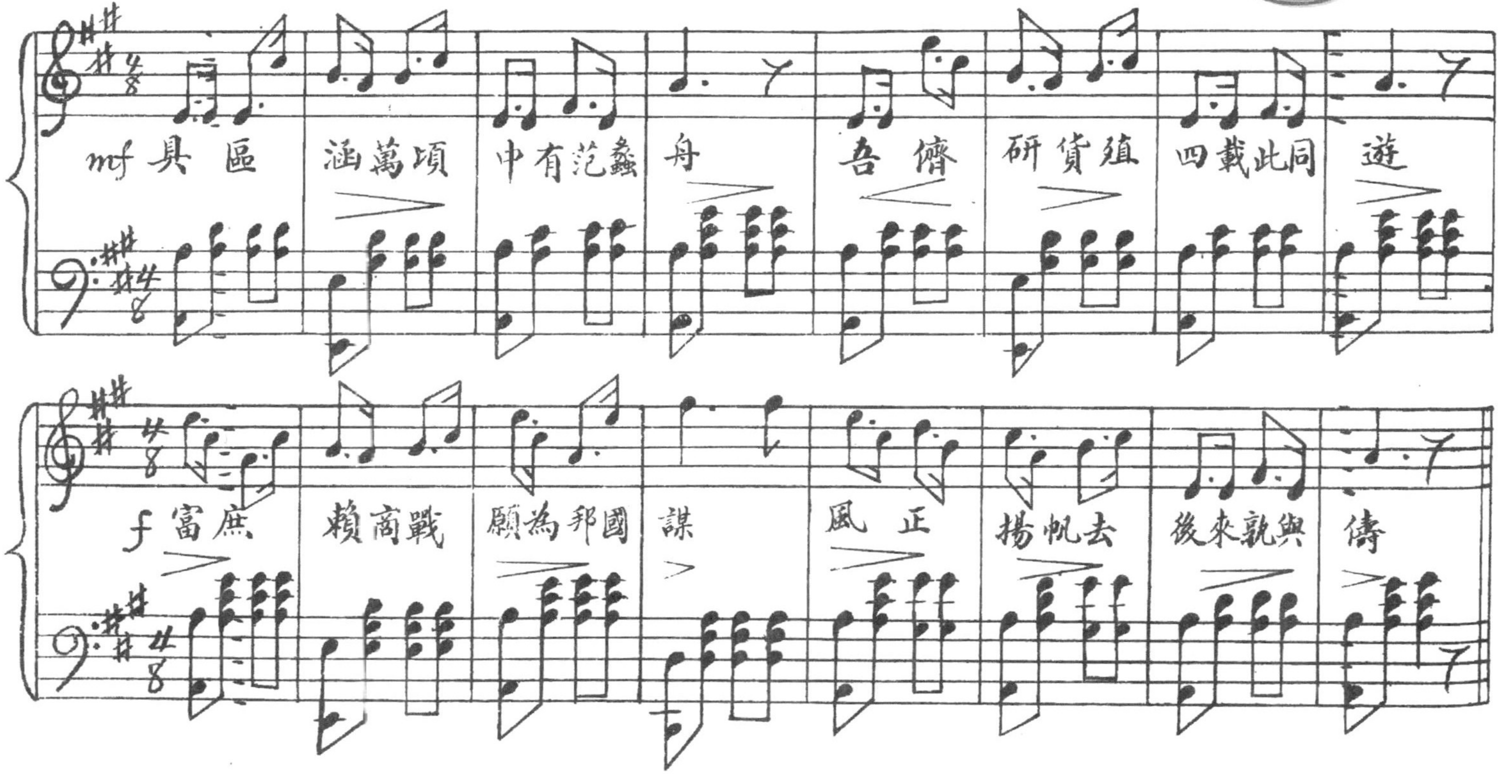

公益商業中學校第二屆畢業刊

級訓贊

恬，靜，寡言。

託身新社會。初歷萬千辛。如何術萬全。緘口養元神。與人少無忤。溫玉如其人。寡言與恬靜。何處不逢春。

公益商業中學校第二屆畢業刊

光級

湖綠……表和平希望

藍……表沈靜安慰

花級

百合花……攸往咸宜

徽級

鵬……雲程萬里

公益商業中學校第二屆畢業刊

和平耐勞

餘瀋

朱陂 銘樹 嘉青

詩曰。靡不有始。鮮克有終。又曰。他山之石可
以攻錯。本屆畢業刊，承同學和衷共濟。又蒙
師長熱心指導。以襄厥成。可謂集思廣益。慎
始謹終者矣。鄒師巽以。主任英文。煞費苦心，
袁師佩青專理商學。夙夜辛勤。蔡師虎臣張
師湖翔。張師杏邨。宋師冰蓀，懇切評選。竭智
盡力。此余等所銘感不忘者也。
水善變者也，凝而爲冰雹。散而爲雨露。形式
雖異。要其歸皆水也，文亦善變者也。有喬皇
典麗。聲調鏗鏘。而可入文苑者。有趣味盎然。
耐人尋思。而可入雜俎者。有洞明世界大勢。
深識經濟原理。而可入商學者。形式雖異。要
其歸皆文也。閱本刊諸君。由商學而文苑。而
雜俎。不啻由寒冰而夏雹。由春雨而秋露。八
門五花。目迷神眩，然而明眼人於此。不過曰
是文之變化而已。

附刊

參觀及旅行筆記

安文奎

五月五日(月曜)細雨如珠軟風欲醉二十二矯健活潑之少年奔馳於迷離烟雨中綵旗招展隱約見字跡路人相指而言曰是非我邑榮巷商業學校三年級之滬杭參觀團乎幸福哉青年從此由申而杭洋場之繁華綺麗西子湖之濃抹淡粧可以一覽無餘矣樂哉此行也。

鐘聲鏜鏜人聲嘈雜羣言十一時五十九分駛申快車將開吾校商科主任袁佩青先生副隊長杜君武錢率余輩陸續上車少焉汽笛咕咕飛輪軋軋與我最親愛之家鄉作兩星期之小別矣車中或飽覽沿途風景或暢談吳下故事無何一聲汽笛而上海之北站已至袁師既將鋪蓋十四網籃六轉託福新六廠工人運至該廠乃率余輩至六廠時僅三時一刻耳同學上樓早寐者有之出外游覽者有之。

五月六日(火曜)晨餐後袁師導往愛德華路華商紗布交易所該所規模宏大屋宇軒敞會計科副科長余君天棟係袁師同學計算科副科長胡君頌銘係吾校舊教員故指導極詳先參觀全部該所共七層職員經紀人住室外尚多閒屋繼乃參觀市場情形胡君余君分兩處講解該所經紀人號數九十號交易紗布者七十號餘多交易棉花紗以一千擔爲單位人鐘牌爲標準棉花以一百擔爲單位通州花爲標準場中拍板者一人科長立其後書記二人傳聲者立其後司報告成交之經紀人姓名據余君云該所市價每日八期近來交易清淡設人數踴躍時則交易場中竟有人滿之患云該所經紀人之證據金爲七千五百兩每日存貨三四萬余君復講解會計科中賬簿單據之大略情形其內容與吾校實習者大同小異旋至麪粉交易所少憩談及近日麪粉市況衰落情形謂我中國商務之不振余由無團結力所致麪粉事業即其一端操麪粉業者非壟斷市場即互相排擠卒也孤立無援不免于滅亡旦農人糴麥多雜以篩不能下之沙泥故出貨劣而成本重製造者如此販賣者如此乃欲望發達麪粉事業與泰東西列强相頡頏非猶緣木而求魚耶言之激昂慷慨吾輩慨嘆係之其學識高卓議論正大洵商場之人才宜乎與規模宏大之華商紗布東西對峙迴非潮起潮落之交易所所可比矣該所經紀人五十五號證據金五百兩市價

以二鐘五加減規模雖狹而秩序井然旋結隊返六廠午膳一時半袁師復導往總商會先參觀商業圖書館該館開辦僅五年藏中西書籍八千餘冊其目錄均用西文字母分類檢查極易各埠報紙凡三十餘種開放時間上午七時至十二時下午二時至九時旋至商品陳列所所分部陳列農林生產部中多絲茶豆油化學部中蕪湖之瓦器唐山啓新之洋灰振華之油漆油墨頗爲精緻尤以茶杯之玲瓏玻絲團屏之燦爛不亞舶來品化粧品部無錫有廣勤大通肥皂紗品部中無錫有申新棉紗均占重要之位置化學工藝部中多玻璃器均用硝鏹精鍊潔淨與磁器無異礦產部則有皖省祁門章嶺脚之瓷土其製法大略採泥搥碎成粉經水潤過後使乾即成每年產銷約六十萬斤云製造工藝部多商務印書館出品陸有製帽公司之鞭帽煙台億中公司之銅錫廣東中華鐘廠之鐘表縱橫陳列光怪陸離其中銀杏木鏡台每張價須二百元地毯每方尺值價一元六角病理模型部中中華職業學校所範之花柳病垂死時之模型見之令人不寒而慄大足爲青年之殷鑒余以爲吾國公共團體之間若陳列此等較空無他之仁義道德如虎如鑪之酷刑峻法其效力自不可同日語矣綢紗部中光華燦爛美術部中綺麗紛華足令參觀者目眩神迷渾忘却人世間啼飢號寒者矣綜觀該所中陳列之商品盡爲吾大江南北之精萃鮮艷奪目足以自豪惜乎木器之粗劣機械之笨滯何啻乎歐西之後是吾國商品中金甌之缺不可不加以改良也吾儕出館時鳴四下君結隊返六廠宿焉

五月七日（水曜）余輩久耳南洋兄弟煙草公司之名未一覩其偉觀爲憾是日袁師以參觀南洋煙草公司命同學均欣然首途風雨在所不顧鐘鳴九時吾輩已陸續抵該公司入製造部中煙味薰人加以機輪軋軋足令參觀者腦脹神眩該公司資本千五百萬雇男女工人五千配煙部捲煙部貯煙部均用機力包煙部多用女工每五十大包可得洋二角五分而女工手技敏捷每小包祇費五秒鐘左右大機一百六十八每日可出六百餘大包規模宏大洵我東亞煙草公司之巨擘矣簡氏之經營擘畫非易易也結隊出公司雨仍未止冒雨返六廠午膳越二時復參觀商務印書館總廠該館分部分工印刷工場三第一印刷工場中大機四十五切字純用電力藏版部其手續先用電力製模型復鍍以鉾遂成銅版此外如博物製造部裝訂部男女工人分工辦事秩序井然其機器則有零件印刷機廿五裝切機十三側面機四劃紙機四第二印刷工場範圍較狹而布置機鍵緊密若洋鐵鍋機十九水磨機二鑄鉛機六製鉛機七鉤字機二十三參伍錯綜歷落有致以故機聲軋軋較

第一工場尤爲喧闐。銅版係電鍍。石則購自德國。其光彩硬度與國中所產迥然不同。華文打字機九。每機鑄字五千。搆造複雜。手續煩難。故出品少而銷路滯。第三印刷工場範圍尤狹。材料部在焉。膠版機及鉛版機各八。製墨機七。夫商務書館初不過一小書肆耳。經之營之。儼然爲亞東第一之印書館。觀其規模之宏大。組織之嚴密。若女工哺兒室。工人俱樂部。其保護工人無微不至。當事者之才識。可見一斑。宜其馳名中外。執吾國印書館之牛耳云。臨辭。館中贈予輩教育雜誌各一。於是結隊返廠。時已四時廿五分矣。

五月八日（木曜）鐘鳴九下。余輩已陸續入上海商業儲蓄銀行。收付科主任陳君曉臞講解該行帳簿組織。與吾校實習大同小異。惟吾校實習規元有定價。必合爲本位幣計算。該行則銀洋並用。至結算然後核入。且少日記帳。是與吾校所實習者之相異點云。查該行開始經營時。資本僅五十萬。迄今不十年。而每日收付均在四十萬左右。其營業之發達。信用之鞏固。有非他行所可及。從知經營商業。全視人才爲之規擘。不必挾巨萬資本而後可搏戰商場也。出銀行返六廠。時僅十一時零五分耳。下午一時半。驅車至徐家匯南洋公學。導引者禮甚卑恭。然不過指點余輩出入之方向。並未講解該校內容。以故若電汽間。機械室。無線電台。不過循行一週。看花走馬而已。詢知該校學生。知該校上院五百人。中院三百人。圖書館中藏中西書籍四萬九千餘冊。該校創辦以來。命名屢易。由大學堂而師範學堂。而南洋公學。而交通大學。改良遞進。以至今日之完善。然而學校名譽。已非唐公蔚芝長校時所可比矣。經營事業。全視人才。爲轉移。於此益信。出交通大學而至商科大學。咕咕汽車。長途一瞥耳。該大學係出南京高師。高師係袁師母校。該校不啻爲袁師繼母。辦事者多係袁師舊友。故指導極詳。該校校舍不甚寬敞。學生百七八十人。男女同學。閱書室藏中西書僅千餘冊。純係商科所用。宿舍搆造。不如交通。蓋該校經費。係東大撥出。依人生活。故難發展耳。自商大返六廠。時已五時二十分。夜雨更劇。

五月九日（金）宿雨初霽。朝暾乍湧。吾輩多已起身。晨餐後。即乘車至申新二廠。廠分新舊二處。舊廠中分南北二搖紗間。北六十間。南較狹。若鋼絲車。軋花車。粗紗車。細紗車。搖車。半用女工。機輪軸轆。飛花飄颺。循行其中。衣袂均染白絮。該廠職員舊同學胡君慶祥指點廠中內容。知全廠職員二十餘人。工人數百。商標爲人鐘。天女。童子軍數種。每日出紗三四十件。近日紗市平常。經營紗業者。非具宏才卓識。不能立足云。由申新返六廠。鐘鳴十一下矣。

午後往遊半淞園。半淞園爲滬上名勝。來滬上者。莫不訪焉。余輩久不見茂林芳草。今得往

公益商業中學校第二屆畢業刊

遊半淞是不啻炎天酷暑中得一味清涼散也電車軸轆駛行如飛同學中有目光敏捷者指謂袁帥曰彼綠雲如簇者非半淞園耶語未止而半淞園已至園之幅員不如吾邑梅園而引泉成池堆石為亭清溪之潺潺綠樹之蓊翳長堤之曲折一任其自然加以茅亭竹梁古趣盎然一洗繁華雕築之弊而別具豐韻半淞園殆以天然勝歟惜乎此時四月清和使荷花開時吾輩輕蕩蘭槳於菡萏叢中想當別饒佳趣耳登亭四矚黃浦之湯湯廣廈之鱗鱗無不歷歷在目矣旋全體攝影於湖心亭或蕩槳或踞石意態灑然無何碧翁灑雨不得不別園返廠意者碧翁預知吾輩有武陵之行樂事正多不必盡情暢遊耶。

五月十日(土)九時參觀福新二四八廠八廠規模最巨職員二十餘人工人數百麵粉每日可出一萬數千包麵粉事業今非昔比而該廠不改舊觀當事者之才識可知滯滬日久凡滬上之精華中外之貿易略知梗概記者於此一則以喜一則以懼夫商品陳列所之陸離光怪商務印書館南洋兄弟煙草公司之規模宏大華商紗布麵粉兩交易所之營業昌旺以及申新福新上海銀行當事者之眼光魄力永安先施兩大公司之五光十色皆足以表現我國中實業大有旭日東升之氣概是可喜也然而觀滬上繁華綺麗之地全在租界勢力盡操之外人返視華界則路政也貿易之情形也行人之秩序也遠不如租界內然則我國中事業必藉外人之經營而後乃有濟耶有心人於此能無感慨係之。

五月十一日(日曜)晨雨蟄伏樓頭鬱悶殊甚閒談而外無他消遣雖然予輩自來滬上碧翁未放晴光他鄉遊子奔馳於風風雨雨中疲憊極矣得此半日休息大足以調養心神下午同學有赴外灘者有遊靜安寺者。

五月十二日(月曜)由滬至杭距六百餘里須兀坐半日長途慮無消遣故予輩于是日未上車前各購當日報紙為旅行中之良友從此車中談笑不患沉悶矣去滬而遠林木漸稀若嘉定嘉善等處則多植油菜不栽桑麻田阜多水溝澮皆盈農產額之不多可知夜色蒼茫晚雲鬟鬟青嶂綠木奔赴眼底蓋武陵至矣下車雨舖蓋網籃全恃袁師料理余輩各雇人力車直駛華興旅館宿焉未離校時余輩已知六廠飲食與校中或無大異武陵食品必遠不如吾蘇乃六廠之飯食既佳華興之菜肴亦復不惡中心殊慰宿舍亦寬敞就地作榻臥息殊安邯鄲夢醒東方已大明矣。

五月十三日(火曜)吾儕初至武陵急欲一觀金牛湖羣議提早時間請於袁師袁師首肯故八時半即結隊旅行上寶石山山在錢塘外高六十三丈山有保俶塔係吳越王俶所建。

巨石狰獰中鑿石峽僅容一人行吾輩踞石遠眺則往日所寤思夢想之西子湖已畢呈眼簾與之所至歌喉斯邃人多聲洪響遏行雲此時精神既壯腰脚更健復登葛嶺之初陽台平衍可數畝聞之袁師謂此處有東海朝暾之目謂夏歷十月朔望東北海中朝日初升微露一痕瞬息間萬道霞光天半俱赤惜乎來非其時不能睹其眞相耳由是而行過妙智寺而至紫雲洞峭聳嵌空穹然如夏屋石色斑斕泉聲滴瀝山風斜至寒骨淒神空中倒垂石樓上設峻檻中供觀自在石像其沿壁一洞當天有如掌大之孔日光下射藤蘿森瘦皆從隙處蔓延自此西北行過古劍崗有牛臯墓荊棘縱橫墓門已半圮矣經營修理有司者之責也由此至岳廟計程約二里許廟在棲霞之陽中刻武穆父子像瞻謁之下想見武穆當時忠勇殺敵從容就義之氣概不禁肅然起敬階下有精忠柏蒼勁古拔旁鑄秦檜等鐵像爲大明正德時李隆所範青山何幸埋忠骨白鐵無辜鑄佞臣此聯極典雅之致時已停午飢腸轆轆幸吾輩均帶乾糧就附近茶肆啜茗果腹越一小時遂行經武松墓蘇小小墓過西冷印社而至文瀾閣中藏四庫全書書爲浙人丁氏所集十得八九東南文獻賴以不墜遂覓途至巢居閣及放鶴亭地瀕後湖爲林逋隱孤山時所搆放鶴亭後有馮小青墓前有徐錫麟墓一孤嵩高人烈士美人名宦古墓新塋俱備孤山何孤之有登巢居閣大呼有回聲蓋聲浪爲山峯所阻乃折而回所謂空谷傳聲也由此至平湖秋月不越半里蓋即在孤山路口清聖祖三十八年築亭於其址瀏覽湖景於此最宜吾知清秋氣爽皓月中天自當別饒佳趣惜乎余輩來此既非清秋又非月夜不能賞平湖秋月之勝爲憾事耳於是繞道白堤過斷橋返華興夜雨敲窗旅夢難安明日若依然滴瀝吾輩將困守客館不越雷池半步矣

五月十四日（水曜）天果雨上午多往附近購物下午雨少止步覽西子湖蓋湖去旅館僅三百武往返殊便時湖山烟合翠黛雲迷宿雨滂滾斷煙吞吐雨後西湖愈添嫵媚不啻一美人出浴圖也殆暝色漸籠湖山暗碧歸棹欸乃較蕩平湖中遠視之無異來自浮雲斷煙中也

五月十四日（木曜）袁師規定本日旅行程中有北高峯之行余輩聞命之下私相懽忭急欲一顯吾輩健步之能矣雇得蕤舟三競渡於萬頃玻璃鏡上高歌歡笑已償吾輩平日泛舟金牛之夙願由茅家埠登岸至三天竺沿途清溪瀉玉石磴穿雲汩汩清泉與空谷松聲互答下天竺外林壑尤美由上天竺返至下天竺時已午遂携乾糧就食於附近茶肆越一

小時向靈隱出發。至飛來峰。晉僧慧理以爲此峯由靈鷲飛來。故名。巨石嵺然若洞。而流泉淙號若鎍。陰鬱寒颼。襲人。不禁毛骨俱悚。玉乳洞光透一線。所謂一線天者是。洞外有理公岩。即慧理偃息處也。全體復攝影於是。由此至靈隱。異木蒙冪。不土而生。石澗下瀉。流泉如潑萬斛明珠於碧玉液中也。吾輩濯足於是。由靈隱上至韜光。筠篁夾道。草木蒙茸。山僧剖竹引泉達於山寺。該寺直對錢塘江。樓觀滄海日。門對浙江潮。實韜光之寫眞。風景既麗。遊興斯豪。鼓精神攀藤葛。雖石磴千級。而不一刻已登北高峰之極矣。登高環眺。西子湖如明鏡。錢塘江如匹練。羣山屏列。萬壑帶橫。極山水之幽。吾輩至此。嘆觀止矣。循徑至玉泉。計程約六七里。地在仙姑山北。中有魚樂園。甃石爲池。方廣可四丈。中蓄錦鱗。紫尾黑背。沉浮於綠一行翠藻中。晴雨軒下。通泉眼。泉水挑珠。斜風數點。吾輩幾疑爲細雨矣。此蓋晴雨軒命名之意也。寺外大樹屈曲矯若游龍。殆得靈山之秀歟。從此繞道歸華興。已五時三十分矣。

五月十五日（金曜）曉霧初斂。晨煙未散。三葉瓜皮。泛泛於水晶簾上。飽覽西子湖之勝景。嫩陽斜照。諸少年口講指畫。無不眉飛色舞。蓋久困書城。與味蕭索。今得容與名湖。不可謂非生平快事耳。惜環湖多西式洋房。雅不合淡抹濃裝之旨。從古西湖比西子。而今西子愛西裝。是名湖白璧之瑕也。舟停訪三潭印月。一塔如瓶。蕩影水中。分塔爲三。所謂三塔亭亭引碧。流者是。吾想夫夜涼人靜。晶盤乍吐。孤艇沿洄。當別饒佳趣也。從此復棹舟訪雷峰。袁師謂遊雷峰當於夕陽將墜時。當夫夕陽返照。塔影横空。日光與水色相映。無異金鏡火珠相映射也。吾輩雖來非其時。而塔磚之朱麗。藤蘿之蒼翠。亦饒畫境。由此至康莊。甚近。莊係南海康氏所築。景多韶秀。室亦精雅。惜乎其主人猶逐逐於名利場中。得毋聖人之悲天憫人。猶欲隻手挽狂瀾耶。由康莊而劉莊而楊莊而高莊而花港觀魚。而水竹居而汾陽別墅。溪光杳靄。引人入勝。葭盧燦水。彌望相屬。入莊墅則樹石玲瓏。樓台錯落。平湖繞綠。遙岑送青。各得自然之趣。主人何幸。有此艷福。日與美人相接耶。吾儕晚年倘能築一茅舍於此。論文樽酒。亦可以娛暮景矣。暮雲靉靆。山雨欲來。遂登舟歸。

五月十六日（土曜）晨風拂拂。曉雨霏霏。吾輩第四日之路程。本擬登南高峰。於是不得不更動。遂向城中出發。就餐於王順興。遂循道登吳山。即城隍山。山上十二巨石。凌虛漂渺。長江平湖悉在眼底。下望則煙樹萬家。甚囂塵上。全杭大概。約略可辨。吾輩於寺中購玩物數種。用誌紀念。時雨大急。覓途歸已滿身淋漓矣。

五月十七日（日）晨雨止。復雇小菱舟二。至茅家埠登岸。向南高峰出發。叢薄深密。杳靄雲封吾輩幾致迷路至龍井地在鳳篁嶺下其流瀉自深山亂石中與野芳異卉延緣石磴間由此涉磴而上秀石森峭嵐翠欲滴名茶產地在焉於是復至九溪十八澗石路屈曲延紆數里不辨所出但覺泉鳴嵐翠壓襟爲之大爽隱約聞鐘磬聲蓋煙霞寺至矣寺外有煙霞洞入門有石龕鐫有東坡像洞底黑暗翦燭可行二十武洞巔有呼嵩吸江二亭石柱石几幽邃高朗還覩南北高峰對峙如插南高峰以天雨時促未游覓途至石屋嶺嶺在九曜山南嶺有石屋洞形如石屋盡處如螺形題額曰滄海浮螺由此西南行山色蒼蔚中峰隆起旁舒兩翼空山中梵唄清越知虎跑寺至矣寺有泉清冽而冷與玉泉龍井鼎足爲武陵名泉濟祖廟在焉朝魚暮鼓與天籟相賡答由此至月輪山僅二里山有六和塔塔九級高五十餘丈初創自宋開寶三年知覺禪師余輩登塔巔遙望江濤嵐簇情態萬變遂搭南站車返華興

久作他鄉客漸厭風塵苦不識故鄉風月依然否度明日萬家燈火時吾儕已安抵母校矣

黃粱夢回猶聞歸輪軋軋聲也

五月十八日(月)宿雨未霽曉風又起一輛客車飛駛於郊原錦繡上蓋余輩將去武陵而至父母之鄉矣憶自來武陵雖連朝陰雨而金牛湖之勝境已盡印入吾輩腦海中矣覽全杭商業若王順興之飯肴翁隆盛之茶舒蓮記之扇胡慶餘堂之藥石各擅精美名副其實亦足以表現浙省商業之特點惟沿湖各處販賣零星物件者定價參差初來杭者每易被欺是大足喪該埠商業上之信用影響經營之發展而最足引起投機心之彩票到處皆是實爲發達各種事業之隱憂吾不知當事者何獨昧昧於此不加取締不思虺之將爲蛇耶作客兩星期奔馳千餘里而行人無恙物件未遺是雖袁師照料之功抑亦吾儕旅行之福吾知張師知之必掀髯慶爲幸事矣甲子清和吾行安文奎記於車次

本級同學通訊錄

Commercial Course

中文姓名	英文姓名	號	籍貫	通訊處
嚴厚栽	Hawthorne H. Nien		無錫	無錫寨門
辛鋭斌	S. P. Sing	克庭	無錫	北鄉辛巷
陳德章	Macaulay T. Chen		無錫	無錫南方泉陳興泰
殷樹菁	James T. Yin	錫朋	無錫	無錫玉祁蕭恒茂
孫保琳	Suith P. L. Sun	楚卿	無錫	無錫南方泉
李　侃	Washington K. Lee	亞陶	江寧	南京大功坊堂子巷五號(或下關公有林總局)
朱銘嘉	M. C. Chu	幼蘭	無錫	無錫北門外煤場衖西首
楊尙志	Franklin S. Yang	成偉	江陰	江陰城内縣灣
韋福生	Francis Wei	瘦石	江陰	無錫轉長涇
孫寶嘉	P. C. Sun		無錫	石塘灣西漳
虞以仁	I. J. Yu	曼軒	無錫	西門外倉橋下
顧鴻壽	James H. S. Koo		無錫	無錫城中周巷九號
華　鍔	Hua Ngo	劍虹	無錫	無錫城中鳳光橋北首二號
楊傳琦	George Yang	藴石	無錫	無錫城中西大街十四號
安文奎	V. Q. An	曰禮	無錫	無錫張涇橋顧洽裕號轉安家莊
樊宇清	Napoleon J. Vane	雪亭	江陰	江陰城内西大街年餘弄左首
凌宗墨	Ling Tsung Mei	並儒	吳江	吳江莘塔大浜
夏　衡	Kungan H. Hsia	公安	江陰	無錫長涇
杜武鑯	W. T. Tu	成叔	無錫	無錫駁岸上
倪丕烈	Nie Pa Li	丕烈	無錫	無錫后暘坊前(或北坊前)
陸鍾秀	Macaulay W. Loh	鍾秀	無錫	無錫新安鎮
繆天定	Thomas T. T Miao	文銓	江陰	無錫北周莊

勘誤表

類別	頁數	行數	正誤
級史	五	八	瘵改瘵
頌祠	二	二	酬改酬
插圖	十五		千改十

畢業生小史勘誤表

姓名	頁數	行數	正誤
嚴厚裁	二	三	會字下脫去一得字
繆天定	三	一	日未併作昧
	三	五	藝字下脫去一人字
華鍔	八	二	言改槪
	八	三	熳改漫
殷樹菁	十二	八	久改而
凌宗墨	十四	一	清改請
倪丕烈	十五	史名	倪丞烈改倪丕烈
夏衡	十六	二	糜改糜
朱銘嘉	二十一	三	塵改塵

商學勘誤表

頁數	行數	正誤
一	十四	斗改豐
二	二十四	回改爲
二	二十六	領改餘
三	九	瞭改瞭
三	十七	護改獲

和 平 耐 勞

公益商業中學校第二屆畢業刊

三	二十二	植改值
三	二十二	Wark 改 work
三	二十二	Tayor' 改 Taylor'
三	二十二	Premiun 改 Premium
三	二十二	Plag 改 Paln
四	六	計改幾
四	十三	俱改感
四	十八	經改金
四	二十三	厥改蹶
四	二十三	興改與
五	二	毋改不
五	十	商改商
六	八	持改特
七	九	旺改時
八	三	熟改孰
八	十五	失改夫
九	一	于改干
九	六	同共顛倒
九	十	抒改舒
九	二十四	共損分損改共担分損
九	二十六	所改斫
十	一	猾改獨
十	一	Particucar 改 Particular
十	五	前字下脫去一清字

2

十	十三	舊改售
十一	二十六	何益改有益
十二	五	迫改操
十二	八	所字下脫去一應字
十二	二十	for 改 of
十三	三	李侶改李侃
十三	十一	額字下變易二字重複
十四	十九	借改藉
十六	六	印改即
十六	十三	瞭改瞭
十六	二十七	Statement 改 Statement
十七	十九	gross manufacturing改Grosse M: nufaceturing

文苑勘誤表

頁數	行數	正誤
二	八	械改械
三	十九	卒改率
十	十六	自改是
十	二十一	說改饒
十	二十一	爰改要
十五	十七	學然後知不足題下前人二字改孫寶嘉

級訓勘誤表

第五行	少無二字顛倒

附刊勘誤表

頁數	行數	正誤

和　平

一	七	副字多印
一	十二	德華改多亞
一	二十	余由改由於
一	二十二	旦改且
二	十六	君改乃
二	二十四	銅改鉼
五	十四	耑改山而
五	二十二	較改輕
五	二十六	坡改埠
七	一	鳳改鳳

本級同學通訊錄勘誤表

中文姓名	英文姓名	號
孫寶嘉	P. C. Sun	護梅
顧鴻壽	James II. S. Koo	曼軒

耐　勞

	18	3	11	aud	and
	,,	15—16	1	uncomparble	uncomparable
	,,	17	9—10	in imitable	inimitable
	,,	22	7	ambitions	ambitious
	,,	,,	16	spititual	spiritual
	,,	24	12	creature's	creature
	,,	27	15	fhe	the
	19	1	9	liver	lines
	,,	,,	13	Coverlay	Coverley
	,,	4	8	bccame	became
	,,	8	14	morvelous	marvelous
	,,	15	9	megnificent	magnificent
	,,	20	8	coneurrences	concurrenees
	,,	26	1	behavour	behavior
	20	14	3	sternal	eternal
The Advantages of Travel	,,	25	4	everv	every
	21	7	11	Like wise	Likewise
Rain in Summer	,,	26	10	eacape	escape
	22	16	6	lege	legs
Doing Versus Dreaming	23	25	17	propulation	population
	24	8	14	demends	demands
	,,	21	2	understand	understood
	25	3	12	clases	classes
	,,	8	3	tides	tide
	,,	9	6	necessaty	necessity
The Meaning of Money	,,	13	18	Shining	shining
	,,	18	10	loss	lose
	,,	21	8—10	gotton ill spant	gotten is ill spent
	,,	22	12	ot	of
	,,	23	6	owened	owned
	,,	26	3	word	world
	,,	,,	7	shcws	shows
	26	2	16	controted	controled
	,,	3	3	econmical	economical
	,,	6	16	remenber	remember
Epilogue	,,	14	11	lt	it
	,,	,,	16	whieh	which
	,,	20	5—6	stand the	stands upon the
	,,	21	11	recongrition	recognition
	,,	24	1—2	pleasure duly	pleasure be duly
	,,	,,	12	remenber	remember
	,,	26	1	publicatian	publication
	,,	28	1	sucesses	successes

Notice—Slipped!

A Foreword	1	25	4	rquirement	requirement
	4	12	9	tender	tenderness

	"	26	13	broght	brought
Sir Roger as a	"	27	17	degeneseted	degenerated
Great Man	13	1	8	How	Now
	"	11	11—13	his way working	had his way worked
	"	15	1	consulatation	consultation
	"	"	8—9	worth yactions	worthy actions
	"	19	2—3	and enerst	earnest
	"	"	7	on	no
	"	23	10	effectionate	affectionate
	14	2	2	an	a
	"	"	16	grert	great
	"	4	4	apeared	appeared
	"	5	2	grert	great
Sir Roger as	"	8	12	his	His
a Great man	"	12	16	sport	spot
	"	13	14	father	rather
	"	14	7	choose	chase
	"	15	12—13	squally enysh-sized	equally empha-sized
	"	21	5	sway	away
	"	22	6	seen	seen
How I Spent	"	"	11—12	they happened	they had happened
My Last Summer	15	3	5	rathe	rather
Vacation	"	4	7	travalling	travelling
	"	9	13	in	from
	"	20	3	when	where
	16	5	6	trouble	troublesome
	"	14	7—9	Reger de Coverly	Roger de Coverley
	"	18	11	Servents	Servants
	"	19	17	"	"
	"	21	18—19	had look	had the looks
	"	22	5	by	By
	"	"	10	cosisted	consisted
	"	23	2	servents	servants
	"	24	17	"	"
	"	25	7	side	sides
	17	2	2—4	all, as Sir	all, Sir
	"	6	14	knee	kneel
	"	10	11	sarvants	servants
	"	16	1—3	When then the	When the
	"	18	17	best	beat
	"	23	4—5	marvelous world	marvelous extent the world
	"	24	6	Meh	Man
Sir Roger as a	"	25	11	Coverlay	Coverley
Great Man	"	26	10	"	"
	18	3	9	abomenable	abominable

Subject	Page	Line	Word	Error	Correction
A walk along the Stream in Summer	4	2	14	dtfferent	different
	,,	8	7	wae	was
	,,	13	10	becomc	become
	,,	,,	11	univessal	universal
	,,	20	14	feeable	feeble
	,,	21	3	wheele	wheels
	,,	22	14	droops	drops
	5	6	14—15	even delicious	even when delicious
	,,	8	14	beasts	beast's
Character as the Greatest Need of China	5	17	11—14	that of that of	thal of
	,,	21	2	alraedy	already
	6	7	9	derkness	darkness
	,,	8	11	shoul	should
The Advantages of Travel	6	17	5	setlled	settled
	,,	23	12	epual	equal
	,,	24	1	experienee	experience
	,,	,,	16	will	well
	7	2	2	and	as
	,,	,,	7	in	the
	,,	7	12	people	peoples
	,,	10	12—13	to value	to the value
	,,	17	5	lithan	li than
	,,	19	12	maxime	maxims
	,,	20	6	meaning	meanings
A Walk along the Stream in Summer	7	26	3	shnies	shines
	8	11	13	giagantic	gigantic
	,,	27	17	uo	up
What Would We Do after Our Graduation	9	9	2	well	will
	,,	11	5	howeven	however
	,,	20	16	so	So
	10	6	4	stable	suitable
	,,	10	5—7	or to two	or two
	,,	11	2	temporal	temporary
	,,	17	16	repert	report
	,,	21	17	highee	higher
	,,	23—24	1	adviced	advised
	11	1	9	even	ever
	,,	3	4	work,—	worker,—
	,,	7	10	Coverlay	Coverley
	,,	27	6	men	man
	12	19	1	follv	folly
	,,	,,	3	man	men
	,,	20	3	sny	any

ERRATA TABLE

A

Subject	Page	Line	Word	Error	Correction
A Foreword	2	19	10	Remenber	Remember
	3	23	10	adviced	advised
Preface	6	10	14	fast	fact
Prologue	8	6	9	Form	From
Greetings	9	2	12	volum	volume
		6	13	spaer	spare

COMPOSITIONS ON COMMERCIAL SUBJECTS.

Subject	Page	Line	Word	Error	Correction
The Fuuctions of A Bank	2	19	6	foward	forward
	,,	20	1	transferance	transference
	,,	25	3	flnd	find
	3	15	18	cartain	certain
	57	20	3	reduct	reduce
	,,	26	4	a	an
	1	4	8	funation	function
Trade Mark	4	11	1	other,	other
	,,	19	8	find	kind
The Economical Point of View to the Establishment of the Bank	5	9	6	arm	aim
	,,	,,	9	largc	large
	,,	15	15	increesed	increased
	,,	17	4	with	from
	,,	21	12	advantageousltv	advantageously

COMPOSITIONS ON LITERARY SUBJECTS.

Subject	Page	Line	Word	Error	Correction
My Chosen Vocation	1	6	18	dose	does
	,,	16	15	conld	could
	2	1	13	denpendeut	dependent
The Advantages of Travel	2	13	14	dose	does
	,,	20	6	widenese	wilderness
	,,	21	17	eductional	educational
	,,	22	10	oue	our
	3	3	8	book	books
	,,	4	7	seen	see
	,,	5—6	1	contaray	contrary
	,,	6	13—14	it encourage	it to encourage
	,,	7	3—4	or improve	or to improve
	,,	,,	6	eduction	education
	,,	9	4	Anothers	Others
	,,	17	5	experince	experience

satiety is greatly manifasted.

We must make it clear here that a man should master money, but is not controted by it. We must be econmical in our living and notice ourselves not to be indulged in seeking for too many comforts; but of couse, our economy should be practiced in accordance with requirements. We do not seek for money that does not deserve to come to us rightly; but procure it by doing duties with spirit and industry. This is a good way to attract the attention of money. I remenber a wise saying: "It is better to master one trade than to possess a million dollars". There is much truth in the maxim.

Epilogue

As "finis coronate opus" is quite a statement of dynamic force that encourages any immediate follower to get over his predecessors, we now have taken a thorough bath in the beautiful spirit of this Latin term. It is understood that this time the success of much glory and secret satisfaction has very well bound the contributors and the gentle readers together. "Progress and record-breaking are inseparable". In sticking to this motto, our work is here turned out to the fullest measure that we know of; but any coming generation will find It a step stone upon which they can easily build a more advanced product to the world.

Entangled with difficulties both in literary material and finance in some measure we may have been; but by the help and encouragement of the teaching staff and fellow students, this volume is happily presented on the due season with praise as well as surprise. It is a wonder, one should know, that our limited brain and unskillful hand can work and fight to such an extent that this Academic Year Book perhaps stand the equal basis that a university annual finds as a platform. We hope that this Annual will invite cordial and hospitable recongrition.

It is now high time for us to retire after a series of laborous services. May our earnest hearts be understood by you! May this volume be your ever favorable edition! May your criticisms or pleasure duly introduced to our sides for improvement or comfort! Please remenber one word, our gentle readers: Unlike old experienced authors, we are young writers of first trial in this literary publicatian. Although our golden pens are new, yet good wishes are not few! As years go by, the next edition is hoped to attract your beter attention, but this volume is proved the vanguard to the sucesses of his later generations. Fare you well, dear friends! Frnnklin S. Yang.

stood as a reward of one's own energy and labor. A great economical competition now takes place, which has driven China toward the economic battle field and tends her to meet the families of the two Hemispheres on equal basis. Merchants, manufacturers, engineers, miners and various clases of workers will be commanders. Hurrah! by the mercy of God, China has been given the last opportunity for competition, upon which her existence wholly depends. Should we not be well prepared to engage in such a vital contest? But, sorry to say, now the Chinese are still at the climax of woeful idleness. What danger we have to fear for our beloved China in the coming competition! Time and tides wait for no men, and so, in order to get loose from the shakles of such a deadly terrible dream, it is of necessaty for our courageous fighters to do away with the idleness first. Nothing is more true than the statement: "Doing Versus Dreaming".

The Meaning of Money

By An Ven Qua

I have seen people weep for want of money, and joy for the continual visiting of the Shining faces. I also have seen people sacrifice their lives for it. Happiness and sorrow often make all the world run into great confusion. How powerful money is, and how dangerous! But what is the real look of money? What is the actual meaning of having money? It is understood that money is public property, and it is like the spring water which should be kept in constant running along. To-day we can get it, but tomorrow we might loss it.

A general speculation has well proved that the more a man has, the more he wants. Many great events have occured in the world, which were the fatal records done by traitors, robbers and thieves. An old proverb well says: "Money ill gotton ill spant." For instance, how magnificent and fine the golden valley of Shiu Chan (石崇) and how lofty the brazen mountain ot Teng Tung (鄧通) were. How much money they owened! But not long after, we see that not only all their money vanished, but that they suffered and died for it. So money is a transient and precarious thing; and it is like the extinguished fire which is bright and dazzling only when it is burning. Though money helps the word to issue better shews, yet it can easily ruin people as well. Men are often led to pride, extravagance, and vainity and are attracted to spend it as if they blow away dust, when they have much money. The man who is poor is always dejected for want of money, and then his in-

and dwelling. It assures me at once to understand the ancient people in a paradise, though in a simple life. During that extending series of generations, "struggle for existence" was a term quite strange to the ancients and possibly beyond the boundary of their mental consciousness. Thus, their reasoning faculties and stuggling spirit were gradually worn away by the theory of disuse, which has long been agreed by all biologists to measure the progress or degradation of human civilization. But such a primitive station of life was no bad a thing to support their happiness and comforts in the earlier part of the human history.

At present, as the population of any country has greatly been increasing, the demends are far above the line of sufficiency for various kinds of wants. The earth is limited, but the increase of human creatures runs along without a single minute's delay. Not to say of ignorant ones, even the educated can hardly earn a comfortable living for the both sexes. Although no one can live independent from others' help, yet nothing is more absolutely important than the idea of "struggle for existence". If every one has no energy to struggle for his own victory, the world will soon be drawn toward the valley of weakness and stagnation. The vigor and freshness of young people should be encouraged for the preparation of a hard strugggle in their practical life.

My courteous readers, this treatise is especially written for the sons of China, which has long disgracefully been called as "the nation of sick people in the Eastern Asia". No anger, however, should be applied to our scorners, for the devilish dreaming spirit has really visited China for a considerable space of time. All the people are physically weakened for committing sins and doing nothing proper, and also mentally distorted for blunting the fine edges of their innecent hearts. It is understand then that, according to the theory of "the survival of the fittest" very few of our species are able to be free from being whipped out of the house of energy and valour. What a great pity it is! O! mv brethren, be strong and active, work hard and fight ahead; otherwise perish is unmistakably your reward! Drive the demon away with you masculine arms and strength, lest he will greedily devour your flesh and break your bone with so much diversion that you are too happy to bear!

The world, then, has clearly observed the spirit of struggle so long, that any existence is under-the water from the river again". Some men sang country songs to show their merry expressions. Far away, I could see some birds flying out of their nests in the search for some food to satisfy their greedy appetites. In a word, all men and things receivd a golden gift from Heaven, and the rain was indeed a powerful Savior of this kind to the revolving planet.

Doing Versus Dreaming

By Francis Wei

Why does the Creator with universal benevolence make human beings live upon the earth? Is there not any preferable purpose in His will? We know every individual is gifted an invaluable soul and an active body, with four limbs and five organs, all of these being suitable to the natural tribute. To thank the good wishes of our Nature, one should produce with earnest devotion certain useful deeds which are worth while for praise and courageous enough to jostle through the cursed modes and manners of the false generation. With the understanding that all objects in the universe are expected to be in proper and good conditions, each of them, therefore, has its own advantages and usefulness. The human being endowed with a divine soul has the proud promise from God to exceed above all other creatures in wisdom. So every personal life should be so weighed that none is allowed to neglect certain proper beneficial vocation for his own happiness as well as the development of the age. If a man drags himself along without an outstanding mark, he is a neighbor of idle fellows; and it is perhaps better without such a one for his occuping the place of a useful man in food, clothes and house. There is a true saying: "An idle man is of no more service to the world than a dead man, who only takes up more room". As men can impossibly be immortal, they ought to prepare their bodies for final resting places with glory and ease; and the distinguished souls should be valued and exercised better than the relics of some day, when they have not crept into the earth. To do some worthy business positively, therefore, is indispensable to the remembrance of one's existence by the later_generations.

In ancient times, the earth was pretty wide for old fathers on account of a sparse propulation, and so every one might achieve more work with great ease than the people at present. The standard of living was so humble, or low, that it was not hard to secure the satisfaction of clothes, food great warmth of the season made all the different kinds of creatures active.

But on a sudden, there was a gale coming from the north by east, and at the same instant, the black clouds were also gathering together. Dragon flies were flying up and down in the sky. The degrees of the thermometer were rapidly reduced to a smaller record. Soon the sky was overcast with clouds. Then a great shower followed.

The flashes of lightning and the cracking sounds of thunder, as dreadful as the roarings of the lion, exaggerated the terrible scene. The heavy rain was pouring down in torrents, and the big drops touched the glass and the iron bars of the window frames with force. The echoes of these terrible sounds were surely not so welcome as the sweet music tunes played on the piano in school. At that time, I had a good commanding position to oversee the wonderful sights, for then I had just climbed up a tower. These great and ever memorable sights collected through the glass windows at such a high spot were the more entertaining. There was an ox standing yonder and sharpening its horns against a large tree. A sudden clap of thunder rushed over above it. In the flashing light and the clapping sound, a miserable response followed. Instantly the ox was dead for the electric strike. Some farmers were labouring in the fields, and, upon seeing this, ran away as fast as their prond lege allowed. I saw their bodies were as wet as the hens having been drowned in the water.

For a short time, the storm abated and the sky cleared up. The clouds gradually scattered away and the sun again peeped out. The pretty rainbow lay across in the east, The cool gentle breeze blew to us now and then. Every man felt very much relieved. I walked to the court with my brother to enjoy the pleasant weather, telling each other some noteworthy events of the past and the currents of to-day. To add to our spirits, Chinese music tunes were played upon our delicate instruments. I also measured my paces out of the door to see that all the things, living or dead, were much re-freched for having been softened by the rain. The water in the river had been added to with some inches more of the fluid in depth. There were some fishers swimming by the edges of the river. Some farmers assembled taking a good conversation. They said; "The rain is sweet and golden. The water in the fields is enough to call back the souls of the withered plants. We need not draw interest, nor the activities of commerce, industry, and education should be passed over with less attention and earnestness. The places of some ancient remarks and the signs of antiquity, as historical ruins, monuments, and other valuable recalls, might be taken for foundation in proving or criticising history. To investigate the different productions and some other agricultural things of certain regions, is only done by carefully visiting the localities in person. As to understand the customs and manners of human feelings of a place, he only makes his foot prints there and the satisfactory observations and reports will inevitably gather around the traveller. Like wise, if any of us tries his practice in this way, he surely receives a great deal of help in studying History, Geography, Industry, and other courses of wisdom.

In conclusion, I find that what makes me believe the truth firmly is the actual experience which is a faithful friend of the book knowledge. Both experience and book tend to the production of the complete world reports. Upon this, though a man has much learning at home, yet he is a fool in the eye of a smoky old fellow as the latter sees active things far much better than the honest book-worm. A travel, then, is an effective remedy to those who bury themselves among the heaps of literary leaves. Should we then neglect the chance of travel?

Rain in Summer

By Rothschild M. Ling

Two mounths ago, there was a very hot day in the Summer. On this occasion, there was no hope for wind from the morning till the evening, as I thought. The weather was so trying that it made every man drowsy and every thing with a miserable look. All the houses, shops, and buildings of different styles were fixed with punkahs or decorated with electric fans for inviting a welcome wind which would not come to flatter their masters.

On this day, the houses were wet, the bases of the pillars and the foot of the walls presented an appearance of a mantle of moisture. The rays of the sun were indeed fierce. Ants climbed up the ceilings or ran under the earth as if they assembled all the important members of their association to discuss upon the question as how to eacape the heat. Earth-worms enjoyed their burrows as the best recreation places in the summer time. Flies flew to and fro to hunt some food. The for the purpose of training his frame robust and healthful. He often took a chase as a great diversion, and his hunting experiences would cause none to curse but the foxes and hares as well as various other animals within the circle of his arm. He gave the finest and best records in this sort of sport and won a great many applauses from the rural heads of natural innocence. He excellently commanded the beagles and a pack of stop-hounds that had throughly been trained in keeping good order, when he grew warm in the beat with his sportsmen. Sir Roger was so accurate at this kind of sport that he never failed to fetch a game. These trophies of the heroic figure would be an example to his generation as well as to any one of us, for every body does receive nobleness and virtue in exercises as well as in books. In such a game, the preservation of health makes both the soul and the body be in a right condition and harmonic services to the whole being which is composed of the two elementary parts.

To make a long story short, Sir Roger was a distinguished figure both at his age and to following generations. His riches and honor sprang from pure sources; his deep knowledge, unmeasured; his love, sternal or rather sacred; his benevolence and kindness unbounded, and his diversions marvelous and beneficial. A man of such a perfection could only feel proud of himself as a great man. O, Sir Roger! thou art in heaven now. Hearst thou me to offer thee the most honorable title for the world. A great man with the highest and most perfect type of character thou art!

The Advantages of Travel.

By Cheng Te Chang

Travel, indeed, has a great power to increase knowledge and broaden the scope of one's observation from mankind. A man, confined to a place, of course, can not know clearly all the different matters of the world and the conditions which are changing every time in different places. If he earnestly wishes to know the conditions either of his own country or of any foreign nation, there is no better way for him to satisfy his wants than to take a travel. A wise travel will give one a great satisfaction of studying everv thing he meets. For instance, there may be many excellent lessons drawn from the great mountains, long rivers, beautiful plants, and famous cities in his long journey. A strong fortified spot of very suitable construction for military purpose may be studied with much

Roger's house, as we trace along the vivid liver in the De Coverlay Papers. His servants were so glad and earnest to welcome their master or their kind patron when the lord, with the aspect of father and master, was approaching to his country seat. It is said that they grew so willingly to serve something for him that those unemployed became greatly discouraged. His unbounded love existed even in his house dog and a gray pad; the latter, though had been useless for years, was especially kept in the stable with great care and tenderness for the purpose of its past services. In such a manner, Sir Roger never heard an ill air but saw all the joyful and agreeable appearances and expressions presented to him. Accordingly, here we may easily observe that these morvelous results would not have been made if Sir Roger had treated them in his daily life with a severe countenance and unbecoming words. More than his kindness, from the load's benevolance, he gave the worthy inferiors a part of his estate to make them enjoy independent livelihoods. So the distinguished servants soon became no servants at all. The tenants of this estates had been his servants before, who had either served himself or his ancestors.

Not merely thus, he was very eager to spend a part of his property for the public welfare. To prove this, he established a very beautiful and megnificent church and spent quite a good value to employ an itinerant singing master for training the skill of praising God with an orderly tone. By clearing their thoughts and sweeping away their rusts of every week, he was conscious of the excellent work in it. A common prayer book for every one was good in encouraging many a man's interests and pleasure in adoration of the Supreme Being. The fair understanding between Sir Roger and the chaplain and their mutual coneurrences in doing good, was a remarkable report to his country that Sir Roger possessed a princely power and a heavenly heart. His greatness rang awake the dreams of a mean patron of the next country, who was famous in a state of perpetual war with his clerk of sermons. Drawing from such a comparison, we may be deeply and firmly touched upon by Sir Roger's generosity and kindness.

My above writings, though brief, very well discuss upon the unusual figure's character and behavour. But the benevolent man was not an idle creature in exercises to promote his own health. When he was in the country, most of his time was employed in enjoying the bodily exercises ancient descent, a baronet, whose family had a great reputation in the country of Worcestershire, England for the posssession of houses, estates, and magnificent equipage. Being a sharp observer, the old gentleman often said that all the abomenable malpractices and disgraceful reputations are almost made by the men of fine parts who have witty sense and deep knowledge to alter the world in the wrong. So running against the modish world, he followed the steps of the most worthy of his ancestors, who had inhabited in that spot of the earth befere him, in all the methods of hospitality and good neighbourhood for the sake of his fame, and in country sports and recreations, for the sake of his health, These resolutions had been declared after his coming to his estates in his youth. As Sir Roger was rich in the great specialities which appeared particularly his, the noble character and generous behavior of this good knight could surely keep pace with those great men of any age. As tender feelings are the foundation of a tasteful life, and love, the central pillar; Sir Roger did not curse the sweet sentiment, and even forcibly practiced on it in his life with intense expressions.

In his early youth, the bright gentle man was a great lover of the fair sex. He grew burning in the sweet tendency with a perverse beautiful widow of the next country who ran into his scope of observation as the only aim of his hunting. The commanding creature not only had an uncomparble beauty in her age but also prepared a deep philosophical eye to the world as well as polished speeches and noble virture, all of which were in imitable by both sexes. To such a world attraction, how could one not move in his heart?/ So apparently Sir Roger should be excused in his behavior in this case, for he acted without blunting any edge of his refined morality. Although he was crossed in love by her, yet he never forgot the warm reflections which would often revive in his old age. Here I am sincerely affected that falling in love is the common passion of human being, but most of the people are too ambitions in wooing yet too short in keeping the spititual affection firmly in the whole life as Sir Roger could. The innocent courtier, hard to any soul, kept himself bachelor for life on account of the want of the fair creature's as his life mate.

We have often seen that servants, both the male and female, are under the influences of their masters. The idle and repining inferiors well remind us that their master is either corrupt in behavior or dull in the management of the family. But we do not see the sorrowful scenes in Sir relating to themselves. So the master of benevolence engaged every body to him very easily. After all, as Sir Rcger was one of the best masters in the world. It is an undoubted statement.

When I read the article "A Sunday with Sir Roger". I know the worthy lord was a best member of the church. It is said that he built a fine church from his own purse, the inside of which was beautified with several texts of his own choosing. Upon every Sabbath, the whole county might meet together with their best faces, while the grave moralist made them knee and join in responses according to the order of the church. He gave every one of them a hassock and a prayer book. At the same time, he suffered no body to take a nap in the church, In this way, the devoted lord strengthened much of the religious forces in the country. As soon as the sermon was finished, his tenants stood up bowing to him together with his sarvants on each side, as the lord stepped out of the sacred building: and he, in the mean time, enquired about such a one's wife, or mother, or father, who was absent on that occesion. Apparently he deeply loved every one of his parishioners.

More than this, his noble and great soul was assisted by a robust frame which I will describe as follows.

When then the celebrated figure was very young, every day he rode upon a white gelding and ran among the woods and fields where he got a good health through the exercise. In practicing his hunting, he cheered his hounds to chase wild beasts which offered him a very good best. This sport was still reviewed when the old hunter grew to the age of hoary head. It is no wonder then why his body was still strong and powerful at the decline of his life.

Now we can see very clearly Sir Roger's noble character, admirable virture, pure soul, brave hunting, and healthy body. All these observations can be gathered in a man's life only who is great to a marvelous world once happily had!

Sir Roger as a Great Meh

By James T. Yin (殷樹菁)

I often take a deep consideration upon Sir Roger De Coverlay when I study his traits of character in the entertaining book the "Sir Roger De Coverlay Papers". Sir Roger was a gentleman of musical instruments in the elegant yard,

As the gentle south wind was blowing against our faces, every one felt sweet in his heart, and the unbearable weather of the day was eventually forgotten. During the vacation, I often went to my cousin's home to take dinner and play there. It is understood that the easy day is often considered too short, while the trouble time often unusally lengthens itself. As I felt the vacation was drawing to its age of hoary head, I prepared myself again for entering the school. The happy days having passed, or the two easy months having gone, an opening address was delivered on a fair day in our familiar auditorium. Now we have been here for several weeks. Oh! I cannot review the experiences of much interst again after all; and I am very sorry to say that I did not make much progress during the season of easiness as my father had ordered me to well treat the vacation. Here I write this to report something as well as to express much of my regret.

Sir Roger as a Great Man.

By Smith P. L. Sung

Having read part of the "Sir Reger de Coverly Papers" at present, I observe Sir Roger's character both in virtue and blood with the conclusion that the celebrated kinght of Worcestershire was an uncommon man, nay, more than a gentle man, was a great figure indeed.

In the entertaining book. many treatises of marvelous worth have fallen into the scope of my delight, but the "Sir Roger at Home" and "Sir Roger's Servents" reveal the better truth that Sir Roger was one of the best masters the world ever had. As he seldom changed his servents, so they all loved their master a great deal. The manners of the inferiors were very sober and staid. His butler was gray headed, his groom one of the gravest men of the house, and the coachman had look of a privy counsellor, by this means, the family cosisted of sober and staid persons. Not only this, his servents enjoyed their happy lots and praised the lord with great secret satisfaction. When Sir Roger passed any where in his country seat or in his magnificent mansion in London, his servents in either place flied from both side as understood a visit. In showing good regards to familiar friends and tenants, the beloved old knight, with mixture of the father and the master of the family, often tempered the inquiries after their fathers brothers, and sons with several kind questions

After the close of the school in the preceding term, I returned home: Sorry to say, day after day I did not catch any proper work, but all day long indulged myself in eating, riding and sleeping, as these customs were rathe expected to be reviewed in such a leisure condition at home. It had not been more than three days in travalling before I reached my destination. As soon as my feet touched the steps of my house, I was warmly received and comforted by my father who, in the middle of his discourse, told me to make a good use of the vacation by seizing the opportunity for reviewing the old lessons. "Thus," continued he, "you should utilize your good period of holidays in laying a solid foundation for the happiness of the later part of your life as well as the easy running of the furthur career of the school course. We would immediataly perish in the world of much business, were we not well prepared to meet the difficulties running against us. So every man must master a little art so that he can stand on a firm foundation." Then he again proceeded his words by asking me whether I knew the American Indian and the African negro, and said that they had long lost the importance of their races, and now their heirs are despised by the superior people on account of not being enough educated toward the direction of a bright life, and so, as a consequence, they can only work for the happiness of the white race. He also exclaimed, "Are you afraid of the condition? Are you afraid of such a condition?"

As soon as I had heard the old man's warning as well as advice, I was greatly touched in my heart, and so I read my lessons with utmost diligence. Every morning I read some worthy pages and wrote some valuable expressions. Some times I fell myself in the novel and newspaper reading under trees, when I often stood to take some deep breathings for the fresh air, and, by this way, I got much benefit for my health. In the after-noon, I practiced one or two leaves of chinese characters. This done, I either helped my family in home affairs or enjoyed a sweet dream or a time. When the sun had gone below the edge of the world, I with my brothers and neighbour boys took a walk at a wild but quiet place, where there were a great many entertaining sights arousing our feelings with much pleasure. At night, all the family were seated in a ring in the yard to enjoy the air. Each of us would tell some interesting historical events by turns. Some nights, when the bright moon was casting her silvery shadows down upon the ground, we played on my words for it; Sir Roger was no fool but a great man!

As an universal kinkness is not confined within the world of supreme beings, this unusual grert man perfected his policy by pushing the tender rays of his heart toward animals. It is said that the goodness even apeared in his old house dog and in a gray pad: especially the latter he kept with grert care and tenderness cut of regard to his past services, though he had been useless for several years. How can we measure his mercy in this case? We are unable to do it! This man, I say, worked his conscience to the utmost degree: and I do fear that even God would have been surprised at this product worthy to stand at the head of his whole beautiful creation.

From all these passages gathered above, I have resolved to think of him more than a fine gentle man, a casuist and a philanthropist: for his merits were noble and his pleasures innocent. No question, he was a great man in the world history. His disappointment in love in his early youth for being crossed by a perverse beautiful widow, was or is not considered an imperfect sport among the foot prints of his noble life, and the foil, it is said, father set off than darkened his good qualities. His fox hunting and hare choose reminded us that a great man should not be a palsy who only works half of his activities. Head and frame should be squally enysh sized; as a human being is a combination of soul and body. In a word, Sir Roger's life was simple put incomparable, bright but not in fashion, singular but of nobleness and consideration, and great but not limited by his own age.

How I Spent My Last Summer Vacation.

By P. C. Sun

The summer vacation passed sway already, and the autumn has come: but all the experiences observed in the luxurient season seen to me as if they happened yesterday. Although our school has been opened but for two weeks, yet the class has been so attracted by the beautiful studies that we value the institution as our beloved paradise.

Last Saturday, our English teacher told us to write an English composition on the above stated subject. I am indeed glad to recall the interesting facts which pleased me greatly during the last vacation of two months.

to the condition of savage and barbarism. How I quite doubt that how many people at present can lead a noble and admirable life as Sir Roger could. Very few? Surely! The world is either dazzled by luxury and wealth or shaken by burning ambition, high seat, and fame. He is great then when all the earthly templations of vanity knocking at his door are not received in his room. Such courage and such wisdom in one man I have found! Can any other man be than Sir Roger?

Sir Roger's unbounded nobleness was very seldem among his men, and even at present. A deep love bound both the master and his servants together with a firm tie in the sober and staid family. The lord, with the aspect of father and master, employed all the faithful hearts to him; and was beloved and worshipped by his worthy inferiors at home and his fellow men in the country where the owned a beautiful seat. By all hands from the papers, I conceive an accurate examination that it is no wonder then why Sir Roger his way working through so peacefully and sucessfully. He knew the proper treatment which his servants were glad to receive, and the unbecoming language to which they might raise feelings of war between the employer and the empoyees. We are assured then of Sir Roger's thoughtfulness, who planned all his matters carefully with a deep consulatation with himself first; and of his worth yactions, representing the elements of huminity, in his servants and other people. Of course, the happy men were delighted to be under their lord's commands.

Not only this, the fartherly lord extended his benevolence so far that he would make many honest and enerst and energetic servants on inferiors at last; for he often awarded them money, estates, or houses to encourage their services. These fortunate ones finally got independent livehoods from his helps. Some of his servants were indeed rich by his assistances that they came out as gentle men in aspect and fashion. As most of his estates were tenanted by persons who had served himself or his ancestors, there were many warm and effectionate feelings between the two sides; and so Sir Roger lived among them rather as a prince than benefactor. Indeed so great were his sympathetic favors, kindness and virture that either the public or the private of his age was moved and polished by the influential character. He was generous but not free handed; economic but not misery; commended his purse with reason, and distributed his wealth with observation. So take as to us. It is a great question of true life that, to chew the worthy substance of mankind, one should not be ignorant of the above mentioned bright question. Animals also have passions and more or less reasons; but owing to their own indulgences in the former, the inferior creatures under the sun can not rank themselves with men upon the same basis of grace and worth. But I have quite often seen that many sets of people let their passions be supreme, and reasons be checked down; and so, as a consequence, these pitiful fellows walk farther and farther every day away from the way of glory and truth, and a wicked or despised life catches their backs. Sir Roger's observations and teachings were lights and thunders to the world, all of which can even summarize the profound volumes of morality and wisdom.

Sir Roger was not only a leading scholar but also great benefactor. All the people about this central figure received his kind inquries as well as valuable gifts, Through his influences, the country manners were greatly polished and civilized, all taking unchecked courage to practice on the noble deeds which their admired lord was delighted in; so when he was in his rural region, his friends of reasonable worth welcomed him; and when in the town, influential but honest gentle men surrounded the noble stature. His dignity, love, and marvelous tongue gained the worship of every heart. To pick another wise saying of his, once he pronounced to advice the world that we should not, if we have such, offend against quick admonitions as our souls have given us, and blunt the fine edge of our minds in such a manner, that we are later no more shocked at vice and folly, than man of lower capacities. All his worthy sayings, I think, are rather the most effective medicine to any young man for reformation.

The respectable gentleman hated men of fine parts a great deal, for he observed that their hypocrisy and wit made the world gloom and defaced. Indeed a very ill man of great parts is far more dangerous than the terrrible tiger or lion; for the latter can still give man to be concious of its power at once, while a man bearing such a mask shoots poisonous arrows in the dark. This state of wicked air is frequently observed in society of any age and at any time; and for this, the world approaches to Hell rather than to Heaven. Had the earth not broght forth some great bells to ring awake the dreamers of riches and honor, the sea of humanity would have been degeneseted service, and profit. As our class have been even conquering in the institution both in study and activities, I am firmly sure of the result that any of us might be not a parasite nor an air-castle builder, but a work,– a worker of own understanding,– a worker of humble heart,– a worker of real usefulness, in spite of glory or curse from the world.

Sir Roger As A Great Man.

By Franklin S. Yang

Having read several contributions of the "Sir Roger de Coverlay Papers," I am assured that Sir Roger was more than a gentle man, nay, he stood as a great figure without further question. His behavior was very singular, but his singularities conceived good sense and rich humanity. He enjoyed his own method of living against the modes and manners of the wrong world; and so many moral foils of unusual greatness sprang up from his incomparable bosom. Being often unconfined to modes and forms of the fashionable world, he fought his own successful victory; but, at the same time, he had no enemies of both sexes on account of his high type of character and benevolent heart. The good old knight was rather beloved than esteemed by all about him, I say.

Sir Roger could accurately examine into the real looks of society; and in his discourse with Steel on men of fine parts, he said: "What I aim at is, to represent, that I am of opinion, to polish our understandings and neglect our manners is of all things the most inexcusable. Reason should govern passion, but instead of that, you see, it is often subservient to it; and as unaccountable as one would think it, a wise man is not always a good man". This marvelous critical statement could not be overset at his age, nor in this generation and following periods.

Sir Roger came out from among the influential clusters of evils, but returned to them with many remedies to correct the tide of falsehood and wit. He often sighed for his generation admired wisdom than honesty, wit than good nature. Bustling through the period of tiger and lion, he distinguished himself by marked morality and respectable conscience. How seldom, how precious, and how great was the courage! Oh! a noble man the world ever had! The most beautiful expression of Sir Roger is his excellent observation between reason and passion. "Reason should dominate passion", cried the honest men, the words being a thunder to his contempories as well solid parts being worthy of the call. To the illustration we young men ought to take a deep consideration in settling the proper fate.

Before one begins to hunt a work, therefore, he has to measure his own capacities to agree with the service rendered. If a suitable undertaking lies in my way, though a small business, I should catch it; otherwise, though a big job with much interest and standing, I ought to let it yield to one more stable in this business. This is the observation of a wise man, who, by this policy, never falls in a long running career.

Suppose several among us are not soon met with certain work at once. They, to be sure, are not unfortunate kind of species. Life is long and ever changing, and the happiness or sorrow is not seen in one month or to two. As a matter of fact, good preparation attracts happy profession; but a temporal obstruction might be no harm at all. My frinds, be not ashamed of yourselves if such a case happens! Take a further good preparation, and your later days might go ahead of that of your acquantances both in glory and pleasure, who have received proper positions earlier than you. Let me lay down as a rule, that, if every man in the world should humbly ask himself and then fit a profession to his own capacities, should work hard and with care, and should well commend both his eye and brain; then there would be nothing as failure existing under the sun. Since failure is a myth to mankind, success is not understood as a proud boast but a natural repert in any one's running career. But, sorry to say, the whole world is running in contradiction to the principles, and so success and failure are mixedly cried to our ear. Remember one word, my men: "There is a will, there is a way".

I have been told that several of us have the inclination to become scholars after entering highee institutions. I hope them to keep the same spirit and steadiness in the fight, and the glorious title will be eventually confered upon them. Those who work immediately after the graduation are adviced to retain their same morality and wisdom. The world is large; and society in great confusion. Young men of weak character are frequently seen in the defeated condition under the vicious mighty arm of out-side unspeakable community, though they have boasted for their abilities and work with the tone of an air. In a word, youths of knowledge should stand upon a letter stage of morality, weak green heads, but the rays from the golden disc on the west horizon still expressed his angry colors which were only a little less fierce than the tyrannical air in the day. As the time for supper was drawing near, I threw my legs slowly toward my house.

What Would We Do after Our Graduation?

By Franklin S. Yang.

I have observed our class with a secret eye, and have found a joyful air filling every corner of the familiar lecture-room. None of us has not a cover of bright colors in his aspect. Drawing from the evidence, my imagination has unmistakably reminded me of the reason that the certificates on graduation well be being drawn nearer and nearer to our sides, and the pause for the completion of the middle stage of learning gives the struggling crowd a period to recall the past happy experiences. To receive a certificate, howeven, is as common a thing as one obstains a letter; and so the testimonial gift is of minor importance to the academic student. What our future career will be and how can we better prepare ourselves for sure successes, are the ideas which the graduating group do hold fast in the brain. Indeed, we should pay more attention to the latter case than the paper.

Now at the critical time of our departure, two questions come into our minds: "Do we step in the right path to agree with what we have said? How can we excellently fulfill the duties of a commercial student to benefit society here-after?" The approaching of the ever memorable day of our class suggests the climax:-one side to many difficulties and fear in carrying our theories out; while the other side to our dream for triumph. My friends, please take this statement for your benefit: a superior in a small profession is better than an inferior in a great undertaking. so we at present rather take a small and easy work to confirm our energy before marching along an endeavouring path, otherwise we can hardly enjoy a satisfactory pleasure.

Hereceforward, if any one asks us what we will do, we shall immediately reply him that our stock of knowledge is of common sort and so no special attention can be drawn from the world, and that our endeavour to serve is the first trial by which whether we have skill to manage a small business may be thus assured. It is understood that no failure exists on the earth except it visits one's door, who is a balloom, being glad to stuff out his exaggerated capacity, while within it no either stand upon the street or walk in it, the hot arrows of the sun shoot toward our bodies, making our sweat run down our faces like great drops of rain and our skin present the color of the blood red look.

One day of the last summer, when the sky was very blue and the burning sun hanging in the center of the heaven, the white walls of every house under such a power were stared at as if thousands of hot arrows were shooting down upon them. My eyes were nearly made ache. At that time, I wore a suit of summer clothes, but I still felt the weather very hot, which made me lazy enough to utter a single word.

After a moment, I found a good plan to avoid the attack of this influence by taking a walk along a stream. Happy to say, it is just situated behind our house. Then it was luxuriantly decorated by many kinds of grasses on the both banks, and many giagantic old trees took their duties as life-guards along the sides. The grasses were very tall, which presented a very luxuriant appearance and seemed to be in a very fine and proud condition. The water of the stream offered a deep blue colour. It seemed quite cold under such an umbrella of shades.

When I was walking along one side of the stream, the trees covered and protected me with a very affectionate manner. Every now and then, a small whistle of wind blew against my face; but the places, where there was no such a natural shelter, were stared at by a very fierce fire ball hanging high up in the blue well. The reflection of the hot light was strong enough to hinder my delightful speculations. Whenever I drooped my head to see the water, I could not but saw fishes swimming to and fro in the winding bed.

Beside the good natural scenery along and about the stream, there happened to be another source of much attraction. There lived alone by the stream a beautiful girl. When I measured my paces toward the place that day, she was sitting in her chair and reading a magazine. Her face was brilliant and rosy. She charmingly wore a suit of pink clothes. Although the weather of the period made every body vexing, yet she read her book quietly and in great leisure and peace.

The sun having descended down toward the west horizon, the weather became cooler and cooler than that at noon, and every creature felt itself much relieved. The grasses began to raise up their risky travel, travel has long been regarded as an indispensable process to widen one's scope of observation and well as to reveal in hidden facts of the world.

An old proverb well says, "Seeing is believing." In order to see and believe, one, therefore, must travel. The historian must travel in order to gather many evidences to confirm his belief to what the history says, to give him chances to hunt upon relics, to find various kinds of customs and human natures, and to investigate the progressive direction of civilization. Through traveling, a geographer can know more about the earth and its various people and products than others. If Columbus had not travelled over so vast a world that the earth is a sphere would have been only a theory forever, and we would never have had any faith about the existence of the Indians and the special products of the New World. Travel also gives proofs to value of sciences. Further-more, it can nourish one's nature and feeling, pluck up one's spirit, and stregthen one's body and will. As to please one's eyes and mind, it is only travel which can give these advantages.

According to the points stated above, my pen is enough to show the advantages of travel. Another proverb may be cited to prove the still better phase:—"Travel is an education in itself." It means that travel is one kind of education; and that it can educate people, or, at least, complete one's general education, much of which can not been gained from books and teachers. "It is better to travel ten thousand lithan to read ten thousand volumes of books." "What one sees is true, but what one hears is false," "To see once is better than to hear a hundred time," and "A gift of experience may be got from travel", —all these statements are excellent maxime of no less truth. These proverbs have very good meaning in themselves. In conclusion, then, travel truly gives many advantages to mankind.

A Walk along the Stream in Summer.

By George F. Yang

A hot summer day makes every man very embarrassing; and, he feels indeed troublesome whether he sits in his house or in the yard. His appearance becomes a silly aspect. We well know that the sun shnies as a fire ball during the summer season. The yellow-brown color of leaves is due to the tyrannincal power or oppression of the hanging burning fire. If, under such a severe attack, we useful work, will surely become ineffi·ient and perhaps produce very injurious accidents. So does a man. What is a blessing to one might become a blow to him, if he has not that power to master it. So it is to a nation. China will have every thing before her that will help her to become great, if she really has that power to master it and make good use of it. But she will have nothing successful before her, if she lacks the very energy. By doing right, even at the time of climax, hers are the age of wisdom, the season of light, and the spring of hope. When running against the principles, the age of fooli-hness, the season of derkness, and the winter of despair will knock at her door. By what method will this success start? Stress shoul be laid down upon every son of the nation! If every person is energetic, then the foundamental motive power is great, and China stands upon a firm plateform better than the pyramid of Egypt. Indeed! Only the value of personality can save the nation! China needs men,–men of character,– men of great hope. By a logical conclusion, then how great is the value of every one of us? And can the center of the greatness be any thing else than character?

The Advantages of Travel

By Yu I Jen

In ancient times communication was verv inconvenient,—no trains, no steamers, no broad roads for cars, and no settled routes for ships, and Aeronautics was a science which nobody ever dreamed of. Nations were all holding fast to the policy of seclusion. So travel did not seem to be of any importance to human life in those days, and even most of the people did not know what travel was. Scholars studied with their doors shut and did not peep into the garden but devoted themselves entirely to the study. They always considered that books would give them all what they wanted, and that there would be no other way to obtain knowledge beside the books. However, there were some far sighted persons of supreme talent, who thought of the epual essentiality between book and experienee. They believed in the truth that same attention should be given to travel as will as to books. For instance, Confucius wandered about in many states to enrich his knowlede and experience in order to attract the better attention of the Duke of Lu. This is a luculent proof.

Since the celebrated Genoose navigator Christopher Columbus found the New World through his

In the evening, the blazing sun was not very hot, because the sun was gradually setting down toward the western horizon. The sky retained some big pieces of reddish clouds due to the reflection of the weak sun shine. Upon the water surface, the images of the scenes about the zigzag bed suggested the sights appearing upon the silvery stage in a moving-picture theater. The tired birds flied from tree to tree seeking their comfortable shelters, and the wild beasts hid themselves in the caves or shadowy spots by the hill side and refused to leave there, even delicious food was placed before them. So did the exhausted farmers walking slowly on the roads and shouldering their hoes to return home in earnest manners. So did the cow boy upon his beasts back playing the short flute, the tune from which was heard by the far distances near a buddist temple.

My trip along the stream suggested the ideas of three different periods of a day as I have penned above. Likewise, the scenes also offered three kinds of different appearances to my eyes. These past experiences now still often rush into my mind and give me a firm reflection of the feelings. As my walking along the stream indeed can make me free from care, so I now keep on doing the exercise and hope to attract others to follow my example.

Character as the Greatest Need of China

By Napoleon J. Van.

China has a dominion whose size is calculated equal to that of that of Russia. Yet she is not valued as one of the greatest nations in the world. Why? Well, many reasons have been found to explain the secrets: natural resources undeveloped, industry and commerce without activity, the young stage of education, and the trouble of too active military strength. Any inferiority of the causes is alraedy strong enough to push the nation below the line of admiration.

It seems that a nation is like a man. Indeed, a nation is nothing more than a vast sum of individual citizens. Mr. Eduard L. Ritchep talked in a chapel last month, saying that what makes a man great is not merely what he does, but, more than that, is what he thinks, or, in other words, what kind of idea he possesses. If a man has many opportunities before him to cause him great, but, due to the want of a bright mind, he can not succeed any thing in his life.

Suppose here is a powerful wheel, which has lost its balance. Then it, instead of doing some

On the day, as I walked along the stream, I could observe three divisions of periods from the morning till night. Walking along as I did, I felt the scenes giving dtfferent appearances in the morning, at noon, and in the evening. Now I shall describe the different sights as follows:

When I walked there in the morning, the bright sun was rising up from the east, and many pieces of huge reddish clouds were just swiftly flying in the direction of north by east. The birds were singing among the willow "whips", and the wayside mosses, grasses, water peppers and willow leaves all came to add the fresh sight of the day. Looking towards the open part along and about the stream, indeed. I perceived there wae a little relieved from the hotness by light clouds of white and yellow mist, slowly rising from the evaporation of the stream water; but could not see other parts a little softened.

When I was walking along the stream at noon, a fierce blazing sun was very angry high up in the heaven. Everything in the stream and about the stream, stared at the fervid sky, and been stared at in return, until the staring habit had become univessal there. The white houses, the white walls, the white banks, and the tracts of arid roads were nearly burnt away. People were attacked out of their countenances. The only things to be seen not fixedly staring and glaring were the trees drooping their proud heads down over the water. The hanging grapes did occasionally wink a little as the hot air barely moved their leaves as well as those of willows and elms which are its neighbors. There was a rising of hot wind which made a ripple on the beautiful soft level. Towards the staring roads, deep in dust, the dusty vines were overhanging in the wayside cottages. So did the dogs with drowsy manners lying lazily under their shades. So did the oxen with feeble steps tripping around wa'er wheele set by the stream bank, and pumping the water into the fields with little strength. So did the exhausted laborers in their fields with their big rain droops falling from their foreheads. Everything that lived or grew there was oppressed by the glare; except some unusual dogs rushing swiftly on rough white roads which had not been cool for more than a week, and cicadas chirping their dry hot chirps among the willow clusters, like amusing rattles. The very dust was scorched brown, and something quiviered in the atmosphere as if the air itself were planting.

I have mentioned two real advantages of travel in the above two paragraphs, but I shall still give other advantages of travel in addition to them. In the larger sense we can verify the truth or facts which we have read from the book such as history and geography. The geography of a place gradually changes. If we do not seen them with our eyes directly, I dare say, the knowledge we have is very vague and indefinite. We can not remove the doubt which is in our mind. On the contaray, if we get experince by observation and travel, we may use it encourage the commercial and industrial business; or improve the eduction or custom of our people. Some-times, I heard some travellers and great men say that any one will more likely be able to write good compositions, if he travels a great deal. Anothers said that, if he travels in all his life, he will be better off than another who has read a complete set of encyclopedia. So we should know the advantages of travel and we should pay attention to it and should never neglect it.

In conclusoin, I like to mention several great men of the past who travelled a great deal. Confucius, our greatest Sage, travelled in nearly all the countries of his generation. Another one was Tai Shih Kung (太史公) whose footsteps were nearly all over the world known to him. From the above, I firmly believe that travel is at least as important as reading the books. But the best way is to combine the two; then we can get observations, and at the same time, we can have the greatest amount of knowledge and experince..

A Walk along the Stream in Summer.

By Miao Tien Ting

One August day of my last summer vacation, the weather was very hot. In order to relieve myself and to better my feelings on such a hot occasion, I often stood in a shadow under many trees, reading my newspapers, magazines, and Chinese novels to pass away the vexing period. But sometimes, I also threw my legs along a stream which is situated north by west in our coutry and not very far from my home. The stream surrounds the half part of a small hill, its bending shape resembles the form of the new moon. Its length is about half a mile. Along both the banks of the stream are planted weeping willows and elms, standing alternately in good rows. On the other side are also found rice and wheat fields and patches of mulberry trees.

We know that a country to become peaceful and happy is largely denpendent upon the people's wealth through which they can obtain food. For this, one should work honestly to get his food: but, sorry to say, many men just live to earn their bread in wrong ways. Many neglect the right ideas to procure food. Some turn themselves in the nature of buddhists, taoists, nuns, thieves, or robbers. They destroy the people, and not practice the right traces of living. The different classes of workmen,— such as: farmers, merchants, officials, etc., generally think of the benefits of themselves. They are ignorant of trying to bring happiness and comforts to the unfortunate ones, and never remember those who have not enough of the necessary needs.

Brothers, if we all young men hope to be respected by others, we should procure our food without following their examples.

The Advantages of Travel

By Hawthorne H. Nien.

We learn many lessons in the school, but those lessons are all from textbooks. I dare say, that the knowledge which we get from books is rather vague and indefinite. Much dose not correspond with facts. Let us imagine a man living in a private room among a multitude of books. Although he may read all the books he can, but he will not be of great use to the world. I think he will not be as useful as another who observes any where and any time. I have found out that travel is the best way to make observations. Indeed, one may improve his mind by travel. So travel is as important to one as the education we get in school.

There are two aims for travel, the first is to observe every thing which we may see in any place such as mountains, rivers, howling wid-nese, and great deeps. They are all before our eyes calling us to investigate. We can also study the products of the earth and the customs or educ'ional circumstances of various peoples. The other aim is for one bodily health. As we go to the mountain side, in'o the deep forests, or by the side of a magnificent river, we can brea he much sweet and pure air, which clarifies the mind and streng hens the body. The first one increases our knowledge and observation; and the second improves our bodily health. In a word, we can find out that bo h of them are decided advantages to our life.

COMPOSITIONS ON LITERARY SUBJECTS.

My Chosen Vocation.

By James H. S. Koo.

It is a necessary and important thing to every man to choose a vocation. A man, when he is fifteen years old, or even younger than that, must think of a proper vocation that he will take up some time with success at the stage of his maturity. If a man grows into manhood and does nothing, he will soon become a poor fellow, and his life will be undoubtedly a miserable one. It is a necessity, then, that a man must have a suitable vocation.

Since it is so important a thing, we must choose our occupations with great care. As to the nature of my life work, I like to be a manager or an accountant of certain bank or company. Being an eighteen years youth, now I am studying in the Commercial Academy with some bright ideas. Though I have a little experience in commerce, yet I am trying to pursue a better progress day by day. Now I must prepare myself for the future calling.

I have often heard from some one that to choose a vocation is a difficult thing at present, for there are many evils mightily rulling the world. Indeed, if we are a litttle careless in our undertaking, we shall fall into the pits which are full of dangers. Oh! how conld we young men not take care in choosing our professions?

If Any Would not Work Neither Should He Eat.

By James H. S. Koo.

Life principally consists of food, breath, and exercise. Food is the most important of the three. In the time of war, the food supply is spoken of as a man's endurance. The history of any nation has told us that the lack of food caused the besieged city to surrender and the solid army to be checked in the field; and the result of the inferior condition is the loss of thousands of lives. Moreover, the lack of food is sure to cause a great famine.

名次之先後以筆劃多少爲序

COMPOSITIONS ON LITERARY SUBJECTS

entrepreneurs can get profits from the undertaking. This middle man should be an institution which we call as the bank. Then what is the purpose of establishing a bank? We know that the bank acts as the middle man to join the source of wealth and the hand of energy together to promote a many sided beneficial productive business upon a large scale to increase more wealth as well as to give better conveniences to the world.

The Economical Point of View to the Establishment of the Bank.

By Washington K. Lee

Modern method of the production of wealth is a progression developed from the individual handiwork to the group large scale method completed through many steps. It is difficult to do the whole work from beginning to end by one man. The division of labor, therefore, is the important thing in the large scale production. As in a county of China, a suit of clothes may still be made from beginning to end by one custom tailor only, but in a modern clothing factory, this whole process is divied among many different groups of workmen, each of whom is known by a special designation. More extensibility is the arm of the large scale production, and the division of labor is the means by which the method may be completed. Owing to the specialization standing as the very importance in the large scale production, we know that the single handiwork can not answer this progressive question. The wealth for the great work is indirectly made by a first production which we say as the capital goods. So before making the consumed goods, we first devote time and energy to the production of tools and machinery. We must prepare a sum of capital to make these capital goods. When the specialization is the more complex, the capital goods must be greatly increesed, and the needs of the capital to make these tools must be supplied.

Entrepreneurs always differ with capitalists. The former have the suitable energy and power to develope the business, but have not the capital to help their abilities to forward the business. The capitalists store their incomes day by day, which can not be directly used in proper activities. We call these incomes as useless wealth. So the most beneficial way for the production is to join these two kinds of persons together. and then the wealth can be advantageouslty employed.

But, as we know, the entrepreneurs, for many reasons, can not directly borrow the capital from the capitalists. Or in other cases, one capitalist, whose energy is too weak, can not satisfactorily suffice the wishes of many entrepreneurs to do their business upon the large scale. So to gather many capitalists' abilities to help their demends is necessary. But a middle man must arise here to communicate and control this matter. On the one hand, he receives the capitalists' incomes, while on the other, he lends them to the entrepreneurs. Then either side of the capitalists or the may be greatly moralized. When society is dark and the mutual credit between business men unsettled, the bank can stand out as a reformer and witness for the promotion of better conditions. It is like a lamp which shines in the dark, because it is an agency that emphasizes much upon the credit of the public in operating its funations of circulating financial needs for the benefits of mankind.

Trade Mark

By Kungan H. Hsia

When a manufacturer has gained a reputation for producing goods and reliabe wares, his customers can always depend upon his productions with satisfaction. The man usually stamps upon his goods his own name or some other mark, so that they can be easily distinguished from those of other, manufacturers by intending purchasers.

Thus, if a man in one of the bazaars buys a piece of cloth with a certain mark or stamp upon it, and he finds it better in appearance and wear than any other cloth he has bought, he will naturally ask for the same kind of cloth again, and, on obtaining it, will expect it to be equal to the first quality. If time after time he finds it to be so, then this particular cloth will gain a good reputation, and can be widely sold in the country.

A dishonest manufacturer may become aware of this fact and send out inferior cloth, marked with the same stamp, to the bazaars, and, for a time, he also will become prosperous in his purse. At length, however, the inferiority of this find of cloth becoming known, the people without the skill of discrimination, lose their confidence in the cloth bearing this particular stamp, and therefore go away to purchase other kinds. In this way, the action of the dishonest manufacturer has grievously injured the career of the honest one. It is the very large obstruction to the commercial advancement.

Thus, all trade marks are now registered or recorded individually, and any infringement upon others' trade marks is punishable by law. This is very right, as it prevents inferior articles from being vastly distributed as genuine ones throughout the commercial world.

their unhappiness, since the bank came into existence in the commercial society by exercising its operations of discount and other kinds of loans. The bank affords the accomodations for those who want the capitals to be engaged in or promote their industrial and commercial activities, as well as it holds the deposits of those who are interested in the surplus money. The excellence on one side, therefore, is that the money not for immediate uses will never lie at the bottom of the iron box; while on the other the merchants, in want of money, can borrow the capitals through the discount, which enable them to try more endeavors in the productive business.

Secondly, by the check system, the bank plays another profitable career, that is, it economizes the necessary uses of money. When a transaction is made between two business parties, both of whom have entrusted their deposits in the bank, a check may be issued as a medium for money. As soon as the paper reaches the bank, the book-keeper only makes a transfer on the account from one deposit to another, and their result appears on the book with less diffculties than by the exchanges of the hard money, and at the same time, the money may be reserved for further utmost needs.

Third, the bank also stimulates the people with the habit of saving. Once a depositor has entitled with his name on the account of the bank, he may get the interest upon the cartain amount of money deposited and, likewise, be free from the labor of protecting the property. If some-times uses occur, he may freely exercise his demands upon the bank. Under favorable conditions, naturally one delights to save his money not needed, and, on the other hand, the bank may increase its capital and strengthen the credit foundation of the banking structure.

Fourth, to reduct panic accidents that are the results of speculations, the bank makes laons to its debtors largely dependent upon their good credit, and it never allows the accomodations to those who have enjoyed no good faith. Whenever the demands call upon the office, the bank must pay much attention to the borrowers. With virture, then, one begins his business career. The untrustworthy speculators, therefore, must be driven away from the bank and have no opportunities to perform the fatal conduct which may stir the disastrous panic of finance and tend the commercial society to suffer a unfortunate crisis.

Lastly, we see that by the establishment of the bank, the conduct of the commercial society

The bank, however is not the one who only offers helps without receiving proper recompenses. As the manager is very busy in gathering and applying these savings as his faithful duty, the house of wealth has a very measurable and profitable authority over the borrowers. The calculation of the interests on the savings is in proportion to the frequent visits of the entrepreneurs. Otherwise, the bank should be drawn into the state of hunger and cold, if he would only transfer the currents of money to others without any reward in turn. Now profit and service run together, which form an honest condition in which men can feel themselves satisfied. Further, the bank, after having observed a good opportunity to try an enterprise, also can put a hand in the profitable business himself. Then, after the success, the capital and interests are greatly incseased, while those receiving the fixed minimum rate of interest, though have no divideneds, do not suffer a little but peacefully collect their proper interests as usual.

From the above discussions, we appreciate the works carried along by the bank, and hope the institution will give better services to mankind.

The Functions of A Bank

James T. Yin (殷樹菁)

A bank, in general meaning, may be said as an establishment of finance; for it undertakes the functions of lending loans to individuals who want the money, and receiving the money from those who don't require it for immediate purposes. The works carried on by the bank produce a great many uses or benefits to forward society directly and indirectly into a state of sensibility and for the transference of economic needs. In order to know this reason in greater details, I take the liberty of stating a few lines down for discussions.

In the first place, it often happens that many persons of wealth are eager to hope a reliable establishment to lodge their millions of gold and silver with the secret satisfaction of their own safety; while others, who possess solid minds and much experience on enterprises, are in want of money and find no other means by which they may secure the accomodations of the proud purse. In such a trouble, the latter sometimes are even forced to wipe away their extraordinary wishes with a deep sigh. On either of the two sides, a very inconvience and unsatisactoriness exists. But they are relieved from

公益商業中學第二屆畢業刋

耐 和

COMPOSITIONS ON COMMERCIAL SUBJECTS.

Gathering Savings Together and Applying Them is the Function of Banking.

By Franklin S. Yang

It is necessary to be observed by a banker that the social capital should be directed in a good usage, and so the banker has a duty to accumulate every body's abstinence and to devote the wealth for beneficial investment. If the bank regards social benefits more than his own interests, savings can be greatly increased on account of the applause of the world, and the profits derived from such a success are sure to the patrons of the institution.

As a successful gathering and proper application of the stored wealth is necessarily to be understood, here I shall explain the causes more distinctly. The bank, I repeat, being an institution of social capital, should transfer the wealth of society to a valuable consumption; but, as a fact, there are few bodies in society who can employ their property with a fine result. As the social capital resource only depends on the individual's abstinence to save the money, every one with only a little can help the bank greatly, as the sun of all parties is surprising; but this can hardly be a happy reality. The banker's work, therefore, is to assemble all the individuals' abstinences to be united into a great number with his smart skillful hand. After the banker has brought together these savings, then, what should he do? That is an undoubted consequence that he carefully supplies these to trustworthy entrepreneurs, all of whom are sagacities and can make with the capital a great accomplishment.

As they have borrowed the gold and silver from the bank on good conditions, then they are just like lively fish in a shallow water at first, and, some days after, will swing their active bodies into a great river to enjoy better lives. At that time, however, the banker should measure every party's capacities before the term is settled. Indeed some able fellows are actually like the lively fish, if the banker wishes to assist them with his gathered savings. That the people would enjoy much fortune from these successful entrepreneurs, has been observed as the good purpose of the bank. According to the precedings, it is without question that the bank's gathering savings together and applying them in an excellent consequence should be the sole function of the wealth institution.

勞 名次之先後以筆劃多少爲序 平

老寶華照相

本館開設照相已閱二十寒暑爲無錫第一老店今庚適屆二十周紀念故於陰歷正月減價優待藉表各界二十年來惠顧之盛意現雖期滿而對於地方善舉照相學校團體等照仍可通融優待於民國三年移設於公園路營業日增惠山老店未免顧此失彼故已託舍親辦理鄙人專事城店日加研究精求維新舉凡放大縮小無光咪紙與五色咪紙等照皆可鬚眉畢現因本館所用鏡頭係向德國定購無論人數多少皆能清晰悅目也倘蒙 各界惠顧無任歡迎 館主張竹君謹啓

地址無錫城中崇安寺

惠生照相館

本館開設無錫光復門外專門照相放大自開幕以來辱承 惠顧諸君贊許毋待贅述設有山水房間佈景十餘種並備有西裝各色無光咪紙改良新法晒照黑白化身應有盡有拍照影片惟妙惟肖至於價格從廉以冀推廣如蒙 紳商學界光顧毋任歡迎

本館主人謹啓

COMPOSITIONS ON COMMERCIAL SUBJECTS

公益商業中學校第二屆畢業刊

Dozen of the maxims selected from the desk calendar of 1924 of the American-Oriental Banks, Shanghai:——

(1) By the streets of "by and by" one arrives at the house of "never."

(2) Dreams translated into Action become practical Realities.

(3) Focus your ability upon one point until you burn a hole in it.

(4) Forget your worries. Your brain has a limit of capacity; don't overload it.

(5) If you employ a man, don't suspect him. If you suspect a man, don't employ him.

(6) It is foolish to purchase today's enjoyment with tomorrow's sorrow.

(7) On the great clock of Time there is but one word—NOW—THE PRESENT TIME.

(8) Prosperity's right hand is industry, her left hand is frugality.

(9) Riches are not an end of life, but an instrument of life.

(10) The secret of wealth lies in the letters S A V E.

(11) Thinking well is wise; planning well, wiser; doing well wisest and the best of all.

(12) We first make our habits, then our habits make us.

(The order of the maxims is according to the order of the alphabets.)

GREETINGS

The sincerity and ambition of our class tends to the compilation and issue of this second Annual. Though he is a younger brother to the last volum, yet we suppose that the valour and spirit this time surpasses the success of his fore runner, and suggests a new era in the publication of our Academy. Here we, the editors of the "Great Lake Ray", wish to extend our heartiest greetings to all the friends of the institution, to her graduates, and to our student body. Every gentle reader may spaer a little leisure to cast a glance over these interesting leaves. To preserve this volume of some worth is a wisdom. By reviewing the pages, her son, as well as any one, is able to come into contact with the beloved society of letters and to meet his old faces with secret satisfaction. Whatsoever excellence you may find within the two graceful covers, we trust you will offer considerable appreciation: whatsoever error or defect there may be, we eagerly hope you will cover it with a mantle of charity.

T. M. Ling.

same course or another department. Those visiting the University of Commerce may get good records on many sided tests; and others who are interested in a different department–that might be no blame to them–will find much convenience after understanding the literary and general lessons besides the books of commerce and economics. And many energetic youths among us with the inclination to render services, step forth out of the new but renowned society with excellent skill in commerce but observation and innocence in their brain and heart. Form the above explanations, our publication of such contents is without a source to arouse the doubt and criticism of our fathers and friends.

To start the Annual, however, is a quite difficult thing after all; as our brain is limited, capacities small, and a wide consultation without chance. But we, under the help and encouragement of our teachers, fight ahead and make the first trial the best memorable service of our lives. With the combined effort of teachers and students in the processes of compilation, digestion, correction, and arrangement; we here endeavor to offer you a product, hoping that praise and excuse in excellence and defect will mixedly be employed. There is nothing better than the present pages to show you that we have not passed the golden student's stage in vain.

One thing, however, should not be passed in silence, that is, to add glory to the graduating crowd, half a month ago two members of the class, Mrssrs. An Wen Qua and Yang Jur Gee won victories in the entrance examination of the Shanghai Commercial & Savings Bank. Only twenty were picked out of two hundred, and Yang was ranked the fourth and An the thirteenth. Their happy successes have confirmed much of our energy and the bright career of later days.

This humble volume is presented as a token of good wishes from us, and a memorial gift as well. We firmly believe that, by this contribution, good feelings and friendship may be started or renewed between our students and the world.

Thanks are due to the gentlemen who encouraged us and to the kind teachers who carefully directed and hunted errors for us. May our "Great Lake Ray" invite good praises. May our "Great Lake Ray" suggest the new era of the student's spirit of the Academy. May our readers cover any defect or imperfection in it with tender hearts!

Ling Tsung Mei

PROLOGUE

It is our glory and pride to issue the Annual before leaving this beloved Academy. When we attach ourselves to the familiar campus and magnificent buildings; reading, eating, playing, and sleeping are the old lessons of every day of us; but, after bidding farewell to Alma Mater, it is not until the Annual helps us to show our love and spirit to the institution as well as to review the worthy friendship between the gentle scholars.

Our school is situated near the Tai Hu, and for this reason, the title of the present volume is called "The Great Lake Ray". This often makes me think that the Lake has a great power to irrigate thousands of fields in both the provinces of Kiangsu and Chekiang, and apparently millions of people praise her for such a benevolence to mankind. Likewise, we students also conceive the inclination to be workers of the world. Further, in ancient times, a great eminent merchant named Van Lee (范蠡) sailed up and down the great Lake to increase his proud purse, and he indeed fulfilled his wishes with a property of considerable magnitude. Drawing from this historical event, we students of commerce will unmistakably follow the foot prints of this old father to comfort our future desires.

At a glance into the contents, our gentle readers will find that the material in it is divided into equal halves for the knowlege of commerce and that of literature. To wipe away the general curiosity of the world, we editors proudly say that present bright business men should be thus educated that they are not only acquainted with all the theories and directions for being rich but also endowed with literary talents through whose influences our characters might be hightened above the minds of greedy Jews who know nothing else except gold and silver. Upon this, the intention and works of our institution can be distinctly observed, and the products from our lecture-rooms can be thus valued. A dreamer for wealth was the merchant of the past; while a worker for purse as well as service is the tradesman of today. This is the only noble praise that modern commercial societies receive from men. Another reason for explaining the equal emphasises laid upon the both branches of study may be stated thus: we are students of the middle school which lies in the intermediate spot of our long running course. Many of us are determined to enter higher learned societies of the

Owing to unresting conditions in China, especially at the present period, there have been so many drawbacks of considerable degree in the commercial and industrial development, that our material civilization has not advanced to such an extent as it should have reached, while the western countries have already fought satisfactory victories. After a closer examination into the real scenes, we firmly realize that the inferior condition of China is largely due to the lack of wide spreading economic instructions which are responsible for the predicament of the development of to-day, while the great confusion of the nation is of miner reason. May this Annual prove to be the harbinger of a series of valuable inquiries and researches on the commercial subjects of practical use for the economic society! It is my sincere wish that we will be able to keep along the spirit of enthusiasm with which we have been cooperating in making the present work an accomplished fast.

May 31, 1924.

Yuan Pai Chin.

(Dean of the Commercial Course and Adviser)

耐 和

PREFACE

After having made a series of laborious researches and preparations for several months, it is gratifying enough to see the publication of this successful collection of the literary works by our fellow students. We have, in this book, photographs of the graduates with their life history brevities. We can, as it were, get in touch with each other after their graduation, no matter how far we be geographically separated. We have in the Annual essays and treatises on commercial and literary subjects. The contents show the fact that business men should be endowed not only with the commercial knowledge but also the understanding of the world.

Suppose our gentle readers will be doubtful about the characteristics of our material, as both the commercial and literary pens are equally emphasized. To gratify this curiosity, the explanations are plain enough. In the first place, a modern bright business man should not follow the foot prints of Shylock, the well known Jewish miser severely cursed by Shakespeare, in the book of "Merchant of Venice," but be an eminent enterpriser of careful calculation but noble mind. To cultivate such sort of moral character, literature does more work upon them than any other kind of influence. Secondly, although our department is sorely devoted to the pursuit of commercial wisdom, yet the students are advised not to despise the contributions of the literati, ancient and moderm, Chinese and foreign. For this, our graduates have firmly kept the ideas in their brains, and, as a consequence, they work out after the above stated reasons.

It is not until recently that our follow country men realize the importance of commerce and the clear knowledge of the activity in connection with the economic welfare of our country. Historically, we have passed the era of agriculture and are marching into the stage of commerce and industry. It is of necessity, then, that the students of commerce should do their duties in leading the vast mass to improve the economic conditions prevailing at present.

The publication of this Annual is unique in its sense, for it is our first ambitious attempt to bring the teaching staff and the graduation class face to face in making an effort of ever remembering each other as long as we live.

勞 平

a better platform of morality, service, and success. Be not dragged worms, dreamers, parasites, or air-castle builders of mankind; but workers of self-understanding, humble heart, strong resolution, and real usefulness in spite of the glory or curse of the world.

Here I will make an abrupt transition to my kind readers who are requested te accept this volume, "The Great Lake Ray", as a token of the good wishes of the teaching staff and the graduating class. I have looked over all the articles in English. I think the imperfection in them is rather unavoidable, and so an errata table has to be drawn; but, these having been worked out to such an extent, our students are considered quite energetic and ambitious. Gentlemen, please remember that they are middle school graduates, not collegiates, whose courage has caused them to produce this copy nearly standing upon the equal basis which a university annual finds as platform. Would you sympathize with our young men in their bent of purpose and praise-worthy resolution? Would you pass the lines before you with more tender, as this is the first trial of the institution publication of reformed nature, if there is the existence of inferior literary tastes or careless constructions in the statements?

Now I take the liberty to close my series of passages by stating that many annuals of different universities and middle institutions have been under the world observation. This product is only one of the kind to tell our fathers and mothers as well as other elders that they know the value of time, the duties of a student, and the reason as to why men should be educated.

The Academy,

June 18, 1924.

Charles Sun E Tsur.

(English Teacher and Adviser)

the career, and so success is not his boast rather a natural outcome of his ability. In this philosophical criticism you together with me ought to take a deep consideration in settling the proper fate.

Another point I am glad to mention, my men: pessimism is the lesson of death; optimism, the fountain of life. Praise-worthy is he who works with a Buddha's face-God of constant happiness,- and Herculean arms— a Greek extraordinary warrior of universal reputation. In spite of income, of hardship, and of little fame and applause, hold fast to your-own-understanding task whose end will push you to a marked position of your field. It is a sad story that many young Chinese after graduation creep instead of walk and dream instead of being awake. The pessimistic sentiment has really eaten up the very sap of their vivid abilities, and poisonous temptations have bewildered them from marching upon a path of peace and glory, which they formerly did boast to be their sure future. You students are now standing upon a bridge of much meaning:— one side to many difficulties and miserable results; while the other to your dream for prosperity and success. Be quiet and think! Now is the time to decide your life or death!

Middle graduates are not men unqualified for work. Many great figures of the past, as well as of today, had even not received such a stage of education. Self-encouragement and the preservation of a gentle scholar's life, will make this graduate a leader of the future; wrong pursuance, degenerated passion, and the abandonment of wisdom, change a returned student into a wretch. See this clearly, and you will be courageous but not rough, humble but not mean.

I have been told that several among you have the intention to become scholars after entering higher institutions. I hope them to preserve what they have got as good spirit and worthy steady constancy in the fight, and the glorious title will be eventually crowned upon them. Those, having determined to work immediately after the graduation ceremony, are adviced to retain their same morality and wisdom. The world is large; and society in great confusion. Young products of weak character are likely to fall into the pits of gloomy condition as soon as they have touched the step stones of the unspeakable out-side community, though they have boasted of their unusual greatness with merely a tone of air. Hold this truth: youths of knowledge and observation should stand upon

This struggling crowd one day started a suggestion with great courage that an Annual should be published at the border of their graduation occasion, and all came up to me for help. I was deeply touched with secret joy upon hearing this proposition as my men seem to be the real inheritors of education as well as of service. With encouragement and help, I immediately confirmed their undertaking and have now pushed them to the region of happy success. As any thing worthy to be thought of or said is worthy to be sent forth, these different kinds of pages, though limited and not perfect, I ran over with an optimistic eye, and at present introduce them to our gentle readers with the same tenderness. The publication of this reformed Year Book certainly adds much glory and reputation to our institution.

As I have enjoyed the scepter of teaching here for some twelvemonths, I would take this opportunity to lay down several lines as good wishes to my students.

The world wants young educated men who are humble and know themselves well. The great danger of a youth is self-conceit and the love of high place. He is a hero, then, who thrusts his shoulder under a building rather than jumps upon the top of the structure. I have often lamented that there are so many distinguished scholars in China but so few have really helped her! The first reason is that most of them work without having estimated their own capacities beforehand, and the result is to spoil the business entirely. The second one is to treat books as step stones by which one is led to the door of Mammon. But woe unto him who dreams of money in the classroom, snatches it after graduation, and sacrifices his life-long character for it! Remenber! hopeful students are fools to luxury and fame, social customs and fashionable modes. So be rather hard workers in humble positions than active great mixers of society.

Now at the critical time of your departure, thoroughly recall the solid teachings in the lecture-room and set a strong resolution to fulfill your former proud airs. Please take this advice: a superior in a small profession is much better than an inferior in a great undertaking. An intelligent beginner rejects, to the world's surprise, an apparent advantageous job but hunts a position of slight attention from men, with which he works up to the tower of his world. Such a man never falls in his life. Success and failure are the pictures to dreamers, while a bright fighter perceives nothing as failure in

耐 和

A FOREWORD

The present scholar bears twofold duties: that he receives wisdom from instructions and that he gives out discussions after digestion. He is hardly different from the silkworm which greedily devours as much mulberry leaf as he can; but, after having reached the line of his conscious satisfaction, beautiful thread is drawn forth to thank the world with this generous sacrifice. Upon the same principle, learned young men with more or less stock of education are rather expected to talk or write something as a sign of their true worth under the sun. He who only gathers knowledge for himself without the intention of sharing the beneficial secrets of the universe with others, was the respectable literary distinction of the past but a selfish reader of our age. It was a miserable blunder of our old fathers toward the rising generation that the ancients often rubbing their venerable beards scorned young ambitious men who tried to employ new pens for contributing some articles to the world. To write a treatise with care and observation is, of course, evidently important to the reputation and value of the author; but, before consuming a drop of ink, who can be certain of that the light aged scholar is endowed with no ability worthy of this art? Let him work, and then encourage his success if there is such a hope in his career, or correct his mistakes which hinder his future prosperity. Thus free discussions become active and bright principles are recognized as the guiding forces to enrich the national civilization in the small measure, while upon a great speculation the whole family of nations may be benefited by the revelation of the truth of the Earth through the popular courage.

For this reason, now young scholars of any nation are no more discouraged by the aged literati who are even not allowed to exercise such an oppression toward hopeful followers henceforth. At this critical period of transition, worthy theories and reports may be freely contributed, but none bear more responsibilities than the students who are popularly known as the figures of light and leadership some day.

In fulfilling this rquirement, therefore, the students of this Academy have endeavoured to beg for such a privilege of issuing the products of their minds to attract some attention of out-siders.

勞 平

耐 巳 勞 平

無錫私立公益工商中學校參觀筆記

（民國）錢菊林 惠志道 撰

《無錫私立公益工商中學校參觀筆記》，（民國）錢菊林、惠志道撰，民國刊本。

無錫私立公益工商中學校，爲民國八年（一九一九）榮德生創辦的一所中等職業學校，校址在榮巷，招收高小畢業生，預科一年，本科三年，分工、商二班。民國十二年（一九二三）後，因招生不足，工科停辦，尚未畢業的兩屆學生，轉請南京工業學校代培，校名改爲公益商業中學校，簡稱『公商』。一九二三年五月二十日至六月八日，該校第一屆畢業生四十七人（其中工科十八人，商科二十九人），組織外出參觀考察，本書即爲這次考察活動所作的兩篇筆記：《工科參觀筆記》，錢菊林撰；《商科參觀筆記》，惠志道撰。二十四開鉛印本，全書十八頁，未注明編輯、印刷單位。原書爲榮氏大公圖書館收藏。據《工科畢業刊》、《公益工商中學校商科第一屆畢業刊》的學生名録，作者錢菊林、惠志道，分别爲該校工科和商科第一屆畢業生。兩文逐日記載了這次參觀考察活動的全過程，兩班學生行程相同，第一天五月二十日在無錫參觀，二十一日乘火車至南京，二十五日乘輪船去南通，二十九日抵上海，六月三日赴杭州，八日返錫回校，共二十天。參觀考察地點，兩班學生基本一致，各有側重。如在上海，一起參觀先施公司、永安公司和榮家創辦的福新麵粉二廠、八廠和申新紡織二廠，然後工科學生參觀了商務印書館、大隆鐵工廠、工部局電氣廠、求新機器製造廠和中華職業學校，商科學生則參觀了上海總商會商品陳列所、合群保險公司、上海商業儲蓄銀行、華商紗布交易所和商科大學。這次參觀考察活動由學校組織，老師帶隊，費用學生自理，家境貧困者學校給予補助，仍有少數學生没有參加。

本書據原刊本影印。

（陳文源）

無錫

私立公益工商中學校參觀筆記

無錫私立公益工商中學校參觀筆記

工科參觀筆記

錢菊林

民國十二年五月二十日爲本校本科三年級同學四十七人出外參觀開始之期是日天雨七時半同學齊集禮堂校長及舍監訓話後八時由張師杏邨曉初率領出發九時許至申新第三紗廠休息片時張師命全隊分二小隊一由薛君明劍引導一由安君引導蓋所以防參觀人多妨害工作也余隨安君行先入汽罐室有拔柏葛式罐八裝成二座每座有馬力一千匹常用壓力二百磅一時間有二萬餘磅之蒸發量火格子以鏈狀進炭機代之別用一小引擎廻轉之而焚燒旁有抽水機三後有風箱及節炭機各一座其他之附屬器不及細覽出汽罐室入渦輪室室有二層下層爲裝置抽水機凝結器等之用各機皆極精巧咸用馬達廻轉樓上則爲渦輪二座直接連結於交流發電機每機能發千五百啓羅瓦特以供各廠動力之用余輩初學電學故詳觀各種表具構造頗有興趣後入修機室與校內之工場略同惟多銑床二及鑿溝機一後入軋花間乃渡橋至紡紗廠先觀清花間而至捲條間上樓入粗紗間細紗間搖紗間經打包間而至織布廠廠新建內有織布機五百部他如經紗漿紗打包印刷諸機畢備乃反休息室少憩據導者言全廠工人有四千餘人出品之多爲錫城首屈一指可謂巨矣十一時出廠大雨淋漓至西門外錦記絲廠先入繅絲間有繅絲機四百部工人約有五百名出品每日共有二擔後至引擎室有二十匹馬力橫型及竪型汽機各一抽水機一上樓至打包間參觀後乃至汽鍋室內有雙焰筒式罐二尺寸同而耐壓力略有不同時將及午乃至縣立二高學校午膳一時半至耀明電燈公司因日間停機工人出外各機皆蒙以布故不得詳細觀察僅知舊室內有竪型單汽筒汽機五最大者有百八十匹馬力各機均直接連結於直流發

電機共能發八百餘啓羅瓦特新室內則有同樣之汽機一惟連結之電機爲交流者能發一百二十五啓羅瓦特後至新汽鍋室裝有水管式罐一及雙焰筒式罐一舊汽鍋室則裝有水管式罐二出電燈廠至商品陳列所觀本邑之出品乃赴北門電話局此局於去年大加刷新所用機器皆爲中國電氣公司所承辦余等觀其接線法後乃歸勸學所時已下午四時矣

二十一日天仍陰但未雨是晨在一高早餐後七時半出發至車站約九時許王師公櫝亦自校馳至十時上火車沿途風景絕佳下午四時至南京下關即換乘小火車至中正街車站步行至大石壩街借宿於美術專門學校

二十二日天又雨早餐後得實業廳長參觀介紹函乃至古曹都巷利民柞綢紡織第一工廠廠屋爲遜清李鴻章舊邸故頗大余輩先至樓上放長間經絲間此皆雇女工爲之約有三百餘人後至樓下及宅之後部觀絹綢之織法王師云此即所謂手織也蓋以人力穿梭而在頂上用鐵或木製之提花機織成各種花紋據導者云本廠出品有湖縐洋綢柞綢絹四種織機百餘每機日能織綢七八尺其原料則多出於山東之野蠶繭繭大如鷄卵人採之售於日人彼則繅成細白之絲復售於中國故今即可經之而織無容另費手續矣吾於是歎日人工藝之進步而知其致富之由矣九時半出廠至省立第一工業學校是校現辦電氣及機械兩科學生二百餘人又辦鑄工及機工職工兩班學生亦有百餘電機兩科每星期實習十二小時職工班則僅有十時之上課餘均實習吾輩目的在攷察是校工場狀況故即由招待者導入工場請管理員林君指示一切先入引擎室室分二外半有學生實習櫃三陳列小件物品工具及電鍍品內半即爲引擎裝置所有汽機二其一爲豎型馬力五十匹每分鐘廻轉五百八十汽筒直徑十一吋使用壓力五十磅此機直接連結於四十啓羅瓦特之直流發電機以供本工場之動力而校

內電燈電機科內之用電及鄰近建業鐵工廠亦皆仰之其一爲橫型馬力三十匹學生實習時運轉之此外尚有日本製之六匹馬力石油機關一座向供木工場之用今已廢棄矣後入鍋爐室有拔柏葛式罐一常用壓力約百四五十磅附屬器有加熱器一給水機二此罐之旁尚有一煙管式罐煙管四十四徑約三吋常用壓力七十磅因費煤甚故亦不用之王師問二罐價值若干答謂新者在廉價時購得連五十馬力之機關費金萬五千煙管罐則爲前清工藝局物也又問每月費煤若干答謂每月需買汪煤十六噸又問本工場常年經費若干答謂工人職員薪水歸入學校其他一切費用年需洋四千元云乃出汽罐室至木工場內有旋床五木鉋床一帶鋸機一無吾校之大圓鋸機一鋸片徑十四吋可無須上下台高之煩林君云本校學生在一年級時實習木工鑄工二年級實習鍛工三年級實習機工四年級實習機工及引擎其教法每工場設一工師指導學生工作再設一工人助學生之不逮實習分數由工場主任會同工師工人定之云乃入對面之鑄工場與吾校無異入鍛工場有鍛鐵爐八機器鎚鉄機一入精製工場有鑽床三鉋床二最大者行程七尺自動切螺旋機一銑床一削圓物機一車床十最長者十四尺林君言本工場創於民國四年逐漸添辦至七年又大加刷新今則大體完備殊非易事云乃陸續指示各車床孰爲日本式孰爲德國式英國式美國式孰爲本校自製者蓋羅列不同之機器能使學生技能熟練他日任事不致有用非所習之弊也室之隅列有仿造之車床壓物機絞繩機等旁又有製造發電機之機四蓋電機科附設在此也室內各機用十五馬力之馬達運轉之全場房屋皆爲西式佈置之整齊處理之清潔已足令人歎服不僅設備完善而已也出本工場至電機科實驗室室中爲試驗檯沿墻則排列小桌七桌旁各裝一小發電機連結一小馬達實驗時開桌上之始動匣弱電流入馬達中牽動發電機發強電流復通入馬達中如是循環不已達於

一定之電力與廻轉數殊爲有趣時各工場皆不在實習中余輩故得詳觀至此乃與辭出校返寓午膳膳後因天雨休息然同學遊興勃勃往雨花台者頗多

二十三日天陰晴上午八時乘小火車至無量庵經鼓樓而至東南大學由交際科員林君導觀藏書室物理器械室化學教室分析室及藥品室乃至校東農事試驗場場廣五六十畝中有畜牧部園藝部獸醫院農具院豬舍乳牛舍製酪場蓄鴨池雞場等於是復反至校經物理系小工場（專修理物理器具）而至工藝實習室室內鉋床銑床鑽床車床發電機咸備各機用一四十馬力之汽機運轉之汽機之蒸汽則來自一煙管罐中（與一工同）出實習室經鍛工場鑄工場至體育館館係新建時適在圖畫展覽期間滿壁懸掛水彩及油畫精美異常出館至校園少憩乃反至應接室下午一時即在是校進午膳膳後張師曉初提議往浦口同行者三十八人觀津浦車站及街道等日暮歸寓

二十四日天晴上午七時許參觀絲織傳習所入第一工場內有織機十二專織綢緞紗等後至踏花室有踏花機二蓋技師設計後用以穿孔於紙板而置在提花機上提花者也出廠九時半至江南造幣廠廠在水西門內占地百餘畝專鑄銀元銅元惟現因銅元充斥停鑄故余輩亦祇能觀其鑄銀元之一部時總務科長孫君出而招待先導入鑄造科鋼模所此處用車床削鋼棒成各幣直徑之大小而置於螺旋壓下機之下機上有如銀幣之凸版壓下後鋼棒一端印一凹型以此置在印花機上即可壓銀成幣矣室之隅有一桌桌上列有不同之鋼型百餘歷來所鑄之幣之模形也再入經修機間而至熔化室室之後部排列熔銀爐將元寶及銀條盛於坩堝中熔後傾入模型成半吋厚二呎長之銀條再入爲銀烘洗室此處將已軋成之黑暗無花銀圓用藥品及熱水洗之成光輝潔白

之銀元室之左側爲機平房即將已成銀元置在機上能自動的走入天平盤內以槓桿作用自分輕重適中三類適中者爲有用其他則無用再入爲銀擡光室此號將已壓成如銀元厚之銀條軋成銀圓片工作頗速約每秒鐘能出銀元二枚軋出後復用機軋銀片成一有邊（四週突起而無花）之銀圓再入爲總務科校準室此處所以配合熔銀之分量及將熔化室內運來之銀條在兩端鑽取銀屑若干以備化驗再入爲鑄造科印花所內有印花機二十能自動的將銀元置在鋼模下壓成兩面花紋及旁側之邊約每秒鐘能出銀元二枚再入爲儲銀庫再入爲銀碾片所有引擎二馬力四百匹運轉一巨大飛輪輪旁有一同大之齒輪帶動他一齒輪此齒輪裝於碾條機上將半吋厚之銀條碾成較薄之條此機之旁有同樣之機五銀條依次碾之至第六機手續完畢即得如銀元厚之銀條出碾片所至化驗科辦公室藥品器械置備甚多有極精微之天平八專爲分析校準室發來之鑽屑時衡重用也據本室主任之言曰銀元之成分以銅十一銀八十九之比例配合而成然二者熔解點不同冷却點亦不同當將熔液鑄入模型時手續略慢則成分即有不同故一坩堝之熔液鑄成銀條二十各條之成分各異今將最初及最晚鑄成之銀條鑽屑而分析之視其成分相差於標準幾何所以防劣幣之發生也云如是鑄銀元之手續完全了解蓋自校準室配合成分後入熔化室熔鑄鑄成後復運入校準室核對分量於是鑽屑化驗後入碾片所碾薄入擡光所剪軋入烘洗室清潔之入印花所用鋼模印花然後在機平房衡過而可儲庫待用矣全廠有工人四百日出銀元卅七萬餘殊可驚人十一時許出廠同學多赴莫愁湖或皇陵等處遊覽下午四時胡師樹聲自錫至二十五日天晴上午八時攜行李乘小火車至下關王師公瓚張師杏邨乘滬寧車先還校吾輩則至招商碼頭候江安船十二時船到上船後下午半時啓程六時至鎮江停二小時再向下流駛行時風頗大但船身闊而長速率

又大尙不顛側十二時過江陰二十六日晨四時至南通船長特爲余輩下椗候渡船至五時半始在蘆涇港上岸步行十五里寓城南有斐館早餐後同學皆以夜間未眠而又經長途之奔走疲乏不堪睡臥至下午一時胡師召集同學商議南通減短日程事擬於明晚乘輪至滬同學咸以不堪勞苦爲辭乃仍依原定之日程時張師曉初以參觀介紹券至乃先赴公園馬路江家橋通海商業學校參觀反而至博物院參觀內部陳列物品頗美富四時返寓夜間有大雷雨

二十七日上午陰下午晴早餐後胡師率余輩至狼山遊覽山距城十里山麓有觀音寺及盲啞學校等余輩以九時集於盲啞學校由該校教員導入盲生教室學生九人用書以針點硬紙成凹形而讀音後人入啞生教室學生十五人教授者以手勢及口勢令學生言語據教員云本校於五年冬開辦至今六載畢業兩班皆在上海商務印書館南京美術學校等處服務全校教員四人每年須經費二千數百元云出教室至成績室手工室經幾歷院而出乃至觀音寺寺有趙繪沈繡之樓中懸佛像甚多樓後巖石峥嵘泉水自石罅下若大雨然出寺入山門至山頂有寺一寺有塔名支雲高五層望長江如帶水輪船往來不絕西望南通唐閘歷歷在目阡陌整齊樹林茂殖眞勝景也下山在酒肆食麪同學或返城或至軍山之巔觀氣象臺之測候

二十八日天晴晨起即有大風上午八時將行李收拾後由校役先送至天生港全體同學則至唐閘九時半至紡織專門學校入成績室少憩主任馬君出而招待據云校創於民國元年至六年始改爲專門現有學生百二十餘人每年經費由通崇海三縣紗廠擔任云成績室內有染色成績絲織肖像以及各種棉織物繪圖等頗有可觀後馬君因事出教員某出爲引導參觀教室室與自修室通用授課除國文外專門學科皆以英語直接教授後至寄

習處在教室後樓下為紡紗間及織布間樓上右為絲織部左為膳堂乃經宿舍反成績室十二時半在校食午飯一時半自後門至大生紗廠無人引導事務處但發參觀券一紙參觀者持此券至工場經四門各有一侍者撕去一角乃失其效用余輩先入舊廠經清花間及捲條間乃至樓上紡紗間搖紗間由打包間入新廠樓下為清花間及捲條間樓上為紡紗間及織布間出廠至舊原動室有雙焰筒式鑵七引擎為可立司氏複式膨漲機關低壓氣筒直徑二尺長五尺能發馬力千五百匹新原動室則未往焉二時半出廠取道至天生港江面闊大波濤洶湧晚間略購食物充飢在大達公司候船處休息約十二時大穌船至時風甚大船又小無艙位足以容余輩乃商於船長以大餐室讓余輩大餐室在船頭上頗狹小人衆僅能容膝二十九日晨三時啟椗行頗顛頓不安同學多嘔吐者至天明始稍安八時至江口九時抵吳淞江十一時半抵埠行李裝搨車畢適薛師公俠蔣師漢槎至乃導余等至福新六廠午膳後在寓休息

三十日天雨上午薛師引導至先施永安兩公司週覽一周乃至棋盤街商務印書館參觀吾級先返飯後胡師返校薛師率吾級至寶山路商務印書館印刷所參觀由招待者導入第一印刷所內分裝訂部裝切部博物製造部排字部電鍍銅版部五部經自造機陳列室而至修機室上下三層有旋床百餘鉋床鑽床數十三層樓之一部更有鍍鎳房物理儀器部下樓再至第二印刷所內分鑄字部鉛印部藏版部澆版部於是至編輯所少憩再至第三印刷所下層為石印部二層為西字部三層則為自動電話接線總機關及印鈔票部下樓更至第四印刷所為銅版石印彩印藏石製墨處也全廠職工三千資本五百萬洵中國最大之印刷所也參觀畢反休息室交際科科員以書目及教育雜誌外號見贈三時返寓傍晚戴師任先自錫至

三十一日天陰上午由戴師及蔣師導至宜昌路福新二廠廠有六層內部機器以千五百及二千二百啓羅瓦特之馬達運轉之機之構造與錫之茂新同當吾輩入廠時工程師外人某詳爲講述故於麪粉機之構造亦略有所知後至申新第二廠廠分南北南廠裝有錠子一萬八千九百八十四枚北廠裝有錠子一萬六千九百九十二枚惟余等則僅觀其北廠蔣師在旁講解謂外來之棉在拆包間將棉花打碎打碎後將各處不同種之棉花配成一定之成分送至隔壁透鬆乃入頭號機成花卷再至二號機彈花再入三號機捲成棉卷而清花事畢矣於是入梳花機將棉之纖維梳直捲成棉條再經幷條機將六條合成一條乃成頭號粗紗合二根頭號粗紗紡成一根二號粗紗合二根二號粗紗紡成一根三號粗紗再以一根三號粗紗紡成一根細紗然後將細紗噴水而搖紗打包手續始爲完畢余思吾輩之觀紗廠屢矣顧僅知其梗概至此得蔣師之指導乃大明本廠有頭號粗紗機九二號粗紗機十二三號粗紗機二十六細紗機四十二日可出紗一萬三千九百磅成爲三十三件（南廠不在其中）出北廠休息片時即在廠進午膳膳後商科至總公司吾級則由戴師導至蘇州河旁興華機器製麪廠廠爲廣東人所辦用機器製造細麪通心麪菊花形桂花形星形麪等供給粤僑及外人食品年可營業八十餘萬云出廠至閘北水電廠內用蒸汽機關八抽水至濾水池再用壓力供給市內之用歸途經裕大鋸木廠順便觀木之鉋鋸而返

六月一日天晴上午薛師乘火車返校下午蔣師漢槎得工部局電發廠參觀執照並介紹至大隆鐵廠參觀二廠皆在楊樹浦故乘汽車往先至大隆本廠爲嚴裕堂先生獨資創辦有樓房一幢樓下裝巨大之機器專造大件物品樓上裝較小精緻之機器專造細小物件其他木工場鍛工場鑄工場咸備工人四百餘每年營業有五六十萬之巨出廠至工部局電氣廠廠內秘書外人出爲引導先至江岸謂所用之煤半爲日本半爲開平煤船至廠時用

起重機將煤搬至空中懸橋上盛煤器內用機器運於鍋爐室之屋頂上頂爲漏斗形如熔鐵爐然能自動的供給爐中煤之燃燒云乃至抽水機室內有三千歐羅瓦特之馬達三只各連結一渦輪唧筒每秒鐘廻轉各五十回抽水至汽鍋供給水之用水管之直徑大可兩抱爲吾輩所未嘗見也次入鍋爐室見兩旁排列鍋爐甚多而旁無工人司之蓋煤自屋頂鐵管注入進炭機之漏斗中用馬達廻轉鏈狀或唧子進炭機使煤焚燒燃過後灰落於灰承再用機器將灰運出如此機械雖複雜而可省却火夫不少頗爲經濟其不可缺者惟加油掃除等雜夫耳據外人云鍋爐室有三第一第二室各有八座第三室則有十座每座以二個汽鍋組合而成共有汽鍋五十二罐式爲拔柏葛式每小時能出二百磅壓力之蒸汽二十餘萬磅每日費煤二百餘噸每月共需煤七千噸當煤焚燒時用二馬達廻轉送風機供火格上煤之焚燒時所需要之空氣及扇出焚燒時所發生之煙氣如是煙突雖不高大而通風仍得良好云後入發電機裝置室室內用巨大之渦輪直接運轉發電機者八九座共能發啓羅瓦特三萬餘給油凝汽等裝置皆用馬達運轉內容之複雜不可辨別據外人云本廠所發之電能供給上海全市電氣之用發電量之巨雖日本東京大阪之電氣廠亦不能及可爲亞洲之巨擘矣余於是驚嘆外人創辦實業之毅力而仰佩其經營上海之苦心焉參觀畢出廠已三時半乘車返寓

二日天晴上午八時戴師偕黃君鍾祥之令兄導吾級至滬南中法求新製造機器廠招待者孫君先引入造引擎室專造船用大小石油及蒸汽機關次入冷作間此處爲剪裁鋼板鋲接成船殼造船之初部也入室時見鋼板鋼棒用機剪軋十分容易後至船塢旁正在製造長江上游用淺水商船一艘現今全廠工作即爲此也再經鑄工場而至鍛工場有蒸汽鎚鐵機二使用時汽瓣一開大力之汽鎚自上而下墮雖六吋直徑之曲柄軸鍛造時亦不覺

無錫私立公益工商中學校參觀筆記　十

其難最後入木工場各種機器咸備有外國技師二指揮一切聞本廠共有工人六百餘去年營業百餘萬云出廠順道至中華職業學校參觀該校教員導入工廠營業部銀行儲蓄部打字教室工場出品陳列所圖書館教室實驗室工場等處參觀一週而出再至中華珐瑯廠觀洋瓷盃盆之製法乃返六廠時已下午半時矣飯後遊覽戴師歸蔡師煦庭於晚間至

三日天陰晴參半七時許收拾行李至北站乘火車赴杭州九時車行過松江嘉善嘉興硤石長安至杭州城站時已四時乘人力車至省教育會適杭城中等學校學生會開遊藝會於此故寄宿處頗狹窄入夜猶喧鬧不能安眠

四日天晴晨八時蔡師導吾輩至蒲場巷虎林絲織公司參觀分二隊吾級先觀其第一工場有織機四十四專織綢緞次觀其第四工場有機四十專織直地紗最後入紋工場技師打樣踏花處也據導者云全廠有織機二百零五部去年營業六十萬金贏利十萬餘亦爲杭州織工廠中之發達者矣出廠吾級由蔡師導至武林鐵工廠廠爲吳宗濂先生所創辦現任全廠從事於製造紡織機器蓋吾國紡織業近來大有風發雲湧之勢本廠製造機器所以供時勢之要求也吾等至廠由蔡師同學導入鐵工場內分鑄工場精製工場機械陳列所木工場鍛工場組合工場等參觀畢乃至對面鋼扣工場此處專做織布機上之鋼扣此扣我國昔常用英美德日所製者每年輸入之數不可勝計技師來君壯潮自造製扣機器異常精製用以製造及修理農商部特准專利褒獎故今營業頗爲發達廠本祕密禁止參觀然余等以特許得入一覽先入彎針工場次入陳列部後入鋼扣工場之第一部此處將鋼條編上鋼扣製造最要之部分也管理者示其自製之機並謂今歲曾稍改良現使用時愈覺便利故工作較速云出廠至報國寺公立工業專門學校參觀工場之組織鐵工場亦分木工鑄工鍛工機工四部機器頗多紡織工場

分手續力織染織機絲四部其他尚有製革製紙製皂等工場至場之機器除修理工場以一用吸入式瓦斯發生器之三十馬力機關運轉外其餘以蒸汽機關廻轉三十馬力之發電機供給各工場馬達之動力而運轉之余等週視一番後入應用化學試驗室樓下爲分析室及化學實驗室樓上爲藥品室及藥品製造室參觀畢相率返寓飯後赴附近名勝遊覽

五日天晴遊覽

六日天晴遊覽

七日天雨同學皆在寓中休息或至附近街道購物

八日上午天仍雨七時束裝至車站九時開車下午四時至上海五時一刻乘滬常車至錫抵站時已有八時許適天龕乃乘校中所備船隻由汽船拖之返校收拾行李已十二時云

商科參觀筆記

惠志道

五月二十日(日)開始參觀以本屆參觀時約三週地定寧通滬杭四處其可觀者正多然本地商業之狀況不先加以明瞭之觀察而貿然考察他處則無比較之觀念而所見爲優劣盛衰者祇片面之觀察耳於我乎何有故參觀他處必先觀本地故今日定參觀本城各業

上午八時張師曉初杏郵率領工商二級同學四十七人由校整隊出發天適雨九時抵城雨少止先往申新三廠由榮君鄂生招入會客室少憩分組參觀一自軋花而清花而粗紗而細紗而至織布一則適反導者言機器置備需百萬元全廠建築八十萬元運轉資本達六百萬元以上誠壯觀哉餘如焗爐間電氣間亦皆循行一週惟素非

所習不諳此中機要故不書

未幾雨甚冒雨之錦記絲廠組織簡單規模狹小一七八年前之新商業耳觀之亦無所得歷半小時即出之縣立二高小憩午膳

下午一時半至耀明電燈公司但見機械臚列規模亦不小而所用簿籍等爲吾輩所欲觀者則不得觀旋至商品陳列所電話公司皆甚清潔然亦甚簡單四時餘徑往勸學所六時之縣立一高晚膳膳後仍回勸學所宿焉

五月二十一日(月)晨五時起身結束行裝時天初曙細雨如絲滿園樹葉上晶瑩作萬顆珠憑窗下視草相蹙然謂昨巳淋漓盡致矣何今猶未巳乎不得已穿皮鞋撐雨傘至一高早餐七時零五分抵車站距開車時尚遠散隊游行既而行李船巳來張師令同學各携物至站無須雇人于是由大洋橋堍至車站間一路穿白制服者絡繹如蟻既畢人發飯費百錢自備食物以爲中膳至十時車來王師公鑽亦到站遂同登車無何汽笛一聲雙輪轉動三週之游從此始矣車行甚速路旁樹木電桿迅如電掣過眼即逝車越數大站十餘小站穿寶蓋山而抵寧下關乃下車負行李至寧省火車站寧省火車蓋自下關至城內中正街之小鐵道也至站一望獅子嶺矗立水中如睡獅初醒引頸看天山勢壯嚴不愧皇都車行半時餘抵中正街雇人力車運行李人隨之行四時半抵美術專門學校宿焉美術地臨秦淮所謂六朝金粉處也左近白鷺洲即明中山別墅舊址風景絕佳

五月二十二日(火)天雨七時半出發參觀利民棉綢紡織廠張蓋而行中途雨益甚精神愈發行四五里抵廠門庭屋宇絕不類廠之建築問之知爲前清李鴻章舊宅廠中女工百餘人紡織悉用舊法樓矮人衆居之頗不合衛生後至省立第一工業學校循行一週覺工商異趣觀非所習躞焉一顧了無意趣我商科二十九人乃先歸午後

游覽

五月二十三日(水)天微雨上午乘小火車之北極閣參觀東南大學高等師範及附中其農場設備周至雞豬牛雞鴨所居皆水門汀房並有獸醫院窮極考究然以之爲學校試驗可以之爲農家模範則不可是校商科巳遷上海故未得觀午餐即在此校食係分食制人一錫盤菜尙清潔午後自由游覽有往江口渡江至浦口者有至他處者非全體不書

五月二十四日(木)天初霽上午七時半步行抵絲織傳習所其機械等之組織雖甚簡其出品則頗佳良復出水西門抵造幣廠廠警森嚴非廠中人莫能入也廠分總務科鑄造科及化驗科入鑄造科滿地皆銀貨幣與成阿堵物矣聞導者云日可出三十七萬二千元所開之機不過半數故至多可出一百萬元鑄幣順序至繁且賾而無一不用機械殊可觀也午膳給錢自食下午游散以遊覽莫愁湖爲最多云

五月二十五日(金)晨未及六時全體同學起身束裝早餐畢整隊至中正街車站乘車抵江口雨後新晴長江濁浪滔滔東逝遙望對岸可一二里甚訝長江天塹不過帶水午餐學生領欵自備日將下招商局江安船到埠乃陸續上船時胡師樹聲來代張師杏邨王師公鑽行李上下照顧周到全體賴之下午半時開輪船中光線不足統艙又甚汙穢五時進晚膳夜間以人聲喧雜都未安睡

五月二十六日(土)上午四時至蘆涇港船泊江中划子船至五時半始來風浪險惡小舟動搖不定舍輪下船抵岸一望荒原無際方信江北景象大異江南雇小車負行李行同學隨其後道路平坦不愧模範之縣名行十餘里至有斐館館舍精潔惜宿客不多早餐後釋行李小睡以紓勞頓午餐後至通海甲種商業學校參觀是校設備尙

屬完備與本校略相伯仲所習功課亦大同小異惟宿舍則遠勝焉旋往博物院門懸一牌曰暫停觀覽余輩以先有參觀卷得入館分南北中三部古今物品分部陳列大有可觀惜限于時間幾如烟雲之過眼未得諦視爲可惜云

五月二十七日（日）遊覽狼山參觀山麓之盲啞學校由教師將生徒對客試驗成績甚佳可知盲于目者必靈於手啞于口者必明於心故所作圖畫手工頗佳其中尤以籐器爲最精同學中有購之者價亦廉

五月二十八日（月）上午步行十餘里至唐家閘爲參觀大生紗廠是廠爲南通新事業之大本營規模佈置與吾邑申新三廠略似而機械組織之新尚不及申新未觀大生廠時先至紡織專門學校參觀成績亦頗優良能以紗線織人肖像不亞攝影者其中以張氏退庵嗇庵昆季二肖像爲尤佳午膳後復步行十餘里至天生港大達公司碼頭待大蘇船赴申天生港屋宇寥落去商場遠甚聞前數年商事甚盛殆亦退化之一者歟憇碼頭旁小屋中夜半始上船坐大菜室一夜不得眠

五月二十九日（火）悶坐船中頗覺委頓以大和船身不大風浪顛頓艙底又多裝鷄鴨等物臭穢薰蒸大菜間大不二方丈室小人衆空氣惡濁加以夜間失眠一遭顛簸頭暈欲嘔故同學中患吐者甚衆張師胡師勞心看護見吐者則扶之艙外大浪掀天船之忽高忽下殆如升降梯然又不能久立退入則又欲嘔同學素未遠出旅況初嘗益信行路之難也無何汽笛嗚嗚人聲雜遝浪漸平風漸小蓋船已進吳淞江矣舟行速率銳減行一時許抵上海十六浦十一時登陸適薛師公俠蔣師濮樣來乃相率至老拉圾橋福新六廠午飯後以舟中勞乏全體休息不事參觀江寧南通之參觀關于商者甚少故得益也亦甚微上海爲中外通商之要區吾輩自當注全力以觀察之否

則似寧通之徒勞往返謂之旅行可謂之參觀似未可也

五月三十日(水)天又雨上午八時薛師張師率全體參觀先施永安先至先施由該公司派人引導至各商場參觀閱半小時此係粵人所組立資本之巨殆達千萬元職員亦不下數百人規模之大足冠全國洋樓五層分櫃交易貨物臚列五光十色足跡所至目不暇給顧客紛紛多西人華人下流之入者鮮焉按該公司爲零賣百貨商店凡人生日用品關于衣食住者罔不備營業管理取分科制凡分五金化粧糖菓書籍儀器中西衣帽鞋袜綢緞布疋金銀手飾鐘表樂器磁漆運動玩好傢私木器衣箱皮袋等三十九部經理爲粵籍劉君錫麟簿記概用複式全日營業在三四萬不等云後至永安亦爲粵人所組立其規模性質與先施同不復贅經理爲楊君輝廷亦粵籍觀此二公司同學中有竊竊私議曰斯眞商戰之勁旅而貿遷之大規模哉爲商不當如是耶可以法矣

復至商務印書館發行所長所務者爲李君拔可該所職員有三百餘管理取分部制營業所各部參觀畢復至帳務部參觀並請葉君將該所帳簿組織暨格式及表單塡記法一一解釋葉君口講指畫歷四十分鐘全所會計頗得其梗概臨歸時葉君另贈各種帳單表格一份頗可資公司簿記之參考

記者按商務印書館當其發牣時不過一小書肆耳其資本之微營業之狹規模之小可以想見而今乃爲中國唯一之印刷業其資本至五百萬其日常營業據此中人言在三四萬不等其規模則編譯所印刷所發行所皆有高大洋樓誠非吾人所始料吾于以知其經理人之經濟才矣

下午一時至總商會參觀商品陳列所分農林園藝食品水產鑛產藥品工藝機械等部凡國內土產及重要商品罔不陳列所陳各物參觀者有所合意可向售品部接洽購之頗同商店

三時五十分至北京路華安合羣保壽公司建築甚精美內容亦復不惡資本一百萬元職員三十八人經理爲美人郁師營業主任爲呂君岳泉總管會計文牘契約三科記帳法採中國舊式及英文複式二種科目僅四五種帳簿祗現金帳支票帳日記帳總帳而已參觀畢復將計算器之用法于短時間中作實地之講解臨行又贈以華安雜誌及章程人各三冊此公司有特異之點而甚適宜者則營業時間在五月十五日至九月十五日之間爲上午八時至十二時下午二時至四時在九月十五日至五月十五日間爲上午九時至十二時下午二時至五時云是晚戴師抵滬

五月三十一日(木)晨九時蔣師漢槎及張師戴師率同學乘福新申新運貨車往莫干山路福新第八廠廠適停工各處機房稍事參觀後休息少時余輩于工業非所習故不書書其關于商者則全廠職員十餘人工人百餘人每日出粉一萬四千包商標紅藍福壽總理即校董榮先生宗敬丁君梓臣則主理廠務云

十時至宜昌路申新參觀大路與本邑申新三廠同全廠職員七十人工人五千餘紗錠三萬五千每日出紗七十件商標則人鐘飛馬童子軍三種經理即蔣師漢槎參觀畢由漢槎先生請會計主任陳君述昆將廠中會計大意略爲講解簿記式概用複式記帳以各部報告單憑證先入補助簿次日記帳而過入總帳由總帳而作日計表手續及方法與普通商業簿記及銀行簿記無異惟其科目爲適于紗廠者自與尋常不同表單甚繁有數十種之多陳君講畢復集各種表單一份以贈予等午刻即在廠進中膳

午後一時復乘汽車抵申新福新茂新總公司是公司爲申新四廠福新八廠茂新六廠凡十六廠之總機關也職員三十人總經理即校董榮宗敬先生簿記已換新式大略與予輩所習者無不同云

一時四十五分至寧波路上海商業儲蓄銀行由出納科員陳君引導並爲講解簿記完全新式或一二部用西文記者規模頗大資本二百五十萬職員百餘練習生二十八其于他行異者有信託部耳

六月一日(金)上午九時至愛華多路華商紗布交易所吾校前任實習指導員胡頌銘先生任計算科科長故所得情形頗詳是所創于民國十年七月時滬上交易所風起雲湧嗣以各交易所投機過甚營業虧折未一年相繼停閉獨斯所仍得支持毫未受其影響非理事者辦理得當持志堅忍曷克臻此去年自建樓房七層除買賣市場辦事處職員及經理人住室外空虛者倘不少穆藕初先生爲理事長吳綸書先生副之職員百五十八經紀人有八十號所務管理取分科制凡分營業(即市場)總務會計計算四科余等在市場上觀買賣情形者半小時後由胡先生介紹至會計科及計算科參觀並請會計科科長余天棟先生講解該所會計大意余先生與吾校徐師覺世爲舊同學故指導尤屬殷勤計算科則由科員吳君講明大意一小時後始辭去

十一時至法界霞飛路參觀商科大學即南京東南大學分設于此校舍不甚寬大教員約二十餘人學生則有本科二級及特別生二組共百六七十人其預科在南京與東大之預科合併教授至本科始行移滬經費由東大撥出午後遊覽是日晨薛師回校

六月二日(土)各自出外遊覽午後戴師回校晚九時前即歸寢蓋備明晨赴杭也是晚蔡師煦庭到

六月三日(日)留滬上已五日矣凡耳聞目見五光十色漸厭塵囂轉欲得一幽靜處而一一細省之故今日由滬之杭正一適意事也晨六時起身束裝早食畢到車站至九時一刻上車車行甚緩至下午四時始抵杭站雇人力車負行李行至省教育會會址近西湖張目一望山青峯翠奔赴眼底教育會適以浙江學生演劇籌欵喧鬧殊甚

無錫私立公益工商中學校參觀筆記　十八

新流行之學風滔滔皆是吁可畏也

六月四日（月）杭州絲織名震中外余等慕之者久矣上午八時至蒲場巷虎林絲織股分有限公司觀其出品色鮮如春花之初發質細如秋水之不波循行一周置身綺羅鄉裏幾不知天壤間有短褐不完者機約百數十工人如之歷一小時歸午餐後自由遊散往西湖划船者居多以不涉全體故不書

六月五日至七日皆游覽

按吾輩之來杭也本不專屬于參觀兼爲攬勝西子湖也西子湖三面環水中涵平湖長堤直貫美麗天然較之南京石頭城莫愁湖南通之狼山且遠過之上海邑廟之湖心亭更不足道清靜之中兼具活潑湖心小舟往來蕩漾較之江輪海艦閒逸多矣天然果勝人事哉噫觀止矣

六月八日（金）九時乘車歸校抵錫已午後八時許由汽船之棨巷巳九時半至就寢將十二時矣此次參觀往返三星期歷事通滬杭四處舟中歷碌不謂不勞幸師生全體無一病者安抵校中此則記者之所額手慶抑亦全校師生之所色然喜者也

無錫私立公益商业中學校一覽

公益商業中學校 編

《無錫私立公益商業中學校一覽》，公益商業中學校編，民國十三年（一九二四）十二月鉛印本。

本書封面上方爲書名，下方爲目録。扉頁正面爲榮德生題寫的『和平耐勞』校訓手迹，背面爲校長錢基厚所作『校訓淺釋』。正文分三部分：第一部分爲學校概況，包括學曆、現任職教員表、章程摘要、學科類别、課程表、教本名目等六項，共十七頁，用四號鉛字排印；第二部分爲公益商業中學校規程彙録，包括教務規程、學生修養具體標準、學生操行成績考查規程、教職員服務規程、教室規程、膳堂規程、寢室規程、課外運動規程、學生學藝研究會細則等十七項，共二十三頁，用五號鉛字排印；第三部分爲同學録，包括教職員之部、各級學生之部兩項，共九頁，用五號鉛字排印。在第一部分學科類别、教本名目中，除商科三個年級以外，均有新制初中一年級的内容，課程表分爲高中部和初中部；在第三部分學生名單中，除商科三個年級以外，還有新制初中一年級的名單。由此説明，從一九二四年秋季起，公益商業中學開始招收新制初中學生，已不再是一所純粹的中等職業學校。

本書據原刊本影印。

（陳文源）

無錫私立公益商業中學校一覽

目次　頁

民國十三年十二月　編訂

和平耐劳

榮宗銓

校訓淺釋

發皆中節曰和　無所偏倚曰平
歷久不渝曰耐　能勤所事曰勞
待人以和爲本　接物以平爲本
處事以耐爲本　持躬以勞爲本

民國十三年十二月　日校長錢基厚

學歷

九月　暑假開學行始業式　校務會議　訓育會議　教務會議　學行各科補攷　收集暑期成績　確定宿舍及自習室編制．規定學生服裝着單制服　學藝會更新組織　體育會更新組織　收集新生志願書及保證書　調製學籍　各級甄別試驗　戊祭循例休業（戊祭日）　秋節休業（夏曆八月十五日）　各教室及自習室特別掃除（第四週日曜上午）

十月　孔子聖誕行謁聖禮休業（夏歷八月廿七日）　國慶紀念休業（十日）　修學旅行　變更學生服裝着夾制服　檢查體格　訓育會議（第二週金曜下午）　教務會議（第四週金曜下午）　各教室及自習室特別掃除（第四週日曜上午）　宿舍大掃除（第一週日曜上午）

十一月　變更作息時間表（立冬節）　訓育會議（第二週金曜下午）　教務會議（第四週金曜下午）　各教室自習室特別掃除（第四週日曜上午）

十二月　變更學生服裝改穿便服　冬節休業　訓育會議（第二週金曜下午）　教務會議（第四週金曜下午）　各教室及自習室特別掃除（第四週日曜上午）　宿舍

大掃除（第一週日曜上午）

一月　行新年祝賀式休業（元旦）　訓育會議　教務會議　舉行學期試驗　寒假休業

二月　招考插班生　寒假開學行始業式　校務會議　訓育會議　教務會議　舉行各科補攷　宿舍及自習室更新變置　各教室及自習室特別掃除（第四週日曜上午）

三月　變更作息時間表（春分節）　訓育會議（第二週金曜下午）　教務會議（第四週金曜下午）　戊祭循例休業（戊祭日）　各教室及自習室特別掃除（第四週日曜上午）　變更學生服裝穿夾制服

四月　檢查體格　開運動會（夏歷三月十一日）　植樹節休業（清明節）　畢業生實習參觀　訓育會議（第二週金曜下午）　教務會議（第四週金曜下午）　各教室及自習室特別掃除（第四週日曜上午）　宿舍大掃除（第一週日曜上午）　變更學生服裝着單制服

五月　國恥紀念休業（九日）　訓育會議（第二週金曜下午）　教務會議（第四週

金曜下午） 各教室及自習室特別掃除（第四週日曜上午）
六月 夏節休業（夏曆五月五日） 訓育會議（第二週金曜下午） 教務會議（第四週金曜下午） 各教室及自習室特別掃除（第四週日曜上午） 宿舍大掃除（第一週日曜上午）
七月 訓育會議 教務會議 舉行學年試驗 舉行畢業式 報告學生成績 暑假休業
八月 招考新生 更訂學曆 全校舉行大掃除及整理

學歷 三

現任職教員表

姓名	字號	年歲	籍貫	職務	備注
錢基厚	孫卿	三十八	無錫	校長	
袁錫瑀	佩青	二十九	江都	教務理事兼商三打字及外國匯兌公司會計成本會計商二商學商一商學暨簿記教員	
顧鏡明	嶠若	三十三	武進	舍務理事兼商三級任暨商科修身商三國文教員	
蔡其標	虎臣	三十五	無錫	商二級任兼商二國文商一代數初中兩級混合數學教員	
錢　摯	聲一	三十六	無錫	商一級任兼商一國文初中兩級曆史附小三級算術教員	
鄒紹權	巽以	二十八	吳縣	商科英文兼商二地理教員	
錢承駒	季常	五十九	無錫	法制經濟教員	
蔣宗福	再可	二十四	吳縣	商三幾何暨統計商業文件商二幾何暨簿記商一商算教員	
朱　烈	夢華	三十四	無錫	初中一年級(甲)級任兼國文暨附小三級商業教員	
陳　纛	天一	二十四	吳江	初中一年級(乙)級任兼國文暨附小舊三講讀經曆史地理教員	

顧祖瑛	子靜	四十六	無錫	校醫兼商一物理初中兩級科學暨附小三級理科教員
曹同文	仁化	四十七	無錫	商二歷史商一歷史地理初中兩級地理教員
徐執	叔亮	二十七	無錫	商科實習指導兼珠算教員
許師衡	心魯	二十六	無錫	初中兩級暨附小三級英文教員
朱正心	寄塵	三十一	無錫	附小主任兼新五級任暨修身國文教員
宋焱	泳蓀	二十八	無錫	附小舊三級任兼國文暨商二商一初中圖畫附小三級圖畫唱歌教員
華宗仁	季瑞	三十三	無錫	附小新六級任兼國文暨新五六史地教員
俞斌	堃如	二十五	江陰	體育教員
薛乃修	念祖	四十一	無錫	書記兼各項文書保管員
吉宗濬	石泉	三十六	無錫	書記兼管理圖書員
王宗洛	子程	三十六	無錫	會計員
周正泉	鶴山	二十一	無錫	庶務員

章程摘要

第一　總則

第一條　本校授以商業必需之智識及養成和平耐勞之商業習慣爲宗旨

第二條　本校分初級中學部高級中學部二部各三年畢業

第三條　本校除中學部外有附屬新制小學校五年六年兩級其編制組織另訂之

第二　學額

第四條　本校中學科學額暫定三百人（高中三級每級五十人初中三級每級五十人）

第三　學年　學期　休業日

第五條　本校以八月一日起至翌年七月三十一日止爲一學年

第六條　一學年分爲二學期八月一日起至翌年一月三十一日止爲一學期二月一日起至七月三十一日止爲一學期

第七條　休業日照學曆規定

第四　入學退學及儆戒

第八條　志願入學者以品行端正身體健全年在十三歲以上曾在新制小學校六年級畢業於每年暑假中報名投考隨繳報名費二圓及四寸半身照片來校試驗錄取入學時須塡寫志願書及妥實保證人之保證書

第九條　學生因病或其他不得已事故而退學者依教育部定中學校令施行規則第四十八條辦理

第十條　學生有性行不良身體羸弱或學業無進步認爲教育上不得已時按照懲戒規程辦理

第六　學費及其他各費

第十一條　初級中學部每年學費二十圓膳費四十二圓宿費四圓講義費二元閱書費一元體育費一元均分兩次於暑假寒假後預繳入學時各繳操衣費六圓保證金五圓高級中學部每年學費三十圓膳費四十二圓宿費四圓講義費二元體育費一圓均分兩次於暑假寒假後預繳入學時各繳講義及實習費書籍用品費十圓（現本校尚無高級中學部原有商科各級收費均照初中辦理）

第十二條　學生中途退學學膳宿費及保證金概不發還

第五　寄宿

第十三條　初級中學部高級中學部均須寄宿校內其管理細則另以規條訂定之

第六　附則

第十四條　本校招收學生特定規約如左

（一）本校學生以敬受教訓爲不易之定則凡校規所不許者絲毫不得自由宗旨不同者勿入

（二）入學時須由監護人偕保證人自領到校親寫願書及保證書自主無監護者不收

（三）本校學生作事以商店銀行之生徒作事爲標準校內校外實習各事均須十分認眞不耐煩勞者勿入

（四）本校附屬小學校六年級畢業生擇其學行均列甲等者十人升送初級中學部肄業免去入學試驗

第十五條　學生畢業時出外參觀每人由校津貼洋三圓時間以一星期爲度至學生平日旅行及刊印自編之出版物（如雜誌週刊月刊畢業刊等）其費用均由學生自

理

附學生通則

第一條　本校爲養成商業人材故一切風紀規制自與普通學校不同

第二條　學生須性質馴良言行樸實能耐守勞苦以不負校訓爲主

第三條　學生所應隨時隨地遵守者列如下

(一)途遇師長必正立行敬禮在校每日初見時亦如之　(二)途遇校董或職員導引之來賓必正立行敬禮　(三)愛護公共物件　(四)尊重規則命令　(五)同學互相親愛　(六)涕唾必入痰盂在校外亦不得任意　(七)校外行爲宜自重自愛　(八)費用力求撙節

第四條　風紀以整潔肅靜爲主如有不檢者同學得互相規勸之

第五條　各件細則另定之

學科類別

學科類別酌定標準如左

(一)每週教授時數較多者　(二)課後須充分預備者

（三）在本校爲商業上必修學科者

依上列標準將各級主副學科暫分如左

商科三年級

主科計國文英文幾何商法會計稅關匯兌打字實習商業文件十類　副科計修身經濟統計體操四類

商科二年級

主科計國文英文幾何法制簿記實習商學商地八類　副科計修身珠算經濟商史體操圖畫六類

商科一年級

主科計國文英文代數商算商業簿記物理實習八類　副科計修身珠算歷史地理廣告畫體操六類

初中一年級

主科計國文算術英語科學概論四類　副科計公民歷史地理珠算圖畫體操六類

課程表

初級中學部所授學科課程及授課時數列表如左

科目 ＼ 學年	第一學年	每週時數	第二學年	每週時數	第三學年	每週時數
公民	公民訓育	一	同上	一	同上	一
國文	讀講（古今文）作文 習字	八	讀講（古今文 應用文）作文 習字	八	讀講（古今文 應用文）作文	七
歷史	中外實業歷史	二	同上	二		
地理	中外實業地理	二	同上	二		
算學	混合算學	五	同上	五	同上	六
英語	讀文 默書 文法 作文 會話 習字	七	同上	七	同上	八
珠算	四則	一	四則 諸等	一	速算	二
自然科學	科學概論	四	同上	四	同上	四
圖畫	自在畫 寫生畫	二	寫生畫 廣告畫	二	圖案畫 廣告畫	二
音樂	中西歌曲	一	同上	一		
手工	應用手工	一	同上	一		

課程表

科目	第一學年	每週時數	第二學年	每週時數	第三學年	每週時數
體育	普通 器械 遊技	二	同上	二	同上	二
簿記					商業簿記	四
合計		三六		三六		三六

高級中學部所授學科課程及授課時數列表如左

科目	第一學年	每週時數	第二學年	每週時數	第三學年	每週時數
公民	修養演講	一	同上	一	同上	一
國文	讀講（古今文 商用文）作文	五	同上	四	同上	四
英語	讀文 會話 作文 尺牘 翻譯	九	讀文 會話 作文 修辭 翻譯	七	同上	七
珠算	銀行利息計算法	三				
商業	概論	三	各論	二		
商算		三		三		
會計	公司會計	三	同上	三	成本會計	三
銀行		三				
簿記	銀行簿記	二	同上	二		

課程表

商品				二		
法制				二		二
經濟			概論	二	各論	四
貨幣				二		
保險				二		[illegible]
商業政策				二		
統計					經濟統計	三
打字						二
運輸						二
商業心理						二
財政						二
國際貿易						二
實習	銀行商業實習	二	同上（附驗幣學）	二	同上	二
體育	普通器械遊技	二	同上	二	同上	二
合計		三六		三八		三八

教本名目

商科三年級

公民——講義

國文——講義

英文——The Sir Roger de Coverly Papers. Advenced English Grammar by Kittredge and Farley.

數學——Plane and Solid Geometry by Went worth and Smith

商業文件——馮新五編 English Commercail Correspondence

統計——Primer of Statistics by Elderston

會計——Elements of Accounting by Klein Manufacturing Bookkeeping and Cost by Jhonson

國外匯兌——Foreign Exchange Explained by Escher

打字——The Jouch Writer by Fuller

實習—實地指導銀行業務不用教本

法制—商人通例講義錢承駒編公司條例釋義姚成瀚編商行爲選講

經濟—經濟概論胡祖同編經濟各論選講

商科二年級

公民—講義

國文—講義

英文—Commercial Reader by Pitmen Progressive English Grammar for Colleges

數學—Plane and Solid Geometry by Went worth and Smith

商學—銀行保險講義

簿記—Accounts and Accounting Practice by Belding

珠算—講義

歷史—趙玉森編商業歷史下冊

地理—Geography of The World by Walcott

法制—孟森編法學通論　民法概要選講

經濟　胡祖同編經濟概要

商科一年級

公民—講義

國文—講義

英文—Learning To Speak-Second Book-by Gage Graded Lessons in English by Reed and Kellogg

數學—A First Algebra by Boker and Bourne

珠算—講義

歷史—趙玉森編商業歷史上册

地理—蘇繼頤編商業業地理上卷

商學—劉大紳編商事要項

簿記—余天棟編實用商業簿記

中國賬簿實習—講義

物理—民國新教科書物理學

商算—Modern Business Arithmetic by Finney and Brown

新制初中一年級

公民—舒新城編初級公民課本第一卷

國文—講義

英文—胡憲生編初中英文讀本文法合編

混合算學—布利氏新式算學教科書第一編

科學概論—初級中學自然科學教科書第一册

曆史—趙玉森編新制本國史上卷

地理—新學制地理教科書上卷

珠算—講義

公益商業中學校規程彙錄

目次

教務規程

第一章　科別

本校所有各級學科依照學科類別標準分為主科及副科凡副科兩科作一主科計算

第二章　試驗

1試驗分平時試驗學期試驗畢業試驗三種

2試驗方法由各教員酌量情形以圖教學便益但於試行之前應與教務主任協商

3各項試驗日期應由校長會同教務主任召集教務會議協定之

4每學期各科攷試均以六十分為及格不及格者應覆試

5凡學生有一學科積分在四十分以下者應扣學期考試并不准覆試應行補習

6凡學生於一學科曠課已逾授課時間三分之一者許學期考試

7凡學生臨考患病領有校醫證明書者得暫免考試仍須覆試

第三章　覆試

1凡各科攷試不滿四十分者不得覆試

2覆試日期由教務會議協定之

3應覆試之學生除得校長特許及校醫證書外不得規避

第四章　補習

1應行補習之條件如左

(一)積分在四十分以下不准學期考試及覆試者

(二)積分攷分平均在四十分以下者

(三)一學科覆試未滿六十分者

(四)覆試不到未得校長允許及校醫認可者

2補習時間須滿該科授課時間五分之三

3補習後與以試驗一次仍不及格則此科永不及格

4凡學生于畢業前有一二主科應行補習者須入原

班補習完足方准畢業

第五章　留級

1凡學生有一二主科不及格者許其暫行升級若有三主科不及格即應留級

2留級生應與本班生一律上課其前習各學科成績一律取銷

第六章　曠課之取締

1曠課逾一學期授課時間三分之一者寒假後停學暑假後留級

2曠課逾一學科授課時間四分之一者該科即行扣考

3授課時間有託故離坐出外散步者經訓育主任查明或該教員報告除照校規處罰外並由教務主任記錄減給該科分數以爲玩忽者戒

第七章　畢業

1初高中各級學生未修滿規定學程者均不准畢業

不發給正式證書

2因故不能補習者給予修業證書

第八章　退學

1除違犯校章規定退學外凡學生有主科四種相繼兩學期不及格者應即退學

2留級已兩次者即令退學

第九章　考核

1每學期各科成績以六十分爲及格（各科分數不與上學期平均）

2總分數以平日積分佔三分之二考試分數（合平時學期二項）佔三分之一併合爲一學程之分數

3覆試分數應以八折計算

4因學期考試不及格而覆試所得分數以六十分爲及格不以積分參入

5臨時逃考各生應扣去學業成績二成

第十章　雜項

1凡應行覆試補習或退學之學生由教務主任於學期終核定呈報校長即通告各生家屬

2各學生積分每六星期應行報告一次由教務主任彙集各科分數揭示比較表

3凡學期考試學生坐次應由訓育主任將各級學生混合編排以杜傳遞窺探之弊

4每月由教務主任召集教務會議一次以謀教學改良教務會議規程另訂之

訓育舍務規程

第一條　本校設舍務理事一人商承校長以主持訓育及一切舍務事宜各級級任公同協助之

第二條　訓育及舍務之要項如左

一、考查學生個性並注意不正當行為之矯正

二、巡察學生自習之勤惰並加以適當之指導

三、督促學生朝會朝操及其他運動集會

四、處理學生請假銷假事宜

五、檢查宿舍及自修室之整潔

六、維持膳廳之秩序

七、注意宿舍火警之預防

八、考查學生之服務並隨時指導之

九、審核學生之訴願及其他一切偶發事項之處理

十、留意學生之疾病及調養看護之狀況

十一、檢查食物飲料及其他一切衛生清潔事項

十二、辦理學生家屬通信事務

十三、酌查學生往來郵便書物及其他一切品件

十四、調製各項表冊統計報告及其他書函之整理保管

十五、酌定體格及居處之檢查日期及方法

第三條　訓育會議每日開會一次由訓育主任商明校長定期召集之如遇必要時得舉行臨時會議

第四條　訓育及舍務一切事宜有時當與級任科任

學生修養具體標準
教員及校醫庶務書記聯絡進行之

第五條　學生操行之攷查定有學生修養具體標準以爲依據其考查方法另訂之

第六條　舍務理事每日在一定時期內常駐舍務處如遇萬不得已缺勤應商校長請其他級任教員暫代並得由校長酌量情形隨時邀請級任教員一人協助舍務理事處理一切事宜

第七條　本規程經教職員會議通過施行但亦得以全體署名代之

第八條　本規程遇有不適得由教職員會議修正之

學生修養具體標準

一、關於言語行爲者

1言語溫和不出惡聲

2聞起身鐘即行起身

3就寢能依定時熄燈後不再燃燭看書或談笑

4宿舍內不留宿來賓

四

5就食能保一定秩序不高聲談笑或敲擊碗箸桌桶飯菜並勿擅自添換

6請假能依定規不隨意外出或曠課

7能自已規定作息時間並利用餘暇作有益之事

8節省錢財能不濫用

9留心校中佈告並能隨時實行

10遇事能鎮定恬靜不矜誇不懊喪

11能自制不吸烟飲酒

12自已物件留心保護他人或公衆物件愼勿擅自取用或毀損

13能尊重他人意見及人格

14忠信誠實不詐僞欺人

15能服從師訓並樂於爲善勇於改過

二、關於智識者

16能勤勉學業不任意請假或遲到早退

17專心聽講能不隨意閒談瞌睡或私閱他種書籍

及不正當之小說等

18能勿忘帶學用物品

19考試時能眞實發表自已能力不作弊

20自修能專心不與旁人已閒談

21對於學業能審問愼思明辨以求透澈瞭解

22能設法解决問題之困難

三、關於感情者

23意志堅決不易恐嚇

24思想純美不鄙陋

25能爲正義犧牲不傾向罪惡

26注意同情不專顧私利

27能原諒他人不好報復

28企望高不自以爲足

四、關於身體者

29行止端莊不輕佻

30服裝整潔

學生修養具體標準

31能注意健康之運動並服從醫生或體育教師之指導

32作事能有持久習慣

五、關於淸潔衛生者

33注意寢室自修室及教室之淸潔

34注意書籍器具之整理

35沐浴宜勤衣服被褥能常洗晒不使汚垢

36窗牖能啓閉妥適

37盥洗能依一定地點水勿隨意傾倒

38吐痰必入痰盂不隨地亂唾

39零食或不潔之品勿食

40便溺必往一定之所

六、關於任事者

41爲日值生或其他服務生能盡天職

42作事有共同精神勿推諉

43注意判斷力之養成勿迂執

五

44處事有條理勿紊亂

45能服從多數意見不在背後破壞

46熱心愛護團體並努力其作業

七、關於社交者

47待人有禮不侮慢對尊長尤須致敬

48重互助而不輕然諾

49信任他人不懷疑

50有平等精神不輕視職工

上列各項凡在校學生當隨時注意並力圖實踐操行攷查即以此為標準如有不能履行或所犯情節較重出乎各項之外者得經教職員會之議決予以相當之懲戒

操行考查標準

一、關於言語行為者　佔百分之二十八

二、關於智識者　佔百分之十四

三、關於感情者　佔百分之十二

四、關於身體者　佔百分之八

五、關於清潔衛生者　佔百分之十四

六、關於任事者　佔百分之十四

七、關於社交者　佔百分之十

學生操行成績考查規程

第一條　學生操行成績之攷查由訓育主任及各級級任主之其他各員亦有隨時考查之責

第二條　學生操行之考查另訂具體標準

第三條　訓育主任及各級級任平日應隨時精密觀察學生之心性行為記載於操行考查簿

第四條　科任教員及其他各職員對於學生操行得隨時陳述所見於各級級任或訓育主任並當由校制定學生操行調查表式以徵求之

第五條　級任教員應於學期終了時填註操行考定簿經訓育主任提出於校長

第六條　操行成績之總評應由訓育主任會同各級

級任協定提交於訓育會議經校長決定之

第七條　評定操行成績分爲甲乙丙丁四等丙等以上爲及格丁等爲不及格

第八條　操行列入丁等者由校長予以相當之懲戒或傳令退學畢業時操行列入丁等者不問其學業成績及格與否概不予以畢業

第九條　操行成績特別優良者得奬勵之

第十條　寒暑假時得通函各家屬調查其校外行動以備參考

褒奬懲戒規程

第一條　褒奬分個人褒奬團體褒奬兩種

第二條　個人褒奬分甲乙兩種

(甲)奬章

(乙)奬狀

第三條　有合于左列之二項者給甲種奬一項者給乙種奬

(一)操行總評列甲等者

(二)學業總評列甲等者

(三)服務勤勉或有卓著之成績者

(四)一學期中無一時缺課者

(五)主科成績有三種在九十分以上者

(六)拾金不昧者

第四條　團體褒奬分甲乙兩種

(甲)級徽

(乙)褒辭

第五條　某學級於學期之末全體成績如有特別優良合於左列之二項者給甲種奬一項者給乙種奬

(一)風紀整飭者

(二)學業成績特著優良者

(三)服務勤勉者

第六條　褒奬施行於學期之末由級任調查各學生成績合於褒奬資格者報告校長經教職員會議決

定施行之

第七條　懲戒分個人懲戒團體懲戒兩種

第八條　個人懲戒分五種

（一）警告（二）禁假（三）記過（其情節較重者幷即報告家長）（四）命令退學（五）停止畢業

第九條　有犯左列各項之一者受第一種懲戒

（一）言行不檢忽視校規者

（二）學業不進不自勤勉者

（三）服務怠忽不負責任者

（四）身體不知愛護者

第十條　有犯左列各項之一者受第二種懲戒

（一）出校不遵請假手續者

（二）託辭請假有欺飾之實徵者

（三）在校外偶有不正當之行爲經查明尙屬細故者

（四）請假任意逾限者

第十一條　有左列各項之一者受第三種懲戒

（一）性行不良屢戒不悛者

（二）有傲慢師長或欺凌同學之實徵者

（三）故意違背校規者

（四）有破壞公共秩序之舉動者

（五）疾病中不遵校醫命令者

（六）私出校門並留宿校外者

（七）試驗作弊不知悔悟者

（八）無故曠課者

第十二條　有左列各項之一者受第四種懲戒

（一）操行列丁等至二次以上者

（二）記大過三次者

（三）學業成績不及格業經留級須繼續留級者

（四）身心有特別之疾病者

（五）有行止不端之事故者

（六）開學後滿一月不到而又不請假者

第十三條　有左列各項之一者受第五種懲戒

（一）畢業時操行不及格者

（二）畢業時學業不及格者

（三）畢業時體育不及格者

第十四條　團體懲戒分甲乙兩種於某學級多數學生有不良之行爲時隨機行之

（甲）訓誡　留置一室中由訓育主任或級任施以相當之訓誡並得酌定若干時間使之默坐反省

（乙）奪獎　奪去第四條規定之獎勵其時間之久暫臨時酌定之

第十五條　懲戒之施行其情節較重者應由訓育主任或級任報告校長裁決或提出於職教員會議決定施行之

第十六條　褒獎結果應各酌量情形報告家庭並分別擇要登記學籍似備考核

體育部章程

第一章　宗旨

第一條　本會以促進體育聯絡情誼爲宗旨

第二章　定名

第二條　本會定名爲私立公益商業中學校體育會

第三章　會址

第三條　本會會址在本校

第四章　會員

第四條　本會會員以本校全體學生充之本校教職員亦得爲本會名譽會員

第五章　經費

第五條　本會經費分經常費與臨時費兩種如下

（甲）經常費　以本會會員除繳納校內運動費之外並得請本校每學期補助若干元

（乙）臨時費　本會如有特別事故需費溢出預算得由會員設法募捐

體育部章程

第六章　組織

第六條　本會組織暫分五大部
1球類部　2田賽部　3徑賽部　4技擊部　5器械部各部之設置另以規則定之

第七章　職員

第七條　本會設正副會長各一人文牘庶務會計各一人交際員二人各部設部長一人各隊設隊長一人各組設主任一人

第八條　前條職員遇必要時得增加之

第八章　選舉

第九條　先由每級推舉級議員五人

第十條　各級級議員開會用記名投票法選舉以票數最多者當選

第十一條　選舉時須有級議員過半數以上方投票

第十二條　職員任期以一學期爲限但連舉得連任

第十三條　職員如有不得已事故辭職時須經職員會通過方得辭職

第九章　職員之職權

第十四條　會長對外代表本會對內主理本會一切事務

第十五條　會長有召集全體會議及職員會議之權

第十六條　副會長佐正會長辦理本會一切事務正會長缺席時得代行其職權

第十七條　文牘管理本會印章及一切往來文件

第十八條　會計掌理本會一切收支款項

第十九條　庶務掌理本會一切雜務

第二十條　交際員直接對外一切事務

第二十一條　各部部長辦理本部一切事務

第二十二條　各隊隊長辦理本隊一切事務

第二十三條　各組主任辦理各組一切事務

第二十四條　各職員執行職務權須依照本會章程

第十章　會員之權利與義務

第二十五條　會員有選舉權及被選舉權

第二十六條　本會事務之處理欵項之收支會員有檢查之權

第二十七條　本會簿據會員有要求閱覽之權

第二十八條　會員應遵守本會章程及各項細則

第二十九條　會員有違規者由職員會議議决加以相當之處分

第三十條　名譽會員得向職員發表意見並指示會務進行方針

第十一章　附則

第三十一條　本會章程有未盡善處得隨時修改但須經級議員會議通過方生效力

第三十二條　本會各部其適合本校狀况者先行組織餘待需要時斟酌實行

運動場規則

第一條　本會各部運動場均由各部長與會長擇定之

第二條　本會會員得入場練習但非會員須經部長許可方得入場練習

第三條　本會各部練習時間地點由會長及各部長規定但須商得校長或體育主任允許

第四條　場內器具均須加意愛護如有意損壞或遺失責令酌量賠償

第五條　入場練習者不得有不規則之言語舉動

第六條　入場練習者須保持場內之清潔整齊

第七條　入場練習者不得有妨礙他人之行動

第八條　入場練習者須聽部長之指揮

第九條　違前第五六七八條之規定者部長得令其出場

第十條　部長須維持場內之秩序

第十一條　違前第五六七八條之規定其情節較重

大者由職員會議決加以相當之處分

各部規則

球類部規則

第一條　本部依本會章程第六章第六條設立

第二條　本部暫分為足球籃球網球排球壘球五隊各隊設隊長一人

第三條　本會設置各球類及各種器具以供會員之練習

第四條　本會所設置物均由本會購備如本會欵項不足得請本校補助

第五條　本部種種器具部長隊長與組長須負完全保管責任

第六條　本部備記錄簿一本凡本部種種器具部長須逐一記入簿內

第七條　本部種種器具應加意保護以重公德違者責令賠償

第八條　本部各隊練習時間地點由部長與會長擇定

第九條　若每隊人數過多得由部長與隊長分組輪值練習

第十條　本部各隊暫定兩星期舉行比賽一次優勝者給予獎品以資鼓勵

第十一條　獎品之種類及比賽日期地點均由部長與會長酌定宣布

第十二條　本部各隊舉行練習會員非經告假有三次不到者罰銅元三枚若有特別事故不在此例

第十三條　會員如有特別事故不能到塲練習者須到部長處請假並須陳明理由

田賽部規則

第一條　本部依本會章程第六章第六條設立

第二條　本部設置各種器具以供會員之練習

第三條　本部種種器具均由本會購置如本會經費不足得請本校補助

第四條　本部備記錄簿一本凡本部一切器具須逐一記入簿內

第五條　本部各種器具不得有意損壞或遺失以重公物違者悉令酌量賠償

第六條　本部練習時間及地點均由部長與會長酌定

第七條　本部暫定四星期比賽一次優勝者給予獎品以資鼓勵

第八條　獎品種類及比賽日期及地點均由部長與會長臨時酌定

第九條　本部舉行練習時會員非經告假有三次不到者罰銅元三枚若有特別事故不在此例

第十條　會員如有特別事故不能到場練習須向部長處請假並陳明理由

徑賽規則

第一條　本部依本會章程第六章第六條設立

第二條　本部設置各種器具以供會員練習

第三條　本會所有一切器具均由本會購置如本會經費不足得請本校補助

第四條　本部設立徑賽記錄簿一本凡本會一切器具須逐一記入簿內

第五條　本部各種器具切勿遺失或損壞以重公物違者責令酌量賠償

第六條　本部各種器具部長須負完全保管責任

第七條　本部練習時間地點由部長與會長酌定

第八條　本部暫定四星期比賽一次優勝者給予獎品以資鼓勵

第九條　獎品之種類由部長與會長酌定比賽日期地點亦然

第十條　本部練習時間會員非經告假有三次不到

者罰銅元三枚如有特別事故不在此例

第十一條　會員有必要事故不能到塲練習須向部長處請假並陳明理由

技擊部規則

第一條　本部依本會章程第六章第六條設立

第二條　本部設置種種器具以供會員練習

第三條　本部一切器具均由本會購置如本會經費不足得請本校補助

第四條　本部備技擊簿一本凡本部一切器具須逐一記入簿內

第五條　本部各種器具不得任意遺失或損壞違者責令酌量賠償

第六條　本部各種器具部長須負完全保管責任

第七條　本部練習時間地點均由部長與會長酌定

第八條　本部暫定四星期開會表演一次成績優良者給以獎品以資鼓勵

第九條　奬品之種類由部長與會長酌定比賽日期地點亦然

第十條　本部練習時間會員非經告假有三次不到者罰銅元三枚如有特別事故不在此例

第十一條　會員如有必要事故不能到塲練習須向部長告假並陳明理由

器械部規則

第一條　本部依本會章程第六章第六條設立

第二條　本部一切器具均由校內設置

第三條　本部練習時間由部長與會長酌定

第四條　舉行練習時會員非經告假有三次不到者罰銅元三枚如有特別事故不在此例

第五條　會員有正當事故不能到場練習須向部長處請假並陳明理由

教職員服務規程

（一）教務印

各科教員均由校長延聘分任教務大綱如次

（一）每週上課時間概依所定之課程表辦理

（二）凡一學期間之教授必依所預定之學程進行表辦理

（三）上課時必按學生出席簿點名一次課畢即記教授事項於教授錄

（四）上課時於教室之整潔坐次之順序學生之動態有糾正訓練之權並得隨時通知舍監及級主任

（五）教員有事缺席時須自請他教員授他種學科以補其缺俟他日補還

（六）缺席教員與補缺教員商定後即通知教務主任以便揭示

（七）缺席教員遇有不及與他教員商定者得由教務主任商請他教員補缺

（八）各科成績之攷查得依試驗定之除學期試驗

必須舉行外其臨時試驗之方法與其次數由科任教員視教授時間之多少斟酌行之

（九）各科教員於每學期終將所任科之學期成績送交級主任以便總核

附教務會議辦事細則

第一條　本會爲謀教授上聯絡統一與改良起見由校長教務理事各級級任各科教員組織之

第二條　會議期定於每月最後一週金曜日開會一次由教務理事商明校長定期召集之遇必要時亦得開臨時會議

第三條　應行研究之事項如左

一、關於學科者

1.規定有系統之學科及實用之教材

2.每科分量之分配

3.各科之連絡及進行

4.決定每科教學之概況

附教務會議辦事細則

二、關於教本者

1.選擇教本及編纂講義之標準

2.決定參攷材料之種類

3.學生課外參攷之材料

三、關於教學者

1.規定每科之教學法

2.討論每科教學法之難點及其改進之程序

3.探試學生對各科之興趣及心得

四、關於學業成績考查者

1.決定學業成績之標準

2.考試方法與範圍之規定

3.支配積分與考分之比例

4.處理學生升級留級畢業事宜

5.討論學生缺席及無故曠課對成績上如何處理之

6.決定補習之項目班次時間等

第四條　運動部學藝部各項規程另訂之

第五條　議決事宜有時需與各職員聯絡進行之

第六條　議決事項得商明校長決定之

第七條　本規程於實施時遇有不適得開會修改之

十六　教職員服務規程

(一)級務部

第一條　本校各級設主任一人以處理級務

第二條　級主任之職務如下

(一)振勵全級之風紀

(二)注意全級之學行並負督促之責

(三)考察全級學生之個性得隨時訓戒之

(四)編制教室內上課與自修時之席次

(五)檢查全級學生出席缺席之次數

(六)發布課程之臨時變更

(七)監察全級學生之自修

(八)於每學期終了時將本級各科授課時間之總

數與各科成績之分數各生缺席之次數及性
行之總評調製表簿報告校長
（九）將平日考查性行之結果會同舍監擬定總評
交由校長核定之
（十）關於級務諸表簿之塡記及保管
第三條　級務與舍務關係密切得隨時與舍監協同
商榷以利進行

教職員服務規程

（三）事務部
第一條　本部分庶務會計書記三項
第二條　庶務設庶務員一人專掌之其職務如下
（一）有保管校具並隨時修整之責
（二）有採辦物品及登記存儲之責
（三）有督率校役處理各務之責
（四）有管理校役廚役之權
（五）較準全校鐘點之責

（六）來賓參觀有應接及導引之責
（七）管理其他之雜務
第三條　會計設會計員一人專掌之其職務如下
（一）有收支銀錢登記賬簿之責
（二）經收學生繳納各費
（三）經付職教員俸金校役工資並全校一切雜費
（四）有保管銀錢之責
（五）有調製預決算及月結表之責
（六）有協助庶務之責
第四條　書記設書記員二人分掌之其職務如下
（一）一切繕寫等事
（二）保管簿籍文件
（三）彙訂考卷各件
（四）管理日報雜誌
（五）遇繕寫事件較多時得告知校長延臨時書記
分任之

級長服務規程

第一條　各級設正副級長各一人任期半年

第二條　級長副級長由本級學生互舉加倍開列由學級主任遴定委任之

但新入學之學生其第一月由學級主任暫行委任一月以後始照前項辦理

第三條　級長副級長得連任惟以兩次爲限

第四條　級長受學級主任之監督整理本級事務概要如左

(一)注意同級生學行負忠告勸導之責

(二)注意同級之風紀並謀與他學級一致進行

(三)傳達職教員之命令代表同級生之意見

(四)掌管同級生請假書

(五)定值日生輪值之次序而檢查之

(六)司本級整隊時及教室內指揮同級生之口令

第五條　副級長助級長之不逮其概要如次

(一)教室內之用品及門窗負整理之責

(二)授課時間同級生有缺席者報明事假病假

(三)級長事務(一)(二)(三)(六)各項副級長有協助之責

第六條　級長有事不能履行職務時副級長得兼攝之副級長有事時級長亦應兼攝之

各室值日生服務規程

第一條　寢室教室日派值日生若干人司輪值各室洒掃之責其人數由級長或室長定之記載值日生一人司記載教室日誌

第二條　值日生之事務如左

(一)整理拂拭本室之器物

(二)司本室內外之掃除

(三)司本室窗戶之啟閉

(四)室內器具有須修理者隨時報告級長或室長

(五)司教室內講義等之分發

（六）司閱書報室報紙之整理

第三條　應值而有事不能值者應自請他人代值俟他人應值時補還

第四條　値日生服務之勤惰當由舍監與級主任隨時考察於一學年中加入行評以資懲勸

教室規程

第一條　授業時間每時以四十五分爲度

第二條　每時授業之始終以鐘爲號

第三條　席次由級任教師依身長編定

第四條　授業始終學生一律起立向教師行敬禮

第五條　課業應用之品須一律携入惟不得雜携課業外之品

第六條　教師講授時勿攙問如有質疑或應答必起立

第七條　非經教師之許可於受業時不得離席

第八條　教授用具於課業時間外非經教師許可不得妄用

自習規程

第一條　書物勿淩亂

第二條　自習時勿往來他室

第三條　自習時勿閱課外書及營課業外事

第四條　自習時如有疑義可於終了時至教師前質問

第五條　室內不得置食物並不得高聲喧擾

第六條　室內不得留存故紙廢物及衣服

第七條　自習時應受舍監及級主任之檢査

第八條　職員入室時須行敬禮

膳堂規則

第一條　膳時鳴鐘爲號各級各依長短爲序整隊魚貫而入勿遲勿亂

第二條　每席坐足七人除每行首尾兩席之單位坐職員外其他各席之單位先儘各級正副級長及年

齡稍長者坐之

第三條　坐次並不編定惟席次自內至外不得亂坐

第四條　每席人數坐齊後舉箸食畢同時起立

第五條　膳時勿笑話

第六條　骨殼勿棄於地

第七條　粥飯概自添盛

第八條　食宜細嚼咽勿過速

寢室規程

第一條　起臥悉照定時不得過遲或過早

第二條　就寢以後及起身以前務宜寂靜不得談話

第三條　各室榻位悉依編定不得變更或紊亂

第四條　安置物件以榻下為度宜保持其整潔

第五條　攜帶物件舍監有檢查之權凡貴重物玩好物一律禁止

第六條　所攜銀錢悉數儲於本校附設之銀行不得私儲行李中

第七條　蚊帳被單概用白色

第八條　起身後須將蚊帳揭起寢具整理上鋪襯單

第九條　衣服寢具宜隨時晾曬或洗滌以保整潔洗滌時交付經管之校役繫以對籌洗價依校定（另有表）

第十條　室內啓閉日有定時於定時外非有萬不得已事故勿輕出入室門啓閉之時間規定如下

早餐前十分時閉由室長將門鑰交入舍監室至就寢前十分時啓

第十一條　值日服務生有保持室內整潔之責

第十二條　室內公共物件同室有保存之責如有損壞者室長應查明其人報告舍監俾負賠償或修理之責如隱匿不告者同室共負之

第十三條　同室同學有互助規勸之責

第十四條　舍監檢查各室時如見有不依規定者隨時面告或書注意條與之

第十五條　各室整潔之程日由舍監檢查記載定期列表揭示以資激勸

第十六條　來賓家屬不得延入寢室如須參觀者須經舍監之許可乃得入室

調養室規程

第一條　學生患病經校醫診斷入本室後須悉心調養不得携帶書籍在室內翻閱

第二條　室內飲食起居悉受校醫之制裁

第三條　室內宜保持整潔又宜寂靜不得高聲談話

第四條　學生所患疾病如經校醫診斷在一星期內不能痊愈或入室已經一星期猶未痊可應即歸家調養或入病院療治至病院一切費用概歸病者自任

第五條　同學如須入室探問必先陳明舍監經允許後乃得入室家屬之來校探問者亦如之

第六條　入室探問不得久留並不得多言以妨害病

者之精神

第七條　學生如有小病據校醫診斷雖不遷入調養室而須改變寢息時刻者由校醫報告舍監執行之

第八條　學生如因體力衰弱據校醫診斷須酌停自習及體操運動時間者由校醫報告級主任執行之

朝會規程

第一條　每日第一節上課前十五分鐘舉行朝會各級學生齊集指定地點依次排列重要教職員均須列席

第二條　朝會之順序如左

（一）鳴笛（二）職教員學生相互行一鞠躬禮（三）各級級主任點名（四）職教員談話（五）退

第三條　每日朝會時職教員之談話各級值日生應各摘要記入學級日誌以備查考

第四條　每週朝會如遇特別情形亦得照普通順序酌量變更或延長時間

第五條　朔會遇規定休業日均停止之

課外運動規則

1各級應推舉運動幹事員二人管理各種運動器具於課外運動時須由各幹事向舍監處領取鑰匙往運動器械室取領器具用後仍由各幹事員放置原處不得任意拋棄

2每日課外運動時間以下午課後四時半起至五時半止不得擅自變更

3各級網球於每日午後半時起至一時十五分止亦得稍行練習惟須在網球場不能任意向牆壁各處練習

4各級課外運動非在規定時間內不得自由練習

5日曜日上午八時起至十時止下午二時起至四時止為各級運動時間

6每二星期各級須擇一種運動項目相互比賽比賽成績由各幹事員造表呈送體育教員處蓋章揭示以便衆觀

7每四星期決賽一次無論何級計得成績最優者當給予獎品以資鼓勵

學生學藝研究會細則

一、宗旨　使學生于課後研究學藝依其個性選習各科

一、組織　合本校商專初中各級學生為會員並請教師担任演講指導等事

一、分科　暫分(一)國文　詩詞　經學　(二)英文　會話　閱書　(三)藝術　軍樂　國樂　西洋圖　中國圖　鐵筆　書法　(四)演說　國語　英語　四類十二組隨後視學生需要情形仍可增設他科

一、時間　除日曜土曜兩日外定每日第七時分組舉行

一、入會　中學部各級學生每人至少選入一組但

以兩組爲限選定之後一學期中不得隨意變更

一、評判　每學期終了時由各該組指導教師評定會員成績歸入學業成績計算

一、實施　本細則自教務會議通過後商明校長決定之

附各組指導教師及開會時間表

月	經學	顧僑若 朱夢驊 陳天一	英文會話	鄒巽以 許心魯	鐵筆	宋泳蓀
火	詩詞	錢聲一 宋泳蓀	英文閱書	蔣宗福 鄒巽以	中國書	朱夢驊
水	經學	仝前	國樂	宋泳蓀 錢聲一	國語演說	蔡虎臣 顧僑若
木	詩詞	仝前	軍樂		書法	陳天一
金	英文演說	鄒巽以 許心魯	書法	仝前	西洋畫	宋泳蓀

同學錄

（甲）職教員之部

左列各人通信處其籍貫年齡均見職教員表

錢孫卿	無錫七尺場錢家衖
袁佩青	鎮江大橋
顧嶠若	常州三牌樓
蔡虎臣	無錫北門外𧄼園衖內十號
錢聲一	無錫南延市蕩口
鄒巽以	蘇州祥符寺巷二十八號
錢季常	無錫小河上下岸
蔣再可	南京中正街六十七號
朱夢華	無錫南市橋希道院巷口
陳天一	吳江北拆鎮
顧子靜	無錫城中大婁巷
曹仁化	無錫城中小河上下岸
徐叔良	無錫西城脚徐豐盛木行
許師衡	無錫北門外泗堡橋北首
朱寄塵	無錫方橋鎮朱厚生藥號
宋泳蓀	無錫寨門敬德堂
華季瑞	無錫南市橋上塘十八號
俞坤如	無錫北門外湖塘裏大生堂藥號
薛念祖	無錫城中大成巷
吉石泉	無錫榮巷
王子澄	無錫中市橋
周鶴山	無錫城內蘇家弄

（乙）各級學生之部

商中三年級

姓名	字	年歲	籍貫	通信處
王鶴齡		二四	溧陽	溧陽西門恆泰源交山了橋協和號轉交
蔣周屏	思文	二三	溧陽	溧陽南渡蔣復昌稻行
蔡晉平	亞民	二二	武進	武進鄭六橋潘永興轉交
孫保琮		二二	無錫	南方泉嘩幛塢

安錫榮		二二	無錫	安鎮中澤
王贊卿	佐華	二二	江陰	無錫祝塘黃永裕號
路正	近唐	二十	宜興	武進西門外埠頭
蔣寬	濟猛	二十	武進	武進西下塘
穆祖勤		二十	無錫	無錫北門內老麗仁號
謝澤		二十	武進	武進東門外毛家橋中和堂轉交
李一	貫之	二十	武進	武進埠頭鉅源衣莊內交
湯浩	心瀚	二十	靖江	靖江生祠鎮湯乾元染坊
沈琨		二十	江陰	無錫轉長涇鄉
瞿冠英	冕羣	二十	靖江	靖江北門外瞿仁興
厲无咎	健行	十九	無錫	無錫錢橋
孫任先	翔風	十九	無錫	城內百歲坊巷
王冕	冠生	十九	武進	奔牛小河鎮
王鶴臯	堯民	十九	武進	無錫三里橋南班船王源昌
嚴壽增		十九	無錫	無錫利澄輪船公司轉陳家橋分局
施之瑞	惠庭	十九	無錫	石塗瀆施家宕
陸建復	子來	十八	無錫	南方泉轉吳塘門
安復	來一	十八	無錫	安鎮西街陳永興茶食號轉
汪明復		十七	常熟	常熟大東門外殷家弄口
姚汝俊	軼塵	十七	無錫	無錫陳墅
榮鑑德	守明	十七	無錫	開原鄉榮巷鎮東浜西首臻善堂
朱麟祥	自心	十七	無錫	城內映山河朱宅

商中二年級

姓名	字	年歲	籍貫	通信處
張鴻生	達源	十九	常熟	常熟梅里謙益號
蔣濬	夢渙	十九	武進	常州西門外埠頭鎮交
沈煥卿	伯紳	十九	江陰	常州府直街第十二號
王學山	海峯	十九	宜興	宜興和橋鍾溪
安麟生	瑞書	十九	無錫	安鎮寧和堂藥號轉交中澤
李浩寰	寸腸	十九	常熟	常熟東門外白茆鎮
王莘穗	秋農	十八	無錫	無錫張涇橋
陳浩雄	君傑	十八	無錫	西門棉花巷十三號

孫鴻根	雲翔	十八	無錫	無錫西門外陶東昇號交大孫巷
歸祥鏞	景鍾	十八	無錫	無錫小三里橋四十五號
虞岳山	西華	十八	無錫	無錫黃土塘
鄒道肅	介敏	十八	武進	武進王下村
陳恕鈞		十八	溧陽	溧暘綿源油號轉交余家橋
馮錫根	惠鄰	十八	無錫	無錫藕塘橋恆豐泰號
孫永發	泳法	十八	無錫	無錫西門外河埒口正乙堂交大孫巷
臧猷	啟懷	十八	無錫	無錫陸區橋魚池上
尹格非	鑑心	十七	無錫	無錫陸區橋轉尹城上
周栴	叔厦	十七	溧陽	溧陽童二疃堂
錢宗駿		十七	無錫	望亭車站轉小馬橋
儲金保	育才	十七	無錫	無錫梅村
孫宗相	叔儀	十七	無錫	無錫小河上滋畹堂
榮鑑棫	威廉	十七	無錫	無錫榮巷
高兆驥	秉淵	十七	無錫	無錫城內大虹霓橋四號
顧念曾	一村	十六	無錫	城內百歲坊巷五號

陳立章	亞東	十六	無錫	南方泉陳樹德堂
陸士鈞		十六	無錫	南方泉轉吳塘門

商中一年級

姓名	字	年歲	籍貫	通信處
邵文驊		二十	淮安	皖省城西門內邵復興號
楊浩榮	培鈺	十九	武進	武進西門外鄒堰鎮周源泰染坊
茅純根	潔庵	十九	武進	武進北門外殷家橋下慶記號
王開華		十九	安徽	懷寧縣西門司下坡口
欽家選		十九	無錫	無錫梅村欽巷
顧壽春	絢庭	十八	無錫	無錫張涇橋
陸志玉	君佩	十八	無錫	無錫北柵口湧泰油號轉東房橋
陸法泉		十八	無錫	無錫北柵口湧泰油號轉東房橋
嚴定邦	書紳	十八	無錫	無錫寨門餘慶堂
嚴其南		十八	無錫	無錫寨門
華煒生		十八	無錫	無錫張涇橋
朱禮基		十八	無錫	安鎮轉上山

蘇志誠	淸華	十七	江陰	江陰大毗巷中段
林雲軒	竹映	十七	無錫	無錫北栅口王源長號轉劉潭橋班船
顧鳳城	仞千	十七	無錫	城內靑果巷四號
吳有楠	雅亭	十七	武進	無錫富安鄉新瀆橋吳宅
包國祥		十七	無錫	無錫陳墅轉思前圩
陸建華	子美	十七	無錫	南方泉轉吳塘門
張樸生		十七	無錫	城內東大街一百十一號
華炳元		十七	無錫	蘇州甘露市三校
陳仲文		十七	江陰	江陰護漕港
薛蕚棠		十七	無錫	無錫玉祁
華煜慶	翰臣	十六	無錫	無錫開化鄉許舍鎮
資鳳梧	步靑	十六	無錫	城內新街巷
王松度	懋如	十六	無錫	城外北塘煤場衖元豐米行
姚汝訓	典書	十六	無錫	無錫陳墅
李進元	晉源	十六	無錫	無錫張涇橋
施紀元		十六	無錫	城中駁岸上三十七號
沈導源		十六	無錫	城中迎迓亭
芮麟		十六	無錫	南方泉芮巷
徐用賓		十六	無錫	無錫東湖塘大元堂藥號
嚴志仁		十六	無錫	無錫寨門
吳廷模		十六	無錫	無錫北塘永康紗號轉新塘裏
華震	瑞年	十六	無錫	蕩口桃園裏
楊家楣	蔚雲	十五	無錫	景雲市江溪橋
孫錫銓	衡若	十五	無錫	石塘灣德馨堂
錢光烈	覲揚	十五	無錫	無錫北門外茅蓬沿河
張其南		十五	無錫	無錫張鎮橋新開河

初中(甲)

姓名	字	年歲	籍貫	通信處
戴鳳笙	鳴岐	十八	武進	常州北門外三河口
邵均	履吉	十七	無錫	安鎮
江錦春		十七	江陰	無錫轉北漍鎮江乾華銀樓
薛承康		十七	無錫	城中裏黃泥橋

同學錄

曹經暉	璞	十六	無錫	城中中市橋下塘十四號
周炳生	震亞	十六	無錫	南門外西倉鎮
周鳳翔		十六	無錫	無錫惠山
談菊瀚	夢弼	十六	武進	常州鄭陸橋西街義潤糧食號
史元亨		十六	武進	運村史恆昇號
江錦標		十六	江陰	無錫轉北漍鎮江乾華銀樓
周泉寶		十六	無錫	無錫嚴家橋鎮
趙文俊		十六	無錫	無錫南尖順豐油廠
朱廷杰	仲豪	十五	無錫	城中老縣前一號
宋侃	企陶	十五	無錫	北門外宋源長紙號
鄒祥倫		十五	無錫	南門外新安鎮
丁均		十五	無錫	張涇橋益壽號
胡友聞		十五	無錫	無錫藕塘橋轉胡家莊
吳克儉		十五	無錫	無錫周橋義和號
徐明慶	曉滄	十五	無錫	無錫西門外徐巷
潘旭初		十五	江陰	無錫北外小橋堍協潤昶磁號

畢中道	東輝	十四	無錫	望亭大牆門春和堂號轉畢家橋
王念岵		十四	無錫	望亭后宅
虞以義		十四	無錫	無錫西門外倉橋下塘十四號
楊學行		十四	無錫	無錫駁岸上楊恆泰號
顧祖蔭	博成	十四	無錫	無錫張涇橋顧信昌號
周栢棋	萬青	十四	無錫	無錫揚名鄉陸典橋轉丁昌橋
徐炳泉	高華	十四	無錫	無錫西鄉榮巷延齡堂
黃繼祖	懷哲	十三	江陰	江陰華墅鎮黃恆裕號
許歷圻	頡武	十三	無錫	城中中市橋許仁安堂
周漢昌		十三	無錫	城中周巷六號

初中(乙)

姓名	字	年歲	籍貫	通信處
管海金		十八	常熟	常熟南門外查家村航船
鄒文華	國章	十七	吳江	望亭大牆門轉金娥墩
孫錫麟		十七	無錫	南門內二下塘沙巷口八號
章馀祥		十七	武進	戚墅堰芳渚寺東首

榮錫祥	志義	十七	無錫	無錫西鄉榮巷
榮霭青	宗泰	十七	無錫	無錫西鄉榮巷
嚴宗耀		十六	無錫	無錫張涇橋中市
張惠曾	慕良	十六	無錫	無錫北門外灘上栢木橋航船
段榮緒		十六	武進	戚墅堰中街共和茶園
曾宗岳	君山	十六	江陰	無錫北渚
聞保馨	德孚	十六	常熟	常熟梅李西街
華壽祺		十五	無錫	無錫八士橋九餘花邊公司
謝金培		十五	武進	常州東門毛家橋中和藥房交
沈宗祥	伯春	十五	吳江	盛澤後街第二十八號
金錫慶		十五	無錫	無錫大市橋永吉利號
陳慕增		十五	無錫	無錫東亭西街陳裕成號
張申巽	雙梧	十五	無錫	無錫東亭老牆門
程志超	軼千	十五	無錫	無錫東亭北街
陸同堅	永祥	十五	無錫	無錫城中觀前街十四號
蔣猷清		十五	無錫	無錫通滙橋下平安橋第一家
賈惕生	世銘	十五	無錫	無錫西鄉張舍里
孫寶勳		十四	無錫	石塘灣西漳孫家巷
許士鏞	伯賢	十四	無錫	開化鄉周潭橋寺後底
榮麟華		十四	無錫	無錫榮巷中市
陳壽齡	養齋	十四	無錫	揚名鄉陳典橋轉陳大巷
鄧步瀛	學洲	十四	無錫	城中映山河十四號
王之清	子揚	十四	無錫	城中中市橋巷六號
黃寅生		十三	無錫	無錫北門外黃泥橋吉陞旅館對面香街內
趙鴻吉	藹士	十三	無錫	城中真應道巷十號

附小舊制三年級

姓　名	字	年歲	籍貫	通信處
韓吟芝		十七	無錫	西鄉大徐巷轉姚灣里
榮幼泉	志忠	十七	無錫	無錫榮巷鎮
許祖勳	爾典	十六	無錫	南門外方橋鎮轉俞巷
榮松林	聽濤	十六	無錫	無錫榮巷中浜
都順泉		十六	無錫	無錫榮巷轉小渲

同學錄

唐天一	若波	十六	無錫	石塘灣南西漳
蕭世祥	瑞發	十六	無錫	無錫榮巷東浜
吳榮根	志德	十六	無錫	東亭北恆昌生轉尤巷
榮健廷		十五	無錫	無錫西鄉胡巷
朱兆麟		十五	無錫	開化鄉方橋鎮轉石子街
全鈺森		十五	無錫	無錫西門外範湖樓對面
任榮泉		十五	無錫	無錫榮巷轉小渲
都浩森		十五	無錫	無錫榮巷轉小渲
王仲恩		十五	無錫	南方泉立大號轉交
榮寶煦	立生	十四	無錫	無錫西鄉榮巷潤記宅
周漢榮	仁及	十四	無錫	無錫西鄉徐巷轉楊巷上
張盛卿		十四	無錫	西鄉河埒口正乙堂轉
陳錫根		十四	無錫	無錫榮巷祥泰銀樓
榮承祖		十四	無錫	無錫榮巷晉記肉莊
榮鑑棠		十四	無錫	無錫榮巷東浜
榮士雄		十四	無錫	無錫榮巷西浜
榮麗生	志揚	十四	無錫	無錫榮巷鎮
吳廷範		十四	無錫	北塘永康紗號轉新塘裏
榮慰泉	守經	十三	無錫	無錫榮巷東浜
孫壽鏞	志偉	十三	無錫	無錫榮巷東浜
榮伊仁	一心	十三	無錫	無錫榮巷承德堂

新六年級

姓名	字	年歲	籍貫	通信處
丁子南	正發	十七	無錫	無錫榮巷轉交錢巷
蔣保勳		十七	靖江	靖江東門外斜橋鎮轉橫港村
徐海榮	達善	十五	無錫	無錫西鄉徐巷
榮炳麟	善福	十五	無錫	榮巷
榮蓮生		十五	無錫	榮巷
朱惠容		十五	無錫	榮巷轉朱祥巷
周　鼎	貢九	十五	無錫	錢橋鎮北街周巷
榮士成		十五	無錫	榮巷
都浩坤		十四	無錫	榮巷轉小渲

榮士英	德潤	十四	無錫	榮巷
蕭根生	榮祖	十四	無錫	西鄉大徐巷轉蕭家灣
榮燦生	岳勤	十四	無錫	榮巷
蕭熊祥	夢瑞	十四	無錫	榮巷
秦祖顯		十四	無錫	大徐巷單萬盛號轉華藏
陳亮生		十四	無錫	榮巷轉楊木橋
張燮鼎	勇炎	十四	無錫	河埒口正乙堂號轉交
張叔良	叙賡	十四	無錫	榮巷轉張巷
榮炳根		十四	無錫	榮巷東浜
武漢佑	鏡淵	十三	無錫	榮巷轉大渲興隆橋下
榮新華		十三	無錫	榮巷
丁椿生	鶴壽	十三	無錫	河埒口轉大丁巷
許光旭	東明	十三	無錫	無錫西鄉錢橋南街
榮錫華		十二	無錫	榮巷東浜
王寶鑑		十二	無錫	無錫西鄉錢橋鎮南街
韓雅芝	友之	十二	無錫	大徐巷單萬盛號轉姚灣
榮錫範		十二	無錫	榮巷
榮湧金		十二	無錫	榮巷
榮湧九		十一	無錫	榮巷
徐錫霖		十	無錫	榮巷

新五年級

姓名	字	年歲	籍貫	通信處
朱海泉		十六	無錫	榮巷轉朱祥巷
任宗明		十六	無錫	榮巷轉小渲
侯漢泉		十六	無錫	榮巷轉橫山下
顧福根		十六	無錫	榮巷轉揚名鄉小袁巷
吳福奎		十五	丹徒	無錫西門外丁埄里吳隆興麵舖
查世泰		十五	無錫	榮巷查長泰
張耀成		十五	無錫	榮巷興業商店轉揚名鄉白水蕩
鮑伋千		十五	無錫	惠山龍頭場三房鮑順興要貨
朱全元		十四	無錫	榮巷轉朱祥巷
朱和生		十四	無錫	大徐巷河南

同學錄

朱寶根		十四	無錫	榮巷轉朱祥巷
李仁興		十四	浙江	無錫棉花巷後街
周鳳鳴		十四	無錫	惠山通惠路口第一家
陸挺根	培生	十四	無錫	榮巷轉橫山下
都炳泉		十四	無錫	榮巷轉小渲
都瑞靈		十四	無錫	榮巷轉小渲
張榮興		十四	無錫	榮巷轉小渲
賈炳忠		十四	無錫	榮巷轉賈巷
賈寶根		十四	無錫	榮巷轉賈巷
榮林生		十四	無錫	榮巷東街
榮庸根		十四	無錫	榮巷中浜
榮魁甫		十四	無錫	榮巷中浜
榮毅度		十四	無錫	榮巷陸恆興圓木作
榮漢鼎		十四	無錫	榮巷
榮錫根		十四	無錫	榮巷轉上榮
榮錫漢		十四	無錫	榮巷東街

繆純義	是寶	十四	無錫	藕塘橋轉芮巷
蔣士坤		十四	無錫	榮巷轉鄭巷
張照	燮昌	十三	無錫	榮巷轉揚名鄉白水蕩
賈延齡		十三	無錫	大徐巷
榮有成	慰祖	十三	無錫	榮巷源和槽坊
榮麗青		十三	無錫	榮巷
榮寶善		十三	無錫	榮巷興業商店轉三省街
榮寶賢		十三	無錫	榮巷
蔣莘耕	毓華	十三	無錫	河埒口蔣興記肉莊
郁士雄		十二	無錫	榮巷轉郁巷
陳餘根		十二	無錫	榮巷祥泰銀樓
榮菊初		十二	無錫	榮巷東浜
榮源銓		十二	無錫	榮巷東街
榮玉寶		十一	無錫	榮巷
榮志仁		十一	無錫	榮巷東街
榮耀曾		十一	無錫	榮巷

後記

無錫是中國吴文化的發祥地。七千多年悠久歷史與文明，造就了『梁溪明秀之區，衣冠禮樂甲於江左』的城市人文傳統和深厚的歷史文化底蘊。數千年來，文脉綿延，永世流芳。邵寶在《錫山遺響》序中曾經這樣描述：『錫之爲邑，在三吴間。山水清麗豐曠，生其地者，多沉雅秀整，以文名家，代不乏人。』文化已經成爲這座城市最本色的氣質。爲傳承吴地文明，建設文化名城，進一步彰顯無錫城市内在精神特質，經過幾年的精心策劃，旨在全面整理地方文化典籍的《無錫文庫》編纂出版工作於二〇一〇年全面啓動，二〇一一年起陸續與讀者見面了。

無錫的城市文化曾經爲中華文化寶庫作出過巨大貢獻。顧愷之、倪瓚、王紱、鄒一桂、賀天健、徐悲鴻、錢松嵒、吴冠中，如松秀群嶺，在中國繪畫史上擁有很高的地位；華秋蘋、楊蔭瀏、劉天華、華彦鈞（阿炳），乃韵動天籟，對中國音樂發展發揮了重要作用；李紳、蔣防、尤袤、蔣捷、陳維崧、顧貞觀、嚴繩孫、周濟、劉半農，皆胸懷錦綉，在中國文學史上可謂各領風騷；計六奇、顧祖禹、顧棟高、秦蕙田、嵇璜、錢基博、錢穆、錢鍾書、錢海岳，可稱堂奥廣庭，學造淵源，在中國學術史上卓然大家；顧憲成、高攀龍之東林，唐文治之『國專』，徐霞客之游記，徐壽、華蘅芳之『格致之學』，陳翰笙、錢俊瑞、孫冶方、薛暮橋之經濟學，都堪稱中華文化史上的一座座高峰，至今閃耀着炫目的光芒。

深厚的歷史文化底蘊激發了無錫城市的文化自覺。市委、市政府滿懷對鄉土誠摯之情、對文化敬畏之感，以義不容辭的責任擔當，致力於文化强市建設，以科學的理念和方式對歷史文化遺產作全方位的觀照、深層次的發掘、系統性的保護，匯四海之智，舉全市之力，共襄文化建設盛舉。二〇〇六年十二月，無錫市成功申報國家歷史文化名城，標志着新一輪文化意識的覺醒，并迅速轉化爲文化自覺的實踐。近年來，我市全面啓動惠山、清名橋、小婁巷、榮巷、蕩口等五個歷史文化街區和十個古村落保護修復工程，『護其貌，顯其顔，鑄其魂，揚其韵』；鴻山遺址成功保護的經驗被國家文物局譽爲大遺址保護『無錫模式』，并被授予首批國家考古大遺址公園，闔閭城遺址考古發現則確立了歷史上無錫曾作爲吴王闔閭都城的地位；建成開放六十餘座博物館、名人故居和紀念館；對無錫的非物質文化遺産予以重點保護；每年春天舉辦的中國（無錫）吴文化節、中國文化遺産保護論壇成爲文化亮點，享譽海内外。這些舉措遵循規律，探索文化建設體制和機制的創新，形成了寶貴的『無錫經驗』，得到海内外學者、專家的一致肯定。

在注重保護歷史文化遺存的過程中，發掘、整理無錫歷史文獻著作，展示和弘揚無錫城市的思想精神世界，自然而然成爲大家關注的重點。二〇〇六年，市委宣傳部組織無錫文史專家、學者編撰的十七册三百萬字的《無錫文化叢書》正式出版，引起强烈反響，出版後供不應求，在二〇〇八年再版加印。《無錫文化叢書》集中反映了無錫城市文化精華，展示了無錫城市文化特質，彰顯了無錫歷史文化的厚重，同時也告訴人們，文化精神的傳遞是文化繁榮發展的重要内涵，一旦擦去歲月蒙塵，優秀的歷史文化就會轉化成爲取之不盡的精神財富。

爲了進一步彰顯城市歷史文化底藴，二〇〇七年，市委、市政府將全面系統整理無錫文化典籍擺上工作議事日程，明確提出編纂《無錫文庫》。由于無錫歷史文化底藴深厚，卷帙浩繁，内容豐富，編纂工作千頭萬緒，要想整理出一部簡明扼要而又内容翔實、主旨鮮明而又文質彬彬的文獻集成，難度遠大於預想。爲此，我們先後成立了《無錫文庫》工作委員會和編輯委員會，加强對編纂出版工作的組織領導與統籌協調，在尊重歷史、尊重規律、尊重科學、尊重專家的基礎上，積極推進文庫編纂工作。編輯委員會經過反復論證，明確原則，綱舉目張，有條不紊地開展工作。充分憑借地方文史專家的優勢，充分發揮高校人文學院、研究機構的作用，充分依靠出版機構的專業經驗，并邀請國内外著名文史專家指導、把關，形成了文庫編纂的工作合力。

在編輯過程中，我們力求使《無錫文庫》成爲經得起歷史考驗的鄉邦文獻集成。

全面規劃又保持開放結構。面對豐富的歷史文化積澱，没有規劃就不可能形成清晰的編纂思路。在前期編纂工作中，編輯委員會經過二十餘次的論證會和專題研討會，形成并確定了《無錫文庫》總書目，明確了收録範圍和内容主體，立足無錫市區，兼顧江陰、宜興，主要體現無錫本土内容，突出人文科學，適當兼顧其他門類。據此，《無錫文庫》收録圖書五百五十餘種，分爲五輯：第一輯『官修舊志』，收編無錫地方志（含江陰、宜興）；第二輯『地方史料專著』，收編反映無錫地方史料的專著與筆記；第三輯『年譜家乘』，收編無錫（含江陰、宜興）地方名人年譜和望族的家譜；第四輯『無錫文存』，收編歷史上無錫作家詩文和專著的精華；第五輯『近現代名家名著存目』，編撰無錫近現代名家名著的書目提要。爲使文庫具有更大的開放度和包容量，《無錫文庫》注重整體設計，在框架分類上既注意整合，又突出重點，考慮到文庫的涵蓋面和系統性；在書目選擇上既注重經典性，又强調代表性，兼顧到圖書本身質量和作者特點；在出版方式上既總體規劃、循序推進，又采取較爲靈活的方式，成熟一批出版一批，不編序號，爲今後增補書目預留空間。

尊重歷史又反映時代特色。《無錫文庫》注重歷史性與時代性相結合，以嶄新的學術角度和現代學科理念對城市歷史文化進行整理和弘揚。編纂工作充分體現對歷史傳統的尊重，儘可能減少評述性成分，杜絶截割、改篡、增删圖書内容，對節選本衹采取作者的自選本。與此同時，以現代學術視野來看待傳統史料，增加收録有價值的歷史資料和文獻，如對民國時期的一些稿本、期刊、會刊、紀念册也予以應有的關注，收入了部分重要的民間史料。

保持原貌又便于讀者查閲。《無錫文庫》除第五輯外，全部采用原版影印方式，力争選擇最優版本作底本，保持文獻著作的歷史面目。爲了便於閲讀、查證、使用、研究，每一輯均撰寫編輯説明，每種書撰寫提要，并編撰《文庫》書目索引。通過這樣的方式，使《無錫文庫》兼具工具書檢索的作用，增强文化典籍整理的實用功能。

如期完成又精益求精。《無錫文庫》作爲一項重大文化工程，編纂工作面廣量大，必須集中力量，一鼓作氣。我們明確，從編纂工作全面啓動開始，花三年時間完成《無錫文庫》出版工作。《無錫文庫》總書目形成後，五輯的書目編纂工作同時開展、整體推進。我們要求，《無錫文庫》編纂出版工作要强化精品意識，力求思想精深、内容精彩、選編精當、學風精良、裝幀精美。文庫編纂出版的每個環節都反復論證推敲，確保經得起歷史檢驗。

《無錫文庫》的編纂出版工作，得到了鳳凰出版傳媒集團的大力支持，鳳凰出版社在版本選擇、編輯出版方面做了細緻的工作；由於《無錫文庫》收録的資料有三分之二散落在全國各圖書館中，中國國家圖書館、上海圖書館、南京圖書館等一批國内知名圖書館爲此提供了積極的幫助；應邀擔任《無錫文庫》學術顧問的專家，都是無錫籍的文化名人和國内一流的古籍研究專家，他們有的不顧年事已高，有的不顧自身工作繁忙，爲《無錫文庫》的編纂工作付出辛勤勞動；《無錫文庫》工作委員會和編輯委員會成員以及編務人員在文庫編纂出版過程中做了大量的工作。在此，謹向他們表示崇高的敬意和由衷的謝忱！

由於《無錫文庫》收録内容涉及範圍廣、時間跨度長，部分書目已經散佚，可利用資料受到限制，加之編輯委員會水平有限，《無錫文庫》的編纂工作難免會有一些疏漏和錯誤，不當之處敬請讀者指正。

王立人

二〇一一年一月